Stefanie Holtkamp
Andrea Bergmann

MIT DEM WOHNMOBIL IN DIE SCHWEIZ

Teil 1: Der Westen

Die Anleitung für einen Erlebnisurlaub

DER WOHNMOBIL-VERLAG
OT Mittelsdorf,
36452 Kaltennordheim

Die Deutsche Bibliothek – CIP-Einheitsaufnahme

Bibliografische Information Der Deutschen Bibliothek

Die Deutsche Bibliothek verzeichnet diese Publikation in der Deutschen Nationalbibliografie.
Detaillierte bibliografische Daten sind im Internet über <http://dnb.ddb.de> abrufbar.

Titelbild:
Aletschgletscher (Tour 10)

Innentitel:
Im Lötschental (Tour 9)

3. Auflage 2021, korrigierter Nachdruck 2024

Bildnachweis:
Geneva Tourism & Convention S. 151, Lausanne Tourismus S. 161, Zoo Servion S. 151, Tierpark Les Marécottes S. 181 links oben, Gelmerbahn/KWO S. 258. Bildagentur iStock: cerro_photography S. 234, Michal Stipek Seite 258.

Alle weiteren Fotos: Stefanie Holtkamp

Druck:
Beltz Grafische Betriebe GmbH, 99947 Bad Langensalza

Vertrieb:
GeoCenter, 70794 Filderstadt

Herausgeber:
WOMO-Verlag, OT Mittelsdorf, 36452 Kaltennordheim
GPS: N 50°36'38.2" E 10°07'55.6"

Fon: 0049 (0) 36946-20691
Fax: 0049 (0) 36946-20692
eMail: verlag@womo.de
Internet: www.womo.de

MIX
Papier | Fördert gute Waldnutzung
FSC® C089473
www.fsc.org

Autoren-eMail: Holtkamp@womo.de

ISBN 978-3-86903-506-2

Jede Tour und jeder Stellplatz sind von uns meist mehrfach überprüft worden, wir können jedoch inhaltliche Fehler nie ganz ausschließen. Bitte achten Sie selbst auf Hochwasser, Brandgefahr, Steinschlag und Erdrutsch!
Verlag und Autoren übernehmen keine Verantwortung für die Legalität der veröffentlichten Stellplätze und aller anderen Angaben. Unsere Haftung ist, soweit ein Schaden nicht an Leben, Körper oder Gesundheit eingetreten ist, ausgeschlossen, es sei denn, unsere Verantwortung beruht auf Vorsatz oder grober Fahrlässigkeit.

EINLADUNG

Bei Sommerurlaub in der Schweiz denkt man zuerst einmal an Bergtouren und das ist auch gar nicht falsch. Immerhin gehört knapp die Hälfte der Landesfläche zum Alpenraum. Matterhorn, Jungfrau und Eiger sind lokale Berühmtheiten, nicht nur in Bergsteigerkreisen. Jenseits solcher großen Ziele finden Naturfreunde und Wanderer zwischen hohen Berggipfeln stille verwunschene Täler und malerische Bergseen, Wasserfälle und einen unvergleichlichen Gipfelblick über ein Meer von Bergspitzen. Ein gut ausgebautes Bergbahnnetz erlaubt auch weniger gut trainierten Wanderern manch intensives Gipfelerlebnis. Die Wanderung zum Aletschgletscher, dem größten Gletscher der Alpen, bleibt unvergessen. Genauso wie der Übernachtungsplatz am rauschenden Bergbach am Ende des abgelegenen Lötschentales oder auf der Höhe des Grimselpasses mit dem Blick in eine karg-raue Hochgebirgslandschaft.

Und doch hat die Schweiz mehr zu bieten als Bergeinsamkeit. Stimmungsvolle Altstädte mit gut erhaltener mittelalterlicher Bausubstanz zum Beispiel. Die Altstadt von Bern gehört zum UNESCO-Weltkulturerbe. Kunstinteressierte Reisende können unter einer beinahe unerschöpflichen Auswahl von Museen wählen und Freunde futuristischer Architektur finden so manches interessante Objekt. Die Region am Genfer See oder Lac Léman mit palmengesäumten Uferpromenaden ist als Reiseziel wohlbekannt. Die grünen Hügel des Jura sind dagegen eher ein »Geheimtipp«. Die wenig zersiedelte Landschaft an den Schleifen des Flüsschens Doubs ist ein besonderes Ziel für Naturfreunde und verfügt zudem über eine gute Infrastruktur für Wohnmobile. Sie gehört neben dem Hochgebirge zu unseren absoluten Lieblingsregionen in diesem Buch.

Reisen Sie durch unser Nachbarland im Süden, begegnen Sie auf engstem Raum vier Landessprachen. Kaum haben sich Ihre Ohren an die spezielle Melodie des Schwyzerdütsch gewöhnt, fahren Sie beinahe unbemerkt über die Sprachgrenze und plötzlich ist alles ein wenig anders. Nicht nur die Straßenschilder sind hier französisch, zum Frühstück gibt es ab jetzt Baguette und Croissants.

Blättern Sie also weiter, kommen Sie mit auf eine spannende Reise und entdecken Sie Ihre persönlichen Lieblingsplätze in einem der facettenreichsten Länder Europas.

Ihre
Stefanie Holtkamp

Unsere persönlichen Top Ten

Vallée de Joux:

Die beiden Seen Lac de Joux und Lac de Brenet mit ihrem glasklaren Wasser sind umgeben von den Höhen des Jura mit Mooren, Wäldern, Almen und felsgesprenkelten Wiesen. Seite 137.

Alpkäse:

Ob Étivaz, Gruyère, Tête de Moine oder echten Alpkäse aus dem Wallis und dem Berner Oberland – den köstlichen Schweizer Käse kauft man am besten direkt beim Erzeuger.

Creux du Van:

Oberhalb der Abbruchkante des spektakulären Felskessels im Schweizer Jura beginnt eine raue, windzerzauste Hochebene mit knorrigen Bäumen und weiten Wiesen. Seite 75.

Das Tal des Doubs:

Das Flüsschen Doubs schlängelt sich im Grenzgebiet zu Frankreich durch ein tief eingeschnittenes Tal und eignet sich zum Paddeln. Ein Wanderweg führt an seinem Ufer entlang. Seite 32.

Burgruinen:

Bröckelnde Mauerreste auf aussichtsreichen Felsköpfen: Burgruinen gibt es viele in der Schweiz. Burg Dorneck, die Burgen bei Sion und die malerisch gelegene Grasburg sind unsere Favoriten. Seite 21, 202, 125.

Fribourg und Bern:

Die beiden Zähringerstädte aus dem 12. Jahrhundert beeindrucken durch ihre gut erhaltene historische Altstadt. Das Zentrum von Bern gehört zum UNESCO-Weltkulturerbe. Seite 121, 128.

Saint-Ursanne, Murten, Gruyère:

Eine gut erhaltene Stadtmauer und stimmungsvolle Gassen zwischen gepflegten alten Häusern – in der Schweiz gibt es viele schöne Orte. Diese drei mögen wir besonders. Seite 27, 105, 311.

Aletschgletscher:

Ein kalter Hauch steigt vom Eisstrom hinauf zum Wanderweg. Mit 22 Kilometern Länge ist der Aletsch der größte Gletscher der Alpen. Einfach nur beeindruckend. Ab Seite 238.

Lötschental:

Wild sprudelt die vom Anengletscher gespeiste Lonza durch das abgelegene, im Sommer üppig grüne Tal. Am Talende bietet ein einfaches Camp die Möglichkeit zu bleiben. Seite 220.

Historische Bergbahnen:

Die Bahn auf die Schynige Platte und auf den Niesen sind seit mehr als 100 Jahren in Betrieb, und auf das Brienzer Rothorn tuckert eine historische Dampflok. Wir mögen die Schweizer Nostalgie. Seite 266.

Inhalt

14 Touren durch die Westschweiz

Weinberge im Lavaux am Genfer See

Gebrauchsanleitung

Wenn dieses Buch Ihr erster Reiseführer der WOMO-Reihe ist, lesen Sie diese Gebrauchsanweisung bitte sorgfältig. Denn nur wenn Sie die Systematik und die Symbole des Buches verstehen, werden Sie sich von Anfang an gut zurechtfinden.

Finden statt Suchen – der Aufbau eines WOMO-Buches:
Ihr WOMO-Buch enthält viele Informationen. Damit Sie diese unterwegs auch schnell parat haben, sind die Karten ein gutes Orientierungssystem. Die Basis zur Informationssuche ist die Übersichtskarte hinten im Umschlag. Hier suchen Sie die passende Tour und wechseln dann zur Tourenkarte, in der alle Stellplätze und die wichtigsten Sehenswürdigkeiten eingetragen sind. Suchen Sie Informationen über einen bestimmten Ort, hilft Ihnen auch das Stichwortverzeichnis. Wichtige Ortsnamen sind im Text fett gedruckt und so gut zu finden.

Die Infos auf der Tourenkarte:
Die Stellplatzsymbole auf der Tourenkarte zeigen auf den ersten Blick, ob es sich um einen Parkplatz (Oval), einen offiziellen Wohnmobilstellplatz (Camper) oder einen Campingplatz (Zeltsymbol) handelt. Die zusätzlichen Symbole geben erste Hinweise auf die Ausstattung eines Platzes, die Sie ausführlicher im zugehörigen Stellplatzkasten finden. Die Kartensymbole sind auf der hinteren Umschlagklappe erklärt.

Auch die **Farbe** eines Stellplatz-Symboles hat eine Bedeutung: Blau steht für einen Badeplatz, violett für einen Grill- oder Picknickplatz mit fest installierten Tischen und Bänken und grün für einen Wanderparkplatz. Wanderparkplätze liegen häufig einsam und fast immer mitten in der Natur. Parkplätze, die keines dieser Merkmale haben und sich für eine Übernachtung eignen, sind gelb unterlegt. Nur Plätze, die eine Nummer tragen, sind von uns zur Übernachtung empfohlen. Bitte haben Sie trotzdem immer selbst einen Blick auf Verbotsschilder und, vor allem nach Regenfällen, auf den Zustand der Zufahrt und des Bodens.

Die Infos in den Stellplatzkästen:
Die Plätze im Buch sind fortlaufend nummeriert und stehen im Text in einem farbig unterlegten Stellplatzkasten. Die Bedeutung der Farben kennen Sie ja jetzt schon. In jedem Kasten finden Sie eine Kurzbeschreibung der Gegebenheiten vor Ort und Infos über die Ausstattung des Platzes mit V/E (Ver- und Entsorgung), Strom, Toilette, Dusche, Müll und WLAN.

Bei **Campingplätzen** nennen wir immer die Öffnungszeiten. Bei **offiziellen Stellplätzen** sind diese nur dann angegeben, wenn der Platz nicht ganzjährig nutzbar ist. Kostenpflichtige Plätze haben zusätzlich die Kategorie »Preise«.

Stellplatz in Innereriz (Tour 13)

Diese verändern sich besonders schnell und werden wahrscheinlich bei Ihrem Besuch nicht mehr stimmen. Wir nennen die Preise trotzdem, um Ihnen eine ungefähre Orientierung über die Preisklasse eines Stellplatzes und das übliche Preisniveau einer Region zu vermitteln.

Ein wenig speziell ist unsere Angabe der »**max. WOMOs**«, die Sie nur bei freien Übernachtungsmöglichkeiten auf Parkplätzen finden. Wir geben hier die Zahl der Wohnmobile an, die dieser Platz unserer Meinung nach verträgt. Es geht hier ganz ausdrücklich nicht darum, wie viele Wohnmobile auf diesen Platz passen würden, denn schließlich gibt es auch noch Einheimische und andere Touristen, die hier ebenfalls parken möchten.

Freie Stellplätze in einem Reiseführer sind eine sensible Sache, denn wenn diese zu stark frequentiert werden, gibt es schnell Probleme. Alles, was hier im Buch nicht »offizieller Stellplatz« heißt, fällt unter diese Kategorie. Wenn Sie auf einem »freien Platz« übernachten, machen Sie sich also bitte bewusst, dass Sie sich hier auf einem öffentlichen Parkplatz befinden und verhalten sich entsprechend rücksichtsvoll. Dazu gehört, dass Sie platzsparend parken, Tisch und Stühle im Fahrzeug lassen – und eben auch, dass Sie weiterfahren, wenn die maximale WOMO-Zahl erreicht ist. Freie Plätze, die mit zu vielen Wohnmobilen überlastet werden, tragen unserer Erfahrung nach innerhalb kürzester Zeit ein Verbotsschild.

Der letzte Stichpunkt in den Tourenkästen ist die **Anfahrt**. In Zeiten der GPS-Navigation halten wir diese möglichst knapp – es sei denn, die Anfahrt zu einem Platz mit dem Navi macht Probleme.

Die **GPS-Daten** des Platzes sind ganz oben im Stellplatzkasten zu finden. Zur Angabe von GPS-Daten gibt es verschiedene Formate. Wir verwenden Grad, Minuten und Sekunden (hddd°mm□ss.s□). Dieses Format müssen Sie vor dem Start an Ihrem Navi einstellen. Sie können die GPS-Daten unterwegs per Hand eingeben oder im Shop des WOMO-Verlags die **GPS-Daten aller Plätze herunterladen** und auf Ihrem Navi installieren.

Die einmal erstandene GPX-Datei könnten Sie außerdem auf einem Handy oder Tablet mit Apps, wie zum Beispiel Maps.me, Locus Maps, Osmand oder auch Google Maps, in eine Offline-Karte übertragen. So haben Sie alle Stellplätze des Buches noch einmal auf einen Blick und in einer detaillierten digitalen Karte. Sie können sich auf dieser Karte zudem per GPS orten, was die Orientierung vor Ort sehr einfach macht.

Die **Tipps und Infos von A bis Z** am Ende des Buches machen Sie mit den Besonderheiten der Reiseregion vertraut. Hier geht es um die geeignete Reisezeit, umweltgerechte Entsorgung, aber auch um regionale Spezialitäten und Outdooraktivitäten wie Wandern und Kanufahren.

Reiseführer und der Zahn der Zeit: Vor allem bei unseren freien Stellplätzen kommt es im Laufe der Lebensdauer einer gedruckten Auflage immer wieder zu Veränderungen. Bevor Sie sich auf die Reise begeben, lohnt deshalb ein kurzer Blick ins Forum des WOMO-Verlags (www.womo.de). Wir versorgen Sie dort mit weiteren aktuellen Informationen.

Sie können außerdem dabei helfen, Stellplatz-Informationen für alle Leser aktuell zu halten, indem Sie melden, wenn ein Platz nicht mehr existiert, verboten ist, sich verändert hat oder Sie etwas Neues entdeckt haben. Auch geschlossene Sehenswürdigkeiten sind eine wichtige Information. Sie können dazu das Infoblatt am Ende des Buches zurückschicken, erreichen uns aber auch direkt über die mailadresse: **holtkamp@womo.de**. Wir freuen uns über jede Zuschrift.

Anreise und Tourenplanung

Nur eine gute Stunde fahren Sie von München zur Schweizer Grenze und von Freiburg oder Konstanz sind Sie fast ohne Anfahrt am Ziel. Für längere Anreiserouten finden Sie im WOMO-Verlag eine Auswahl an Reisebüchern zu verschiedenen Regionen Deutschlands. Direkt angrenzend im Norden von Basel geben Ihnen »Mit dem Wohnmobil in den Schwarzwald« und »Mit dem Wohnmobil ins Elsass« die passenden Reisetipps. Sollten Sie über die östliche Bodenseeseite vom Allgäu anreisen, durchqueren Sie zunächst das Gebiet der Ostschweiz, welcher der WOMO-Band 51 gewidmet ist.

Die Reise durch die Westschweiz ist in 14 Touren gegliedert, die Sie nach Ihren Vorlieben und Wünschen zu unterschiedlichen Reiserouten zusammensetzen können. Ob Sie dabei tatsächlich bei Tour 1 in Basel beginnen oder einen anderen Ort als Startpunkt aussuchen, ist nicht wesentlich. Bei jedem Ziel und Stellplatz finden Sie die zugehörigen GPS-Daten, die Sie einfach in Ihr Navi eingeben können. So sind Sie unabhängig von unserer Wegbeschreibung und können Touren auch in der anderen Richtung oder die Stellplätze einer Tour in einer anderen Reihenfolge anfahren.

So klein die Schweiz auch ist, wenn Sie mehr als Straßen sehen wollen, sprengt die komplette Strecke der 14 Touren den Zeitrahmen einer gängigen Urlaubsreise. In den Bergen führen in die Seitentäler nur kurvige Stichstraßen, sodass die Fahrten zeitaufwendig sind und immer auch retour gefahren werden wollen. Da verschätzt man sich leicht bei der Länge einer sinnvollen Tagesstrecke. Für kürzere Reisen müssen Sie also vor oder während der Fahrt eine Routenwahl treffen. Hier finden Sie dazu ein paar Vorschläge:

Eine Kurzreise durch Schweizer Jura und Dreiseenland
Etwa 625 km, Zeitbedarf: 1 bis 2 Wochen, Startpunkt Basel
Bei einer Rundtour durch den Schweizer Jura erleben Sie auf Tour 1 bis 3 das Tal des Doubs, wo Sie wandern oder Fahrrad fahren können. Hier ist ein Abstecher zum nordisch kargen Lac de Joux und weiter zu den Winzerorten am westlichen Ufer des Genfer Sees oder nach Genf oder Lausanne möglich (Tour 6 und 7). Am östlichen Ufer des Lac de Neuchâtel geht es mit Tour 5 vorbei an Murtensee und Bieler See nach Bern und mit

Pausenplatz im Val Ferret (Tour 9)

Barrage de Toules (Tour 9)

Tour 14 zurück nach Basel. Mit einem Schlenker nach Osten könnten Sie auch noch die Tour 5 mit den schönen alten Stadtkernen von Fribourg und Bern einbeziehen.

Die Alpenrunde

Etwa 1.500 km, Zeitbedarf 2 bis 3 Wochen, Startpunkt Basel oder Gletsch (Grimselpass). Wenn es Sie ins Hochgebirge zieht, sollten Sie zwischen Anfang Juni und Mitte Oktober auf die Reise gehen. Bis in den Mai sind die höher gelegenen Alpenpässe unpassierbar und auch bei Wanderungen werden Sie auf zu viel Schnee stoßen. Starten Sie die Runde von Basel kommend über Tour 14 und 13 nach Thun und von dort mit Tour 11 und 12 durch das Simmental nach Aigle. Von hier ist ein Abstecher an den Genfer See mit Besuch im Naturschutzgebiet am Rhônedelta und Schloss Chillon möglich, bevor es über Martigny ins Wallis geht. Mit bis zu neun Abstechern in Seitentäler unter anderem nach Saas Fee und zum Matterhorn nach Zermatt durchqueren Sie mit Tour 9 das Rhônetal bis Brig. Bevor Sie jetzt ins benachbarte Berner Oberland wechseln, steht noch der Besuch am Aletschgletscher auf dem Programm. Über den eindrucksvollen Grimselpass kommen Sie dann ins Haslital und zu Brienzer und Thuner See (Tour 10) und dem zweiten ganz großen Zentrum des Bergtourismus. Von Interlaken rollen Sie in die Lütschinetäler nach Grindelwald und zu weiteren berühmten Bergzielen: Eiger, Mönch und Jungfrau. Durch das stille Emmental geht es zurück nach Basel.

Große Rundfahrt Schweiz West

Etwa 2000 km, ab 4 Wochen. Von Basel folgen Sie Tour 1 bis 3 durchs Jura, drehen eine Runde um die drei Seen im Fribourger Land (Tour 4) und fahren hinunter zum Genfer See (Tour 6 und 7). Über Lausanne und Martigny erreichen Sie das Wallis (Tour 8 und 9) und folgen der Alpenrunde über den Grimselpass ins Berner Oberland (Tour 10 und 11). Über Thun geht es zurück nach Basel (Tour 13 und 14). Je nachdem wie viele Abstecher in entlegene Täler Sie dabei machen, sind Sie vier bis sechs Wochen auf Reisen. Alternativ können Sie den Schlenker um Thuner und Brienzer See auch auf dem Hinweg einplanen und aus dem Rhônetal auf die Touren des Buches Schweiz Ost wechseln.

Zwischen den Touren gibt es weitere Verbindungen, Abkürzungen und lohnenswerte Abstecher. Entscheiden Sie einfach spontan: nach Lust, Wetter, Interessen und Laune.

Wichtiges für unterwegs

Große Wohnmobile auf schmalen Bergstraßen

Bei der Auswahl ihrer Fahrtroute sollten Sie neben Ihrem Ziel auch die gewählte Strecke im Auge behalten. Im flachen Norden der Schweiz finden Sie ein gut beschildertes, bestens ausgebautes Straßennetz, die Straßen in abgelegenen Bergregionen haben es dagegen immer mal wieder in sich. Besorgen Sie sich eine gute Straßenkarte – Maßstab 1:200.000 ist dabei Minimum – und seien Sie sehr vorsichtig mit den weiß eingezeichneten Strecken. Sie sind mit größeren Wohnmobilen kaum zu befahren. Auf den von uns beschriebenen Routen sind einspurige Sträßchen mit Ausweichstellen gestrichelt eingezeichnet. Wer hier fährt, muss damit rechnen, auch am Berg zu rangieren und eventuell zur nächsten Bucht zurückzusetzen. Wenn Sie mit Navi unterwegs sind, lassen Sie sich nicht unbedingt auf die kürzeste Route locken. Bleiben Sie auf den Hauptverkehrsstraßen. Nach den ersten interessanten direkten Verbindungswegen zwischen unseren Stellplätzen in kleinen Orten am Hang haben wir es vorgezogen, die Routenwahl unseres Navis per Augenschein sorgfältig und kritisch zu überprüfen. Es war dabei so manches Veto der Fahrerin angemessen.

Sollten Sie ein Wohnmobil oder einen Campingbus leihen, wählen Sie möglichst ein Modell, das schmaler als 2,30 Meter ist, da Sie sonst einige Passstraßen nicht befahren dürfen. Auch mit Wohnmobilen über sieben Meter Länge ist die Routenwahl in den Bergregionen deutlich eingeschränkt, wenn Sie keine Karriere als Postbusfahrer*in hinter sich haben.

Parken statt Camping – die wichtigsten Regeln für die freie Übernachtung

Eine besonders wichtige Bitte vorweg: viele der im Buch genannten Stellplätze sind einfache Parkplätze, auf denen Sie ihr Wohnmobil für eine Übernachtung parken können. Wildes Campen ist überall in der Schweiz verboten. Campingstühle, Tisch und Grill gehören also in keinem Fall auf Parkplätze und auch die Markise bleibt dort eingerollt. Parken Sie platzsparend, beachten ausdrückliche Verbote, verhalten sich rücksichtsvoll und hinterlassen am Übernachtungsplatz keinerlei Spuren. Wenn Sie einen

kleinen Campingbus fahren und keine Toilette an Bord haben, wählen Sie ihre Plätze sorgfältig und verwenden für die Outdoor-Toilette einen Klappspaten. Auch beim »Kleinen Geschäft« in der Natur sollte vor Ort kein Toilettenpapier zurückbleiben. Die Schweiz ist ein dicht besiedeltes Land, in dem viele Menschen Erholung suchen, und ohne diese Regeln geht es nicht. Wenn Sie sich vor Ihrem Wohnmobil ausbreiten wollen oder mehrere Tage an einem Platz stehen, wählen Sie einen der empfohlenen Camping- oder Stellplätze zum Quartier.

Rechnen mit dem Franken

Sie werden es unterwegs schnell merken: Die Schweiz ist kein preisgünstiges Reiseland. Das war sie noch nie und der starke Franken bringt den Schweizer Tourismus in ernste Schwierigkeiten. Umgeben von Euroländern sind Schweizer Preise immer weniger konkurrenzfähig. So werden inzwischen in beliebten Touristenorten wie zum Beispiel Saas Fee attraktive Sommerangebote wie die SaastalCard erfunden (S. 226), die Ihnen viele Attraktionen für wenig Geld bieten. Auch in anderen Regionen fahren Sie mit mehrtägigen Regionalpässen günstiger Bergbahn, Boot und Bus. Wenn Sie solche Angebote nutzen und sich ansonsten ein wenig auf das unvermeidliche Preisgefälle einstellen, können Sie auch in der Schweiz fast mit normalem Budget reisen. Die Anfahrt ist kurz, die Wege im Land sind es auch und eine Fähre brauchen Sie nicht. Das spart schon bei der Anreise Kosten und Zeit. Restaurantbesuche werden wohl die meisten Wohnmobilisten aus dem europäischen Ausland zur Entlastung der Reisekasse sorgfältig dosieren – aber dazu haben Sie ja auch eine Küche an Bord.

So steht jetzt dem Start zu Ihrer erlebnisreichen Reise durch unser gastfreundliches Nachbarland nichts mehr im Wege. Wir wünschen Ihnen viele schöne Begegnungen, tolle Entdeckungen und besonders viel Glück mit dem Wetter. Gute Reise also – und vergessen Sie Ihre Wanderschuhe nicht!

TOUR 1 135 km

Von Basel ins Schweizer Jura

Basel – Dornach – Mariastein – Delémont – Saint-Ursanne

Stellplätze:	Basel, Lörrach, Dornach, Mariastein, Oltingue, Röschenz, Delémont, Saint-Ursanne
Campingplätze:	Reinach, Delémont, Saint-Ursanne, Soubey
Baden:	Doubs bei Saint-Ursanne
Besichtigen:	Museen in Basel, Goetheanum und Architekturpfade Dornach, Eremitage und Schloss Birseck, Burgruine Dorneck, Altstadt in Delémont und St. Ursanne
Wandern / Erlebnis:	Ruine Dorneck und Eremitage, Doubsuferweg, Burg Landskron, Paddeltour auf dem Doubs

Für Wohnmobilreisende aus Deutschland ist Basel eines der wichtigsten Tore zum Westen der Schweiz. Ob Sie nun über den Bodensee und das Rheintal anreisen oder sich der Grenze über Freiburg nähern – an Basel kommen Sie sicher vorbei. Wir beginnen unsere Reiseroute mit spannungsvollen Kontrasten. Basel empfängt Sie mit einer Vielzahl kultureller Höhepunkte, die kurze Reise durch das Laufental führt Sie dann weiter ins Jura, eine der ländlichsten Regionen der Schweiz.

Ob Sie ihre Schweizreise gleich mit einem längeren Aufenthalt in der Stadt beginnen wollen oder die ersten Eindrücke von Ihrem Reiseziel in der Natur suchen, ist eine Frage der Mentalität – oder vielleicht auch des Reisewetters. Wir sind erst mal an Basel vorbeigesaust und haben unsere Schweizreise in Dornach begonnen. Da aber diese Tour von **Basel** ins Schweizer Jura heißt, beginnen wir schön der Reihe nach. Und wenn Sie wollen, starten Sie die Expedition in die Stadt der Museen erst am Ende der Reise und nutzen dabei den Campingplatz Kaiseraugst (Stellplatz 301 / Tour 14) als Basisquartier.

Basel ist keine Stadt für Autofahrer. Das Netz an Einbahnstraßen ist für Ortsfremde nur schwer durchschaubar und erfordert manchen verwirrenden Umweg. Wie in jeder größeren Stadt bewegen Sie sich am einfachsten mit öffentlichen Verkehrsmitteln – in diesem Fall mit Tram und Bus. Dazu bietet der offizielle Wohnmobilparkplatz am Stadtrand in der Bäumlihofstraße eine gute Basis und ist auch beinahe die einzige Möglichkeit in Basel ein größeres Wohnmobil zu parken. Der Parkstreifen am Straßenrand ist ohne Schwierigkeiten anzusteuern.

(001) Offizieller WOMO-Stellplatz: Basel / Bäumlihofstraße

GPS: N 47°34'02.0", E 7°37'17.0", 268 m **Max. WOMOs:** 10
Ausstattung: Keine.
Beschreibung: Parkstreifen am Rand einer viel befahrenen Straße am Stadtrand von Basel, Parkzeit max. 24 h. Busanbindung in die Innenstadt (etwa 4 km), die Bushaltestelle befindet sich etwa 200 Meter weiter an der Bäumlihofstraße in Richtung Innenstadt. Zur Übernachtung bedingt geeignet, da direkt an der gut befahrenen Straße.
Anfahrt: Nördlich des Rheins am östlichen Stadtrand gelegen. Gut erreichbar von der A3 oder von der B 34 (am Rheinufer entlang), ohne die Stadt zu durchqueren.

Zur Übernachtung könnten Sie dann am Abend in eine blaue Parkzone wechseln. Auf blau markierten Plätzen dürfen Sie mit Parkscheibe parken. Die Parkzeit ist tagsüber auf eine Stunde begrenzt zwischen 19 Uhr und 8 Uhr und an Sonn- und Feiertagen jedoch unbegrenzt. Kommen Sie an einem Wochentag um 19 Uhr dort an, müssen Sie den Platz also bis 9 Uhr am nächsten Morgen verlassen. Blaue Parkplätze in ruhiger Lage finden Sie zum Beispiel etwas außerhalb auf der anderen Seite der Stadt zwischen Sportplätzen und dem **Schützenmattpark** in der Brennerstraße.

Wohnmobile in PKW-Länge kann man recht zentral im St. Alban-Rheinweg unterhalb der Wettsteinbrücke parken. Von hier aus erreichen Sie viele der interessantesten Ecken der Stadt problemlos zu Fuß.

(002) WOMO-Parkplatz: Basel/Rheinufer

GPS: N 47°33'18.0", E 7°35'53.0", 268 m. **Max. WOMOs**: 2
Ausstattung: Keine.
Beschreibung: Parkbuchten quer zur Straße am Rheinufer, die an der Brücke endet (Sackgasse). Für Wohnmobile bis maximal sechs Meter geeignet. Von 8–18 Uhr maximal drei Stunden. Über die Treppe an der Wettsteinbrücke erreichen Sie in zehn Minuten zu Fuß die Großbaseler Altstadt mit Fußgängerzone, Baseler Münster, Tinguely-Brunnen und vielen Museen. Toilette auf der anderen Brückenseite am Brückenpfeiler.
Sonstiges: 2020 war der Parkplatz wegen einer Baustelle nicht zugänglich und es gab Meldungen, dass das Parken über Nacht nicht mehr erlaubt ist.
Alternative: Kompakte Mobile kommen mit etwas Glück auch auf der anderen Seite der Wettsteinbrücke am gegenüberliegenden Rheinufer unter: **GPS N 47°33'25.5", E 7°36'05.5"**. Hier parkt man längs an der Straße. Sie müssen dazu allerdings eine freie weiße Parkbucht finden oder zur Übernachtung die Zeiten der blauen Parkzone einhalten. Vorsicht: Die Straßen im Wohngebiet am Rhein sind meist zugeparkt und daher ebenfalls eng.
Anfahrt: Von der Wettsteinbrücke kommend links in den Mühlenberg (Vorsicht Einbahnstraße) einbiegen und dann links in die Sackgasse St. Alban-Rheinweg. Die Anfahrt von der anderen Seite sollten Sie dagegen unbedingt vermeiden. Die Straße St. Alban-Tal ist extrem schmal!

Ansonsten bleibt Ihnen in Basel eigentlich nur das Quartier auf einem **Campingplatz am Stadtrand**. Am schönsten stehen Sie östlich der Stadt in Kaiseraugst direkt am Rhein (Stellplatz 301). Dieser ist aber nur von April bis Mitte September geöffnet. Einen weiteren Campingplatz finden Sie in Arlesheim (Stellplatz 006).

Ebenfalls recht unkompliziert funktioniert der Besuch der Stadt mit dem Fahrrad oder öffentlichen Verkehrsmitteln aus Lörrach auf der deutschen Seite der Grenze. Sie haben dabei zwei offizielle Wohnmobilplätze zur Wahl. Den kürzesten Weg nach Basel haben Sie vom angenehmen Stellplatz auf dem Parkplatz des Laguna-Bades. Der zweite Stellplatz liegt vor dem Dreiländer Camp.

(003) Offizieller WOMO-Stellplatz: Weil am Rhein Laguna Badeland

GPS: N 47°35'10.0", E 7°37'04.4", 260 m. **Max. WOMOs:** 6
Ausstattung: WC während der Öffnungszeiten.
Beschreibung: Ebener, mit Bäumen unterteilter Schotterplatz am Rand des Parkplatzes, der von einer Grünanlage umgeben ist. Die Autobahn ist nahe und hörbar. Zufahrt auf den Parkplatz durch eine Schranke.
Preise: € 9, zahlbar an der Kasse des Bades oder an der Schranke.
Anfahrt: Direkt vor der Grenze zwischen Lörrach und Basel gelegen. Von Lörrach auf der B 317 in Richtung Schweiz und kurz vor der Grenze links den Hinweisschildern zum Bad folgen. Der Stellplatz liegt im hinteren Bereich es Parkplatzes und ist beschildert. Zufahrt jederzeit möglich.

(004) Offizieller WOMO-Stellplatz: Lörrach Camping Dreiländer Camp

GPS: N 47°37'29.2", E 7°39'42.3", 290 m, Grüttweg. **Max. WOMOs:** 25
Geöffnet: ganzjährig. **Ausstattung:** V/E, Strom, WLAN.
Beschreibung: Ebener Schotterparkplatz mit wenigen Bäumen. Vor dem Zugang zum Campingplatz und eingefasst mit einer Hecke. Zufahrt für große Wohnmobile recht eng. Der Stellplatz liegt am Ortsrand in einer Grünanlage, das Freibad ist zu Fuß erreichbar. www.womo-loerrach.de.
Preise: € 13 inkl. Kurtaxe. Wasser und Strom extra. Zahlbar am Automaten. Konus-Gästekarte (Bus und Bahn gratis) kostenlos an der Rezeption vom Drei-Länder-Camp unter Vorlage der Quittung vom Checkin-Automat.
Alternative: Stellplätze auf dem Campinggelände mit Nutzung der Sanitäranlagen. Ticket für Bus und Bahn nach Basel inklusive.
Anfahrt: Nördlich von Lörrach von der B 317 links den Hinweisschildern zum Campingplatz folgen.

Basel – Stadt der Kunst und der Museen

Wenn Sie von der Wettsteinbrücke die Treppe hinaufsteigen, haben Sie in unmittelbarer Umgebung die Wahl zwischen dem Kunstmuseum, dem historischen Museum, dem Architekturmuseum, dem Musikmuseum, dem Puppenhausmuseum, dem Museum der Kulturen, dem naturhistorischen Museum und dem jüdischen Museum. In der anderen Richtung überqueren Sie den Rhein ganz romantisch mit der Personenfähre und laufen rechts am Ufer entlang in 15 Minuten zum Museum Jean Tinguely. In der St. Alban Vorstadt versteckt sich noch das Karikatur- und Cartoonmuseum – und das war längst nicht alles, was Basel an Kunst und Kultur zu bieten hat. Es gibt hier über 30 Museen, darunter fünf große Häuser für zeitgenössische Kunst. Und jedes Jahr im Juni bringt die **Kunstmesse Art Basel** Kunst und Kunstinteressierte aus der ganzen Welt in die Stadt am Rhein.

Weltruf in der Kunstszene haben das eher klassische **Kunstmuseum** oder die private **Fondation Beyeler** außerhalb der Stadt mit impressionistischen und zeitgenössischen Arbeiten.

Basel ganz praktisch

Umfassende Informationen und einen Stadtplan bekommen Sie in der Tourismusinformation am Barfüsserplatz, Mo bis Fr 9–18.30 Uhr, Sa 9–17 Uhr, So und Feiertage 10–15 Uhr. Oder Sie laden sich auf den gängigen App-Stores kostenlos die Basel-City-Guide-App mit Stadtkarte für ihr Handy herunter. www.basel.com

Ein Stadtbummel mit Besuch des Basler Münsters und des Fasnachts-Brunnens mit den wasserspuckenden Maschinen des Künstlers Tinguely, vor dem ich schon als Kind minutenlang still und fasziniert gestanden habe, oder ein Spaziergang am Rheinufer lassen Basel in bestem Licht erscheinen.

Wenn Sie die skurrilen, sich zweckfrei bewegenden Maschinenskulpturen des Künstlers genauso faszinieren wie mich, finden Sie im **Museum Tinguely** mehr davon. Hier, in der Stadt, in der Jean Tinguely in den 1930er-Jahren aufgewachsen ist, befindet sich die umfassendste Sammlung seiner Objekte und Zeichnungen.
Paul Sacher-Anlage 2. Ab Bahnhof mit der Tram Nr. 2 bis Wettsteinplatz, dort umsteigen auf Bus 31 oder 38. Di bis So 11–18 Uhr. CHF 18. www.tinguely.ch

Stadtblick vom Münsterturm

Die roten Sandsteinmauern des Basler Münster, dessen Türme seit fast 1000 Jahren zu den markantesten Punkten der Baseler Skyline und den Wahrzeichen der Stadt gehören, sehen Sie schon von der Wettsteinbrücke. Das im

Kleinbasel am nördlichen Rheinufer hat beinahe dörflichen Charakter

romanischen und gotischen Stil erbaute Münster kann im Rahmen einer Führung besichtigt werden. Unabhängig von einer Führung können Sie für einen Eintritt von CHF 4 die beiden Türme besteigen und haben von dort den besten Blick über die Stadt. *Geöffnet Mo bis Fr 10–17 Uhr, Sa 10–16 Uhr, So und Feiertag 11.30–17 Uhr. www.baslermuenster.ch*

Blaues Band im Zentrum der Stadt

Er trennt Kleinbasel im Norden von Großbasel im Süden und ist das heimliche Zentrum der Stadt – der Rhein. Man kann ihn per Ausflugsboot befahren, im Stadtzentrum über die älteste Rheinbrücke laufen oder mit einer der vier nostalgischen Rheinfähren übersetzen. An seinem Ufer lässt es sich bummeln oder in einer gemütlichen Weinbar sitzen. Und was in einer deutschen Großstadt wie Düsseldorf kaum vorstellbar wäre, gibt es in Basel gleich doppelt: ein öffentliches Bad am Flussufer. Das Rheinbad Breite besteht seit 1898 und steht unter Denkmalschutz. Noch älter ist das Badhysli von St. Johann, welches 2012 renoviert wurde. Ein beliebtes Sommervergnügen für sichere Schwimmer ist, sich vom Fluss einmal quer durch die Stadt tragen zu lassen. Startpunkt ist der Badeplatz am Tinguely Museum. Die Kleidung kann dabei in einem eigens dafür entwickelten wasserdichten Sack, dem sogenannten Wickelfisch, mitgenommen werden.

Auf der Autobahn fahren Sie in Richtung Süden aus Basel hinaus, wo Sie in **Dornach** einen ersten Stopp einlegen könnten.

Auf dem Architekturpfad durch Dornach

Zu den sieben Zwergen heißt ein Gasthof in Dornach. Das passt gut. Im Ort sammeln sich Häuser in ungewöhnlichen Formen und Farben mit schiefen Winkeln und schrägen Fenstern. Diese leicht märchenhaft, schief-gemütliche Architektur in sanften Pastelltönen sollte den einen oder anderen sofort an die hiesigen Waldorfschulen erinnern – und genau da kommt sie auch her. In Dornach thront auf der Kuppe eines Hügels der massige Bau des **Goetheanums** – der wichtigsten Ausbildungsstätte der anthroposophischen Bewegung. Einige der Häuser im Ort hat Rudolf Steiner selbst entworfen. Die kleinen gelben Eurythmiehäuser zum Beispiel. Andere sind neueren Datums. 170 Gebäude mit Merkmalen der typischen Steiner-Architektur sind von 1914 bis heute entstanden und stehen verteilt im Ort. Vier gut markierte Architekturpfade führen interessierte Besucher von einem zum anderen. Am Ende des Rüttiweges und zu Füßen des Goetheanums bietet das Kaffee- und Speisehaus schöne Plätze unter Platanen und gute vegetarische Küche. Für Besucher des Goetheanums gibt es in Dornach **Parkplätze am Hügelweg bei GPS N 47°29'13.0", E 7°37'19.0"** (Nachtparkverbot). Hier bringen Sie ein kompaktes Wohnmobil meist ganz gut unter.

Burgruine und Landschaftspark

Doch damit nicht genug: Dornach hat auf engstem Raum noch mehr Sehenswertes zu bieten. Zum einen ist da der verwunschene Landschaftsgarten der Eremitage im Ortsteil Arlesheim, zum anderen die ebenso märchenhafte Burgruine Dorneck am anderen Ortsende. Beide Ziele sind mit einem Wanderweg verbunden.

Schloss Birseck und die Eremitage

Auch Schloss Birseck thront auf einem Hügel. Rund um den Berg schlängeln sich Pfade hinauf – durch mehrere Höhlen, vorbei an der Eremitenklause und hinunter zu den drei Fischteichen. Der Landschaftsgarten rund um Schloss Birseck wurde bereits 1785 angelegt und ist ganzjährig für Gäste frei zugänglich. Die Burg auf dem Berg kann man dagegen nur im Sommer besichtigen: Sie ist vom Mai bis Mitte Oktober am Mittwoch und Sonntag jeweils von 14–17 Uhr für Besucher geöffnet. Ein Wohnmobil in den engen Gassen von Arlesheim unterzubringen, ist nicht so ganz einfach. Kleine Mobile bringen Sie unten an der Ortsdurchfahrt auf dem P1 unter (PKW-Buchten). Alternativ erreicht man die Eremitage zu Fuß vom Goetheanum, wenn man dem Architekturpfad 4 bis zum Sonnenhof folgt und vom Mühlenbodenweg in den rechts markierten Weg zum Landschaftsgarten abbiegt. Auch vom Parkplatz an der Ruine Dorneck führt ein schöner Wanderweg zur Eremitage.

Burgruine Dorneck

Liebhaber alter Gemäuer sollten sich die Burgruine Dorneck auf keinen Fall entgehen lassen. Auch Kinder haben sicher ihren Spaß an diesem Ausflug. Sie finden hier jede Menge Nischen und Winkel zum Erforschen und Erkunden. Im Hof vor der Burg gibt es sogar zwei Grillstellen. Es ist nichts abgesperrt und man kann in jede Ecke schauen. Höhepunkte sind die Terrasse auf dem Burgfried, zu der man eine steile Metalltreppe hinaufsteigt, und der Weg um die Burg herum. Man läuft am Eingang links an der Anlage vorbei und am Fuß der Mauer entlang, bis der Weg in einem dunklen Felstunnel verschwindet. Auf der anderen Tunnelseite wählt man den ersten möglichen Trampelpfad rechts über den Bergrücken und wandert um die Ruine herum zum Eingang zurück. Der Pfad ist teilweise leicht ausgesetzt und daher nicht geeignet für Kinder unter sechs Jahren! Es empfehlen sich gute Schuhe mit griffigem Profil.

Möchte man dann von der **Ruine Dorneck** zur Eremitage, läuft man am Ende des unteren Parkplatzes in den Wald und steigt kurz darauf links hinab. Der Weg ist beschildert. **Gehzeit etwa 35 Minuten einfach.**

(005) WOMO-Wanderparkplatz: Ruine Dorneck

GPS: N 47°28‘59.0“, E 7°37‘39.0“, 438 m. **Max. WOMOs:** 1
Ausstattung: Keine.
Beschreibung: Der Platz besteht aus zwei Parkbuchten unter Bäumen am Waldrand. Der untere Platz ist extrem schräg. Auf dem oberen geschotterten Platz neben der wenig befahrenen Straße (Sackgasse), findet man mit kompakten Womos ein geschütztes Plätzchen für eine Übernachtung. Zur Ruine folgt man der Fahrstraße etwa 100 Meter den Berg hinauf. Weitere 100 Meter weiter erreicht man den Gasthof Schlosshof mit toller Aussichtsterrasse. Schöne Grillplätze an der Burgruine.
Anfahrt: Im Ort den Wegweisern durch die schmalen Straßen eines Wohngebietes hinauf zur Ruine und zum Gasthof Schlosshof folgen.

Eine weitere Übernachtungsmöglichkeit findet man in **Arlesheim.** Der örtliche Campingplatz liegt am Ufer der Birs direkt zwischen Naturschutzgebiet und Industriegebiet.

(006) WOMO-Campingplatz: Arlesheim Waldhort Reinach

GPS: N 47°29'58.6", E 7°36'10.8", 284 m, Heideweg 16, Tel. 0041 (0)61 7116429. **Geöffnet:** März bis Oktober.
Ausstattung: V/E, Spielplatz, kleines Schwimmbad, Laden.
Beschreibung: Gut geordneter, etwas enger Platz am Ortsrand von Reinach in der Nähe der Birs und noch näher an der Autobahn. Einziger Campingplatz in der Region. Basel erreicht man mit der Tram, die in Platznähe abfährt. Nach Dornach kommt man leicht per Fahrrad.
Preise: CHF 28 inkl. Strom und Schwimmbad plus, Gästekarte CHF 3,50 pro Person, beeinhaltet das Mobility-Ticket für kostenlosen öffentlichem Verkehr und andere Vergünstigungen. www.camping-waldhort.ch.
Anfahrt: Ab Ortsmitte in Reinach ausgeschildert.

Wer jetzt zügig weiter möchte, bleibt auf der Kantonalstraße und fährt durch das **Laufental** nach Delémont. Sollten Sie jetzt aber erst richtig Lust auf alte Burgen haben, folgen Sie uns auf einen Schlenker durch das nördliche Jura, immer ganz nahe an der französischen Grenze entlang. Von Arlesheim führt eine Nebenstrecke über Benken dicht an die Grenze zum Elsass und unser Ziel, das **Château de Landskron**, steht auf französischem Boden. Die Ruine wird von einem binationalen Verein betreut und unser Parkplatz am Beginn der kurzen Wanderung zur Burg liegt im schweizerischen **Mariastein**. Hier gibt es außerdem die Kirche des 1648 gegründeten Klosters zu sehen und auf dem Kirchplatz können Sie in einer Pizzeria einkehren.

(007) WOMO-Wanderparkplatz: Mariastein (P2)

GPS: N 47°28'29.7", E 7°29'22.0", 284 m. **Max. WOMOs:** 3–4
Ausstattung: Keine.
Beschreibung: Großer asphaltierter Parkplatz am Ortsrand, PKW-Parkplätze und ein Streifen an der Seite für Busse, auf dem auch große Wohnmobile gut unterkommen.
Anfahrt: Über Ettingen und Hofstellen nach Mariastein. Vor dem Ort rechts auf den ersten Parkplatz abbiegen.

Der Weg zur Burg Landskron

160 hm, etwa 4 km. Links am Gasthof vorbei folgt man der schmalen Straße und dem Hinweisschild »Landskron«. Kurz darauf ist die Straße für Kraftfahrzeuge gesperrt. Nur Anwohner der oben am Hang liegenden Siedlung dürfen hier fahren. Hinter den letzten Häusern biegt die Straße ab und wir folgen dem Pfad geradeaus am Waldrand entlang bis auf die Hügelkuppe. Rechts steht ein Haus und auf der anderen Seite eines flachen Taleinschnittes sehen wir die Ruine vor uns. Links und an der nächsten Kreuzung wieder rechts wandern wir in den kleinen Ort hinunter und links, vorbei am Self-Service Au Chasseur, auf einer schmalen Asphaltstraße zur Burgruine hinauf. Durch das Tor kommen wir in einen gut erhaltenen Gewölbegang und dann in den Burghof. Rechts stehen die Reste des Pulverturmes und auf der linken Seite kann man im Donjon, einem mehrstöckigen ehemaligen Wohnbereich, über viele Stufen auf eine Aussichtsplattform hinaufsteigen.

Schloss Landskron und seine Geschichte

Die Burganlage auf einem grünen Hügel direkt an der Grenze zwischen der Schweiz und Frankreich wurde 1297 von einer Baseler Adelsfamilie erbaut und war in vielen Kriegen des Mittelalters hart umkämpft. Im 30-jährigen Krieg wurde Burg Landskron von den Schweden eingenommen und an Frankreich weitergegeben. So blieb sie bis zur Französischen Revolution Grenzfeste und wurde außerdem als Gefängnis genutzt. Erst in den Kriegen gegen Napoleon fiel die Festung, wurde ausgeplündert und anschließend gesprengt. Seitdem diente die Ruine nur noch als Steinbruch.

Wenn Sie jetzt auf Stellplatzsuche sind und dem Parkplatz in Mariastein einen offiziellen Stellplatz vorziehen, empfiehlt sich hier ein Hüpfer über die Grenze. Im nahen **Oltingue** gibt es einen schönen Wohnmobilstellplatz mit kompletter V/E und Stromversorgung. Er liegt im Dorfzentrum hinter der Kirche.

(008) Offizieller WOMO-Stellplatz: Oltingue

GPS: N 47°29'30.0", E 07°23'26.0", Place Saint-Martin. **Max. WOMOs:** 3
Ausstattung: V/E, Strom, Mülleimer.
Beschreibung: Drei markierte WOMO Plätze auf einer großen Asphaltfläche hinter der Kirche. Ruhig und doch zentral im netten kleinen Ort.
Preise: Strom (55 Minuten) CHF 2.
Anfahrt: Von Flüh über Leymen und Liebensviller nach Oltingue. Die Zufahrt zum Platz ist von der Ortsdurchfahrt beschildert.

Unsere Hauptstrecke führt über **Metzelen** hinunter nach Laufen und hält ebenfalls einen weiteren schönen Platz bereit. Eine große Schotterfläche neben der Straße bietet einen guten Pausenplatz mit weitem Blick über die grünen Hügel und ein wenig Schatten unter einzelnen Bäumen.

(009) WOMO-Parkplatz: Röschenz

GPS: N 47°26'14.9", E 7°27'16.2" **Max. WOMOs:** 2–3
Ausstattung: Keine.
Beschreibung: Schotterfläche mit Weitblick an der Talseite der Straße. Etwas nahe an der Straße, die jedoch nachts wenig befahren ist. Mehrere Bäume bieten etwas Schatten, die Parkfläche ist teilweise leicht schräg.
Anfahrt: Oberhalb von Röschenz an der Bergstraße in Richtung Kleinlützel.
Alternative: Etwas weiter oben und weiter von der Straße entfernt aber blickfrei im Wald finden Sie in der Straßenkehre bei **GPS N 47°27'02.5", E 7°27'31.5"** eine Reihe Parkplätze unter Bäumen.

In **Laufen** erreichen wir dann wieder die Kantonalstraße und fahren am Flussufer weiter nach Delémont. Am Mittwoch und Samstag Vormittag füllt der wöchentliche Markt die Altstadtgassen von **Delémont** mit quirligem Leben, ansonsten geht es hier gelassen zu. Besonders sehenswert sind die farbenfrohen Brunnen vor den schön restaurierten Häusern, von denen eines das Stadtmuseum für Kunst und Geschichte (Musée Jurassien d'Art et d'Histoire) beherbergt.

Zur Übernachtung steht in Delémont nur noch der Campingplatz am Stadtrand zur Verfügung.

(010) WOMO-Campingplatz: Delémont
La Grande Ecluse

GPS: N 47°21'21.9", E 7°20'11.2", 424 m, La Grande Ecluse 1, Tel. +41 (0)32 4227598. **Geöffnet:** April bis September.
Ausstattung: V/E, Restaurant.
Beschreibung: Kleines angenehmes Campinggelände in ruhiger Lage am Ortsrand, direkt am Flussufer mit kleinem Sandstrand. Sanitäranlagen komplett neu. Fußweg in die Altstadt von Delémont mit mehreren Restaurants etwa 15 Minuten.
Preise: CHF 31, Strom CHF 4,50, zuzüglich Kurtaxe. www.campingdelemont.ch
Anfahrt: An der Ortseinfahrt von Delémont links den Hinweisschildern zum Campingplatz folgen. Vorsicht enge Zufahrt.

Wer den Abend lieber auf der gemütlichen Terrasse eines Gasthofes verbringen möchte, fährt von Delémont den Wegweisern zur **Chapelle de Vorbourg** nach. Nach kurvigen zehn Minuten erreicht man eine schmale Parkbucht an der sehenswerten Kapelle. Von hier kann man auch zur Ruine Vorbourg hinaufsteigen.

Weitblick am Burgturm

Der Spaziergang vor oder nach dem Essen: Ein Pfad führt vom Gasthof oder von der Kapelle hinauf zu den Resten der ehemaligen Burg. Mehr als ein aufragender Steinturm ist hier allerdings nicht mehr zu sehen. Dafür hat man von der Plattform zu Füßen der Ruine einen weiten Blick ins Laufental und auf Delémont. Eine knappe Viertelstunde braucht man hinauf – mit Pausen zum Luft holen, denn der Weg steigt ordentlich steil an.

Dahinter führt die Straße durch einen engen Felsdurchbruch und nach 150 Metern ist das blickreich am Hang gelegene **Restaurant du Vorbourg** erreicht. Bei passendem Wetter sitzt man auf der Terrasse, vor sich auf dem Tisch eine deftige Portion Rösti oder Karpfen. Neben den Tischen befinden sich Spielplatz und Ziegengehege. Nach dem Essen erlauben die freundlichen Wirtsleute auf Nachfrage gerne eine Übernachtung auf Ihrem ruhigen Parkplatz.

(011) WOMO-Gaststätte: Delémont Restaurant du Vorbourg

GPS: N 47°22'53.0", E 7°21'18.1", 524 m.
Max. WOMOs: 1–2
Ausstattung: Keine.
Beschreibung: Parkplatz am Ende einer Sackgasse, direkt neben der Terrasse und dem Außengelände mit Tiergehege. Ruhetag am Montag und Dienstag. www.restaurantvorbourg.ch
Anfahrt: In Delémont Richtung Chapelle de Vorbourg. An der Kapelle vorbei, durch den Felsdurchbruch (Engpass) und auf sehr schmaler Straße weiter bis zum Parkplatz am Gasthof. Wenig Platz zum Wenden, nur für kompakte Mobile geeignet.

Sind wir bis Delémont in dicht besiedeltem Gebiet unterwegs gewesen, steuern wir unser Wohnmobil jetzt in die ruhige Naturlandschaft des Jura. Zwischen Wiesen und Wäldern windet sich die Straße hinauf in Richtung Porrentuy. Wir folgen ihr bis links ein Abzweig nach **Saint-Ursanne** ins reizvolle, noch recht ruhige Tal des Doubs führt.

Kurz nach der Unterquerung der Autobahn erreichen wir einen **Kreisel vor der Doubsbrücke**. Hier teilen sich die Wege. Rechts befindet sich Saint-Ursanne, das von beiden Flussseiten angefahren werden kann, links direkt am Kreisel steht das moderne Holzhaus des **Maison de Tourisme**, einem Bistro, das gleichzeitig Touristeninfo und Anbieter von Angel- und Paddeltouren ist. Außerdem werden hier Fahrräder, E-Bikes und Inlineskates verliehen und Fahrten mit der Pferdekutsche angeboten. Direkt daneben bietet der **Camping Communal Le Chandelier** eine Handvoll wenig idyllischer Stellplätze unterhalb des eindrucksvollen Eisenbahnviaduktes. Auf der anderen

Blick auf Saint-Ursanne vom südlichen Doubsufer

Seite von Saint-Ursanne sind zusätzlich zwei Parkplätze für die Übernachtung freigeben. Besonders schön steht man auf keinem davon, dafür sind sie nahe am Ort und im Übernachtungspreis ist auch gleich der **Jura-Pass** enthalten, den man sich mit der Parkquittung im Tourismusbüro holen kann.

(012) Offizieller WOMO-Stellplatz: Saint-Ursanne

GPS: N 47°21‘43.1“, E 7°09‘04.0“, 435 m. **Max. WOMOs:** 10
Geöffnet: April bis Oktober. **Ausstattung:** Keine.
Beschreibung: Geschotterter Parkstreifen an der Zufahrtsstraße auf der Westseite des Ortes. Halbwegs ruhig, da die Straße wenig befahren ist. Fünf Minuten Fußweg zur Altstadt. In der Altstadt mehrere Gasthöfe zur Auswahl, unter anderem das Restaurant des Hotels Demi-Lune mit Terrasse über dem Doubs, Coop und Tourist-Information.
Preise: CHF 10, plus Kurtaxe. Jura-Pass inklusive. Bezahlung per QR-Code oder per Twint, max. 48 h.
Anfahrt: Die Altstadt über die westliche Doubsbrücke anfahren, 500 Meter nach dem Kreisverkehr rechts an der Straße. Nicht von der Ostseite durch die Altstadt hindurch fahren, da die Gassen zu schmal und die Stadttore mit 2,70 Meter für die meisten Wohnmobile zu niedrig sind.
Alternative: Der zweite Platz liegt auf der anderen Seite des Flusses rechts an der Straße im Gewerbegebiet und nahe an der Durchfahrtstraße bei GPS **N 47°21‘36.5“, E 7°09‘03.6“**. Die dritte Möglichkeit ist der Camping Le Chandelier, der ebenfalls Plätze für Wohnmobile bereithält.
www.chandelier.ch

Mittelalter trifft Neuzeit – die Altstadt von Saint-Ursanne

Durch eines der drei alten Stadtore betreten Sie den historischen Kern von Saint-Ursanne. Schmale pastellfarbene Häuser mit bunten Läden, nicht herausgeputzt, sondern mit reizvoller Patina, bestimmen das Ortsbild. Das Zentrum des Ortes bildet die Achse zwischen der großen Stiftskirche und der dekorativen Bogenbrücke über den Doubs.

Die Ursprünge von Saint-Ursanne sind frühchristlich. Ein irischer Mönch mit dem Namen Ursicinus soll um 600 n. Chr. in den Höhlen der Felswand über dem Fluss gelebt haben. Auf seinem Grab wurde das erste Kloster am Ufer des Doubs errichtet, das hier bis ins 19. Jahrhundert existierte. Die für den kleinen Ort überdimensional mächtige Kirche war einst ein Teil der

Klosteranlage. Auch Reste der Einsiedelei am Berg hinter der Stadt sind erhalten und wurden 1999 restauriert. Hinauf führt heute der Pilgerpfad, der die Besucher auf 190 steinernen Stufen zur Grotte des Eremiten führt. Der Aufstieg lohnt sich schon wegen des grandiosen Blicks über die Stadt.

In der Höhle des Eremiten – Spaziergang auf dem Skulpturenpfad

Gehzeit etwa 1 h 30, ordentlich steil, gut profilierte Schuhe sind sinnvoll. Den Zugang zur Eremitage haben wir lange gesucht, daher hier eine ganz genaue Beschreibung: Laufen Sie an der Stiftskirche durch das westliche Stadttor und dann direkt rechts, außen an den Häusern der Altstadt entlang (Rue de la Cousterie). Direkt hinter dem u-förmigen ehemaligen Klostergebäude markieren ein Tor und ein Hinweisschild (Ermitage) den Wegbeginn.

Von hier geht es, wie schon erwähnt, stufenreich bergauf. Zuerst erreicht man die **Hauskapelle**, dann eine Hütte, die noch im 17. Jahrhundert von Eremiten des Klosters bewohnt wurde. Vorbei an einer zweiten Kapelle erreichen wir dann die Grotte, in der ein hölzerner Saint-Ursanne neben seinem Bären ruht und auf Besucher wartet...

Sie können jetzt umdrehen und den Pfad wieder hinuntersteigen, oder Sie laufen einfach weiter. Aus dem ehemaligen Pilgerweg ist neuerdings ein **Skulpturenweg** geworden. Er führt zum Bahnhof, der sich ein gutes Stück oberhalb der Stadt befindet. Gehen Sie die Straße, auf die Sie am Ende des Pfades treffen, rechts hinunter, kommen Sie durch das östliche Stadttor in die Altstadt zurück.

Freizeitparadies Doubs

Wer Wanderungen am Flussufer, gemütliche Fahrradtouren oder einen Ausflug mit dem Kanu schätzt, der sollte hier bei Saint-Ursanne einen längeren Stopp einlegen. Besonders schön platziert man das Wohnmobil dazu auf dem Camping Tariche, der in Alleinlage etwa fünf Kilometer von Saint-Ursanne im Flusstal liegt.

(013) WOMO-Campingplatz: Saint-Ursanne / Tariche

GPS: N 47°20'03.0", E 7°08'25.0", 458 m,
Tel. 0041 (0) 32 4334619. **Geöffnet:** April bis Oktober.
Ausstattung: V/E, Campingküche, WLAN, Restaurant, Feuerstellen.
Beschreibung: Wenige Stellplätze für größere Wohnmobile und einige für Campingbusse am Rand der Zeltwiese. Wer in der Hauptsaison länger bleiben möchte, sollte reservieren. Gutes Restaurant mit schönen Plätzen an der Uferwiese. Überquerung des Doubs mit einem kleinen Fährboot zum Wanderweg auf der gegenüberliegenden Flussseite. Schöne Wanderungen und Radtouren direkt vom Platz.
Preise: CHF 36–52, Strom CHF 5, Mindestaufenthalt in der Hochsaison, www.tariche.ch.
Anfahrt: Am Kreisel vor dem Ort dritte Ausfahrt (also links), vorbei am Camping Communal und auf schmaler Straße etwa sechs Kilometer am Doubs entlang. Die Straße endet am Campingplatz, dahinter geht es nur noch mit dem Fahrrad weiter.

Flussexpedition vom Camping Tariche

Hin- und zurück ca. 1 h, beinahe eben. Die Uferwiese des Campingplatzes lässt eigentlich kaum Wünsche offen. Wenn Ihnen aber der Sinn nach einem einsamen romantischen Flussplätzchen und einem schönen Spaziergang steht, folgen Sie vom Wanderparkplatz am Campingplatz dem Uferweg. Schnell kommt man an schöne Wiesenplätze am Ufer. Mehrere Feuerstellen zeugen davon, dass diese gerne besucht werden. Nach etwa 20 Minuten gabelt sich der Weg. Wir folgen rechts dem Wanderweg und wählen wenig später an der nächsten Gabelung den unmarkierten unteren Weg. Er führt zum Ufer hinunter, wird zum schmalen Waldpfad und führt uns zu verborgenen Nischen am Flussufer.

Wer länger laufen möchte, folgt dem schöneren Uferweg auf der anderen Flussseite (dazu übersetzen mit der Tariche Flussfähre) in Richtung Soubey oder Saint-Ursanne. Soubey erreicht man vom Campingplatz auch gut mit dem Fahrrad. Der Weg ist als Mountainbikeroute markiert. Bis Soubey sind es zwölf Kilometer mit etwa 100 Höhenmetern.

Da der Camping Tariche mit seinen wenigen Plätzen für Wohnmobile schon fast chronisch vollständig belegt ist, hat man 2020 an der Straße zum Campingplatz einen provisorischen Parkplatz auf einem gemähten Wiesenareal am Flussufer angelegt. Es ist aber nicht sicher, ob dieser auf Dauer zur Verfügung steht. Sollte dieser Platz von der Straße nicht beschildert sein, existiert der Parkplatz vermutlich nicht mehr. Wegen seiner leicht experimentellen Zufahrt eignet er sich außerdem eher für Campervans.

(014) Offizieller WOMO-Stellplatz: Saint-Ursanne / Doubsufer

GPS: N 47°21'14.5", E 7°10'14.1", 432 m. **Max. WOMOs:** 10
Ausstattung: Keine.
Beschreibung: Provisorischer Wiesenparkplatz in schöner Berglandschaft und am Ufer des Doubs. Unebener Naturboden.
Preise: CHF 20. Zahlbar per Einwurf in eine Kasse am Parkplatz.
Sonstiges: Provisorisch angelegter Parkplatz im Coronasommer 2020. Es war noch nicht ganz klar, ob der Parkplatz dauerhaft existieren wird.
Anfahrt: Auf halbem Weg zum Camping Tariche rechts als Parkplatz ausgeschildert. Es geht steil hinunter und über eine Holzbrücke ohne Höhenschild (2,85 Meter haben locker durchgepasst). Direkt hinter der Brücke im spitzen Winkel rechts auf einem Schotterweg hinunter zum Fluss. Der Parkplatz ist hier beschildert. Die Zufahrt war selbst mit unserem handlichen Bus nur nach vorherigem Wendemanöver auf dem dafür vorgesehenen ebenfalls recht kleinen Asphaltplatz möglich. Unsere Empfehlung: für Fahrzeuge bis maximal 6,50 Meter Länge. Der Parkplatz selbst ist groß genug.

Einen weiteren interessanten Stellplatz für Fans naturnaher Unterkünfte gibt es zehn Kilometer flussaufwärts in **Soubey**. Die Straße zum kleinen Dorf am Doubs zweigt bei Saint-Ursanne links ab und schraubt sich in die grünen Jurahügel hinauf. Die Fahrt ist landschaftlich sehr reizvoll und für Wohnmobile in

Campingplatz am Bauernhof in Soubey

Normalgröße gut machbar. Nur wer von Soubey direkt nach Saignelégier weiterfährt, muss mit vielen engen und teilweise auch recht steilen Kurven rechnen.

(015) WOMO-Campingplatz: Soubey

GPS: N 47°18'27.5", E 7°02'50.4", 475 m. **Geöffnet:** Im Sommer.
Ausstattung: Toilette, Dusche, Feuerstellen.
Beschreibung: Sehr einfaches Campinggelände am Ortsrand über dem Flussufer. Stellplätze auf unebenem Naturboden, teilweise mit Flussblick. Dusche und WC im Wirtschaftsgebäude des Bauernhofes. Anmeldung auf dem Hof. Zufahrt zum Platz auf dem schmalen Schotterweg am Flussufer. Nette, hilfsbereite Besitzer, die man zur Anmeldung aber oft erst einmal auf dem Hof suchen muss. Nicht abschrecken lassen!
Preise: CHF 21.
Anfahrt: Am Ortseingang von Soubey die Brücke überqueren und auf dem schmalen Schotterweg direkt hinter der Brücke rechts abbiegen. Der Platz liegt am Hang auf der Wiese rechts am Fluss, der zugehörige Bauernhof ist das erste Haus an der Brücke. Man fährt direkt darauf zu. Der Platz ist nicht als Campingplatz beschildert, nur die ebenfalls vorhandenen Ferienwohnungen sind angeschrieben.

Im Ort Soubey gibt es einen Kanuverleih und der Stellplatz liegt außerdem ebenfalls direkt am Doubsuferweg, sodass Sie die Umgebung gut zu Fuß oder mit dem Fahrrad erkunden können.

Der Doubs

Fluvium dubium, der zweifelnde Fluss, nannten die Römer den Doubs. Betrachtet man seinen Verlauf auf einer Karte, wird schnell klar, woher der Name kommt. Zwischen der Doubsquelle bei Mouthe im französischen Jura und seiner Mündung bei Verdun sur le Doubs in die Saône liegen über 450 Flusskilometer, die beiden Orte sind aber nur 85 Kilometer voneinander entfernt. In großen Schleifen durchfließt der Doubs die einsamen Täler zwischen den Jurabergen in Richtung Norden, wechselt von Frankreich in die Schweiz und bildet über eine lange Strecke die französisch-schweizerische Grenze. Dann zieht er auf Schweizer Boden eine Schleife und wechselt auf der Höhe von Saint-Ursanne die Richtung, um kurzerhand in den Süden zurückzuströmen. Die Flussabschnitte im Schweizer Jura liegen deutlich tiefer als das umliegende Terrain und sind oft nur schwer erreichbar. Lange Uferpassagen sind daher praktisch unverbaut und der Fluss ist komplett naturbelassen. Ein Paradies für Wanderer, Mountainbiker und Kanuten.

Wandern am Doubs

Ein durchgehender Wanderweg führt von La Motte an der französischen Grenze bis Les Brenets in der Nähe des Jurastädtchens Le Locle immer am Flussufer entlang. Der besonders reizvolle 78 Kilometer lange Abschnitt zwischen Saint-Ursanne und Les Brenets lässt sich in vier Tagen erwandern. Nähere Informationen finden Sie unter www.wandersite.ch beim Stichwort Doubs-Uferweg.

An geeigneten Stellen finden Sie hier im Buch Vorschläge für kürzere Ausflüge auf dem Uferweg. So zum Beispiel ab Saint-Ursanne und Goumois / Le Theusserets. Von La Biaufond führt eine Rundtour zu den Todesleitern und von Les Brenets kann man zu den Doubswasserfällen wandern.

Der Doubs per Mountainbike

Entlang des Doubs verläuft auch eine anspruchsvolle Mountainbikestrecke mit über 800 Höhenmetern. In den weniger bergigen Bereichen zwischen Saint-Ursanne und Goumois kommen aber auch sportliche Normalradler zurecht. Ein separater, meist asphaltierter Bikeweg ist von Saint-Ursanne markiert. Eine Beschreibung der großen Doubs-Tour finden Sie unter www.outdooractive.com.

Das Tal des Doubs

Kanutouren auf dem Doubs

Eine ganz andere Art, dem Fluss zu folgen, ist ein Ausflug mit dem Kanu. Da der Doubs beim passenden Wasserstand zwar flott dahinfließt, aber kaum wirklich schwierige Stellen hat, werden im Sommer an mehreren Stellen Tagestouren angeboten. Die Strecke zwischen Goumois und Soubey, sowie der Abschnitt zwischen dem Camping Tariche und Saint-Ursanne sind auch für wenig geübte Kanuten befahrbar. Eine kritische Passage befindet sich kurz hinter Soubey.

Mit dem Maison du Tourisme (Saint-Ursanne) startet man am Camping Tariche und folgt dem Fluss bis Saint-Ursanne. Für eine betreute Halbtagestour mit Kanuguide zahlt man etwa CHF 60 pro Person. Paddeln kann man bei passendem Wasserstand von April bis Oktober. Tel. 0041 (0) 32 4610000, www.maisondutourisme.ch.

Für etwas erfahrenere Kanuten, die nicht mehr auf Begleitung angewiesen sind, gibt es einen weiteren Kanuverleih in Soubey. Hier werden die Strecken Goumois-Soubey mit vier bis fünf Stunden (CHF 60 pro Person) und Clairbeaf-Soubey mit ein bis zwei Stunden (CHF 40 pro Person) angeboten. Anmeldung Tel. 0041 (0) 78737 2147, www.flotnature.ch.

Eine sehr interessante Adresse befindet sich in Goumois. Auf der französischen Seite des Doubs hat die Kajakschule Goumois Evasion ihr Quartier. Das Programm reicht vom Kajakkurs auf der Wildwasserstrecke Goumois bis zur zweitägigen Doubsfahrt bis Saint-Ursanne. Auch Tagesfahrten zwischen ein und fünf Stunden sind möglich. Der Preis enthält Kanu- oder Kajakmiete, Versicherung und Transportservice und ist in der Region beim augenblicklich hohen Stand des Schweizer Franken konkurrenzlos: € 45 pro Person kostet die 16 Kilometer lange Tagestour nach Soubey. Goumois Evasion, Chemin des Seignottes, F 25470 Goumois, Tel. 0033 (0) 38 1442130, www.goumoisevasion.org.

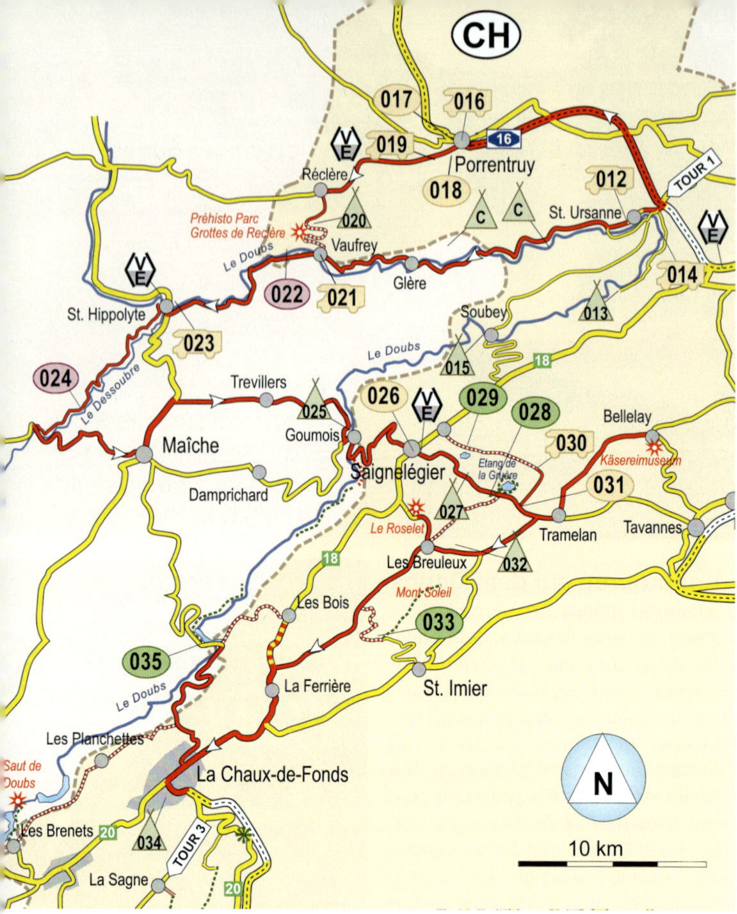

TOUR 2 135 km

Durch die Freiberge

Saint-Ursanne – Porrentruy – Saint-Hippolyte – Vallée du Dessoubre – Saignelégier – Bellelay – Les Breuleux – Mont Soleil – La Chaux-de-Fonds – La Biaufond

Stellplätze:	Porrentruy, Vaufrey, Montjoie le Château, St. Hippolyte, Saignelégier, Étang de la Gruère, Étang de Royes, Tramelan, Mont Soleil, La Biaufond
Campingplätze:	Préhisto Parc, Goumois, Saignelégier, Les Breuleux, La Chaux-de-Fonds
Besichtigen:	Porrentruy, Préhisto Parc, Grottes de Leclère, Pferdegnadenhof Le Roselet, Käsereimuseum Bellelay, Museen und Zoo in La Chaux-de-Fonds
Wandern/Radtour:	Doubsuferweg in Goumois und Biaufond, Étang de la Gruère, Étang de Royes, Energielehrpfad Mont Soleil
Erlebnis:	Paddeltour auf dem Doubs ab Goumois

Grüne Berge und stille Täler bestimmen die typische Landschaft der Freiberge. Weder die Landschaft, noch die Orte sind spektakulär. Dieser Teil des Jura ist keine Region der Superlative. Dafür finden Sie ein wild gebliebenes Flussufer, viel Natur, freundliche Menschen und wenig Trubel, Raum zum Wandern, für lange Spaziergänge und gemütliche Abende. Urlaub eben.

Von Saint-Ursanne lohnt ein Abstecher zur schönen alten Stadt **Porrentruy** mit ihrem schmucken Schloss, das von 1527 bis 1792 Residenz der Basler Fürstbischöfe war, und einer malerischen Altstadt mit alten Bürgerhäusern. Sie erreichen die Stadt gut und schnell, wenn Sie von Saint-Ursanne ein kurzes Stück auf die Autobahn fahren. Fahren Sie an der Auffahrt Saint-Ursanne zuerst ein Stück in Richtung Delémont, treffen Sie am Rastplatz **Aire de repos de Boécourt** bei **GPS N 47°20'27.2", E 7°13'23.8"** auf eine neue kostenlose V/E mit Euro-Relais und Grauwassereinlass. An der Ausfahrt Bassecourt geht es dann zum Richtungswechsel von der Autobahn.

Einen Tunnel und zwei Ausfahrten weiter sind Sie dann am Ziel. Porrentruy macht ihnen die Besichtigung besonders einfach: Es gibt einen gut gelegenen offiziellen Stellplatz, der sogar im Ort ausgeschildert ist. Sind die vier Plätze belegt, bieten die Parkplätze am Schloss eine gute und noch zentralere Ausweichmöglichkeit.

(016) Offizieller WOMO-Stellplatz: Porrentruy Altstadt

GPS: N 47°25'11.4", E 7°04'31.0" **Max. WOMOs:** 5
Ausstattung: Keine.
Beschreibung: Parkfläche am Bach mit Blick auf das Schloss, ruhig und trotzdem zentral zwischen Schloss und Altstadt gelegen. Vier markierte Plätze in ausreichender Größe. Max. 24 h.
Anfahrt: Route de l'Allaine, von der Autobahn in Richtung Zentrum fahren, auf der Allée de Soupirs rechts am Zentrum vorbei, rechts über den Fluss und gleich wieder links in die Rue Elsaesser zum beschilderten Parkplatz.

(017) WOMO-Parkplatz: Porrentruy Château

GPS: N 47°25'11.6", E 7°04'19.1".
Max. WOMOs: 4–5.
Ausstattung: WC tagsüber im Schlosshof.
Beschreibung: Parkplatz oben auf dem Hügel hinter dem Schloss. PKW-Buchten.
Im Sommer ist auf der Wiese vor dem Tor zusätzlich ein spezieller Parkplatz für Wohnmobile beschildert. **Preise:** CHF 10 plus Kurtaxe, inkl. Jurapass. **Anfahrt:** Die Zufahrt funktioniert nur von der Westseite über die Rue du Gravier und den Chemin du Château, der zum Schloss hinaufführt. Vor dem Tor geht es links zu den Parkplätzen.

Altstadt und Burg von Porrentruy
Vom Stellplatz gehen Sie über die Brücke zurück bis zur Rue Pierre Péquignat. Links geht es hier ins Zentrum der Altstadt, rechts überqueren wir erneut eine schmale Brücke und kommen in die Faubourg de France. Von hier aus gibt es einen »Geheimpfad« zum Schloss. Er führt durch die Tür eines der Häuser (wenn man genau hinsieht, ist der Eingang beschildert) und durch ein Treppenhaus und einen langen Gang hinauf. Durch eine schwere Holztür betritt man den Schlosshof. Hinunter muss man dann außen herum durch das Hoftor und den Chemin du Château zurück in die Unterstadt.

Inzwischen gibt es in Porrentruy auch eine V/E-Station, diese befindet sich jedoch etwas außerhalb am Stadtrand. Auf dem Weg dorthin passieren wir auch noch einen hübschen **Rastplatz mit weiter Sicht**. Dazu folgen wir am Ortsende den braunen Schildern mit dem Aufdruck **Jurassia** und kurz darauf dem Schild zum Picknickplatz Fouilles du Banné auf einen grünen Hügel über einem Tunnel der Autobahn. Die Grillhütten hier oben werden gegen Gebühr vermietet. Nur wenn sie nicht belegt sind, eignen sich die Parkplätze an den Hütten auch für eine Pause. [**018:** N 47°24‘22.1“, E 7°04‘18.9“, Fouilles du Banné].

Noch etwas weiter stadtauswärts treffen wir dann auf den Parkplatz mit der V/E.

(019) Offizieller WOMO-Stellplatz: Porrentruy

GPS: N 47°24‘15.4“, E 7°03‘35.3“ **Max. WOMOs:** 2
Ausstattung: Euro-Relais mit Grauwassereinlass.
Beschreibung: Asphaltplatz nahe der Autobahn mit Parkplätzen für LKWs und der Möglichkeit direkt hinter der V/E auch mit einem Wohnmobil stehen zu bleiben. Der Platz hat allerdings den Charme einer Autobahnraststätte und ist eher wegen der V/E-Station interessant.
Anfahrt: Am Kreisel am westlichen Stadtrand in Richtung Autobahn fahren und am nächsten Kreisel, kurz vor der Auffahrt links auf den Parkplatz fahren. Wohnmobilplätze und V/E befinden sich am Gebäude.

Mit einem größeren Wohnmobil sollten Sie nach dem Stadtbesuch auf gleichem Weg nach Saint-Ursanne zurückfahren. Mit wendigen Fahrzeugen fahren wir weiter über Chevenez und Reclère zum Doubs hinunter. Das **Nadelöhr** auf dieser kürzeren Route ist die schmale, kurvige Straße von Reclère hinunter zum Fluss.

Die Alternative für große Wohnmobile
Von Saint-Ursanne führt die Strecke immer am Doubs entlang, vorbei am **Camping Le Moulin du Doubs**, der weitgehend von Dauercampern okkupiert ist, und erreicht wenig später bei **La Motte** die französische Grenze. Ein Haus und eine rot-weiße Schranke sowie das Hinweisschild Douane – Zoll – mehr ist nicht zu sehen. Im Örtchen Glère markiert ein Schild den Abzweig zum 1000 Meter entfernten preisgünstigen Camping **Communal Le Clos du Doubs** mit schattigen Plätzen am Hang bei **GPS N 47°20'39.0", E 7°00'54.0"**. In Vaufrey treffen sich dann beide Routen wieder.

Von Porrentruy rollen wir über die Hochebene in Richtung **Courtedoux**, biegen links ab nach **Chevenez** und folgen der Beschilderung zu den **Grottes de Reclère** und zum Préhistoparc. Unser Ziel erkennen wir am großen Parkplatz mit schöner Picknick- und Grillecke. Zwischen den Parkflächen rechts der Straße befindet sich die Zufahrt zum Campingplatz, links der Straße ein Restaurant und der Eingang zu Dinopark und Tropfsteinhöhle.

Der Préhisto-Park und die Tropfsteinhöhle von Leclère

Sie laufen gemütlich durch den Wald und hinter dem grünen Blätterdach einer alten Buche entdecken Sie ein merkwürdiges Tier. Riesengroß und mit scharfen spitzen Zähnen. Die Kinder beginnen zu rennen: Da hinten ist der Tyrannosaurus Rex! Ob Sie damit recht haben, verrät ein Schild am Fuße der lebensgroßen Plastikechse. Der Tyrannosaurus ist zwar der Größte, aber längst nicht der einzige Riesensaurier im Wald von Leclère. 45 lebensechte und originalgroße Sauriermodelle verbergen sich entlang des zwei Kilometer langen Weges zwischen den Bäumen und ermöglichen kleinen und großen Saurierfans den Vergleich und genaue Betrachtungen.

Damit die Atmosphäre noch ein bisschen uriger wird, steigen Sie vorher oder hinterher über 550 Stufen in die benachbarte Tropfsteinhöhle hinab. Auch dort ist Gänsehaut garantiert, wenn Sie die Pullover im Womo vergessen, dafür sorgt die konstante Temperatur von 7°C.

Der Park ist geöffnet von Ostern bis Mitte November von 10–17.30 Uhr, im Juli und August von 9.30–18 Uhr. Eintritt CHF 8, Kinder 4–15 Jahre CHF 6. Führungen in die Höhle finden in der Nebensaison um 11.30 und um 14.30 Uhr statt. Im Juli und August auch um 15.45 Uhr. An Feiertagen und in den Schulferien zusätzliche Termine. CHF 11, Kinder 4–15 Jahre CHF 7. Auch Kombikarten, www.prehisto.ch.

Wer jetzt genug gefahren ist, findet direkt gegenüber einen zum Park gehörenden Campingplatz

(020) WOMO-Campingplatz: Réclère/Les Grottes

GPS: N 47°21'30.0", E 6°54'55.6", 660 m, Route des Grottes 75, Tel. 0041 (0) 32 4767232. **Geöffnet:** Ostern bis Oktober.
Ausstattung: V/E, Spielplatz, Restaurant.
Beschreibung: Kleiner Platz mit Grillstelle. Wohnmobile stehen auf der zentralen Wiese. Auf dem Platz verteilt stehen drei große Jurten und im hinteren Bereich viele kleine Häuschen. Auf dem Gelände des Campingplatzes gibt es auch einen Reitstall. Ausritte und Ponytouren für Kinder möglich.
Preise: CHF 28, Strom CHF 4, camping-restaurant-les-grottes.ch.
Anfahrt: Gegenüber dem Prehisto-Parc.

Wir fahren nach dem Besuch in etlichen engen Kurven hinunter ins Doubstal und überqueren dabei die **französische Grenze**. Das Tal erreichen wir bei Vaufrey. Hier geht es rechts in Richtung Saint-Hippolyte. An der Ortsausfahrt rechts vor der Brücke treffen wir auf einen schönen Picknickplatz am Flussufer mit zwei für Wohnmobile reservierten Plätze.

(021) Offizieller WOMO-Stellplatz: Vaufrey

GPS: N 47°20'49.5", E 6°55'19.4", 400 m. **Max. WOMOs:** 2
Ausstattung: Picknicktische, Mülleimer.
Beschreibung: Zwei direkt nebeneinanderliegende asphaltierte Plätze am Rand eines kleinen Parkplatzes und an einem Wiesenstreifen direkt am Flussufer. Am Dorfrand und vor einigen Häusern gelegen.
Anfahrt: In Vaufrey vor der Doubsbrücke rechts.
Alternative: Fährt man die Straße weiter, trifft man hinter dem Sportplatz auf ein einfaches Campinggelände, auf dem man ebenfalls am Flussufer steht.

Noch einmal 1,5 Kilometer weiter vor den Häusern von Montjoie Le Château folgt der nächste kleine Picknickplatz. Dazu überqueren wir die schmale blaue Brücke zum Ort und biegen direkt dahinter links in die Parkbucht unter Bäumen ab.

(022) WOMO-Picknickplatz: Montjoie Le Château

GPS: N 47°20'50.0", E 6°54'08.0", 398 m. **max. WOMOs:** 1–2
Ausstattung: Picknicktische, Mülltonne, Wertstoffcontainer.
Beschreibung: Abgeschirmt durch eine Hecke an einer ruhigen Straße in Sichtweite des Ortes, Blick auf den Doubs. Schatten unter Bäumen.
Anfahrt: Von der Kantonalstraße in Richtung Montjoie Le Chateau abbiegen, gleich hinter der schmalen blauen Brücke links. Die Zufahrt ist geschottert und recht eng, sodass der Platz nur für Campingbusse und schmale Wohnmobile passt.

Bei der Weiterfahrt auf der Uferstraße lädt in Soulce Cernay noch einmal eine sanft abfallende Wiese am Fluss, mit Parkmöglichkeit am Straßenrand, zur Pause ein. Wir wollen aber noch ein Stückchen weiter und rollen kurz darauf ins malerische französische Örtchen **Saint-Hippolyte**. Mit größeren Mobilen dürfte der Engpass zwischen den ersten Häusern des Ortes nicht ganz einfach zu fahren sein. Dann ist das Zentrum mit zwei schön gelegenen Restaurants rechts und links an der Doubsbrücke erreicht. Rechts unten sieht man bereits den großen Parkplatz, der sich als Stellplatz für eine Nacht anbietet. Ein Bummel durch die Straßen und ein Abendessen auf einer der beiden Restaurantterrassen über dem Fluss sorgen für einen runden Urlaubsabend.

(023) Offizieller WOMO-Stellplatz: Saint-Hippolyte

GPS: N 47°19'07.0", E 6°48'54.0", 377 m. **Max. WOMOs:** 8
Ausstattung: Mülleimer.
Beschreibung: Markierte Stellplätze am Rand eines großen ebenen Parkplatzes im Ort und direkt am Fluss. Asphaltiert und problemlos anzufahren auch für Dickschiffe. Platziert man das Wohnmobil an der Seite, hat man einen schönen Blick auf den Fluss und ein Stück Wiese direkt vor der Nase. Zwei Restaurants in unmittelbarer Nähe, Pizzeria und Kebab im Ort.
Anfahrt: Im Ort rechts über die Doubsbrücke und wieder rechts auf den Parkplatz am Fluss. V/E am Ortsende links an der Rue de Montbéliard bei **GPS N 47°19'33.2", E 6°48'35.6"**.

Im Tal des Dessoubre

Die nächste Etappe unseres Frankreichausfluges führt uns in das Tal des Dessoubre, der in Saint-Hippolyte in den Doubs mündet. Er fließt durch ein beinahe unverbautes enges Tal, sodass heute erst mal nur Natur angesagt ist. Die schmale Straße schlängelt sich immer direkt am Fluss entlang und so treffen wir schnell auf den ersten Picknick- und Angelplatz am Ufer **GPS N 47°17'24.0", E 6°46'34.0"**. Hier wurde bei unserer letzten Recherche im Herbst 2020 gebaggert und Kies aufgeschüttet, um den Bachlauf zu verengen.

Noch schöner ist es an der zweiten Parkbucht links der Straße. Durch Bäume und Hecken geschützt, hat man eine Handvoll **Picknicktische auf der Uferwiese** verteilt. Kinder können prima am Wasser spielen und die Wiese bietet sich für ein ausgiebiges Sonnenbad an – hier kann man locker ein paar entspannte Urlaubsstunden vertrödeln. Auch eine Übernachtung wäre eventuell denkbar – die Parkbucht liegt bei [**024:** N 47°16'25.7", E 6°45'27.4", Dessoubre] direkt neben der schmalen, wenig befahrenen Straße.

Dann erreichen wir eine Kreuzung und überqueren rechts die **Brücke über den Dessoubre** und verlassen das stille Flusstal in Richtung Schweizer Grenze.

Bélvèdere de Fougères: An Ostern holt uns auf den Jurahöhen der Winter ein.

Wenn Sie jetzt der Hunger plagt, folgen Sie dem Dessoubre noch zwei bis drei weitere Kilometer. Fahren Sie dann links hinunter zum Fluss, geht es wenig später links in die Zufahrt des **Gasthofes La Truite du Moulin**, wo man frische Forellen für Sie zubereitet.

Der direkte Weg zur Grenze führt über die Brücke und in vielen Kurven den Hang hinauf nach **Maîche**. Je höher wir kommen, desto weiter wird auch der Blick. In Maîche kann man prima zu Europreisen einkaufen. Besonders einladend sind die kleineren Läden rechts und links der Hauptstraße, aber auch ein Supermarché ist vorhanden. Ausgestattet mit frischer Baguette, Croissant und Pain au Chocolat machen wir uns wieder auf den Weg.

Von Maîche geht es auf der D437 bis **Les Breseux** und dort rechts über **Tiéhbouhans** zurück in die Schweiz. Nach Fessevillers kurven wir von der Jurahöhe wieder hinunter zum Doubs. Zwei Aussichtspunkte mit grandiosem Talblick lohnen einen Stopp. Beide liegen unauffällig neben der Straße. Das **Bélvèdere des Fougères** bei **GPS N 47°17‘03.1“, E 6°56‘07.8“** in einer scharfen Rechtskurve am links abzweigenden Fußweg, das zweite **Bélvèdere Bief Parou** weiter unten am Berg kurz vor Goumois direkt an der Straße.

Goumois ist als Ort ein Kuriosum, das an der Schweizer Grenze gar nicht so selten ist. Der Ort besteht zwar nur aus wenigen Häusern, aber die sind auf beiden Flussseiten verteilt. Die Grenze zwischen Frankreich und der Schweiz verläuft mitten hindurch. In der Mitte der Doubsbrücke wechselt man unauffällig das Land und die Währung. Außerdem findet man auf jeder Flussseite einen Campingplatz und dazwischen eine Slalomstrecke für Kajakfahrer. Kanuverleih und Kanuschule befinden sich in Frankreich, das Camp für Kanuten in der Schweiz.

Ausflug auf dem Wasser

Sie können den Doubs zwischen Goumois und Soubey aber auch vom Wasser aus erkunden: Kanutouren und Kajakkurse zu sehr fairen Preisen bietet Goumois Evasion. Vom zweistündigen Kurzausflug bis zur Drei-Tagetour ist alles möglich. Wildwasserfreaks testen Ihre Geschicklichkeit auf der Slalomstrecke. Die Kanustation finden Sie im französischen Ortsteil. Die Zufahrt zweigt zwei Straßenkehren oberhalb des Flusses von der Ortsdurchfahrt ab. Mehr Infos übers Paddeln auf dem Doubs auf Seite 33.

Fahrradtour zur Moulin du Plain

Radelt man vom Campingplatz auf der schmalen Straße am Flussufer weiter, erreicht man nach etwa vier Kilometern ein sehr schönes Wiesengelände am Fluss unterhalb des Hotel-Restaurants Le Moulin du Plain. Ab hier ist der Weg nur noch geschottert und wird Stück für Stück schmaler und unebener bleibt aber mit dem Fahrrad befahrbar bis Sie kurz hinter Clairbeef über eine Fußgängerbrücke zur anderen Doubsseite wechseln und auf Schweizer Boden über einen bequemen Weg nach Goumois zurückradeln können.

(025) WOMO-Campingplatz: Goumois
Camping Municipal de la Forge

GPS: N 47°16'12.3", E 6°57'02.3", 506 m, Rue de la Forge 24,
Tel. 0033 (0)38 1442719. **Geöffnet:** April bis Oktober.
Ausstattung: WC-Entleerung.
Beschreibung: Auf der französischen Seite. Einfacher kleiner Platz am Fluss etwa 1.000 Meter vom Ort entfernt. Einige schöne Stellplätze auf Terrassen über dem Flussufer, zweiter Platzteil dahinter am Hang. Einfache Sanitäranlagen. **Preise:** € 16 – 19, Strom € 3, www.goumois.org/camping.
Anfahrt: Auf der französischen Seite vor der Brücke links, ein Kilometer auf sehr schmaler, schlecht asphaltierter Straße am Doubs entlang.
Alternative: Auf dem **Camping Vieux Pont** (Foto links) auf der Schweizer Seite steht man auch sehr schön.

Wer nur eine **Pause am Flussufer** machen möchte und einen Campingbus fährt, biegt schon in der Kurve vor dem Ort rechts ab. Beschildert ist hier eine Kanustation. Die Straße ist mindestens ebenso schlecht asphaltiert wie die Zufahrt zum Campingplatz und auch streckenweise kaum breiter als ein PKW. Es gibt aber ausreichend Ausweichstellen. Nur wenn uns einer der Transporter mit Kanus an der falschen Stelle entgegenkommt, wird es aufregend. Unten am Fluss bei **GPS N 47°14‘46.3“, N 6°57‘09.0“** treffen wir auf einen kleinen Picknickplatz und die örtliche **Kanueinsetzstelle**, die beim Parken nicht blockiert werden darf. Zwischen 22 und 8 Uhr sind Wohnmobile hier unten verboten.

Leichter zu erreichen ist der kleine **Picknickplatz** bei **GPS N 47°15‘53.3“, E 6°57‘00.2“** rechts an der Zufahrt zum Camping de la Forge. Für eine kurze Pause kann man hier am Straßenrand parken. Hinter dem Picknickbereich hilft dann ein geschotterter Parkplatz beim Wenden.

Auf der Schweizer Seite lockt eine besonders schöne Wanderung auf dem **Doubs-Uferweg**. Fährt man aus dem Ort hinaus und dann den Berg hinauf, zweigt direkt in der ersten Kurve ein schmaler Fahrweg mit einigen Schlaglöchern (etwa 1,5 km) zum **Mühlengasthof Le Theusseret** ab, der hier einsam am Flussufer steht. Auch diese »Straße« ist nur für Campingbusse vertretbar. Man kann die Wanderung aber auch aus Goumois starten.

Auf dem Doubsuferweg – von Le Theusseret nach La Goule

Gehzeit: 50 Minuten einfach. Vom Parkplatz laufen wir an der Mühle vorbei und spazieren auf gutem ebenen Weg zur Terrasse des Gasthofes. Wenn Sie es schaffen vorbeizulaufen, ohne sich an einem der einladenden Tische niederzulassen, erreichen Sie immer am Wasser entlang nach 50 Minuten die **Doubsbrücke** beim **Gasthof La Goule**, der nach einer Pause ein guter Platz zur Umkehr ist. Man könnte aber auch die Flussseite wechseln und weiter gehen, so lange die Lust reicht. Nach vier Stunden stünde man dann in La Biaufond an unserem **Stellplatz (035)**.

Auf dem Doubsuferweg – von Goumois nach Le Theusseret

Gehzeit: 35 Minuten einfach, etwa 80 Höhenmeter. Wer nicht über den Schotterweg zur Mühle hinabfahren will, startet die Wanderung schon in Goumois. Hierzu läuft man auf der Schweizer Seite der Flussbrücke etwa 500 Meter die Straße hinauf und biegt dann an zwei Ferienhütten rechts auf den gelb markierten Wanderweg ab. Der Weg führt hinab zur Kanu-Slalomstrecke und zwischen dicken Felsbrocken mit dichtem grünem Moospelz am Fluss entlang bis zum Kanu-Camp. Von dort folgt man dem geschotterten Fahrweg und steht nach etwa zehn Minuten an der Mühle und am Wanderparkplatz.

Hinter Goumois schraubt sich die Straße erneut aus dem Tal hinaus und bringt uns nach **Saignelégier**, der Hauptstadt der Pferde im Zentrum der Freiberge.

Von Freibergen und Freibergern – Saignelégier und die Pferde

Freiberger gibt es zweibeinig und vierbeinig. Nicht nur die Einwohner der Region, die auf Französisch als Franches Montagnes bezeichnet wird, sind echte Freiberger, auch die einzige ursprünglich schweizerische Pferderasse trägt diesen Namen. Geologisch betrachtet bestehen die Freiberge aus grünen Hochebenen mit karstigem Boden und nur wenig tiefer liegenden Talmulden, die durch ihren Moorboden für die Landwirtschaft wenig geeignet sind. So wurde das Gebiet schon immer als Weideland genutzt. Neben Kühen und Schafen siedelte man in den Bergen auch Pferde an. Freiberger sind kleiner und stämmiger als das moderne europäische Sportpferd und als alte Haustierrasse ein Relikt aus einer Zeit, als Pferde auch zum Arbeitseinsatz gezüchtet wurden. Heute bewähren sie sich als zuverlässige Kutsch- und Reitpferde und werden als genügsame und nervenstarke Freizeitpferde wiederentdeckt.

Die Pferdezucht hat in den Freibergen eine lange Tradition. Im Jahre 1384 hatte der zuständige Fürstbischof der Region eine entscheidende Idee: Um die bis dahin wilden und öden Berggebiete zu besiedeln, stellte er einen Freibrief aus. Wer sich auf den kargen Jurahöhen eine Existenz aufbaute, war auf alle Zeit von Zins- und Steuerzahlungen befreit. Und so kamen die Berge zu ihrem Namen: Freiberge. Anfangs vom Kloster von Saint-Ursanne aus geleitet, wuchs die Region langsam heran. Seit 1691 ist Saignelégier, eines der damals neu gegründeten Dörfer, Verwaltungszentrum der Region und damit auch der Pferdezucht, die von Anfang an eine wichtige Rolle spielte. Wenn Sie jetzt waschechte Freiberger sehen wollen, müssen Sie bei der Fahrt durch die Freiberge eigentlich nur die Augen offenhalten – oder Sie machen einen Besuch im wenige Kilometer entfernten Le Roselet.

Le Roselet – Ein Ausflug für Pferdefreunde

Le Roselet ist eigentlich ein Gnadenhof für alte Pferde. Die Stiftung für das Pferd betreibt in unmittelbarer Nähe außerdem noch die kleineren Stationen Maison Rouge und Jeanbrenin. Le Roselet ist repräsentativ. Es erwarten Sie keine handgebauten, wackligen Holzstallungen, sondern eine aufwendig, nach neuesten Erkenntnissen der artgerechten Tierhaltung, errichtete Anlage mit Boxen, Laufställen und Koppeln. Etwa 170 Pferde, Ponys und Esel, von denen die meisten gut über 25 Jahre alt sind, genießen hier einen unbeschwerten Lebensabend mit viel Freiraum und der Gesellschaft von Artgenossen. Außerdem finden Sie in Le Roselet im linken Stallgebäude eine Gruppe Esel und die Quartiere der vier Freiberger Zuchtstuten. So springen auf dieser einen Koppel statt munteren Senioren ebenso muntere Fohlen herum. In Le Roselet und Maison Rouge können Sie die Stiftung mit einem Restaurantbesuch unterstützen. Die Anlagen dürfen täglich zwischen 7 und 19 Uhr von Besuchern betreten werden. Der Eintritt ist kostenlos.

Die Anlage von Le Roselet liegt gleich neben der Straße von Saignelégier über Les Embois nach Les Breuleux und ist auch mit größeren Womos gut zu erreichen. Parkplatz Le Roselet: ***GPS N 47°13'24.0", E 7°00'19.0".*** *Wenn Sie auch die anderen Stationen sehen wollen: Maison Rouge finden Sie wenige Kilometer weiter bei Le Bois und Le Jeanbrenin südöstlich von Tramelan. Beide Höfe sind im entsprechenden Ort ausgeschildert. Weitere Informationen über die Stiftung unter www.philippos.ch.*

Außerhalb des Ortes **Saignelégier** in Richtung Étang de la Gruère steht eine Euro-Relais-Station, an der man kostenlos entsorgen und Frischwasser tanken kann. Die Parkzeit ist auf vier Stunden beschränkt. **GPS N 47°15'09.0", E 7°00'13.0"**. Über Nacht kann man das Wohnmobil auf einem Parkplatz auf der gegenüberliegenden Straßenseite unterbringen. Dieser liegt allerdings direkt an einer mäßig befahrenen Landstraße.

(026) Offizieller WOMO-Stellplatz: Saignelégier

GPS: N 47°15‘11.7“, E 6°59‘51.9“, 998 m. **Max. WOMOs:** 15.
Ausstattung: Euro-Relais an der Manège des Franches-Montagnes.
Beschreibung: Asphaltierter Großparkplatz an der Pferdemarkthalle am Ortsrand und an der ausgedehnten Veranstaltungswiese mit kleinem Spielplatz. Das beliebte Künstlercafé Le Soleil befindet sich direkt an der Einfahrt zum Parkplatz. Nicht nutzbar am Marché Concours, zum Viehmarkt Ende August und bei sonstigen Veranstaltungen in der Halle. Max. 48 h.
Preise: CHF 10 plus Kurtaxe. Buchung über booking.juratroislacs.ch. Mit Zahlungsbestätigung kann man den Jurapass im Tourismusbüro beziehen.
Anfahrt: Von der Ortsdurchfahrt in Richtung Étang de la Gruère abbiegen und gleich darauf rechts, vorbei am Café, hinter der Halle an der Wiese.
Hinweis: Bei N 47°15'10.4“, E 7°0'13.9“ befindet sich ein Euro-Relais links der Straße (Mai bis September). Auch hier kann man über Nacht parken, der Platz liegt jedoch direkt an der Straße.

Auch tagsüber ist der ruhige Parkplatz an der Pferdemarkthalle gut für eine Pause – vorausgesetzt Sie kommen nicht zum wichtigsten Ereignis des Jahres, welches die ruhige Kleinstadt Saignelégier in einen quirligen Ausnahmezustand versetzt. Jedes Jahr am zweiten Wochenende im August besuchen Tausende den **Marché Concours**, den größten Pferdemarkt der Freiberge. Mit Wagenrennen und Pferdeschau wird hier die Rasse der Freiberger vorgestellt. Zum Pferdemarkt und für längere Aufenthalte empfehlen wir den sympathischen kommunalen Campingplatz zwei Kilometer außerhalb des Ortes.

(027) WOMO-Campingplatz: Camping Saignelégier

GPS: N 47°15‘11.0“ E 7°01‘10.0“, 963 m, Sous la Neuvevie 5a, Tel. 0041 (0)79 565 1803. **Geöffnet:** Mai bis Oktober.
Ausstattung: WC-Entsorgung, kleiner Laden mit Baguette-Service. WLAN.
Beschreibung: Schön gelegener Naturcamping, unparzellierte Stellplätze im lichten Wäldchen mit schönem alten Baumbestand. Sanitäranlagen eher einfach, aber sauber. Viele Feuerstellen, die an schönen Sommerabenden ausgiebig genutzt werden und den Platz in eine große nach Holzfeuer duftende Rauchwolke tauchen. Nette junge Betreiber. In den Ferien viele Familien.
Preise: CHF 34, www.campingsaignelegier.ch.
Anfahrt: Von Saignelégier in Richtung Tramelan. Nach 2 km links der Straße.

Unbedingt lohnenswert ist ein Stopp am Naturschutzgebiet rund um den **Étang de la Gruère**. Dazu verlässt man Saignelégier in Richtung Tramelan. Vorbei am Campingplatz erreichen wir erst das **Naturschutzzentrum La Cerlatez** und dann den Weiler Theurre mit dem Gasthof Auberge de la Couronne. Kurz hinter dem Gasthof befindet sich auf der rechten Straßenseite der Wanderparkplatz.

(028) WOMO-Wanderparkplatz: Étang de la Gruère

GPS: N 47°14'24.0", E 7°02'20.0", 1017 m. **Max. WOMOs:** 1 – 2
Ausstattung: Keine.
Beschreibung: Geschotterter ebener Parkplatz etwas oberhalb der Straße. 10 Minuten Fußweg zum Rundweg um den Étang de la Gruère. Auf dem Weg dorthin stehen links unter den Bäumen mehrere Picknicktische.
Etwa 200 Meter zum Restaurant Auberge de la Couronne. Der Weg zum See beginnt auf der gegenüberliegenden Straßenseite. Für die Umrundung sollte man eine knappe Stunde rechnen.
Anfahrt: Rechts an der Straße von Saignelégier nach Tramelan.
Ausweichparkplatz: Ist der Parkplatz belegt, findet man weitere Parkmöglichkeiten ein kurzes Stück weiter am direkt an der Straße gelegenen Sägewerk. Zum Übernachten ist dieser Platz ungeeignet, aber auch von hier hat man einen kurzen Zugang zum Seeuferpfad.

Der Étang de la Gruère

Wenn man in der Moorlandschaft rund um den Étang de la Gruère unterwegs ist, käme man nie auf die Idee, dass man einen Stausee vor sich hat. Ursprünglich gab es hier nur einen Teich, der im 17. Jahrhundert durch einen Erdwall aufgestaut wurde, um eine Mühle und später eine Sägerei zu betreiben. Heute fließt das Wasser vom See in ein tiefes Erdloch und kommt erst bei Tramelan wieder ans Tageslicht. Der See und die umliegende Moorlandschaft stehen unter Naturschutz und ein schmaler Weg führt – teilweise als Bretterpfad – rund um den zauberhaften See mit dem geheimnisvoll moorbraunen Wasser. Manch einer schwört, dass Wichtel und Feen im Wald zu Hause sind. Nicht nur deshalb soll man den Rundweg um den See nicht verlassen – das in vielen Hundert Jahren entstandene Moor ist ein äußerst empfindliches Ökosystem. Deshalb ist der See auch für ausgiebige Badeaufenthalte nicht geeignet. Hier und da springt aber doch jemand zur Abkühlung ins Wasser.

Ein Schleichweg durch die Pferdeweiden

Einige Kilometer nordwestlich des Lac de la Gruère liegt ein zweiter kleiner Moorsee, der aber deutlich weniger gut erschlossen ist. Von **Le Bémont**, dem Nachbardorf von Saignelégier, führt eine schmale Asphaltstraße mitten durch die Pferdeweiden und über mehrere Viehgatter zu einem Wanderparkplatz nahe an seinem Ufer.

(029) Offizieller WOMO-Stellplatz: Étang de Royes

GPS: N 47°15‘12.5“, E 7°01‘39.4“ **Max. WOMOs:** 10
Geöffnet: Nur Freitag bis Sonntag! **Ausstattung:** Keine.
Beschreibung: Leicht schräge Schotterfläche am Waldrand und gegenüber eines einzeln stehenden Hauses. Außerorts in einsamer Lage.
Der Weg zum See beginnt an den Wegweisern auf der gegenüberliegenden Straßenseite. Das Ufer ist in wenigen Minuten erreicht. Ein schmaler Pfad führt links am Wasser entlang und durch einen urigen Wald mit vielen Blaubeersträuchern. **Preise:** CHF 25.
Anfahrt: Von Le Bémont der Straße nach Rouges Terres und Les Mottes folgen. Sie führt an einem großen Bauernhof vorbei und über mehrere Viehgatter immer geradeaus bis zum links der Straße gelegenen Schotterplatz.

Folgt man der Straße weiter nach Rouges Terres, kann man rechts nach Les Mottes abbiegen. Diese Straße ist aber nur für **Fahrzeuge bis 3,5 Tonnen** zugelassen und sehr schmal. Sie bringt uns zu einem der ungewöhnlichsten Stellplätze der Region. Er liegt mitten in der Natur und innerhalb der großen

Viehweiden der Freiberge. Übernachten darf man hier aber nur am Wochenende. Mit größeren Fahrzeugen ist der Platz auch auf unkomplizierter Strecke von der Kantonalstraße zwischen Saignelégier und Tramelan zu erreichen.

(030) Offizieller WOMO-Stellplatz: Tramelan 1

GPS: N 47°14‘56.7“, E 7°03‘46.1“. **Geöffnet:** Nur Freitag bis Sonntag!
Ausstattung: Keine. **Beschreibung:** Wiesenstreifen am Rand einer wenig befahrenen, schmalen Straße, die mitten durch ein Weidegebiet führt. Kühe und Pferde laufen hier frei herum. Es wird empfohlen, das Wohnmobil eventuell mit einem mobilen Zaun zu sichern. Mitten in der Natur und komplett ohne Beleuchtung. Im Sommer meist gut besucht.
Preise: CHF 20–25, maximal 4 Tage bei verlängertem WE. Es wird am Abend vor Ort kassiert.
Anfahrt: Entweder über den im Text beschriebenen Schleichweg über Rouges Terres und Les Mottes oder vom Stellplatz **(031)** an der Kantonalstraße von Saignelégier nach Tramelan links abbiegen und an der ersten Kreuzung links durch das Viehgatter fahren. Dahinter steht das Infoschild zum Platz rechts in der Wiese. Geparkt werden darf in einem 400 Meter langen Abschnitt und nur auf einer Straßenseite (maximal 15 Meter von der Straße entfernt).
Alternative: La Combe N 47°12‘54.7“, E 7°05‘07.0“, kostenloser Parkplatz am Skilift für etwa 15 Mobile (April bis September).

Folgt man dann der Straße hinter dem Viehgatter nach rechts, erreicht man wieder die Kantonalstraße – genau an unserem nächsten Stellplatz.

Fahrt durch die Pferdeweiden der Freiberge

Auch bei der Weiterfahrt vom Étang de la Gruère in Richtung Tramelan liegt links der Straße ein weiterer Parkplatz.

(031) WOMO-Parkplatz: Tramelan 2

GPS: N 47°14'05.5", E 7°03'51.3" **Max. WOMOs:** 1–2

Ausstattung: Keine.

Beschreibung: Große asphaltierte Parkfläche mit Blick über Wiesen in einsamer Lage aber in Sicht- und Hörweite der Straße. Biegt man hier auf die schmale Straße nach Les Mottes ab, kommt man zum **Stellplatz (030)**.

Anfahrt: An der Straße von Saignelégier nach Tramelan, etwa zwei Kilometer vor Tramelan links der Straße gelegen.

An der nächsten Kreuzung können Sie sich für einen kurzen Umweg über Bellelay entscheiden, der Sie in die Geschichte der berühmtesten Käsespezialität des Juras entführt, oder direkt die schmale Straße nach **Les Breuleux** wählen.

Interessiert Sie der Käse? Tête de Moine, der nur hier im Jura hergestellt wird, genießt man nicht in Scheiben oder am Stück: Er wird geschabt. Was dabei herauskommt, sind leckere hauchdünne Käserosetten. Im ehemaligen Kloster von Bellelay hat dieser besondere Käse seinen Ursprung.

Das Geheimnis des Tête de Moine
Ausflug in die Käsegeschichte

Nicht nur das Keltern von Wein und das Brauen von Bier lag in vergangenen Zeiten oft in der Hand der Klöster – im Jura wurde dort auch Käse hergestellt. Der Tête de Moine (Mönchskopf), den man auch heute noch in den Freibergen produziert, hat seinen Ursprung im Kloster Bellelay, wenige Kilometer entfernt von Saignelégier. In dem schönen alten Bau kann man heute ein kleines Museum mit original eingerichteter Käserei besuchen – ansonsten gehört der Hof den Pferden: Auf dem Gelände werden Freiberger gezüchtet. Im Museum erklärt ein kurzer Film die traditionelle Herstellung des Tête de Moine, die Erfindung der Girolle und die Geschichte von Bellelay. Erklärungen bekommen Sie hochmodern und interaktiv über ein I-Pad, welches sie

gegen Hinterlegung des Ausweises mit in die Ausstellungsräume nehmen. Natürlich kann man hier auch Käse kaufen. Wer bei der Produktion zuschauen will, muss jedoch in die Käserei Emmi in Saignelégier gehen, gekäst wird in Bellelay heute nicht mehr, www.maisondelatetedemoine.ch.

Auf dem gleichen Weg zurück zum Étang de la Gruère oder im Bogen über Tramelan erreichen wir auch von Bellelay den Weiler Les Breuleux und unsere Juratour geht weiter.

In **Les Breuleux** finden Sie in Alleinlage inmitten von Weideland einen weiteren schönen Campingplatz mit zugehörigem Reitstall und tollem Naturpool.

(032) WOMO-Campingplatz: Les Breuleux Camping Les Cerneux

GPS: N 47°12'43.0", E 7°02'04.0", 1.009 m,
Tel. 0041 (0) 32 4869666. **Geöffnet:** Ganzjährig.
Ausstattung: Restaurant, kleiner Laden. Fahrradverleih, schöner Naturpool, Sauna und Hotpot für kältere Tage.
Beschreibung: Großzügige, terrassenförmig angelegte Plätze, auch für größere Womos geeignet, etwas knapp an Schatten. Reitstall mit Ausritten, Kutschfahrten und Kinderreiten angrenzend.
Preise: CHF 33–40 inkl. Strom, zuzüglich Kurtaxe (beinhaltet Jura-Pass), Sauna wird extra berechnet. www.lescerneux.ch.
Anfahrt: Von Les Breuleux in Richtung Tramelan fahren. Zufahrt zum Camping links zwischen Weidezäunen, etwas eng, aber von Weitem einsehbar, etwa 500 Meter bis zum Platzeingang.

Unsere Strecke führt von Les Breuleux geradeaus in Richtung **Mont Soleil**. Wir biegen bei den wenigen Häusern von Cerneux Dessus ab zum Gipfel des genannten Berges. Die schmale Straße hat eine Höhenbegrenzung von 2,60 Meter, weil Sie hinter der Passhöhe auf der anderen Hangseite unter der Trasse der Bergbahn nach Saint-Imier hindurchtaucht. Bis zum Wanderparkplatz, der unser Ziel ist, kommen Sie auch mit höheren Fahrzeugen ohne Schwierigkeiten. Hier oben erwarten uns ein ruhiger Parkplatz und eine **Wanderung** auf einem Lehrpfad zwischen Sonnen- und Windkraftwerk.

(033) WOMO-Wanderparkplatz: Mont Soleil

GPS: N 47°09'41.0", E 6°59'12.0", 1.241 m. **Max. WOMOs:** 1–2
Ausstattung: Keine.
Beschreibung: Geschotterte Parkbucht, durch Hecke von der wenig befahrenen Straße getrennt. Picknickplatz zehn Minuten entfernt am Sonnenkraftwerk. Ortschaft mit Einkehrmöglichkeiten und der Bergstation der Standseilbahn Saint-Imier–Mont Soleil 500 Meter entfernt.
Anfahrt: Direkt an der Strecke über den Mont Soleil auf der Passhöhe. Vorsichtig und langsam fahren. Viele Radfahrer. Nur mit wendigen Mobilen!

Die Kraft von Wind und Sonne nutzen
Der Erlebnispfad vom Mont Soleil zum Mont Crosin

Vom Parkplatz folgt man dem Fahrweg 500 Meter hinauf zu einer Sternwarte und zur riesigen Photovoltaikanlage auf dem 1289 Meter hohen Gipfel des Mont Soleil. Am Kraftwerk beginnt ein sechs Kilometer langer spielerischer Erlebnispfad zum Thema Energie und zur Region des Jura, der zum Windkraftwerk auf dem benachbarten Mont Crosin hinüberführt. Eine Alternative ist der Start am anderen Wegende vom Wanderparkplatz am Mont Crosin **GPS N 47°11'32.0", E 7°02'19.0"**. www.espacedecouverte.ch.

Wenn Ihr Wohnmobil nicht zu den wenigen Modellen gehört, die niedriger als 2,60 Meter sind, müssen Sie auf dem gleichen Weg vom Mont Soleil wieder hinunter und auf der bekannten Straße weiter in Richtung der Jura-Metropole **La Chaux-de-Fonds**.

Ein lebendiges Geschäftsviertel, Industrie und hässliche Wohnburgen empfangen uns in der drittgrößten Stadt der französischen Schweiz, bis wir auf vollen Straßen zum recht netten Kern der Stadt vordringen, die 2009 zum UNESCO-Weltkulturerbe ernannt wurde.

Folgen Sie den Schildern in Richtung Zentrum. Die Information, bei der Sie auch die Broschüre »La-Chaux-de-Fonds à pied« mit einem Rundgang durch die Altstadt bekommen, finden Sie in der Espacité 1 im untersten Stockwerk des **Tour**

d'Espacité, dem runden Hochhaus der Stadtverwaltung. Ein Aufzug bringt Sie kostenlos hinauf zum 14. Stock, wo Sie sich von der Aussichtsplattform oder aus dem Café einen ersten Eindruck von der ungewöhnlichen Reißbrettarchitektur der Altstadt holen können. Parken können Sie am besten in den Nebenstraßen. Zum Beispiel am nahe gelegenen Parc des Musées oder auf der anderen Seite rund um den Marktplatz.

La Chaux-de-Fonds – Stadt der Uhren

Rechtwinklig angelegte Straßen durchziehen im Schachbrettmuster den alten Stadtkern von La Chaux-de-Fonds. Diese ungewöhnliche Anordnung ist die Folge eines Schicksalsschlages, der das Dorf Ende des 18. Jahrhunderts traf. Vor allem das Handwerk der Spitzenklöppelei und der Uhrmacherei machten aus La Chaux-de-Fonds einen aufstrebenden Wirtschaftsstandort, als 1794 ein Feuer fast zwei Drittel der Gebäude zerstörte. Beim Neuaufbau arbeitete man nach ebenso systematischen wie rechtwinkligen Plänen. So entstand bald eine moderne Stadt und mit dem industriellen Aufschwung ein wichtiges Wirtschaftszentrum in der Region. Und das ist Chaux-de-Fonds auch heute noch. Einige Hersteller nobler Uhrenmarken haben hier ihren Sitz. Schöne Jugendstilfassaden an den geraden Straßen zeugen von ruhmreicher Vergangenheit. Ein Architekt mit dem Namen Charles Edouard Jeanneret-Gris ist wohl der bekannteste Sohn der Stadt. Sie haben den Namen noch nie gehört? Kein Wunder, der Mann wurde unter seinem Künstlernamen Le Corbusier bekannt. In seiner Geburtsstadt La Chaux-de-Fonds steht eines seiner Frühwerke, das »Maison Blanche«, das er 1912 für seine Eltern oberhalb der Stadt baute. Das Haus ist vom Zentrum ausgeschildert und kann von Fr bis Mo zwischen 10 und 17 Uhr besichtigt werden, im Winter nur Fr bis So. CHF 10, www.maisonblanche.ch. Parkmöglichkeit bei **GPS N 47°06'20.0", E 6°49'08.0"** oder noch etwas höher, näher am Haus an der Straße. Weitere Bauwerke Le Corbusiers finden Sie mit Hilfe der in der Information erhältlichen Broschüre »Le Corbusier«.

Sollten Sie mit dem Urlaubswetter nicht ganz so viel Glück haben, finden Sie in La Chaux-de-Fonds viel Abwechslung beim Besuch verschiedener Museen. Unterkunft für längere Aufenthalte in der Stadt bietet der örtliche Campingplatz.

Musée International d'Horlogerie

In die Geschichte der Stadt und der Uhrenherstellung entführt Sie das Musée International d'Horlogerie. Außerdem finden Sie im Parc des Musées ein historisches Museum und das Kunstmuseum. Blaue Parkzone rund um die Museen bei **GPS N 47°06'03.0", E 6°49'48.0".** Geöffnet Di bis So 10–17 Uhr, CHF 15, Kinder bis 12 Jahre gratis. Rue des Musées 29.

Musée Paysan

Mit 400 Jahren Landwirtschaft beschäftigt sich das ebenfalls interessante Musée Paysan, das in einem historischen Jurabauernhof aus dem 17. Jahrhundert untergebracht ist. Das Museum befindet sich im Stadtzentrum in der Nähe des Bahnhofes in der Rue des Crêtets 148. Geöffnet Mi bis So 14–17 Uhr, CHF 8, **GPS N 47°05'21.0", E 6°48'50.0"**.

Der Zoologische Garten

Wer Kinder dabei hat, geht vielleicht zur Abwechslung lieber in den Zoo. Im Zoo du Bois du Petit-Château mit Spielplatz und Vivarium leben ausschließlich europäische Tiere vom Fischotter bis zum Braunbären. Der Zoo ist im Sommer täglich von 8–18 Uhr geöffnet. Der Eintritt ist kostenlos, Spenden sind willkommen. Parkplätze finden Sie vor dem Eingang oder hinter dem Zoo am Straßenrand **GPS N 47°06'23.0", E 6°49'15.0"**. Der Zoo ist ausgeschildert, der Eingang befindet sich in der Rue Alexis-Marie Piaget 82. muzoo.ch

(034) WOMO-Campingplatz: La Chaux-de-Fonds
Camping Bois du Couvent

GPS: N 47°05'37.0", E 6°50'09.0", 1.047 m, Bois du Couvent 108, Tel. 0041 (0)32 9132555. **Geöffnet:** Mai bis September.
Ausstattung: V/E vor der Einfahrt, Restaurant.
Beschreibung: Am südlichen Stadtrand halbschattige Plätze im lichten Wald auf einer Anhöhe, Schwimmbad/Eissporthalle 500 Meter entfernt, etwa ein Kilometer zur Stadtmitte.
Preise: CHF 24, Strom CHF 4, zuzüglich Kurtaxe, www.campingboisducouvent.ch.
Anfahrt: Durch die Stadt hindurch an den südlichen Stadtrand fahren. Ab der Stadtmitte und von der Ortseinfahrtsstraße ausgeschildert.

Schleichwege an den Ufern des Doubs

Ein Abstecher lohnt von La Chaux-de-Fonds vor allem für Wanderer in das deutlich tiefer liegende Tal des Doubs, der hier die Grenze zu Frankreich bildet. In etlichen Kurven schraubt sich die Straße hinunter auf Flussniveau. Unten angekommen fahren wir rechts über die Brücke, verlassen dabei abermals die Schweiz und biegen nach wenigen Metern rechts in einen sehr schönen, einsam gelegenen Wanderparkplatz ein.

(035) WOMO-Wanderparkplatz: La Biaufond

GPS: N 47°09'52.0", E 6°51'23.0", 617 m **Max. WOMOs:** 2–3
Ausstattung: Feuerstelle am Wasser.
Beschreibung: Geschotterter ebener Parkplatz direkt am aufgestauten Doubs. Durch eine Baumreihe von der Straße getrennt, auf der während des Berufsverkehrs einiges los ist. Der Platz liegt auf französischem Boden. Gasthof und Hotel etwa 500 Meter entfernt auf der anderen Flussseite.
Anfahrt: Von La Chaux-de-Fonds der Straße nach Charquemont folgen bis zur französischen Grenze. Hier rechts über die Doubsbrücke und hinter der Brücke rechts zum Parkplatz abbiegen.

Die Alternativroute für wendige Campingbusse:

Die fahren gerne schmale Sträßchen und haben keine Lust auf Stadtluft? Dann lassen sie La Chaux-de-Fonds mit lebhaftem Stadtverkehr links liegen, fahren von Les Breuleux kommend die Kantonalstraße 18 zurück bis **Les Bois** und folgen dort der schmalen Straße gleich am Ortseingang links nach **Biaufond**. Durch Wald und Wiesen schlängelt sich das enge Sträßchen steil hinunter zum Gasthof Biaufond auf der schweizerischen Doubsseite. Hinter dem Gasthof mündet unser Fahrweg auf eine breitere Straße. Wir fahren rechts über die Brücke, verlassen dabei abermals die Schweiz und biegen nach wenigen Metern rechts zum Wanderparkplatz ein.

Wanderung zu den Todesleitern (echelles de la mort)

Einfach knapp 1,5h, 10km, 150 hm. So dramatisch wie der Name unseres Wanderzieles ist auch die Geschichte, die diesem zugrunde liegt. Hier in der Einsamkeit, wo sich auch heute noch Fuchs und Hase gute Nacht sagen, verlief in frühen Jahren ein höchst riskanter Schmugglerweg zwischen Frankreich und der Schweiz. An diesem abgelegenen Ort konnte man heimlich Fluss und Grenze überqueren. Lange Stiegen aus grob gekerbten Baumstämmen führten auf der anderen Seite aus dem tiefen unzugänglichen Graben, den der Doubs in die Landschaft gefressen hat, hinauf auf die Hochebene über dem Fluss. Die soliden Metalltreppen, die heute den Aufstieg erleichtern, sorgen dafür, dass grausliche Unfälle mit Todesfolgen auf dieser Strecke längst nicht mehr an der Tagesordnung sind... Aufregend bleibt die Wanderung trotzdem.

Der Start ist unspektakulär: Am hinteren Ende des Parkplatzes Biaufond beginnt der Pfad des Doubsuferweges. Wir laufen durchgängig auf der französischen Seite des Flusses. Schmal und anfangs recht zugewuchert windet sich der Weg durch den Uferdschungel leicht oberhalb des Stausees und folgt diesem bis zur Staumauer. Kurz vor dem Seeende kommt die Generalprobe: Eine Metallleiter führt über eine kleinere Felsstufe hinab zum Wasser. Auf einer Straße laufen wir am Häuschen des Wasserkraftwerkes vorbei und biegen gleich darauf wieder rechts in den Uferpfad ein (markiert als GR 5), der uns in eine verwunschene

Flusslandschaft mit dicken grünbemoosten Felsblöcken bringt. Unser Pfad mündet dann wieder auf die schmale Straße und führt zum Parkplatz des Wasserkraftwerkes. Von hier geht es steil durch den Wald hinauf zur Felswand der Falaises de Cendrée, an denen zwei solide Leitern den Aufstieg zu einem Aussichtspunkt über dem Fluss ermöglichen. Alternativ zum Wanderweg führt auch ein Klettersteig durch den Fels zum Aussichtspunkt. Wir folgen dem Weg bis zum ersten Aussichtspunkt und drehen hier um.

Wenn Sie genug Kondition haben, könne Sie auch ganz hinaufsteigen und den **Rückweg über die Hochebene** mit schönen Blicken über den Fluss antreten. Vorbei am Casthof Aux Bols de la Biche geht es auf eine schmale Straße und zu den Aussichtspunkten »La Cendrée« und »Sur les Roches«, von dort weiter zum kleinen Ort Fournet Blancheroche und über Blancheroche hinunter nach La Rasse. Von hier folgt man dem GR 5 am Fluss entlang bis zum Parkplatz. **(Gehzeit ohne Klettersteig 5–6 h, 16 km, 500 hm)**. Eine genauere Beschreibung der Route finden Sie mit Karte und Beschreibung unter www.outdooractive.de (Tourname: Les Echelles de la Mort).

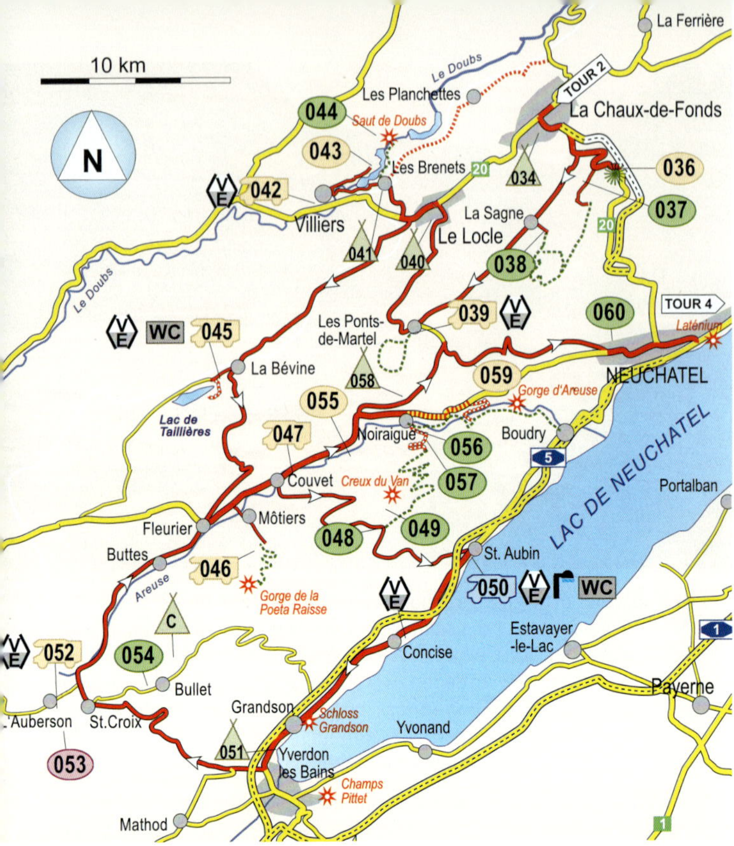

TOUR 3 185 km

Durch das Herz des Schweizer Jura

Vue des Alpes – La Sagne – Les Ponts-de-Martel – Le Locle – Les Brenets (Villiers-le-Lac) – Lac de Taillères – Val de Travers – Saint-Aubin – Saint-Croix

Stellplätze:	Vue des Alpes, Tête de Ran, La Sagne, Les Ponts-de-Martel, Villiers-le-Lac, Lac de Taillières, Môtiers, Couvet, Creux du Van, Saint-Aubin, l'Auberson, St. Croix, Les Rasses, Travers, Noiraigue, Corcelles-Commondrèche
Campingplätze:	Le Locle, Les Brenets, Grandson, Le Joratel
Besichtigen:	Museé d'Horlogerie, Moulins souterrains, Saut du Doubs, Absinth-Museum Môtiers, Schloss Grandson, Centre International de la Mécanique d'Art, Automatenmuseum L'Auberson, Mine de Travers.
Wandern:	Tête de Ran, Sentier des Statues, Moorpfade Les Ponts-de-Martel, Saut du Doubs, Gorge de la Poëta Raisse, Creux du Van, Gorge d'Areuse
Erlebnis:	Sommerrodelbahn Vue des Alpes, Kanutour zum Saut du Doubs

Kurz und zügig schaffen wir von La Chaux-de-Fonds die Auffahrt zum Pass **Vue des Alpes**, der bei passendem Wetter einen grandiosen Weitblick bietet. Hier oben gibt es außerdem eine Sommerrodelbahn, einen Gasthof und die Möglichkeit, auf dem großen Parkplätzen an der Passhöhe zu übernachten.

(036) WOMO-Parkplatz: Vue des Alpes

GPS: N 47°04'19.0", E 6°52'13.0", 1.285 m.
Max. WOMOs: 5–6
Ausstattung: Gasthof.
Beschreibung: Parkplatz auf dem Pass mit Blick auf die grünen Juraberge. Tagsüber sehr belebt, aber groß genug, dass Sie über Nacht ein gutes Stück von der Straße entfernt stehen können. Sommerrodelbahn und Gasthof Vue des Alpes in unmittelbarer Nähe.
Anfahrt: An der Passhöhe, neben der Straße.

Ruhig und abgeschieden, aber ohne Gasthof stehen Sie, wenn Sie kurz vor der Passhöhe in die Stichstraße zum Wanderparkplatz **Tête de Ran** einbiegen. Nach einem knappen Kilometer finden Sie rechts einen großen geschotterten Parkplatz.

(037) WOMO-Wanderparkplatz: Tête de Ran

GPS: N 47°03'55.0", E 6°51'41.0", 1.300 m. **Max. WOMOs:** 2–3
Ausstattung: Keine.
Beschreibung: Geschotterte Parkfläche neben der wenig befahrenen Straße. 1,5 Kilometer weiter befindet sich ein Wanderparkplatz am Café Tête de Ran. Hier ist der Startpunkt für einen Ausflug auf dem Jurahöhenweg, der in 15 Etappen über die Jurahöhen von Zürich nach Genf führt. Nachtparkverbot beim Restaurant!
Anfahrt: Kurz vor der Passhöhe rechts ab, dann nach 700 Metern rechts.

Tête de Ran und Mont Racine
Eine Wanderung auf dem Jura-Höhenweg

Gehzeit: 1 h 15 einfach, 120 hm. Wenn Sie von unserem Stellplatz weiter fahren, kommen Sie zum Parkplatz des ehemaligen Hotels Tête de Ran. Hier sind jetzt Asylbewerber untergebracht. Vom Parkplatz vor dem Haus steigt man in etwa 15 Minuten auf einem steilen Wiesenpfad auf den Gipfel des 1.422 Meter hohen Tête de Ran und hat von dort einen grandiosen Weitblick über die Juraberge bis hinüber nach Frankreich. Ist man dann schon mal ganz oben, kann man auch gleich der Markierung des Jurahöhenweges folgen, der hier beinahe eben auf der Höhe bis zum Mont Racine führt. Eine Wanderung, die mit wenig Schweiß tolle Ausblicke verspricht! Gibt es einen freiwilligen Womo-Chauffeur, könnte der Rest der Besatzung auch vom Mont Racine über den Skulpturenweg (siehe nächste Wanderung) nach La Sagne absteigen. Dort trifft man sich dann am Stellplatz **(038)** in La Sagne wieder.

Ansonsten drehen wir hier auf der Passhöhe um, rollen den Berg wieder hinunter und wählen jetzt den Abzweig nach **La**

Sagne in das stille Juratal, das wir vom Höhenweg bereits gut sehen konnten. Auch dem Mont Racine begegnen wir dort ein zweites Mal. Ein besonderer Wanderweg führt von La Sagne auf halbe Höhe hinauf: der Sentier des Statues.

(038) WOMO-Wanderparkplatz: La Sagne

GPS: N 47°02'19.0", E 6°48'42.0", 1.041 m. **Max. WOMOs:** 2–3
Ausstattung: Einfaches Restaurant/WC im Sportlerheim beim Fußballplatz, Spielplatz. Infotafel zum Sentier des Statues.
Beschreibung: Großer, geschotterter Parkplatz am Sportplatz. Trainiert wird meist am Donnerstag bis maximal 21 Uhr. Das Häuschen links auf der Wiese ist ein Schießstand.
Anfahrt: An der Ortsdurchfahrt in La Sagne links über die Bahnschienen. Ausgeschildert mit »Centre Sportif« und »Sentier des Statues«.

Ein zauberhafter Waldweg
Unterwegs auf dem Sentier des Statues

4,5 km, 260 hm, 1 h 30. Vom Parkplatz folgen wir dem Fahrweg am Spielplatz vorbei rechts in Richtung Dorf. Vor den ersten Häusern schicken einen die Wegweiser links über eine Weide hinauf. Oben am Waldrand beginnt dann der eigentliche Sentier des Statues. Eine Eule markiert den Einstieg, weiter hinten ahnt man weitere Tiere im Wald. Dann folgt ein überraschendes Motiv nach dem anderen. Manche sind einfach, fast ein wenig naiv, andere sehr naturalistisch und die nächste Figur ist dann fast schon künstlerisch abstrakt... So lockt uns die Neugier auf die

nächste Skulptur fast mühelos den steilen Waldpfad hinauf. Der ungewöhnliche, liebevoll gestaltete Weg mit über hundert im Wald versteckten Figuren ist das Werk des Ingenieurs und Künstlers Georges-André Favre aus dem nahen Le Locle. Die ersten Figuren entstanden im Jahr 1979 und es kommen jedes Jahr neue hinzu. Eine private Initiative betreut seit einigen Jahren den Weg und bittet statt Eintritt um eine freiwillige Spende für dessen Instandhaltung und Weiterentwicklung.

Wir folgen der Straße weiter durch das Tal bis **Les Ponts-de-Martel**. Auf den ersten Blick ist der Ort unspektakulär und doch hat er Wohnmobilreisenden einiges zu bieten. Zuerst begegnet einem direkt an der Ortseinfahrt rechts die **Schaukäserei**. Wenn es Ihnen gelungen ist, ihr Womo auf der schrägen, engen Parkfläche **GPS N 47º00'04.0", E 6º44'15.0"** unterzubringen, können Sie morgens zwischen 8 und 10 Uhr beim Käsen zuschauen. Ansonsten gibt es im kleinen Laden Joghurt, Butter und natürlich frischen Gruyère zu fairen Preisen. Dann platzieren wir unser rollendes Haus auf dem offiziellen Wohnmobilstellplatz an der Sporthalle. Hat man nicht gerade einen Tag mit Sportveranstaltung erwischt, steht man hier ruhig und im Grünen am Ortsrand.

(039) Offizieller WOMO-Stellplatz: Les Ponts-de-Martel

GPS: N 46°59'46.0", E 6°43'48.0", 1.006 m, Rue du Bugnon.
Max. WOMOs: 4
Ausstattung: Euro-Relais, Strom, Picknicktische, kleiner Spielplatz.
Beschreibung: Vier asphaltierte, für Wohnmobile reservierte Parkbuchten am Ortsrand zwischen der Sporthalle und einem Wiesengelände. Das Euro-Relais steht in der Mitte, sodass an allen vier Plätzen ein Stromanschluss möglich ist. Ausgangspunkt der beiden Moorlehrpfade. Bei Sportveranstaltungen kann es recht voll werden, dann besser auf einen der umliegenden Stellplätze ausweichen. Zehn Minuten Fußweg zum Ortszentrum, 15 Minuten zur Fromagerie.
Anfahrt: Von der Fromagerie auf der Hauptstraße in den Ort, in der Ortsmitte links und gleich wieder rechts zum Centre Sportif. Das Euro-Relais ist ausgeschildert.

Zeitreise ins Moor – Die Lehrpfade von Les Ponts-de-Martel

Gehzeit: 1,5–2 h pro Weg. Der Stellplatz ist außerdem Ausgangspunkt der beiden Moorlehrpfade, die uns mitten ins Grüne rund um den Ort entführen. Der erste Pfad ist leicht begehbar und auch für Kinderwagen geeignet. Viele Stationen sorgen für Abwechslung und ein Picknickplatz am Teich nach halbem Weg für eine entspannte Rast. Der zweite Pfad ist vom Gelände her etwas anspruchsvoller und führt an den Hang oberhalb des Ortes. Hier werden Wanderschuhe empfohlen. An einem Automaten am Parkplatz wird um eine geringe Eintrittsgebühr gebeten.

Le Locle und der Saut du Doubs

Bevor wir uns jetzt dem Val de Travers und den drei großen Jura-Seen zuwenden, führt uns ein letzter Ausflug zurück in das Tal des Doubs. Der kräftig sprudelnde 27 Meter hohe Wasserfall **Saut du Doubs** ist ein lohnendes, aber auch eines der meistbesuchten Ziele im Jura – zumindest wenn Sie in der ersten Jahreshälfte reisen. In den trockenen Sommern 2018 und 2020 trocknete der Doubs bei Les Brenets fast vollständig aus und der eindrucksvolle Wasserfall mutierte zum traurigen Rinnsal.

Wer das Uhrenmuseum in La Chaux-de-Fonds ausgelassen hat, kann auf dem Weg zum Doubs in der Kleinstadt **Le Locle** noch einmal die Gelegenheit nutzen, sich über die Geschichte der Uhrmacherei in der Region zu informieren.

Das Musée d'Horlogerie in Le Locle

Von einem schönen Park umgeben steht das Château des Monts am Stadtrand von Le Locle. Aber man kann hier nicht nur über grüne Wiesen flanieren und auf der Bank im Schatten alter Bäume entspannen: Die stilvollen Innenräume der alten Villa beherbergen nämlich die Exponate des örtlichen Musée d'Horlogerie. Verschiedene Sammlungen besonderer, meist in der

Region handgefertigter Uhren und eine Ausstellung über die Geschichte der Zeitmessung von der Sand- und Sonnenuhr bis zum heutigen digitalen Zeitmesser sorgen für anschauliche Informationen.

Parkbuchten für kürzere Womos vor der Tür quer zur Straße, leicht schräg und direkt an der Fahrbahn und daher wenig geeignet zum Übernachten, größere Mobile können auf den Busparkplatz ausweichen. Rue des Monts 65, **GPS N 47°03‘45.0“, E 6°45 ’01.0“**.

Geöffnet Di bis So 10–17 Uhr, November bis April erst ab 14 Uhr, Eintritt: CHF 10, Familienkarte CHF 22, www.mhl-monts.ch.

Verlassen wir jetzt Le Locle in Richtung französische Grenze, finden wir links im Industriegebiet der Stadt eine weitere Rarität: die einzigen unterirdischen Mühlen Europas.

Les Moulins souterrains – Das besondere Industriemuseum

Feuchte Stufen führen uns tief unter die Erde, wo das Wasser eines unterirdischen Flusses auf die Schaufeln mehrerer geschickt angeordneter Mühlräder strömt, die dann wiederum Holzsägen und Dreschmaschinen antreiben. Bereits im 16. Jahrhundert entstand diese ungewöhnliche Industrieanlage tief unten im Berg. Die Mühlen waren bis zum Ende des 19. Jahrhunderts in Betrieb. Dann löste die Elektrizität die Kraft des unterirdischen Wasserfalles ab und auf das Gelände direkt an der schweizerisch-französischen Grenze zog Vieh: Vor den außer Betrieb stehenden Mühlen kontrollierte die Zollbehörde die Einfuhr lebender Ware. Kranke Tiere wurden dabei aussortiert, direkt vor Ort geschlachtet und in den alten Stollen entsorgt. 1973 begann man die alten Mühlen zu restaurieren und Sie in ein Industriemuseum umzubauen. Mühlen unter der Erde – das ist einmalig in Europa.

Die Mühlen können auf eigene Faust mit Audio-Guide oder im Rahmen einer Führung besichtigt werden. Geöffnet Mai bis Oktober 10–17 Uhr, Führungen um 10.30, 13.45, 15 Uhr, von November bis April erst ab 15 Uhr, Eintritt CHF 14, Familienkarte CHF 30. www.lesmoulins.ch.

Unten herrscht eine konstante Temperatur von 7°C, die Wege sind meist leicht feucht. Jacke nicht vergessen und feste Schuhe wählen.

Parkplätze gibt es bei **GPS 47°02’56.0“, E 6°43’21.0“** oder Col-des-Roches 23.

(040) WOMO-Campingplatz: Le Locle
Camping La Belle Verte

GPS: N 47°03'07.0", E 6°45'37.0", 1.033 m, Montpugins 6, Tel. 0041 (0)78 8122697. **Geöffnet:** Mai bis Oktober.
Ausstattung: V/E, Snack-Bar.
Beschreibung: Wiesengelände am Waldrand östlich von Le Locle. Freibad direkt nebenan und für Campinggäste gratis. Ortszentrum etwa 1,5 Kilometer entfernt.
Preise: CHF 22–28, Strom CHF 5, zuzüglich Kurtaxe, www.labelleverte.ch.
Anfahrt: Ab Ortsmitte ausgeschildert (Camping TCS/Centre Sportif).

Von Le Locle geht es jetzt wieder hinaus in die Natur und weiter nach **Les Brenets** zum Doubs-Wasserfall. Wenn Sie am Wasserfall nur einen Tagesaufenthalt planen, parken Sie am besten auf dem großzügigen Parkplatz mit Nachtparkverbot fast direkt am Fluss bei **GPS N 47°03'57.0", E 6°41'44.0"**. Am Rand sind einige große Plätze für Wohnmobile markiert. Von hier können Sie direkt loslaufen: zum Bootsanleger oder auch zu Fuß zum Wasserfall. Wer länger bleiben möchte, findet oberhalb des Parkplatzes einen großen Campingplatz. Wer einen freien Stellplatz vorzieht, muss auf die Plätze am französischen Flussufer ausweichen.

(041) WOMO-Campingplatz: Les Brenets
Camping Lac des Brenets

GPS: N 47°03'57.0", E 6°41'58.0", 801 m, Champ de la Fontaine, Tel. 0041(0) 32 9321618. **Geöffnet:** April bis Oktober.
Ausstattung: V/E, Restaurant, Spielplatz, Grillplatz, WLAN.
Beschreibung: Komfortabler 4-Sterne Camping am Ortsrand. Durch die Lage am Hang hat man auf vielen Terrassen schönen Doubsblick. Bademöglichkeit am Fluss.
Preise: CHF 26–30, Strom CHF 4, plus Kurtaxe, www.camping-brenets.ch.
Anfahrt: Im Ort in Richtung Pré du Lac bzw. Frankreich fahren. Links der Straße kurz vor der Brücke über den gestauten Doubs.

Das Wasserfallspektakel am Saut du Doubs

Verglichen mit den großartigen Kaskaden in den Schweizer Alpen ist der Saut (Sprung) des Doubs eher ein dekorativer Hopser mit viel umrahmendem Spektakel – einen schönen Ausflug können Sie hier aber trotzdem machen. Boote fahren von Les Brenets auf der Schweizer Seite oder Villiers-le-Lac von der französischen Seite durch das Flusstal zwischen die steil aufragenden Felswände und bis zur Anlegestelle vor der Staumauer. Hier geht es nur noch zu Fuß weiter. Ein Aussichtspunkt liegt auf der französischen, ein weiterer auf der schweizerischen Seite – auch einen Gasthof haben beide Seiten zu bieten. Wo Sie ursprünglich losgefahren sind, ist eigentlich egal: An der Staumauer verbindet eine Brücke die Ufer, sodass Sie die Wasserfontäne von allen Seiten und aus verschiedenen Höhen betrachten können. Auf der Schweizer Seite geht es etwas ruhiger zu und man kann auf dem Uferweg weiter am Doubs entlang laufen. Die schöne Gartenterrasse auf dem Foto finden Sie dafür wieder am französischen Ufer. In den letzten beiden Jahren führte der Doubs am Ende des Sommers allerdings so wenig Wasser, dass die Boote den Betrieb einstellen mussten.

Der Saut du Doubs zu Fuß

1 h einfach, etwa 100 hm. Wenn Sie gerne wandern, gehen Sie doch einfach eine Strecke zu Fuß. Sie erreichen den Schiffsanleger am Wasserfall vom Parkplatz in Les Brenets in einer guten Stunde. Der Weg ist gut ausgeschildert. Unterwegs kommen Sie an zwei schönen Badestellen vorbei und an einem Aussichtspunkt mit weitem Blick über den Fluss. Die zweite Hälfte des Wanderweges verläuft auf einem asphaltierten Weg auf der Klippe. Vom Fluss und den imposanten Steilwänden sehen Sie dabei leider gar nichts – außer dem Ausblick am Aussichtspunkt. Bei aller Begeisterung fürs Wandern – in diesem besondern Fall sollten Sie wenigstens für eine Strecke das Boot wählen, sonst entgeht Ihnen glatt das Beste...

Die Fahrt von Les Brenets dauert 30 Minuten und kostet hin und retour CHF 15 pro Person, einfache Fahrt CHF 9. Die Boote fahren von Mitte April bis Mitte Oktober. Im Sommer erste Abfahrt am Morgen um 10 Uhr, letzte Rückfahrt um 17.30 Uhr – vorausgesetzt, das Wetter passt. Im April, Mai und Mitte September bis Mitte Oktober Abfahrten nur zwischen 10.45 und 14.30 Uhr!

Der Saut du Doubs von Villiers-le-Lac

Sie wollen eigentlich gar nicht wandern, sondern lieber mit dem Boot zum Wasserfall? Und am Abend hätten Sie dann gerne einen schönen Stellplatz? Dann sollten Sie mal wieder »fremdgehen« und die Schweiz für ein paar Stunden verlassen. Die Boote des französischen Anbieters Bateaux de Saut du Doubs fahren vom gegenüberliegenden Flussufer. Im Fahrpreis von €18 pro Person ist für Wohnmobilreisende die Übernachtung auf dem ruhig gelegenen Wohnmobilparkplatz auf einem Wiesengelände mit hohen Bäumen enthalten, www.sautdudoubs.fr.

(042) Offizieller WOMO-Stellplatz: Villiers-le-Lac Bateaux de Saut du Doubs

GPS: N 47°03'22.0", E 6°40'13.0", 758 m. **Max. WOMOs:** 10
Ausstattung: V/E, tagsüber WC an der Kasse.
Beschreibung: Ebener Schotterplatz in einem Wiesengelände mit alten Bäumen. Am Ortsrand und in der Nähe des Bootsanlegers, ruhig gelegen.
Preise: Kostenlos für Gäste der Ausflugsboote (Nachweis durch Ticket) ansonsten €9 pro Mobil, Anmeldung an der Kasse. www.sautdudoubs.fr.
Anfahrt: Über die Doubsbrücke nach Frankreich, auf der Durchfahrtsstraße bis zum Holzpavillon am Parkplatz von Bateaux de Saut du Doubs.
Alternative: Weiterer Stellplatz gleich rechts hinter der Brücke bei **GPS N 47°03'35.0", E 6°40'16.0'** bei Vedettes Panoramiques, die ebenfalls Bootstouren zum Wasserfall anbieten. Hier steht man auf Asphalt im Innenhof und sehr viel näher an der Straße.

Alternativ finden Sie am französischen Ufer eine freie Übernachtungsmöglichkeit an der Zufahrt zum **Restaurant Le Port** auf einem Parkstreifen direkt am Doubs-Stausee. Hier unten gibt es auch eine kleine Kanustation.

(043) WOMO-Parkplatz: Villiers-le-Lac / Le Port

GPS: N 47°04'00.0", E 6°41'15.0",758 m. **Max. WOMOs:** 2–3
Ausstattung: Keine.
Beschreibung: Geschotterter Parkstreifen neben der Straße, die ausschließlich als Zufahrt zum Restaurant dient, Restaurant Le Port in der Nähe. Blick auf den Lac de Brenets.
Anfahrt: Den Doubs überqueren und nach Frankreich »übersetzen«. In Villiers rechts den braunen Hinweisschildern zum Saut du Doubs und Restaurant le Port folgen. Dann rechts hinunter zum gestauten Fluss.

Mit Kanu oder SUP zum Wasserfall

Die kurze Fahrt zur Bootsstation am Wasserfall kann man statt mit dem Ausflugsboot auch aus eigener Kraft mit dem Kanu oder auf einem Paddelboard zurücklegen. Auf der Hin- und Rückfahrt gibt es am Seeufer die ein oder andere Badebucht oder lauschige Plätzchen fürs Picknick zu entdecken. Im Spätsommer kann es allerdings vorkommen, dass das Wasser sich so weit zurückzieht, dass die Kanutour nicht mehr möglich ist. Die Fahrt führt zwischen spektakulären Steilwänden über den See bis zu einer Kiesbucht am Hotel. Von dort müssen Sie – wie alle anderen auch – zu Fuß zum Aussichtspunkt.

Neben dem Restaurant Le Port finden Sie die Hütte von Canoes Kayak Villiers. Hier leihen Sie einen Zweisitzer inklusive der notwendigen Ausrüstung für € 28 am Tag, Kajaks (Einer) sind für € 18 zu haben. Für € 18 können Sie auch einen halben Tag mit dem SUP unterwegs sein, ckvillerslelac.fr.

Last but not least lässt sich der Saut du Doubs auch von der französischen Seite erwandern. Der Parkplatz mit PKW-Buchten und steiler Auffahrt ist aber eher ein Übernachtungstipp für Bullipiloten.

(044) WOMO-Wanderparkplatz: Saut de Doubs

GPS: N 47°05'08.0", E 6°42'06.0" **Max. WOMOs:** 3
Ausstattung: Keine.
Beschreibung: Schräger Asphaltparkplatz mit Blick über Weiden zur Schlucht. Halbwegs gerade Plätze sind ganz unten (hier haben auch längere Fahrzeuge Platz) oder ganz oben (PKW-Buchten mit Platz für den Überhang) zu finden. Einsame Lage am Waldrand.
Anfahrt: Den Doubs überqueren und nach Frankreich »übersetzen«. Villiers auf der D215 in Richtung Maîche verlassen und, der Beschilderung »Saut de Doubs« folgend, in einer Linkskurve rechts auf eine schmalere Straße abbiegen. Nach einem guten Kilometer rechts auf den Parkplatz abbiegen.

Friedliche Abendstimmung nach einem Sommergewitter – alle Badegäste haben den See fluchtartig verlassen.

Jetzt ist es Zeit, unserem »zweifelnden« Fluss endgültig »Adieu« zu sagen. Quer durch die Berge des Jura führt die letzte Etappe dieser Tour vom Doubs zum Neuenburger See.

Eine nordische Schönheit – der Lac de Taillières
Es ist Sommer und Sie haben Badewetter? Dann ist der Lac de Taillières am äußersten Zipfel der Schweiz in der kargen Landschaft des Grenzgebietes zu Frankreich jetzt genau das richtige Ziel. Im Winter gilt die Region um den See als eine der kältesten des Landes. Da das Wasser zudem nur bis zu sieben Meter tief ist, kann man dann prima Schlittschuh laufen. Ende Juli fiel unser Badetest jedoch rundherum positiv aus: Das Wasser am schönen Badeufer war nicht außergewöhnlich kalt. Allerdings ist der Seeboden recht steinig.

Um zum See zu kommen, fahren Sie zurück nach Le Locle und biegen nach dem Felstunnel direkt an den unterirdischen Mühlen rechts ab in Richtung **La Brevine**. Durch kleine Dörfer,

Wald und Felder erreichen Sie den netten Ort, durchqueren diesen und folgen dann der Beschilderung. Oberhalb des Sees und schon in dessen Sichtweite finden Sie einen großen asphaltierten Parkplatz mit WC und Euro-Relais, auf dem Sie ganz offiziell mit dem Wohnmobil übernachten können.

(045) Offizieller WOMO-Stellplatz: Lac de Taillières

GPS: N 46°58'17.0", E 6°35'17.0", 1.043 m. **Max. WOMOs:** 18.
Geöffnet: Ganzjährig.
Ausstattung: V/E ohne Grauwasser, Strom am Euro-Relais, WC, Mülleimer.
Beschreibung: Ebener, schlecht asphaltierter Parkplatz an ruhiger Straße, kein Schatten. Fünf Minuten Fußweg zum See, 15 Minuten zur Badestelle mit Liegewiese. Falls Sie Räder dabei haben: Der Weg zum Badeplatz ist auch fahrradtauglich! Maximal 48 Stunden.
Preise: CHF 20, am Automaten oder per Twint.
Anfahrt: Links der Straße kurz vorm See. Nicht zu verfehlen.

Ein schöner Weg führt am Südufer des Sees entlang, gerade richtig für einen netten Abendspaziergang. Am Rand des Badeplatzes gibt es auch eine Feuerstelle.

Unser nächstes Ziel ist ein weiterer Höhepunkt einer Jurareise: Ungewohnt dramatisch türmen sich die Juraberge ums **Val de Travers**. So gibt es hier statt sanft grüner Hügel schroffe Felswände und romantische Schluchten. Für die erste Begegnung mit dem Tal steuern wir zurück nach La Brevine und nähern uns über Fleurier oder Couvet dem 800-Seelen-Ort **Môtiers**, der zu den schönsten Dörfern der Schweiz gehört. Einige der Häuser, welche die breite, platzartige Hauptstraße säumen, stehen hier bereits seit dem 17. und 18. Jahrhundert. Auch die Kirche im örtlichen Priorat wurde 1679 erbaut.

Seit 2014 befindet sich das **Absinth-Museum** im Gebäude des Bezirksgerichtes, in dem einst die Schwarzbrenner verurteilt wurden. *Geöffnet Dienstag 10–17 Uhr, Mittwoch bis Sonntag, 10–18 Uhr. CHF 15, mit Degustation CHF 20–22, Grande Rue 10, www.maison-absinthe.ch.*

Im Reich der grünen Fee oder die Wiege des Absinth

Heilmittel und Spirituose, von Ärzten verwendet zur Desinfektion und Lieblingsgetränk der Pariser Bohème im beginnenden 20. Jahrhundert – der Absinth hat eine vielseitige Geschichte. Erfunden wurde die grünliche, mit Wermut, Anis und Fenchel versetzte Flüssigkeit mit einem Alkoholgehalt von 45 bis 85 Prozent nachweislich im Val de Travers. Nach seinem Einstand als Krankheiten vorbeugendem Desinfektionsmittel in Lazaretten oder in der Seefahrt trat der Absinth vor allem in Frankreich seinen Siegeszug als schickes Spätnachmittagsgetränk an. Im Vergleich zu Wein war das hochprozentige Getränk preisgünstig, was ihn auch für arme Künstler und Arbeiter erreichbar machte. So wurde die »fée verte« zum bevorzugten Getränk in Pariser Künstlerkreisen. Es gibt ein Bild von van Gogh im Café, vor sich ein Glas mit Absinth, gemalt ist es von seinem Künstlerkollegen Henri Toulouse Lautrec. Der Absinthtrinker von Edouard Manet zeigt dagegen einen heruntergekommenen Alkoholiker... Und genau das war die Kehrseite des neuen Trendgetränkes. Preisgünstig und hochprozentig verführte der Absinth zu übermäßigem Genuss und geriet in den Ruf, abhängig und aggressiv zu machen und Wahnvorstellungen auszulösen. Man machte das Nervengift Thujon, welches im Wermut enthalten ist, für diese unerwünschten Wirkungen verantwortlich. Infolgedessen wurde die Produktion von Absinth in der Schweiz im Jahr 1910 verboten. Die Wermutfelder im Val de Travers wurden untergepflügt und die Destillerien der Region gingen in den Untergrund. So wurde in den nächsten 95 Jahren im Tal nur noch illegal und im Verborgenen gebrannt.

Seit 2005 ist der Absinth auch in der Schweiz rehabilitiert. Moderne Studien konnten die Schädlichkeit des grünen Gebräus beim Genuss adäquater Mengen nicht belegen. Die Nebenwirkungen, die vor 100 Jahren auftraten, scheinen eher durch minderwertigen Alkohol, bedenkliche Farbstoffe oder unmäßigen Alkoholkonsum begründet zu sein. So gibt es in Môtiers wieder mehrere Brennereien und jede arbeitet nach ihrem eigenen Rezept.

Ob es auch heute noch der Absinth ist, der Künstler ins Tal der Areuse nach Môtiers zieht? Jedenfalls ist das kleine Dorf schon seit 1985 regelmäßig die Bühne für ein besonderes Kunstereignis: Beim **Festival Art en plein air**, installieren namhafte und aufstrebende Künstler der Schweiz ihre Werke in der üppig grünen Natur des Val de Travers. Wenn Sie ganz viel Glück haben, sind Sie gerade im richtigen Jahr unterwegs. Die für 2020 geplante Ausstellung wurde auf den Juni 2021 verschoben. Aber auch in Jahren zwischen den Ausstellungen finden Sie im Ort das ein oder andere Kunstwerk, das Môtiers nicht wieder verlassen hat. Informationen über die Ausstellungen finden Sie unter www.artmotiers.ch.

Besonders schön und ein bisschen verwildert ist auch die Natur rund um Môtiers. Hoch über dem Ort wartet die malerische Waldschlucht **Gorges de la Poëta Raisse** auf ausdauernde Wandernde. Doch bevor Sie die märchenhafte Szenerie genießen können, müssen Sie ein gutes Stück hinauf. Da der Wanderparkplatz mit Picknicktischen und Kletterfelsen am Ende der Straße bei GPS N 46°54'10.0", E 6°36'58.0" inzwischen für Wohnmobile verboten ist, müssen Sie sich zum Wandern an der Zufahrtsstraße einen Parkplatz suchen.

Zur Übernachtung gibt es ganz in der Nähe eine neue Möglichkeit. Am Château Môtiers wurde ein offizieller, aber eher zweckmäßiger Stellplatz eingerichtet.

(046) Offizieller WOMO-Stellplatz: Môtiers / Le Château

GPS: N 46°54'01.3", E 6°36'32.4", 810 m. **Max. WOMOs:** 12.
Geöffnet: Ganzjährig.
Ausstattung: Keine.
Beschreibung: Großer asphaltierter Parkplatz mitten im Wald und in der Nähe des Schlosses, teilweise schräg. Kostenlos.
Anfahrt: Von Môtiers ausgeschildert.

Wanderung durch die Gorges de la Poëta Raisse

Gehzeit etwa 4 h, 500 hm
Ausrüstung: Wanderschuhe, Wasser

Die Schluchten sind von November bis Mai geschlossen!

Vom Parkplatz folgen Sie dem breiten Fahrweg zur Schlucht, der von Anfang an gleichmäßig durch den Wald aufsteigt. Etwa nach einer halben Stunde stehen Sie an einer Gabelung. Rechts geht es vorbei am Schloss zurück nach Môtiers. Wir nehmen links den schmaleren Weg, der jetzt zeitweise recht steil weiter hinauf klettert. Nach einer knappen Stunde Aufstieg erreichen wir den Eingang zur Schlucht. Eine Bank steht hier an einer Felswand und einige Stufen führen hinauf zwischen die Wände. Dahinter wird der Weg noch einmal weiter. Vorbei an einem weiteren Picknicktisch erreichen wir dann den längeren oberen Teil der Gorges. Ein abenteuerlich schmaler Holzsteg mit wenig Sicherung führt hindurch und unten plätschert das Wasser zwischen moosbedeckten Steinen. Die Steganlage in der Schlucht hat eindeutig schon bessere Tage gesehen und ist ganz anders als die gut ausgebauten üblichen Schluchtwege mit soliden Metallstegen und perfekter Sicherung.

Oberhalb der Schlucht kann man dann dem Wegweiser »La Combaz« folgen, um noch eine Einkehr in der beliebten Alpwirtschaft anzuhängen (etwa 45 Minuten einfach). Zuerst geht es nach links. Der Weg durch Wald und an Weiden entlang folgt eine Viertelstunde einer schmalen Teerstraße. Auf dem Jura-Höhenweg erreichen wir dann den Gasthof. Zurück geht es auf dem gleichen Weg.

Kürzer ist die Wanderung in die andere Richtung zum Wasserfall von Môtiers. Der Weg zweigt kurz unterhalb des Parkplatzes von der Straße ab und führt am Bach entlang zur Kaskade.

Wer weiter in den Süden zum **Genfer See** möchte, wählt aus dem Val de Travers die Strecke über Sainte-Croix nach Yverdon und wer kleine Straßen mit toller Aussicht mag, folgt unserer Route quer über die Berge. Dabei fahren wir weiter nach Couvet, wo es am Sportplatz einen neuen Stellplatz für Wohnmobile gibt.

(047) Offizieller WOMO-Stellplatz: Couvet

GPS: N 46°55'37.8", E 6°38'17.9", 740 m, Clos-Pury 15.
Max. WOMOs: 10.
Ausstattung: Wasser, Strom.
Beschreibung: Eingezäunter Schotterplatz neben den Sportplätzen, neu angelegt, aber eher zweckmäßig als schön.
Preise: CHF 21, inkl. Strom. Anmeldung im Sportzentrum Espace VAL.
Anfahrt: Die Zufahrt funktioniert nur von der Kantonalstraße 10 östlich des Ortes über die Rue des Illes. Ausgeschildert ist hier Espace VAL.

Aus dem Dorf geht es dann in Richtung **Creux du Van** in vielen Kurven den Berg hinauf bis zum Wanderparkplatz. Von hier aus können Sie eine schöne zweistündige Wanderrunde über die Hochebene drehen und dabei auch die Ferme de Soliat und die Felsabbrüche des Creux du Van besuchen.

(048) WOMO-Wanderparkplatz: Creux du Van

GPS: N 46°55'20.6", E 6°41'56.5", 1.263 m. **Max. WOMOs:** 2–3
Ausstattung: Keine.
Beschreibung: Leicht schräger zum Schutz vor Kühen eingezäunter Schotterplatz links neben der Straße. Es ist hier nicht ganz so ruhig, wie es auf den ersten Blick scheint: Kuhglocken haben in stillen Sommernächten eine erstaunliche Lautstärke, wenn die Eignerinnen wenige Meter neben dem Wohnmobil grasen.
Anfahrt: Zwischen Couvet auf der einen und Provence auf der anderen Bergseite auf der Höhe links an der Straße gelegen. Zufahrt über gute, schmale Bergstraße.
Sonstiges: Vom Parkplatz laufen Sie erst rechts am Zaun entlang über eine Wiese und auf einem kräftig ansteigenden Waldpfad in 20 Minuten zur bewirtschafteten Alp »Les Petites Fauconnières« mit schöner Terrasse, Brotzeiten, Käsefondue und hausgebackenem Kuchen.

Über die Hochebene zum Creux du Van

Gehzeit 2 h, 200 Höhenmeter, 6 km. Der schnellste Weg führt vom Parkplatz auf dem Fahrweg zur Ferme de Soliat und von dort aus zum Rand der Felsabbrüche. Schöner ist es jedoch gleich hinter dem Parkplatz rechts über die Wiese zur **Alp Petites Fauconnières** zu laufen. Wir steigen rechts über die Weide hinauf. Am Waldrand führt dann ein Pfad weiter bergan, der erneut auf einer Weide endet. Wir folgen hier den Markierungen zur Alp. Vor deren Eingangstor führt links ein Wiesenweg zum Creux du Van. Nach kurzem Weg treffen wir erneut auf den Fahrweg und wählen auch hier den parallel verlaufenden Wanderweg zur Ferme de Soliat, die ebenso wie Petit Faucaunnières für ihr gutes Käsefondue bekannt ist.

Wenn Sie es noch ein bisschen gemütlicher wollen, können Sie auch bis zur **Ferme de Soliat** hinauffahren und sind dann nur noch 300 Meter und einen gemütlichen Spaziergang vom Felskessel entfernt. Auf dem großen Parkplatz neben dem Gasthof stehen meist mehrere Wohnmobile.

(049) WOMO-Wanderparkplatz: Creux du Van Ferme de Soliat

GPS: N 46°56'08.6", E 6°42'55.6", 1.390 m. **Max. WOMOs:** 10
Ausstattung: Dusche möglich.
Beschreibung: Großer ebener Parkplatz neben dem Gasthof. Tagsüber oft sehr lebhaft und gut besucht. 15 Minuten Fußweg zum Aussichtspunkt an der linken Seite des Creux du Van. Von hier kann man zwar nicht mehr direkt am Felsabbruch entlanglaufen. Der abgesicherte Weg auf der Weide hinter der Steinmauer ist aber auch recht reizvoll.
Sonstiges: Die perfekte Gelegenheit zum Genuss eines echten Schweizer Käsefondues auf der Terrasse oder in der Stube des urigen Gasthofes.
Anfahrt: Die Zufahrt beginnt am **Stellplatz (048)** und führt über eine schmale, etwas löchrige Asphaltstraße, die aber unkompliziert zu fahren ist. Unterwegs den Schildern nach Le Soliat folgen und dabei an beiden Abzweigen links halten.

Auf der anderen Seite der Bergkette schraubt sich die Straße in genauso vielen Kehren wieder hinab und eröffnet uns dabei einen weiten Blick über den Lac de Neuchâtel. Die erste An-

siedlung am Hang ist das Dörfchen **Provence** und hier lohnt unbedingt der **Stopp an der Käserei** links der Straße. Im Laden bekommen Sie neben einer ausgezeichneten Käseauswahl auch Butter, Joghurt und Eier. Käse und Butter gibt es auch aus dem Automaten, der Sie von den Öffnungszeiten unabhängig macht. Neben der **Picknickbank am Parkplatz** steht übrigens nicht von ungefähr ein Holzschild mit der Aufschrift Panorama. Der Berg mit der weißen Spitze, der bei guter Sicht ganz klar am Horizont zu sehen ist, ist der Mont Blanc.

Nach weiteren Kurven nähern wir uns dann dem Seeufer und damit dem offiziellen Stellplatz im Jachthafen von **Saint-Aubin**, der bei jedem Besuch ein bisschen enger wird.

(050) Offizieller WOMO-Stellplatz: Saint-Aubin-Sauges

GPS: N 46°53'31.0", E 6°46'28.0", 432 m. **Max. WOMOs:** 6–7
Ausstattung: Euro-Relais, Dusche und WC.
Beschreibung: Parkplatz in einem kleinen Jachthafen, Wohnmobilplätze im hinteren Teil an einer Mauer. Badestrand mit Kiesufer 100 Meter entfernt. In der Saison Brötchenservice morgens von 8 bis 9.30 Uhr. Rund um den kleinen Hafen wird gebaut. Dort wo früher Wohnmobile auf einem Wiesenstreifen standen, entsteht jetzt ein Haus. Dadurch wirkt der Platz inzwischen sehr eng.
Preise: CHF 20.
Anfahrt: In Saint-Aubin von der Kantonalstrasse 5 dem Euro-Relais-Symbol nach rechts folgen. Am Sportboothafen.

Das Nord-Ostufer des Neuenburger Sees

Das Gebiet zwischen Grandson und Neuchâtel ist dicht besiedelt und die Strecke ist nicht wirklich schön zu fahren. Man kann hier auch kurz auf die Autobahn ausweichen, um die Fahrt dann in Grandson fortzusetzen.

Fahren Sie auf der Kantonalstraße 5 nach **Concise,** treffen Sie kurz vor dem Ort bei **GPS N 46°51'28.1", E 6°43'45.9"** auf einen hübschen **Picknickplatz** mit weitem Blick über die Weinberge bis hinunter zum See. Zum Übernachten liegt er doch etwas nahe an der Straße, aber für eine Pause steht man hier sehr gut. Immer vorausgesetzt keiner war schneller, denn mehr als ein Fahrzeug ist hier kaum unterzubringen.

Dann erreichen Sie **Grandson**, den schönsten Ort am westlichen Seeufer. Vom See sehen Sie im Ort allerdings nicht allzu viel. Das Ufer ist fast durchgängig von Privatgrundstücken belegt. Einen Zugang zum Wasser und zu einer offiziellen Badestelle finden Sie am **Camping Les Pécos** [**051:** N 46°48'10.0", E 6°38'03.0", www.campingsccyverdon.ch]. Vor dem Campingplatz gibt es auch öffentliche Parkplätze für Badegäste.

Besonders sehenswert sind in **Grandson** die Altstadt und das zugehörige Schloss aus dem 11. Jahrhundert, das mit seinen fünf runden Türmen sehr eindrucksvoll aussieht. Ihr Wohnmobil parken Sie während der Besichtigung entweder direkt an der Ortseinfahrt beim Sportboothafen oder solange dort etwas zu finden ist – auf dem Parkplatz in der Ortsmitte direkt vor dem Schlosseingang **GPS N 46°48'34.0", E 6°38'46.0"**.

1000 Jahre Schlossgeschichte: Ein Besuch im Schloss Grandson

Sie wollen den berühmten weißen Rolls Royce von Greta Garbo sehen? Oder den Austin, den Winston Churchill gefahren hat? Sie finden sie zwischen weiteren Oldtimern und einigen alten Kutschen im Fuhrpark im untersten Stockwerk des Schlosses von Grandson. Weiter oben tauchen Sie dann ein in die Welt des Mittelalters und der Ritter. Treppen führen durch verwinkelte Gänge in versteckte Turmkammern und geräumige Säle mit hohen Decken. Rüstungen für Pferd und Reiter, antike Waffen und Ausstellungstafeln wechseln sich ab mit original eingerichteten Zimmern aus verschiedenen Epochen. Auch der bekannten Schlacht von Grandson im Jahr 1476, wo es den Eidgenossen aus Bern, Freiburg und Schwyz gelang Karl den Kühnen und seine Burgunder trotz zahlenmäßiger Unterlegenheit zu schlagen, ist ein eigener Raum gewidmet. Und den Aufstieg zum alten Wehrgang sollten Sie nicht verpassen – nicht nur weil der Blick von hier oben einfach fantastisch ist.

Das Schloss wird zur Zeit renoviert und ist voraussichtlich ab 2026 wieder geöffnet, www.chateau-grandson.ch.

Vor dem Schloss starten **zwei markierte Wege**. Der eine führt zu den schönsten Plätzen der Altstadt. Hierzu können Sie sich im Maison des Terroirs, der örtlichen Touristen-Information, kostenlos einen Audioguide leihen, der Ihnen Wissenswertes zur Kirche und verschiedenen historischen Gebäuden vermittelt.

Blick über die Reben vom Picknickplatz Concise

Außerdem beginnt am Platz vor dem Schloss der markierte **Pfad der Sinne** (Sentier nature en tous sens). Er führt durch die Altstadt und ihre Gärten und hinunter ans Seeufer. Eine Karte mit Beschreibung erhalten Sie ebenfalls im Maison des Terroirs am zentralen Parkplatz.

Vom untersten Zipfel des Neuenburger Sees kehren wir jetzt noch einmal in die Berge und ins **Val de Travers** zurück. Wenn Sie sich für antikes mechanisches Blechspielzeug und einfache Automaten interessieren, finden Sie hier oben gleich zwei originelle Museen und außerdem einige schöne ruhige Stellplätze.

Saint-Croix – die Stadt der mechanischen Träume

Nach der Absinthproduktion im benachbarten Val de Travers machen wir in St-Croix Bekanntschaft mit dem nächsten ungewöhnlichen Industriezweig der Region. Über 40 Unternehmen produzierten hier Ende des 19. Jahrhunderts Musikautomaten. Entstanden war die Idee der Spieldosen aus einem verrückten Einzelstück: 1796 baute ein Genfer Uhrmacher eine musizierende Taschenuhr. Die Idee kam an und eine neue Geschäftsidee war geboren.

Viele ungewöhnliche Stücke können wir im Centre International de la Mécanique d'Art (CIMA) erleben. Das Museum ist stilecht im ehemaligen Fabrikgebäude der Firma Paillard untergebracht. An der umfangreichen Sammlung an Exponaten vom kleinen Singvogel bis zur riesigen Jahrmarktsorgel werden nicht nur Nostalgiker ihre Freude haben.

Das Museum CIMA soll im Juni 2024 nach umfangreichen Umbauarbeiten wieder öffnen. Infos unter www.musees.ch und www.musee-unique.ch. Einen ausreichend großen Parkplatz finden Sie vor der Tür des Museums bei GPS N 46°49'15.0", E 6°30'09.0".

Ein weiteres, kleineres, von einer privaten Initiative getragenes Automatenmuseum gab es bis zum Dezember 2023 im Nachbarort **L'Auberson**. Dessen Ausstellung wird in Zukunft Teil des größeren Museums in Saint-Croix. Der offizielle Stellplatz mit Euro-Relais, den die Gemeinde L'Auberson in der Nähe des ehemaligen Museums eingerichtet hat, steht weiterhin zur Verfügung.

(052) Offizieller WOMO-Stellplatz: L'Auberson

GPS: N 46°49'13.0", E 6°28'22.0", 1.092 m **Max. WOMOs:** 4
Ausstattung: Euro Relais.
Beschreibung: Ebener asphaltierter Parkplatz am Ortsrand, Gasthof im Ort, max. 24 Stunden.
Anfahrt: An der Ortseinfahrt links.

Wenn Sie es abgelegener mögen und ein kompaktes Fahrzeug fahren, können Sie sich auch zu einem gut versteckten Picknickplatz unterhalb der kleinen Stadt durchschlagen. Als kleines Extra bekommen Sie auf dem Weg dorthin auch gleich noch Eier von glücklichen Hühnern. Das Schild »**SelfOeuf**« rechts an der Straße markiert den richtigen Ort. Der Mini-Laden besteht aus Kühlschrank und Kasse.

(053) WOMO-Picknickplatz: Saint-Croix / La Gittaz

GPS: N 46°48'15.6", E 6°28'46.8", 1.241 m. **Max. WOMOs:** 2
Ausstattung: Picknicktische, Grillhütte.
Beschreibung: Parkplatz auf Naturboden am Waldrand und an zwei Holzhäusern. Kein Campingverhalten! Ein Schild verbietet das Zelten. Kleiner Gasthof in zehn Minuten zu Fuß erreichbar. Ein beliebtes Wanderziel in der Nähe sind die Aiguilles de Baulmes.
Anfahrt: Von Sainte Croix rechts in Richtung La Gittaz Dessous und hinter den Häusern des Mini-Ortes links hinunter zum Picknickplatz.

Eine schöne, leichter erreichbare Übernachtungsalternative gibt es wenige Kilometer weiter auf dem großen Langlaufparkplatz des Ortsteiles Les Rasses oder auf dem nahen Campingplatz Les Cluds.

(054) WOMO-Wanderparkplatz: Les Rasses Téléski

GPS: N 46°49'50.0", E 6°32'42.0", 1.202 m. **Max. WOMOs:** 4–5
Ausstattung: Toilette in der Skistation.
Beschreibung: Ebener asphaltierter Parkplatz am Rand einer Wiese, wo man direkt loswandern kann. Das Restaurant Les Planets an der Zufahrt zum Platz ist im Sommer meist geschlossen.
Anfahrt: Von St. Croix in Richtung Camping fahren und an den letzten Häusern des Weilers Les Rasses links den Hinweisen zum Skilift folgen.
Alternative: Campingplatz Les Cluds bei **GPS N 46°50'32.7", E 6°33'35.3"** (durch den Ort Bullets, am Aussichtsturm vorbei und links hinauf zum Campingplatz), neue V/E.

Über Sainte-Croix und **Fleurier**, wo es auch einen Campingplatz gibt, kehren wir zurück ins **Val de Travers**, durchqueren ein zweites Mal die Dörfer Môtiers und Couvet und steuern unser Wohnmobil auf der gut ausgebauten Straße gen Osten. Das nächste touristische Ziel an der Strecke sind die stillgelegten **Asphaltminen im Val de Travers**. Die Mine La Presta ging 1711 in Betrieb und wurde erst 1986 geschlossen. Der abgebaute Naturasphalt wurde zu dieser Zeit vor allem als wasserfestes Dichtungsmaterial verwendet. Der heute im Straßenbau verwendete Asphalt wird nicht abgebaut, sondern aus Bitumen und verschiedenem Gestein in Mischanlagen hergestellt.

Die **Mine im Val de Travers** kann man heute besichtigen. Neben der Führung durch die Stollen ist die Verkostung eines in Asphalt gegarten Schinkens ein Höhepunkt des Besuches. *Eintritt CHF 16. Die Führungen finden von April bis November um 10.30 Uhr und um 14 Uhr statt, im Juli und August zusätzlich um 12 und 16 Uhr (www.mines-asphalte.ch).* Außerhalb dieser Zeiten ist es ruhig auf dem Parkplatz der Mine.

Ausblick vom Wanderweg am Parkplatz (054)

(055) WOMO-Parkplatz: Travers/Mines d'Asphalte

GPS: N 46°55'52.7", E 6°39'28.4", 740 m. **Max. WOMOs:** 4
Ausstattung: Keine.
Beschreibung: Von Bäumen eingefasster Schotterplatz ein Stück abseits der Durchgangsstraße. Zufahrt über schmalen Fahrweg.
Sonstiges: Im Minenmuseum gibt es auch das öffentlich zugängliche »Café des Mines«. Hier wird der bereits erwähnte Schinken serviert und einen Absinth könnten Sie anschließend auch probieren.
Anfahrt: Von der Kantonalstraße durch das Val de Travers den braunen Schildern zur Mine folgen.
Alternative: Am Parkplatz ist der kleine Bauernhofcamping Coux ausgeschildert, der auf halber Höhe am Berg liegt. Die Zufahrt erfolgt über eine schmale Straße.

Einige Kilometer weiter rollen wir den Abzweig nach **Noiraigue** hinunter, wo sich zwei ganz gegensätzliche landschaftliche Höhepunkte als Wanderziele anbieten: die von der Areuse zwischen die Felsen gewaschene tiefe Schlucht und auf der anderen Seite des Ortes die schroffen, senkrecht abfallenden Wände des Felskessels Creux du Van, die wir ja schon von der anderen Seite gesehen haben. Der Aufstieg von dieser Seite zum Plateau oberhalb der Steilwände beginnt am **Berggasthof Ferme Robert** und erfordert schon ein wenig Kondition. Der Ausflug in den spektakulärsten Teil der **Areuse-Schlucht** ist dagegen beinahe schweißfrei zu haben. Um das akute Parkplatzproblem im Ort zu entschärfen, hat man inzwischen neue große Parkflächen angelegt. Ein privater Parkplatz mit der günstigen Tagesparkgebühr von CHF 5 liegt direkt hinter dem Bahnhof. Dann folgen zwei weitere Parkplätze, von den einer im Grünen liegt und durchaus als Stellplatz taugt.

(056) WOMO-Wanderparkplatz: Noiraigue Bahnhof

GPS: N 46°57'13.4", E 6°43'20.7", 725 m. **Max. WOMOs:** 1–2
Ausstattung: Keine.
Beschreibung: Ruhiger, ebener Parkplatz auf grobem Schotter, ruhig am Ortsrand. Gut geeignet als Basisquartier zum Besuch der Gorge d'Areuse mit Zugtransfer (siehe **Seite 86**).
Preise: Kostenpflichtig 8–20 Uhr, 4 Stunden CHF 5, 12 Stunden CHF 10.
Anfahrt: Von der Kantonalstraße kommend zum Bahnhof, dahinter rechts dem Parkplatzsymbol folgen. Richtig ist der größere mit 150 Plätzen.

Einen weiteren Platz, an dem Sie auch über Nacht bleiben können, finden Sie am Ortsausgang in Richtung Berge. Er liegt an der Auffahrt zur Ferme Robert und ist damit der beste Platz für den Aufstieg zum Creux du Van.

(057) WOMO-Wanderparkplatz: Noiraigue Feuerwehr

GPS: N 46°57'07.0", E 6°43'33.0", 725m. **Max. WOMOs:** 1–2
Ausstattung: Keine.
Beschreibung: Ruhiger, ebener Parkplatz am Ortsrand und an der Feuerwehrstation. In Flussnähe, zehn Minuten Fußweg ins Dorf.
Preise: Kostenpflichtig 8–20 Uhr, 4 Stunden CHF 5, 12 Stunden CHF 10.
Anfahrt: Von der Kantonalstraße kommend hinter dem Bahnhof rechts und weiter in Richtung Ferme Robert. Direkt rechts hinter der Brücke über die Areuse.
Sonstiges: Dass Sie beim Parken die Feuerwehrausfahrt nicht blockieren dürfen, muss ich eigentlich nicht extra erwähnen, oder?

Mit kleineren Wohnmobilen können Sie die schmale Waldstraße noch bis zum Berggasthof Ferme Robert hinauffahren, was einige Wander-Höhenmeter spart. Die Straße ist aber kurvig und sehr schmal. Etwas unterhalb des Gasthofes befindet sich bei **GPS N 46°56'36.0", E 6°44'09.0"** ein Wanderparkplatz mit Nachtparkverbot. Deutlich gemütlicher ist der Weg zum Creux du Van aber von der anderen Seite. Hier kann man mit dem Wohnmobil fast bis zum Ziel fahren. Vom Parkplatz am **Gasthof Le Soliat (049)** spaziert man in einer knappen Viertelstunde bis zum Felsrund.

Wanderung zum Creux du Van von Noiraigue

Ausrüstung: Wanderschuhe notwendig, Stöcke sinnvoll (sehr steiler, leicht rutschiger Abstieg), an heißen Tagen Sonnenhut und Wasserflasche nicht vergessen. Im Sommer empfiehlt sich dringend der Aufstieg am frühen Morgen – erstens ist es da noch schön kühl und zweitens begegnen Sie den vielen Menschen, welche die beliebte Wanderung am späten Vormittag starten, erst wenn Sie schon wieder hinuntersteigen.

Gehzeit: 3,5 h, 500 hm. Vom Parkplatz laufen Sie hinauf zum Gasthaus und folgen dem breiten Waldweg in Richtung Fontaine Froide. Sanft ansteigend

geht es in großen Bögen hinauf bis zur gefassten eiskalten **Trinkwasserquelle** neben dem Weg (30 min). Hier können Sie erst mal Ihre Wasserflaschen füllen, denn jetzt beginnt der anspruchsvollere Teil des Aufstieges. Hinter der Quelle gabelt sich der Fahrweg. Wir laufen geradeaus (der linke Weg). Kurz darauf zweigt der »**Sentier du Single**« rechts ab. Ordentlich steil windet er sich in engen Serpentinen durch lichten Wald, bringt uns heftig zum Schnaufen und außerdem auf kürzestem Weg auf das Hochplateau. Hat man dann endlich die Höhe der Felsen erreicht, steht man überrascht auf einer sanften, grasbewachsenen Hochebene. Nur wenige Schritte weiter ist jedoch deren abruptes Ende erreicht: Senkrecht abbrechende Felswände bilden den 100 Meter tiefen Kessel des Creux du Van. Sie können sich der Abbruchkante an mehreren Stellen vorsichtig nähern und wenn Sie dann auf der Hochebene weiterlaufen – immer am Rand des Kessels entlang – erreichen Sie nach einer weiteren halben Stunde mit ständig wechselnden Blickwinkeln auf die imposanten Felswände, den urigen **Gasthof Ferme Le Soliat** mit Terrasse und gemütlichem Gastraum. Die Spezialität des Hauses ist übrigens Käsefondue. Außerdem kann man hausgemachte Würste, Käse, Brot und Honig erstehen, bevor man auf dem gleichen Weg zum Parkplatz zurückkehrt.

Ein ebenso reizvolles Wanderziel sind die **Schluchten der Areuse**, die sich von Boudry am Lac de Neuchâtel bis Noiraigue zu Füßen des Creux du Van erstrecken. Läuft man die ganze Strecke von Boudry, muss man für die einfache Tour etwa drei Stunden kalkulieren, kann aber mit Umweg über Neuchâtel den Rückweg per Zug antreten. Eine kürzere Wanderung in den schönen oberen Teil der Schlucht können Sie von Noiraigue oder vom **Zugang in Champs de Moulin** starten. Von Ort zu Ort laufen Sie etwa eine Stunde. Auch hier ist eine Rückkehr mit der Bahn möglich. Mit größeren Wohnmobilen sollten Sie unbedingt in Noiraigue starten und zum Start mit dem Zug nach Champs de Moulin fahren. In Noiraigue ist die Parkplatzsituation deutlich entspannter.

Das Naturschutzzentrum in Champs de Moulin, am unteren Ende der Schlucht, ist nur über eine schmale Kurvenstraße zu erreichen. Dafür ist der Weg in die Schlucht von unten sehr schön und quasi eben. Wer die Kurvenstraße nicht scheut, biegt von der Kantonalstraße mit der Nummer 10 am braunen Schild »**Gorges de l'Areuse**« rechts ab, um erneut in Serpentinen ins Tal zu tuckern. Sie fahren am Bahnhof vorbei und biegen ganz unten im Tal direkt hinter der Brücke über die Areuse rechts ab auf den Wanderparkplatz bei GPS N 46°57'26.0", E 6°46'11.0".

Wanderung durch die Gorges de l'Areuse

1 h 15 komplett, etwa 100 Höhenmeter in der Schlucht. Vom Bahnhof folgen Sie der Straße hinunter ins Tal und biegen vor der Brücke rechts in Richtung »Maison de la Nature« ab. Vom Parkplatz geht man zurück über die Brücke und dann links hinauf. So kommt man zuerst an einem kleinen Café, dann am Infozentrum vorbei. Weiter geht es auf einem Asphaltweg zu schönen Plätzchen am ruhig dahin plätschernden Fluss. Statt auf dem breiten Fahrweg kann man hier auch auf einem Trampelpfad am Flussufer entlang gehen. So findet man jetzt bereits die schönsten Gumpen, an denen man auf dem Rückweg wunderbar die heißgelaufenen Füße kühlen kann.

Nach etwa 20 Minuten Gehzeit passiert man das Wasserkraftwerk, dann wird der Weg schmaler und die Schlucht enger. Dann steigt man über Felsen hinauf bis zur fotogenen alten Steinbrücke »Saut du Brot« und zum Aussichtspunkt. Dahinter geht es wieder aus der Schlucht hinaus. Man kehrt um oder wandert von hier aus in etwa 35 Minuten zum Bahnhof von Noiraigue.

Der kürzeste Weg führt jetzt von Les Champs de Moulin in wenigen Kilometern bis Neuchâtel, wo wir mit Tour 4 rund um die drei großen Seen zwischen Jura und Freiburger Land reisen. Landschaftlich schöner ist die Route über die Nebenstraße nach **Brot-Plamboz,** an der auch noch zwei hübsche Stellplätze zu finden sind. Nach 3,5 Kilometern erreichen wir den Bauernhof Ferme de Tourbières mit gut sortiertem Hofladen und kleiner Campingwiese.

(058) WOMO-Campingplatz: Le Joratel Ferme de Tourbières

GPS: N 46°57'59.6", E 6°43'51.1", Le Joratel 2, Tel. 0041 (0)32 9371415.
Geöffnet: Ganzjährig.
Ausstattung: Wasser, WC-Entsorgung, Hofladen, Spielplatz.
Beschreibung: Fünf Stellplätze auf einem Bauernhof mit vielen Tieren. Plätze auf einer Wiese vor dem Haus. Ziegengehege und Kaninchenställe direkt daneben. Auf dem Hof leben außerdem Hühner in Freilandhaltung.
Preise: CHF 30, www.fermedestourbieres.ch.
Anfahrt: Nach 3,5 Kilometern links zum Bauernhof. Die Zufahrt ist von der Straße ausgeschildert.

Hinter **Brot-Plamboz** geht es dann wieder rechts nach Neuchâtel und kurz vor der Passhöhe treffen wir an einem Restaurant auf einen Parkplatz.

(059) WOMO-Parkplatz: La Torurne Rochefort

GPS: N 46°59'16.8", E 6°47'34.4", 1.133 m. **Max. WOMOs:** 8
Ausstattung: Keine.
Beschreibung: Ebener Asphaltplatz gegenüber einem Hotel. Etwas nahe an der Straße. War 2020 mit Parkplätzen an der Längsseite als provisorischer Ausweichstellplatz für Wohnmobile markiert.
Anfahrt: Wir folgen der Straße von Joratel bis Petits-Ponts und biegen dort rechts nach Neuchâtel ab. Der Platz liegt rechts an der Straße.

Kurz bevor wir Neuchâtel erreichen, versteckt sich oberhalb des Vorortes **Corcelles-Comondrèche** ein grünes Plätzchen für Abenteuerlustige mit kleinem Camper. Die schmale Zufahrt zweigt kurz vor dem großen Kreisel am Ortseingang links ab.

(060) WOMO-Wanderparkplatz: Corcelles-Comondrèche

GPS: N 46°59'20.0", E 6°52'36.9", 640 m. **Max. WOMOs:** 1–2
Ausstattung: Keine.
Beschreibung: Schotterplatz neben einem Sportplatz. Ruhige Lage mit Blick über die Felder.
Anfahrt: Kurz vor dem Kreisel an der Ortseinfahrt links auf einen schmalen asphaltierten Waldweg einbiegen und diesem zum Sportplatz folgen. Hier befindet sich am Bouleplatz eine kleine Parkfläche. Um zum größeren Platz auf der anderen Seite zu kommen, fahren Sie geradeaus weiter und an der nächsten Kreuzung links hinauf. Der Platz liegt links der Straße.

Kurz darauf erreichen wir das **Zentrum von Neuchâtel** und damit unsere Tour 4.

Grenchen
TOUR 14
5
Büren
Aare
Orpunt
075
072
BIEL
074
6
Aarberg
BERN
Wohlensee
1
12
Niederscherli
Grasburg
071
073
Täuffelen
Aare
069
070
Magglingen
Twannbachschlucht
Twann
BIELER SEE
Petersinsel
5
Kerzers
Papillorama
Saane
Schmitten
12
Düdingen
Tafers
WC
078
077
076
Erlach
Ins
La Neuveville
079
Schiffenensee
Sugiez
MURTENSEE
Murten
Faoug
082
P
068
Zihlkanal
Le Landeron
St. Imier
067
W
La Sauge
080
TOUR 5
FRIBOURG
Aventicum
Avenches
C
066
084
Coudrefin
Salavaux
083
Laténium
065
WC
NEUCHATEL
Gestüt
La Ferrière
La Chaux-de-Fonds
061
TOUR 3
063
086
Portalban
1
Payerne
20
062
064
E
087
088
Gorge d'Areuse
Boudry
5
LAC DE NEUCHATEL
Estavayer-le-Lac
La Sagne
St. Aubin
Le Doubs
Les Planchettes
Saut de Doubs
Les Brenets
20
Le Locle
Villiers
Les Ponts-de-Martel
Noiraigue
Creux du Van
Concise
Yvonand
089
090
La Bévine
Couvet
Môtiers
Gorge de la Poeta Raisse
Schloss Grandson
Champs Pittet
091
Yverdon les Bains
Lac de Taillières
Fleurier
Grandson
051
092
TOUR 6
Areuse
Buttes
Bullet
Mathod
La Thielle
Le Doubs
N
St.Croix
L'Auberson
10 km

TOUR 4 155 km

Durch das Drei-Seen-Land

Neuchâtel – Biel – Erlach – Murten – Estavayer-le-Lac – Yverdon-les-Bains

Stellplätze:	Neuchâtel, Saint-Blaise, Le Landeron, Twann, Magglingen Hohmatt, Leubringen, Biel, Orpunt, Murten, Avenches, La Sauge, Portalban, Yverdon
Campingplätze:	Le Landeron, Erlach, Muntelier, Avenches, Salavaux, Cudrefin, Estavayer-le-Lac, Yvonand, Yverdon
Besichtigen:	Neuchâtel, Laténium, Erlach, Papiliorama, Murten, Schweizer Nationalgestüt, Avenches, La Sauge, Estavayer-le-Lac, Yverdon les Bains.
Wandern / Fahrrad:	Twannschlucht, Taubenlochschlucht, Radtour Petersinsel, Mont Vully, Radtour Murtensee, Naturschutzgebiet, Radtour Grand Cariçaie, Moorpfad Champs Pittet

Die Region um die Trois-Lacs ist im Sommer ein beliebtes Ferienziel. Lange Badestrände, die mit Reben bedeckten Südhänge über den Seen und schöne alte Orte wie Erlach, Murten oder Estavayer-le-Lac machen den Reiz der Region aus, die im Landesdurchschnitt eher zu den teureren Urlaubsgebieten der Schweiz zählt.

Neuchâtel – Eine Altstadt aus dem Bilderbuch

Schon seit dem Ende des 10. Jahrhunderts ragt hier am Ufer des größten der drei Seen ein Schloss empor und rundherum entwickelte sich in den folgenden Jahrzehnten die Stadt, die in Ihrem Kern immer noch aussieht, als wäre die Welt in der Zeit der Rittergeschichten stehen geblieben. Erfreulich neuzeitlich ist dagegen das Angebot an Restaurants und Cafés in den gemütlich verwinkelten Gassen. Wenn Sie sich bei Ihrem Bummel einfach treiben lassen, werden sie auch irgendwann auf die Treppen hinauf zum Schloss treffen – das ist durch seinen zentralen Standort kaum zu vermeiden. Das Schloss ist heute Sitz der Kantonsregierung und kann im Sommer besichtigt werden. Sind Sie zwischen Juni und September unterwegs, können Sie von Di bis So an Führungen teilnehmen (zwischen 14 und 17 Uhr, immer zur vollen Stunde), im April und Mai ist nur am Samstag und Sonntag geöffnet, CHF 5.

Wer bleiben möchte, findet ein Nachtquartier auf dem offiziellen Stellplatz der Stadt oder – für Liebhaber einsamer Naturplätze – auf einem Wanderparkplatz hoch über Neuchâtel.

(061) WOMO-Wanderparkplatz: Neuchâtel Botanischer Garten

GPS: N 47°00'24.0", E 6°56'34.0", 649 m. **Max. WOMOs:** 3–4
Ausstattung: Keine.
Beschreibung: Am Waldrand, Schotterflächen rechts und links der Straße am Ende der Sackgasse und am Start zu einem Trimm-Dich-Pfad. Fährt man am Haus vor dem Parkplatz rechts hinunter (beschildert: Busparkplatz Botanischer Garten) kommt man zu einem kleinen Waldparkplatz unterhalb eines Felsens. Mit einem kleinen Wohnmobil kann man auch hier unten stehen. Ein Pfad führt vom unteren Parkplatz hinauf zu einer ganz und gar ungewöhnlichen Feuerstelle mit weitem Blick über den See und die Stadt.
Sonstiges: Centre Dürrenmatt (geöffnet Mi bis So 11–17 Uhr) und Botanischer Garten in 10–15 Minuten zu Fuß erreichbar. Vom Botanischen Garten sind es wenige Minuten zur Bergstation der Standseilbahn Crêt du Plan, die hinab zur Altstadt fährt.
Anfahrt: Den Wegweisern zum botanischen Garten und zum Zentrum Dürenmatt folgen, in einigen Kehren bergauf bis zum Kreisverkehr am Stadtrand und hier rechts ab und bis zum Ende der Straße (Chemin des Perrolets-Saint-Jean).

(062) Offizieller WOMO-Stellplatz: Neuchâtel Falaises

GPS: N 47°00'05.2", E 6°57'26.3", 437 m. **Max. WOMOs:** 8
Ausstattung: Gepflegtes Euro-Relais, neue Stromsäulen, Mülleimer.
Beschreibung: Durch einen Grünstreifen abgetrennte Parkbucht an einer Nebenstraße reserviert für Wohnmobile. Nicht unbedingt ruhig und auch nicht allzu zentral gelegen, aber durchaus als Nachtquartier geeignet. Am Schwimmbad.

Preise: CHF 20 inklusive Strom.
Anfahrt: Von der Altstadt kommend in Richtung Sainte-Blaise. Vorsicht! Am Schwimmbad nicht in den Tunnel fahren, sondern an der Zufahrt zum Parkplatz des Bades vorbei geradeaus. Noch einmal geradeaus durch den folgenden Kreisel. Kurz hinter dem Kreisel liegt der Parkplatz rechts der Straße. Enge Zufahrt und Ausfahrt.

An der Westseite der Stadt gibt es noch zwei Parkplätze am Seeufer, auf denen Sie schöner und billiger parken als auf dem offiziellen Stellplatz. Beide sind in der Nacht und an Sonn- und Feiertagen gebührenfrei. Tagsüber zahlen Sie einen Franken pro Stunde.

(063) WOMO-Parkplatz: Neuchâtel Panespo

GPS: N 46°59‘37.1“, E 6°56‘37.0“ **Max. WOMOs:** 20
Ausstattung: Keine.
Beschreibung: Großer asphaltierter Parkplatz direkt am Seeufer und zwischen einer Schule und einer kleinen Messehalle. Zufahrt durch eine Schranke. Café des Amis direkt am Platz. In der anderen Richtung etwa 300 Meter Fußweg zum Badeplatz Jeunes Rives.
Preise: Kostenpflichtig Mo bis Sa 7–12 und 13.30–21 Uhr, CHF 1 pro Stunde. Bar oder mit Kreditkarte. Die ersten 30 Minuten sind gratis.
Anfahrt: Von der Kantonalstraße 5 rechts den Schildern zum Parkplatz Panespo folgen.

(064) WOMO-Parkplatz: Neuchâtel Serrières

GPS: N 46°58‘44.6“, E 6°53‘42.6“ **Max. WOMOs:** 20
Ausstattung: Keine.
Beschreibung: Großer asphaltierter Parkplatz direkt am Seeufer und vor einem Bürogebäude. Am Wochenende und abends ist es entsprechend ruhig. Zufahrt durch eine Schranke.
Preise: Kostenpflichtig Mo bis Sa 7–12 und 13.30–21 Uhr, CHF 1 pro Stunde. Bar oder mit Kreditkarte. Die ersten 30 Minuten sind gratis.
Anfahrt: Am westlichen Ortsrand von Serrieres am Kreisel mit dem Gelben Kunstwerk links hinunter zum Seeufer.

Neben den üblichen Museen hat **Neuchâtel** auch noch das **Laténium** zu bieten. Obwohl es erst mal so klingt: Mit Latein oder den Römern hat der Name gar nichts zu tun. Er bezieht sich auf den Ort La Tène, wenige Kilometer entfernt an der nördlichen Spitze des Sees. Was man an dieser Ausgrabungsstätte fand, seit sie 1857 zufällig von einem Fischer entdeckt wurde, gab einer ganzen Kulturepoche der frühen Eisenzeit ihren Namen. Typische Fundstücke der gallisch-keltischen Latènekultur sind Fibeln, Schwerter und Armreifen.

(065) WOMO-Parkplatz: Neuchâtel Laténium

GPS: N 47°00‘31.0“, E 6°58‘22.0“, 431m. **Max. WOMOs:** 3–4
Ausstattung: WC unten am Hafenbecken.
Beschreibung: Parkplätze am Laténium über dem Hafen, in der Hauptsaison ist der Parkplatz oft sehr voll und daher nicht ganz so angenehm.
Preise: Kostenpflichtig täglich 8–18 Uhr, CHF 1 pro Stunde.
Sonstiges: Läuft man stadtauswärts am Ufer weiter (weg vom Museum) kommt man zu einem Parkgelände mit mehreren lauschigen Badebuchten.
Anfahrt: Von der Ortsdurchfahrt mit Laténium ausgeschildert.

Ausflug in die Geschichte der Menschheit: Das Laténium und die archäologische Fundstätte von La Tène

Der Entwicklung der Menschen von der Frühsteinzeit bis in die Renaissance widmet sich das große, aufwendig gestaltete Museum an Stadtrand von Neuchâtel. Die meisten der über 2000 Ausstellungsstücke stammen dabei aus der Region Neuchâtel, viele auch direkt aus La Tène.
Geöffnet Di–So von 10–17 Uhr. CHF 12, Kinder bis 16 Jahre gratis. Das Außengelände mit Nachbau eines Pfahlhauses und weiterer historischer Bauwerke ist jederzeit frei zugänglich, latenium.ch.

Wenn es nach dem Museumsbesuch ein bisschen Entspannung braucht: Ein offizieller Übernachtungsplatz mit Badeufer befindet sich an der nördlichen Seespitze in **Saint-Blaise**.

(066) Offizieller WOMO-Stellplatz: Marina Saint-Blaise

GPS: N 47°00'41.7", E 6°59'17.7", 430 m. **Max. WOMOs:** 12
Ausstattung: Euro-Relais, Strom, Toilette und Dusche am Hafen, Mülleimer.
Beschreibung: Plätze zwischen hohen Hecken, aber nahe der Durchgangsstraße und nicht unbedingt leise. Badestelle 200 Meter entfernt links. Fünf Minuten Fußweg zum Ortskern mit Restaurants.
Preise: CHF 16 inklusive Strom, zahlbar am Automaten (bar oder mit Visa-Card.
Anfahrt: Von Neuchâtel auf der Kantonalstraße 5 bis Saint-Blaise und am Kreisel neben dem Ort rechts auf der Avenue du Port und, den Schildern zur Marina folgend, unter der Bahnlinie hindurch zum Hafen. Wohnmobilstellplatz und Euro-Relais an der Parkplatzeinfahrt links.
Alternativen: Im Naturschutzgebiet an der Nordspitze des Neuenburger Sees gibt es rechts und links vom Zihlkanal zwei Campingplätze, die beide direkt am Seeufer liegen, einen schönen Badeplatz haben und gut mit Dauercampern belegt sind. Zum Camping La Tène kommen Sie vom Hafen, indem sie vor der Bahnlinie rechts der Rue Louis-de-Meuron folgen. Geöffnet März bis September, www.latene.ch. Den in Ausstattung und Preis vergleichbaren Camping Fanel (TCS, April bis September) erreichen Sie von Gampelen. Der Camping Fanel schließt im September 2024 endgültig.

Der Bieler See
Erlach mit seiner schönen Altstadt und dem Naturschutzgebiet auf der Petersinsel ist ein besonders reizvolles Ziel am Bieler See. Ein Badeufer mit Strandbad gibt es bei Le Landeron und auch die kleinen Winzerorte am Westufer lohnen einen Besuch. Hier findet man in jedem dritten Haus einen Weinkeller und kann bequem beim Erzeuger einkaufen. Nur die zwischen dem See und den Hängen der Weinberge eingequetschte Schnellstraße stört die Idylle. Der Bergrücken zwischen Twann und Biel lässt sich auf einer abwechslungsreichen Wanderung erforschen und auch Biel hat eine schöne kleine Altstadt – auch wenn es rundherum schon ein wenig nach Großstadt riecht.

Kommt man vom Lac de Neuchâtel, ist **Le Landeron** der erste Ort am Bieler See. Neben einer netten kleinen Altstadt mit bunten Häuschen zwischen zwei Stadttoren hat der Ort ein langes Badeufer und ein Freibad direkt am See zu bieten. Ein großer Campingplatz belegt das Terrain hinter der Badebucht und dem Sportboothafen. Rechts und links vom ausgedehnten Dauercamperbereich bieten Parkplätze die Möglichkeit für einen Badestopp ohne Campingplatzaufenthalt.

(067) WOMO-Campingplatz: Le Landeron
Camping des Pêches

GPS: N 47°03'10.0", E 7°04'11.0", 429 m, Rue du Port 6, Tel. 0041 (0) 32 7512900. **Geöffnet:** April bis Mitte Oktober.
Ausstattung: Euro Relais, Laden, Restaurant, Grillplätze, Fahrradverleih.
Beschreibung: Separater gepflegter Bereich nur mit Touristenplätzen auf einem angenehmen Wiesengelände unter locker verteilten Bäumen etwas weiter vom See entfernt. Zum Badeufer geht es etwa 400 Meter durch den Dauercamperbereich und durch ein Wäldchen.
Preise: CHF 38, Strom CHF 5, plus Kurtaxe. ACSI-Rabatt, www.camping-lelanderon.ch.
Anfahrt: Westlich vom Ort, direkt am Zihlkanal, im Ort ausgeschildert.
Alternative: Wer Kinder dabei hat steht am Gemeindecamping Erlach besser und in der Nebensaison sogar günstiger...

(068) Offizieller WOMO-Stellplatz: Le Landeron

GPS: N 47°03'01.7", E 7°04'25.2" **Max. WOMOs:** 3
Ausstattung: V/E am Campingplatz, WC und Dusche in der Marina.
Beschreibung: Jeweils drei Parkbuchten auf den zwei Parkplätzen hinter dem Badeufer von Le Landeron sind für Wohnmobile markiert und zugelassen. Auf dem Rest des Parkplatzes sind Wohnmobile inzwischen komplett verboten. Die am Boden markierten Plätze sind zwar lang genug, aber so schmal, dass ein größeres Wohnmobil kaum hinein passt. Richtig schön stehen Sie hier nicht, aber immerhin dürfen Sie jetzt überhaupt wieder parken, um Baden zu gehen. Kein Campingverhalten. Maximal 72 Stunden.
Preise: Mai bis Oktober gebührenpflichtig von 9–12 und 13.30–17.30 Uhr, Tagesticket CHF 5.
Anfahrt: Im Ort den Schildern zum Campingplatz folgen. Fährt man an der Einfahrt vorbei, endet die Straße am Parkplatz hinter dem Sportboothafen. Zweiter Platz vor dem Camping links bei **GPS N 47°03'12.6", E 7°04'15.1"**.

Der nächste Ort am Westufer ist das Winzerdorf **La Neuveville**. Es ist das Erste in einer Kette von kleinen Orten mit schöner alter Bausubstanz, engen Sträßchen und vielen kleinen Weingütern mit Direktverkauf und Verkostung. Wenn man diesen Ort sehen will, sollte man sich bei der Durchfahrt von der vierspurigen Schnellstraße herunter halten, die man hier in den ohnehin engen Raum zwischen See und Weinbergen gequetscht hat. In La Neuville lohnt sich ein Blick auf das private Château de Schlossberg oben am Berg und ein Bummel durch den Ortskern mit einigen gut erhaltenen mittelalterlichen

Gebäuden. Parken können Sie an der Place du Marché und der Place de la Gare auf blauen Parkplätzen. Die GPS-Daten des in der Mitte liegenden Bahnhofes sind **N 47°03'46.0", E 7°05'42.0".** Parkplätze finden Sie rechts (näher an der Altstadt) und links davon. Nicht in der engen Altstadt rechts abbiegen, auch wenn Ihr Navi anderer Meinung sein sollte!

Auf der Uferstraße erreicht man Twann, den nächsten Weinort am Seeufer. Ein kostenpflichtiger Parkplatz unten am See neben dem **Restaurant Engelberg** wäre übernachtungstauglich [**069:** N 47°06'10.07", E 7°10'39.9"]. Oben zwischen Ort und Straße ermöglicht außerdem ein großer **Parkplatz bei GPS N 47°05'36.0", E 7°09'19.0"** einen unkomplizierten Stopp. Von hier kann man durch den Ort bummeln und zur Twannschlucht hinaufsteigen. Schöner ist es jedoch, die Besichtigung der Schlucht in einen Rundweg von der Talstation der Seilbahn in Biel oder von unserem Stellplatz Magglingen **(070)** einzubinden.

Durch die Twannschlucht

Gehzeit etwa 3 Stunden, 450 hm bergab. Die Talstation der Seilbahn befindet sich gleich links an der Ortseinfahrt von Biel. Ein großer Parkplatz rechts der Straße macht den Start unkompliziert **GPS N 47°08'08.0", E 7°14'08.0".** Mit der Standseilbahn geht es hinauf nach Magglingen. Dort beginnt der gut markierte Weg zum Twannberg und zur Twannschlucht. Immer auf der Höhe läuft man beinahe eben mit tollen Talblicken bis Les Moulins und steigt durch die Schlucht wieder ab nach Twann. Von Twann fährt ein Bus zurück nach Biel, Infos und Fahrplan unter www.vb-tpb.ch. Alternativ kann man die Strecke aber auch mit dem Boot zurücklegen. Infos unter www.bielersee.ch. Beschreibung

mit guter Karte unter www.wanderland.ch (Twannbachschluchtweg) oder als Broschüre an der Talstation der Seilbahn in Biel.

Der Rundweg funktioniert aber auch ohne Boot oder Bus: Der Rebenweg verbindet Twann knapp über Seehöhe mit Biel. Für den Fußmarsch durch die Weinberge zur Seilbahn zusätzlich 1,5 Stunden rechnen. Auch dieser Weg ist in Twann gut ausgeschildert.

Wollen Sie die Wanderung von einem idyllischen Übernachtungsplatz starten, fahren Sie über Biel nach **Magglingen** hinauf. Mit einem Camper bis 3,5 Tonnen können Sie dazu auch die landschaftlich reizvolle Strecke von Twann über Orvin wählen.

(070) WOMO-Wanderparkplatz: Magglingen Hohmatt

GPS: N 47°08'10.0", E 7°11'54.5", 1.034 m.
Max. WOMOs: 4–5
Ausstattung: Keine.
Beschreibung: Große geschotterte Parkfläche außerhalb des Ortes. 200 Meter oberhalb befindet sich die gemütliche Bergwirtschaft Hohmatt mit deftiger Hausmannskost. Hier kann man sich durch regionale Spezialitäten wie Rösti, Käsefondue, Chlöpfler (Bratwurst) und Brotzeitplatten mit Jura Hobelkäse (Tête de Moine) und Trockenfleisch probieren.
Anfahrt: Von Biel oder Orvin nach Leubringen und dort nach Magglingen abbiegen. Durch den Ort hindurch den Schildern nach Hohmatt folgen.
Wandern: Möchten Sie vom Stellplatz den Rundweg durch die Twannschlucht laufen, halten Sie sich erst in Richtung Twannberg und folgen von dort der Wegbeschreibung auf **Seite 95**.

Laufen Sie vor dem Gasthof links hinauf und am Waldrand entlang, haben Sie links neben sich einen besonderen Wald. Hier stehen nicht nur sehr schöne, teilweise schon recht alte Bäume, der kleine Wald ist auch ein Friedhof. Sie könnten sich zu Lebzeiten einen Baum aussuchen und ein Grab zwischen seinen Wurzeln kaufen. Bestattet wird die Asche der Verstorbenen. Sie wird zwischen den Wurzeln verstreut und dient dem Baum als Nahrung. Solche Wälder werden **FriedWald** genannt. Einige davon gibt es auch in Deutschland.

Fahren Sie dann durch Magglingen (Macolin) in Richtung **Leubringen** zurück, finden sie wenig abseits der Strecke einen weiteren Wanderparkplatz, der an einer weiteren schönen Rundtour gelegen ist. Mit Aufstiegshilfe der Funiculaire Biel-Leubringen/Evilard können Sie von hier die ebenfalls sehr schöne Wanderrunde durch die Taubenlochschlucht starten.

(071) WOMO-Wanderparkplatz: Leubringen

GPS: N 47°09'01.0", E 7°13'50.0", 807 m. **Max. WOMOs:** 2–3
Ausstattung: Brunnen auf dem unteren Platz.
Beschreibung: Geschotterter Parkplatz im Wald, in Straßennähe.
Anfahrt: In Leubringen links hinauf in Richtung Orvin. Oben auf der Höhe rechts und links der Straße Parkmöglichkeiten. Vorsicht steile unebene Zufahrt.

Durch die Taubenlochschlucht

Gehzeit 2 Stunden. Ein Waldspaziergang führt vom Stellplatz in einer knappen Stunde nach Frinvillier. Weiter geht es auf einem guten Fußweg mit Stegen und Treppchen durch die Schlucht der Schüss (Suze). Ruhebänke und Feuerstellen laden zum Picknick ein. In Biel angekommen nehmen Sie den Bus zum Bahnhof der Seilbahn Biel-Leubringen. Von hier könnten sie noch eine Runde durch die benachbarte Bieler Altstadt drehen, bevor Sie sich in wenigen Minuten zurück nach Leubringen (Evilard) transportieren lassen. Durch den Ort laufen Sie dann hinauf zum Womo. Alternativ können Sie auch von Frinvillier in die Schlucht laufen. Die Zufahrt zum Waldparkplatz **GPS N 47°10'03.0", E 7°15'11.0"** ist jedoch für größere Wohnmobile recht eng.

Wenn Sie von Leubringen wieder nach Biel hinunter fahren, befindet sich am gegenüberliegenden Hang des Bözinger Berges ein kleiner Tierpark mit Murmeltieren, Luchsen, Eulen und anderen heimischen Tierarten. Der Besuch ist kostenlos.

(072) WOMO-Wanderparkplatz: Biel Tierpark

GPS: N 47°09'35.0", E 7°16'11.0", 520 m. **Max. WOMOs:** 1–2
Ausstattung: Keine. **Beschreibung:** Große, ruhige Schotterfläche außerorts, Open Air Kunst am Parkplatz. Tierpark etwa 100 Meter entfernt (kostenlos), dort WC während der Öffnungszeiten.
Anfahrt: Auf der Bözinger Straße (Bundesstraße 5 Richtung Solothurn) stadtauswärts bis zur Tankstelle, dann 1,5 Kilometer steil bergauf durch das Wohngebiet. In der zweiten Spitzkehre befindet sich das Schild zum Parkplatz nach rechts.

Und, last but not least, gibt es bei einer Stadt am See natürlich auch die Möglichkeit zum Baden. Dazu müssen wir wieder runter in die Stadt. Dort parken Sie ihr Womo am Strandbad.

(073) WOMO-Badeplatz: Biel Strandbad

GPS: N 47°07'46.0", E 7°14'12.0", 431 m.
Max. WOMOs: 2–3
Ausstattung: Keine.
Beschreibung: Geschotterte Parkflächen auf dem ehemaligen Expo-Gelände von Biel. Problemlos anzufahren für Womos aller Größen. 150 Meter zum gepflegten Bieler Strandbad mit schöner Liegewiese. Im Bistro der Lago Lodge kann man zu fairen Preisen essen oder ein Bier trinken. Die kleine Seebräu-Brauerei befindet sich direkt hinter der Lodge und das frisch gebraute Bier fließt direkt aus den Lagertanks in die Zapfanlage der Bar. .
Preise: Gebührenpflichtig 7–19 Uhr, CHF 2 pro Stunde.
Anfahrt: Von der »5« am Kreisel an der südlichen Ortsausfahrt links, vorbei an einem ersten Parkplatz, an der Kreuzung Ländtestraße/Marcelin Chipot Straße, rechts über die Brücke und gleich wieder rechts zum See.
Sonstiges: Vom Parkplatz kommt man auch zur Schiffsländе, Richtung See und rechts über die Kanalbrücke zum Anleger. Die Auswahl reicht von der Drei-Seen-Fahrt bis zu Fahrten auf der Aare nach Solothurn, www.bielersee.ch.

Wer lieber offiziell steht, findet am Stadtrand von Biel zwei sehr unterschiedliche Plätze. Beide liegen am Kanal. Im Ortsteil Port können Sie auf einem Bio-Bauernhof übernachten, im Städtchen Orpund hat die Gemeinde am Rand des Gewerbegebietes einen komplett ausgestatteten Stellplatz eingerichtet.

(074) Offizieller WOMO-Stellplatz: Port Ferme Bio am Kanal Port

GPS: N 47°06'52.2", E 7°15'36.9", Aegertenstraße 31.
Geöffnet: Mitte März bis Oktober. **Ausstattung:** V/E, Strom.
Beschreibung: 5 Plätze neben der Pferdeweide. **Preise:** CHF 15.
Anfahrt: Von Biel kommend auf der Wehrbrücke über den Kanal. Die 2. Straße links ist die Aegertenstraße.

(075) Offizieller WOMO-Stellplatz: Orpund Byfang

GPS: N 47°08'09.2" E 7°18'27.7", 430 m. **Max. WOMOs:** 2–3
Ausstattung: V/E, Strom, WLAN gratis.
Beschreibung: Grob geschotterter, komplett neu angelegter Stellplatz. Ruhige Lage und kurzer Fußweg zur Aare. Der Platz liegt versteckt hinter den Hallen der Feuerwehr am Rand eines kleinen Gewerbegebietes. Nicht vom ersten Eindruck abschrecken lassen. Beizli am Fluss und Gaststätten in der Nähe.
Preise: CHF 20, zuzüglich Strom und Wasser. Am Automat oder per Twint.
Anfahrt: Von Biel auf die Autobahn, durch den Tunnel und wieder raus.

Wenn Sie die Bieler Altstadt nicht auf der Wanderung durch die Taubenlochschlucht besucht haben, lohnt dort noch ein Stopp, bevor wir am östlichen Seeufer entlang nach Le Landeron zurückkehren, um von dort den kleinen Ort **Erlach** anzusteuern.

Erlach und die Petersinsel

Die Altstadt von Erlach besteht nur aus wenigen Straßenzügen. Die Häuser reihen sich malerisch gestaffelt an steilen Kopfsteinpflastergassen bis zum Schloss, das bereits im 11. Jahrhundert erbaut wurde und aussieht wie ein stattlicher Gutshof. Heute ist hier eine Schule untergebracht. Zwischen Reben steigt man dann wieder hinab zum See und quert dabei die bunte Geschäftsstraße. In einer der beiden Bäckereien kann man die Erlacher Version einer lokalen Spezialität kosten: Niddlekueche, Niddelkuchen oder Gateau de Vully wie er am benachbarten Murtensee oft genannt wird. Unsere Version aus Erlach hatte einen hauchdünnen knusprigen Boden mit einer dicken Rahmschicht. Auch die verschiedenen Versionen salziger Quiches

eignen sich vorzüglich für ein Picknick am Mittag – zum Beispiel an einem Seeplätzchen auf der Petersinsel.

Eine Radtour auf die Petersinsel

Strecke 10 Kilometer, eben. Die Petersinsel ragt langgestreckt und eben in den Bieler See. Nur ihr ovales bewaldetes Köpfchen erhebt sich 45 Meter über den Wasserspiegel. Vor der 1. Juragewässerkorrektion im Jahre 1878, bei der die Aare in den Bieler See umgeleitet und die drei Seen mit Kanälen verbunden wurden, um das Hochwasser im Aaregebiet in den Griff zu bekommen, gab es hier nur zwei Inseln im See. Durch die Baumaßnahmen fiel der Wasserspiegel im Bieler See um 2,5 Meter und das Inselchen mit dem alten Klostergebäude bekam eine Verbindung zum Land. Auf dieser Landzunge führt heute der schnurgerade Heidenweg zur ehemaligen Insel. Zu Fuß braucht man dorthin eine gute Stunde – mit dem Fahrrad geht es deutlich schneller. Die Inselspitze kann man auf einem bequemen Weg umrunden. Pfade zweigen ab zu netten Plätzchen am Wasser. Im Sommer kann man baden, zu anderen Zeiten eignen sie sich prima für ein Picknick. Wer es etwas gediegener mag: Im stilvoll mit gut erhaltener Patina restaurierten Kloster, das schon seit etwa 900 Jahren im Zentrum der Insel steht, ist heute ein Hotel untergebracht. Hier kann man im geschützten Innenhof sehr gut speisen. Der Fisch kommt aus dem Bieler See, das Fleisch vom biologisch wirtschaftenden Inselbauern und selbst die Trauben für den Wein wachsen rund um den bildschönen Gutshof. Diese besondere Qualität hat allerdings auch ihren Preis. An schönen Tagen bietet das Bistro mit einfachen Snacks zwischen Pommes und Fruchtkuchen eine günstigere Alternative.

Wegbeschreibung: Der gut vier Kilometer lange Heidenweg beginnt direkt neben der Zufahrt zum Camping. Ein Hinweisschild St. Petersinsel findet man schon an der Durchfahrtsstraße im Ort. Über ein Brückchen quert man den Durchstich zwischen Insel und Festland und folgt dann dem Fahrweg. Unterwegs passiert man zwei Beobachtungstürme und einen kurzen Lehrpfad. Erste Abzweige führen rechts zu schönen Uferplätzen. Nach vier Kilometern erreicht man an einer Kreuzung den Rundweg um den Inselkopf. Rechts herum steht man schnell am Gasthof.

Wer lieber zu Fuß gehen will, kann auch von Erlach mit dem Boot zur Inselspitze fahren und dort eine Runde drehen (etwa 45 Minuten, Rückweg nach Erlach über den Heidenweg eine Stunde). Der schnurgerade Fahrweg ist allerdings zu Fuß ein bisschen langweilig...

Fahrräder kann man beim Tourismusbüro auf dem Gemeindecamping mieten, www.erlach.ch oder über www.velospot.info nach vorheriger Registrierung. Per Boot ist die Halbinsel von Erlach mit der Bielersee Schifffahrt über La Neuveville in 25 Minuten erreichbar, CHF 16 einfach. www.bielersee.ch.

Wer über Nacht in Erlach bleiben möchte, muss auf den Campingplatz gehen. Für größere Mobile kommt da nur der Gemeindecamping Erlach direkt hinter dem Strandbad in Frage und der ist auch sicher nicht die schlechteste Wahl.

(076) WOMO-Campingplatz: Erlach Camping Communal

GPS: N 47°02'45.0", E 7°05'55.0", 430 m, Stadtgraben 23, Tel. 0041 (0) 32 513 0100. **Geöffnet:** Ostern bis Mitte Oktober.
Ausstattung: V/E, gutes Restaurant, Gästeinfo mit Fahrradverleih direkt am Platz, Beachvolleyballplatz und toll gestalteter Spielplatz, WLAN inkl.
Beschreibung: Direkt hinter der schönen Liegewiese des örtlichen Strandbades. Die Preisgestaltung ist familienfreundlich, bezahlt wird pro Stellplatz. Die Zahl der Personen spielt keine Rolle. Sind nur zwei Personen im Womo, ist der Camping in der Hochsaison vergleichsweise teuer. In sich abgeschlossener Bereich für Dauercamper, die 60 Touristenplätze liegen direkt am See. Aufpreis für die erste Seereihe. Komfortable Sanitäranlagen, Bootsanleger in Sichtweite, Altstadt und Petersinsel sind in 5–10 Minuten zu Fuß erreichbar.
Preise: CHF 50–73 inklusive Strom, zuzüglich Kurtaxe, camping-erlach.ch.
Anfahrt: Am Seeufer und am Übergang zur Petersinsel gelegen.
Alternative: Mobile in VW-Bus-Größe finden nebenan auf dem Camping Mon Plaisir weitere Stellplätze am See auf einem Gelände, das an einen leicht kruscheligen Vorgarten erinnert. Sehr enge Zufahrt. Etwas preisgünstiger, www.camping24.ch.

Nicht nur bei Regenwetter lohnt vor der Weiterfahrt nach Süden ein Abstecher nach **Kerzers** in die Welt der Tropen.

Tropenparadies zwischen den Seen: Ein Abstecher zum Papiliorama nach Kerzers

Umschwirrt von Schmetterlingen streifen Sie im Papiliorama durch eine tropische Landschaft, im Nachbarhaus erspähen Sie zwischen den üppig grünen Blättern einen bunten Tukan oder einen der zart getönten rosa Löffler. Ein weiterer Höhepunkt des Besuches ist das Nocturama. Wie auch in allen anderen Räumen begegnen Sie den meisten Tieren ohne Gitter. So sausen in der künstlichen Nacht des Nocturamas die Fledermäuse haarscharf an den Besuchern vorbei, während diese von der spiralförmigen Empore Ausschau nach Faultieren und Nachtaffen halten. Ein Streichelzoo ermöglicht anschließend den jüngsten Besuchern hautnahe Tierbegegnungen und ein Spielplatz bietet Raum zum Toben.

Besonders sympathisch wird die Anlage durch das Engagement des Trägervereines, die das Papiliorama als gemeinnützige Stiftung betreibt. Ziel ist es, die Bevölkerung für das Schicksal der Regenwälder zu sensibilisieren. So gehört auch ein 110 Quadratkilometer großes Schutzgebiet im Regenwald von Belize, das Shipstern Naturreservat, zu den »Kindern« der Stiftung. www.papiliorama.ch.

Geöffnet täglich von 9–18 Uhr. Eintritt CHF 19, Kinder 4–15 Jahre CHF 9,50. Parkplatz bei GPS N 46°59'14.0", E 7°12'07.0". www.papiliorama.ch

Spätestens jetzt wechseln wir an das Ufer des kleinsten Sees der Seenplatte und fahren von Kerzers weiter nach Murten

Der Murtensee

Der touristische Höhepunkt am Murtensee ist das Örtchen Murten. Ein besonderes Erlebnis ist ein Spaziergang über den Dächern der Stadt auf der gut erhaltenen mittelalterlichen Ringmauer und ein Bummel unter den Arkaden der Einkaufsstraße. An der Südspitze lohnt ein Ausflug zu den Resten der römischen Stadt Aventicum rund um das heutige Dorf Avenches. Ein langer Sandstrand ziert die Südspitze des Sees und die Hänge des Westufers sind mit Reben bedeckt. In den Dörfern zwischen See und Hang klebt ein Weingut am anderen.

Auf dem Weg von Erlach oder Kerzers nach Murten führt ein spannender Abstecher auf den **Mont Vully** am Nordufer des Murtensees. Von hier oben haben Sie den besten Überblick über den See und die umliegenden Hügel. Außerdem beginnt hier eine interessante Wanderrunde. Der Parkplatz **GPS N 46°57'50.0", E 7°5'39.0"** auf dem Berg ist aber nur über schmale Sträßchen zu erreichen und bleibt daher den Fahrern wendiger Wohnmobile vorbehalten. Eine schmale kurvige Straße bringt uns von Sugiez hinauf. Übernachten darf man auf dem Vully leider nicht mehr. Die Grillpartys vor den Wohnmobilen haben dann wohl doch überhandgenommen.

Der Parkplatz ist außerdem Ausgangspunkt für eine Wanderung auf dem markierten **Sentier Historique de Vully**, der in einer Runde von drei Stunden durch Wiesen, Wald und Weinberge an verschiedenen militärischen Befestigungsanlagen vorbeiführt. Auf jeden Fall sollten Sie sich aber auf den kurzen Weg zum Nachbau der alten helvetischen Festungsmauer (Oppidum) machen, die etwa zehn Minuten Fußweg vom Parkplatz entfernt liegt.

Wenn wir von der Kantonalstraße 22 schon vor Murten auf die Seeuferstraße wechseln, treffen wir am oberen Seeende auf einen schönen kleinen Campingplatz.

(077) WOMO-Campingplatz: Camping Muntelier

GPS: N 46°56‘35.0“, E 7°08‘03.0“, 430 m, Campingweg 1, Tel. 0041 (0) 26 6704882. **Geöffnet:** April bis Oktober.
Ausstattung: Imbiss.
Beschreibung: Eine besonders schöne grasbewachsene Landzunge mit Badeplatz dient als Stellplatz für neun Wohnmobile. Neue Sanitäranlagen, nette Betreiber und angenehme Atmosphäre. Viele Dauercamper.
Preise: CHF 50 inklusive Strom und Kurtaxe, camping-muntelier.ch.
Anfahrt: Am nördliche Ortsende von Muntelier von der Seeuferstraße ausgeschildert.

Durch die Straßen von Muntelier nähern wir uns **Murten**. Die Orte gehen lückenlos ineinander über. Direkt hinter dem Ortsschild von Muntelier finden wir ein sehr gutes Basisquartier zum Erforschen der Umgebung.

(078) WOMO-Badeplatz: Murten

GPS: N 46°55‘57.0“, E 7°07‘10.0“, 436 m. **Max. WOMOs:** 8
Ausstattung: Öffentliches WC am rechten und linken Parkplatzende.
Beschreibung: Parkplatz oberhalb des örtlichen Strandbades. Der untere Teil ist mit einer Höhenschranke versperrt. Oben genügend Platz für Wohnmobile längs zur Fahrbahn. Zeltverbot unten auf der Wiese, aber kein Nachtparkverbot. Direkt an der nachts kaum befahrenen Straße.
Preise: Kostenpflichtig von 8–19 Uhr CHF 1 pro Stunde. Max. 15 Stunden.
Anfahrt: Rechts der Seestraße zwischen Muntelier und Murten.
Sonstiges: Selbstbedienungsbistro mit Plätzen direkt am See rechts des Badebereiches, Minigolf und Gasthof links am Sportboothafen. Bäckerei zehn Minuten in Richtung Muntelier oder in der Murtener Altstadt an der Hauptstraße. Altstadt von Murten in fünf Minuten zu Fuß zu erreichen.

Wenn's zu kalt ist für ein Bad im See – im Ort gibt es auch noch ein Schwimmbad mit Hallenbad, Außenbecken und Sauna. Eigener großer Parkplatz bei **GPS N 46°55‘33.0“, E 7°06‘34.0“**. Und wenn Sie nur die Altstadt anschauen wollen, finden Sie einen Parkplatz vor dem Berntor **GPS N 46°55‘44.0“, E 7°07‘12.0“**.

Über den Dächern der Stadt – Ein Spaziergang durch Murten

Ein Spaziergang durch Murten gleicht einer kleinen Zeitreise. Die Straßen und Häuser haben schon viele Generationen kommen und gehen sehen. Ein besonderes Kleinod ist die mittelalterliche Ringmauer, deren Galerie auch heute noch begehbar ist, sodass Sie die Stadt gemütlich von oben betrachten können. Die Altstadt ist überschaubar. Wer will, bummelt einfach so los, wer es systematischer mag, holt sich zuerst in der Information in der Kirchgasse den Flyer mit dem Altstadtrundgang, der an der französischen Kirche beginnt und bis zum Museum führt. Egal ob mit oder ohne Stadtplan, im Zuge ihrer Stadtrunde sollten sie unbedingt bei der Bäckerei Aebersold (www.nidelkuchen.ch) in der Hauptgasse vorbeischauen – dort gibt es noch einmal Nidelkuchen. Die spezielle Murtener Version, bei der fünf Schichten Rahm auf einem Boden aus Hefeteig gestrichen werden ist gleich mehrfach prämiert.

Eine Stellplatz- und Badealternative finden Sie auf der anderen Seite von Murten. Fahren Sie dort wieder aus dem Ort hinaus, zieht rechts ein hoch aufragender Obelisk die Blicke auf sich, an dessen Fuß wir einen Parkplatz finden.

(079) WOMO-Badeplatz: Murten Obelisk

GPS: N 46°55'11.0", E 7°05'59.0", 443 m. **Max. WOMOs:** 1–2
Ausstattung: Keine.
Beschreibung: Geschotterte Parkfläche am großem Steinobelisken an der Ortsausfahrt rechts. Ein wenig unterhalb der Schnellstraße und an den Bahngleisen. Der Platz selbst ist nicht sehr ruhig und auch nicht unbedingt idyllisch. Sehr reizvoll sind aber die kleinen Buchten mit Feuerstellen, die man über einen Wanderweg in 5-10 Minuten erreicht: Vor dem Obelisken durch die Bahnunterführung zum Seeufer und dort auf kleinen Pfaden zum Wasser. Hier folgen 2–3 intime Buchten zum Baden, picknicken oder für ein abendliches Lagerfeuer direkt aufeinander. Auch eine Radtour um den See kann man von hier gut starten.
Anfahrt: Am Ortsende vor der Kreuzung mit der Kantonalstraße rechts zum Parkplatz abbiegen.

Einmal um den Murtensee
Eine Velotour mit oder ohne Motor

29 km, mit Mont Vully 358 hm, ansonsten fast eben. Die Runde startet beim Radverleih am Bahnhof von Murten in Richtung Westen. Bis Faoug und von dort weiter um das westliche Murtenseeende verläuft der Weg am See abseits vom Straßenverkehr. Der lange Sandstrand von Salavaux bietet sich an für eine Badepause. Ab Salavaux führt die Strecke auf der Straße weiter durch die Winzerdörfer Motiez und Praz nach Sugiez. Ambitionierte Bergradler können auch über Bellerive und Vallamand-Dessus gut 250 Meter hinaufstrampeln und auf der Höhe durch Mur und Lugnorre auf den Gipfel des Mont Vully radeln, der Sie mit einem wunderbaren Rundblick auf den Jura, die drei Juraseen, das Grosse Moos und die Alpenkette belohnt. Danach folgt eine rasante Abfahrt den Hang hinunter nach Sugiez. Dort treffen sich beide Routen wieder. Am Bahnhof Sugiez mündet die Route in den Radweg durch den Chablais-Wald zum Fischerdorf Muntelier und zurück nach Murten. Eine topografische Karte zum Ausdrucken finden Sie unter www.veloland.ch unter Tour du Lac de Morat (hier mit Abstecher nach Avenches).

Einen Fahrradverleih gibt es in Murten am Bahnhof. Mietpreise ab CHF 38 pro Tag. Für E-Bikes, mit denen sie die 30 Kilometer spielend zurücklegen, zahlen Sie CHF 60, halber Tag CHF 55, www.rentabike.ch.

Auf einen angenehmen Campingplatz für einen längeren Aufenthalt am Murtensee treffen Sie bei der Weiterfahrt in Richtung Avenches direkt rechts am Seeufer.

(080) WOMO-Campingplatz: Port-Plage Avenches

GPS: N 46°54'12.0", E 7°02'57.0", 433 m, Vers l'Eau Noire, Tel. 0041 (0) 26 6751750. **Geöffnet:** April bis September.
Ausstattung: V/E, Restaurant, WLAN, Boots- und SUP-Verleih.
Beschreibung: Großer gut ausgestatteter Camping in Alleinlage mit kleiner privater Badebucht, der lange Sandstrand von Salavaux grenzt direkt an. Schöne, großzügige Plätze unter Bäumen, teilweise in der Nähe des Seeufers.
Preise: CHF 32–40, Strom CHF 4, plus Kurtaxe, www.camping-avenches.ch.
Anfahrt: Westlich von Salavaux direkt an der Seeuferstraße.

Die Stadt **Avenches**, drei Kilometer vom Campingplatz entfernt, ist ein attraktives Ziel für historisch Interessierte und Pferdefreunde. Die einen werden sich für die Reste der Römerstadt Aventicum interessieren, während sich die anderen für den Besuch des Schweizerischen Nationalgestütes begeistern. Wer Mitte September nach Avenches reist, kommt gerade recht zur **Equus Helveticus**. An vier Tagen werden dort alle Disziplinen des Pferdesports dargeboten. Es finden nationale Prüfungen in der Dressur, dem Springen, dem Fahren, dem Westernreiten, dem Geschicklichkeitsreiten und den Zugprüfungen statt. Es werden die Fohlen prämiert und auf der Rennbahn fahren die besten Trabrenngespanne um den »Prix du Président«.

Schweizerisches Nationalgestüt Avenches

GPS N 46°53'11.0", E 7°01'15.0", Les Longs Prés. Direkt an der Rennbahn, einen Steinwurf nordwestlich der Stadt, befindet sich ein weiteres Zuchtzentrum des Freiberger Pferdes. Die Aufgabe eines Nationalgestütes ist es, gute Hengste zur Zucht auszuwählen und ihre Dienste den kleineren Züchtern im Lande gegen eine festgelegte Decktaxe zur Verfügung zu stellen. So warten in den Ställen des Gestütes 60 der besten Freiberger Hengste auf ihren Zuchteinsatz. Das Gelände ist für Besucher frei zugänglich und täglich geöffnet. Besonders interessant ist ein Besuch aber von Montag bis Freitag zwischen 8 und 12 Uhr und 13.30 und 16.30 Uhr. Dies sind die Zeitspannen, in denen mit den Pferden gearbeitet wird. Der Besucherparkplatz wäre grundsätzlich übernachtungstauglich, liegt jedoch sehr nahe an der Straße.

Das alte Aventicum und das heutige Avenches

Zu Beginn der christlichen Zeitrechnung war die Schweiz in den Händen der Römer. Die Stadt Aventicum, die mit über 20.000 Einwohnern viel größer war als das heutige Avenches, war damals ein bedeutendes wirtschaftliches und politisches Zentrum der römischen Provinz Helvetien und ab dem Beginn des 3. Jahrhunderts auch Bischofssitz. Ihre Blütezeit reichte bis ins 4. Jahrhundert n. Chr. Danach wurde die Ansiedlung bei den Einfällen der Alamannen weitgehend zerstört und als noch mal 200 Jahre später der Bischofssitz an die Stadt Lausanne ging, versank Aventicum in der Bedeutungslosigkeit. Geblieben ist der nette Ort Avenches mit schönem historischen Stadtkern und einige gut erhaltene Mauerreste der römischen Stadtanlage.

Da das Areal von Aventicum größer war als die heutige Stadt, liegen auch die Ausgrabungsorte rund um den Ort verteilt. Ein guter Ausgangspunkt für eine Besichtigung ist der Parkplatz am perfekt erhaltenen **Amphitheater**. Fährt man auf Avenches zu, befindet sich dieser gleich rechts vor dem Ort. **GPS N 46°52'54.0", E 7°02'31.0"**. Am besten läuft man von hier in den Ort hinein und steuert die im Zentrum rechts der Straße gelegene Information an. Hier bekommt man eine Karte mit der Lage aller historischen Plätze.

Im **Wehrturm am Amphitheater** ist ein Museum untergebracht, in dem die Fundstücke der Ausgrabungen ausgestellt sind. Der besondere Stolz der Sammlung ist eine goldene Büste des Kaisers Marc Aurel, die 1939 entdeckt wurde. Ebenfalls sehr interessant sind die Reste des Theaters und das ehemalige Osttor mit einem Rest der ursprünglich 5,5 Kilometer langen Stadtmauer. Die Mauer hatte vier Tore und 73 Türme, über die man zum Wehrgang hinauf gelangte. Das ehemalige **Osttor** mit einem gut erhaltenen Turm ist heute etwa drei bis vier Kilometer vom Ort entfernt. Man erreicht es von dort zu Fuß oder mit dem Fahrrad, vorbei an einer einzeln stehenden Säule des ehemaligen **Cigognier-Tempels**, und dann zum **Théâtre Romain** und dann in etwa 15 Minuten den Berg hinauf zum weithin sichtbaren alten Stadttor Porte de l'Est.

Wer am Amphitheater keinen Parkplatz bekommt, findet im Ortszentrum Alternativen. Direkt links an der Straße bei **N 46°52'46.9", E 7°02'39.3"** liegt ein größerer **Parkplatz**, der sich auch gut als Basis für einen Bummel durch das Ortszentrum eignet. Eine weitere Alternative ist der große Parkplatz am Bahnhof: **N 46°52'57.9", E 7°02'15.6"**.

Um mit dem Auto hinauf zur Porte de l'Est zu kommen, muss man einen großen Bogen schlagen. Es gibt nur einen vernünftigen Grund, das zu tun: Oben auf dem Hügel versteckt sich ein abgelegenes Plätzchen für die Nacht.

(082) WOMO-Parkplatz: Avenches Porte de l'Est

GPS: N 46°53'13.0", E 7°03'33.0", 485 m. **Max. WOMOs:** 1–2
Ausstattung: Keine.
Beschreibung: Asphaltierte schattenlose Parkfläche zwischen Feldern, am Ende einer Sackgasse, weiter Blick bis Avenches. 100 Meter zum römischen Osttor. Zufahrt problemlos.
Anfahrt: Vom Théâtre Romain fährt man zurück zur Hauptstraße. Hier geht es links in Richtung Donatyre/Fribourg. In Donatyre fahren wir an der abknickenden Vorfahrtsstraße geradeaus weiter in die schmale, beschilderte Zufahrt zur Porte de l'Est. Die Straße endet an einer asphaltierten Parkfläche.

Von Avenches kehren wir zurück zum Murtensee und erreichen zunächst Salavaux, das vor allem ein Badeziel ist. Ein Quartier

bietet der **Camping Salavaux Plage** [**083:** N 46°54'50.0", E 7°02'00.0"], der sich etwa 100 Meter vom Ufer entfernt am See entlang zieht. Durch ein Wäldchen läuft man zum sanft abfallenden Badestrand. An der Zufahrt zum Campingplatz gibt es Parkplätze für Tagesbadegäste.

Am **Murtensee-Ostufer** ist wenig Platz für Wohnmobile. An den wenigen engen Uferparkplätzen stehen Verbotsschilder: Meiden Sie Guévaux, Motier und Praz – parken können Sie sowieso nirgendwo. Wenn Sie die drei netten Weindörfer direkt am See erforschen wollen, nehmen Sie von Salavaux das Fahrrad (siehe Radtour auf **Seite 106**). Von Salavaux führt unsere Route jetzt endgültig wieder hinüber zum Lac de Neuchâtel.

Der Lac de Neuchâtel

Der Lac de Neuchâtel ist der größte der drei Seen. Das nordwestliche Ufer ist dicht besiedelt und durch die nah am See verlaufende Autobahn wenig idyllisch. Am Hang ziehen sich in ordentlichen Reihen die Weinstöcke den Berg hinauf, am Ufer bilden die beiden größeren Städtchen Grandson und Neuchâtel mit Schloss und schöner Altstadt die touristischen Höhepunkte. Dazwischen teilen sich Straße, Bahnlinie und Siedlungsbauten das Ufer und wir finden einige Campingplätze und einen Stellplatz direkt am Wasser, ansonsten ist das Ufer von Privatgrundstücken belegt. Den optimalen Ort für Badeferien finden Sie auf der anderen Seeseite. Drei besonders reizvolle, naturnahe Campingplätze mit schönem Badestrand findet man beim ebenfalls recht malerischen Ort Estavayer-Le-Lac und in Yvonand. Das Ganze hat nur einen Haken: Es ist leider kein Geheimtipp mehr. So werden Sie in der sommerlichen Ferienzeit ohne Reservierung kaum ein freies Eckchen für ihr Wohnmobil finden. Ansonsten ist das südöstliche Ufer Naturschutzgebiet und das optimale Revier für Fahrradtouren und Spaziergänge.

Wir erreichen das Ufer das Seeufer bei **Cudrefin**, wo ein Campingplatz direkt am Wasser ein Quartier bietet.

(084) WOMO-Campingplatz: Camping Cudrefin

GPS: N 46°57'37.0", E 7°01'40.0", 431 m, Route de Neuchâtel 87, Tel. 0041 (0)26 6779012. **Geöffnet:** April bis Oktober
Ausstattung: V/E, Snack-Bar, WLAN.
Beschreibung: Kommunaler Platz mit großer Liegewiese am schönen Uferbereich, gute Sanitäranlagen. Riesige Bungalowanlage, viele Dauercamper. Für einen Platz am See recht preisgünstig.
Preise: CHF 32–35, Strom CHF 4, plus Kurtaxe, www.camping-cudrefin.ch.
Anfahrt: Von La Sauge kommend rechts der Straße kurz vor Cudrefin.

Wer die Natur und Vögel liebt, fährt hier rechts am See entlang und macht einen Abstecher nach **La Sauge**, um dort das Naturschutzzentrum zu besuchen.

Bird Life La Sauge

Anders als in gängigen Tierparks gibt es hier keine Tiergehege. Es ist eher so, dass hier das unter Naturschutz stehende Feuchtgebiet am Neuenburger See, in dem viele seltene Tiere zu Hause sind, für Menschen zugänglich gemacht wurde. Wege führen zu mehreren Biotopen, an denen Beobachtungshütten die Besucher vor der Tierwelt verbergen. Vom Blick in ein Eisvogelrevier bis zum Guckloch in der Kinderstube verschiedener kleiner Singvögel sind hier ungewöhnliche Einblicke in die Natur möglich. Schnelle Besucher werden für ihr Geld nicht viel sehen, hier sind eher geduldige Beobachter mit Fernglas gefragt. Auch (Hobby) Fotografen auf der Jagd nach dem ultimativen Eisvogelbild trifft man in den Holzhäuschen mit Ausblick. *Geöffnet Mi bis So 9–18 Uhr, CHF 8. Am Parkplatz des Parks finden Sie außerdem ein gemütliches Restaurant mit Sonnenterrasse. www.birdlife.ch.*

Fährt man noch ein kurzes Stück weiter und am Bird Life vorbei liegt rechts an der Straße unterhalb einer Brücke bei N 46°58‘32.5“, E 7°03‘23.8“ ein Picknickplatz am Flussufer, dessen Einfahrt jedoch inzwischen ein Höhenbalken ziert. Darunter durch schaffen es wohl nur noch Fahrzeuge in VW-Bus-Größe mit Aufstelldach.

Von **Cudrefin** geht es dann am See entlang nach Süden. Wir durchqueren den netten Ortskern von Cudrefin mit kleiner Boulangerie und gegenüberliegender Charcuterie. Kurz hinter dem Ortsausgang biegt rechts eine schmale Straße ab, auf der wir nach **Portalban** zum Stellplatz neben dem örtlichen Campingplatz rollen. Fahrer großer Womos steuern Portalban besser auf der Hauptstrecke über Villars und Saint-Aubin an.

(086) Offizieller WOMO-Stellplatz: Portalban

GPS: N 46°55'18.0", E 6°57'20.0", 429 m **Max. WOMOs:** 25
Ausstattung: V/E, Strom, Mülleimer.
Beschreibung: Ebene Plätze mit Rasengitter im hinteren Bereich des Strandbad-Parkplatzes und neben dem Campingplatz. 200 Meter zum Badestrand und zur Marina.
Preise: CHF 22, inklusive Strom. Anmeldung im Campingplatz.
Anfahrt: In Portalban den Hinweisen zum Camping folgen. An der Einfahrt des Campings vorbei rechts zum Stellplatz.

Um den nächsten Ort am Seeufer zu erreichen, müssen Sie zuerst zurück nach Saint-Aubin. Die Straße nach **Estavayer-le-Lac** verläuft ein ganzes Stück vom See entfernt. Der Uferbereich ist hier nur durch Fuß- und Fahrradwege erschlossen, denen wir uns später zuwenden werden. Jetzt besichtigen wir zuerst einmal die Stadt. Wer länger bleiben will, muss dazu auf den Campingplatz, auf allen Parkplätzen zwischen Stadt und See ist nachts das Parken verboten. Zur Wahl stehen dazu der Seecamping unterhalb der Stadt oder ein kleiner Camping à la ferme auf einem ehemaligen Bauernhof etwa zwei Kilometer westlich der Stadt.

(087) WOMO-Campingplatz: Estavayer-le-Lac Ferme de la Corbière

GPS: N 46°51'35.0", E 6°51'47.0", La Corbière 2,
Tel. 0041 (0)26 6633619. **Geöffnet:** Mai bis Oktober.
Ausstattung: V/E, WLAN, Spielplatz, Bar, Grillstellen, Badestelle.
Beschreibung: Wiesenplatz unter Bäumen neben einem ehemaligen Bauernhaus, Imbiss, ordentliche Sanitäranlagen. Eigene private Badebucht etwa 300 Meter vom Platz, eine Treppe führt über das Hochufer hinunter.
Preise: CHF 38, Strom CHF 3, www.corbiere.ch.
Anfahrt: Von Grandcour in Richtung Estavayer-le-Lac, kurz vor Estavayer rechtsbeschildert mit Ferme de la Corbière.

(088) WOMO-Campingplatz: Estavayer-le-Lac TCS Camping Nouvelle Plage

GPS: N 46°51'21.0", E 6°50'55.0", 427 m, Chemin de la Grande Gouille 2,
Tel. 0041 (0)26 6631693. **Geöffnet:** April bis Mitte Oktober.
Ausstattung: V/E, Restaurant, Laden, WLAN, Strandbad, Wasserski, Surfkurse, Bogenschießen, Spielplatz.
Beschreibung: Komfortabler Platz direkt am See, in der Saison sehr voll! Der Platz wird zur Saison 2024 zum TCS-Platz, Preise sind noch nicht bekannt. **Anfahrt:** Am Ort vorbei zum See, rechts zum Camping. Ausgeschildert.
Sonstiges: Parkplätze vor dem Camping zum Besuch des Strandbades.

Zur Stadtbesichtigung parkt man das Wohnmobil am besten auf den großen gebührenpflichtigen Parkflächen unten am Hafen bei **GPS N 46°51'04.0", E 6°50'29.0"**.

Märchenstadt Estavayer-le-Lac

Weithin sichtbar ragen die Türme des Schlosses **Château de Chenaux** über die gut erhaltene Stadtmauer von Estavayer und vermitteln so den Eindruck einer verträumten Märchenwelt. So wird man kaum ohne einen neugierigen Blick hinter die Mauern an der Stadt vorbeifahren. Ob man jetzt ganz systematisch von einem der Stadttore dem »**Circuit des Remparts**« – dem Stadtmauerweg – folgt oder ob man sich einfach erst mal treiben lässt: Es gibt viele wunderbare Plätze in der Altstadt. Vom Hafen kommend, betritt man die Stadt durch die Porte de Grande Rive. Auf der Karte des Rundweges, die man in der Information bekommen kann, ist das die Nummer 18. Die interessantesten historischen Gebäude befinden sich an der Stadtmauer, wer sie sehen will, läuft also außen herum.

Im Ortszentrum in der Rue du Musée 13 ist dann noch das kuriose **Musée des Grenouilles** – das Froschmuseum – zu finden. Sie sehen hier 106 präparierte Frösche in menschlichen Posen: beim festlichen Gelage, beim Billard oder gar beim Füttern der Hühner. Die Sammlung ist schon alt: Der Offizier, der sie Mitte des 19. Jahrhunderts erschaffen hat, muss allerdings einen ziemlichen Knall gehabt haben. Nichtsdestotrotz erfreut sich das Museum großer Beliebtheit – die Sammlung ist schließlich einzigartig. *Geöffnet März bis Dezember, Dienstag bis Sonntag, 13–18 Uhr. Eintritt CHF 5, Kinder CHF 3, www.museedesgrenouilles.ch.*

Château de Chenaux

Grande Cariçaie – Ein Refugium für Pflanzen und Tiere

Das Seeufer um Estavayer-le-Lac gehört zum Naturschutzgebiet Grande Cariçaie, das sich über das gesamte Südufer des Neuenburger Sees erstreckt. In den Feuchtgebieten am Seeufer sind etwa 1000 verschiedene Pflanzen- und noch weit mehr Tierarten zu Hause. Am Ufer entlang führt ein Radweg (Mittellandroute 5) und einige kürzere Fußwege. Mit dem Auto ist das Ufer über weite Strecken nicht zu erreichen. Zwischen den Schutzzonen finden Sie eine Handvoll schön gelegener Campingplätze – den einen in Estavayer-le-Lac und zwei weitere in Yvonand. Zwei Naturschutzzentren ermöglichen auf Moorpfaden Zugang zu den Schilfzonen am Seeufer. Eines davon – das Centre Nature La Sauge – war bereits Teil unserer Tour. Das zweite, das Centre Nature Champ-Pittet am Stadtrand von Yverdon, ist unserer nächstes Ziel.

Die Grand Cariçaie mit dem Fahrrad

Ein durchgehender 62 Kilometer langer Radweg führt mit wenig Höhenunterschieden von Yverdon bis Murten. Als Teiletappe können Sie zum Beispiel von Estavayer-le-Lac bis Yverdon fahren. Das sind 22 km einfach. Mit gut 15 km etwas kürzer ist die Strecke vom Camping Estavayer-le-Lac nach Pontalban. Der Weg ist markiert und führt meist an der für Fahrzeuge gesperrten Uferzone entlang. Eine Karte und eine genaue Beschreibung finden Sie bei www.wanderland.ch unter Radtouren. Der Tourname ist Chemin des Trois-Lacs.

Als Basisquartier für Fahrradtouren im Naturschutzgebiet und für ruhige Badetage am See bieten in **Yvonand** zwei weitere Campingplätze schöne Stellplätzen im lichten Wald.

(089) WOMO-Campingplatz: Yvonand Camping de la Menthue

GPS: N 46°48'16.0", E 6°44'18.0", 430 m,
Tel. 0041 (0)24 4301818. **Geöffnet:** Ende März bis Ende September.
Ausstattung: V/E, Imbiss, Restaurant, Laden, Spielplatz, Grillplatz, Fahrradvermietung, Gasdepot, WLAN .
Beschreibung: Großer Camping an langem Sandstrand, am Ortsrand und direkt am See gelegen. In den Sommerferien unbedingt vorher reservieren.
Preise: CHF 30–39, Strom CHF 4, plus Kurtaxe, camping-yvonand.ch.
Anfahrt: Am westlichen Ortsrand von Yvonand, im Ort ausgeschildert.

(090) WOMO-Campingplatz: Pointe d'Yvonand VD 8

GPS: N 46°48'13.0", E 6°43'02.0", 430 m,
Tel. 0041 (0)24 4301655. **Geöffnet:** April bis September.
Ausstattung: V/E, Laden, Restaurant, Grillplätze, Spielplatz, Badestelle, Fahrrad-, Bootsverleih, WLAN.
Beschreibung: Außerhalb des Ortes in Alleinlage im Wald und am Seeufer. Schöne Plätze unter hohen Bäumen. Sand-Kies-Bucht, 400 Touristenplätze, in den Sommerferien unbedingt reservieren.
Preise: CHF 36–44, Strom CHF 7, plus Kurtaxe, www.campings-ccyverdon.ch.
Anfahrt: Von Yvonand ausgeschildert Zufahrt über sechs Kilometer Privatstraße.

Von der Zufahrtsstraße hinter dem Camping La Menthue haben Sie, auch ohne Gast des Campings zu sein, Zugang zur angenehmen Sandbucht vor dessen Tür. Parkplätze finden Sie am Straßenrand bei **GPS N 46°48'14.0", E 6°44'05.0"**. Bei unserem Besuch trübten allerdings viele Algen das Badevergnügen in der schönen Bucht.

Von Yvonand sind es nur ein paar Kilometer nach **Yverdon**, wo wir am Stadtrand auf das Centre Nature Champ-Pittet treffen.

Der Moorpfad und das Naturmuseum von Champ-Pittet

Vom Parkplatz des Naturschutzzentrums spazieren Sie durch einen wunderbar angelegten Blumen- und Obstgarten zum Schlossgebäude, das ein Café und eine sehr gut gemachte Ausstellung über das Naturschutzgebiet beherbergt. Pfade führen durch den Garten weiter und unter der Kantonalstraße hindurch. Holzstege bringen uns direkt zwischen die hoch aufragenden Schilfhalme und die dunklen Wasserflächen. Es raschelt geheimnisvoll im Schilf und eine Familie Haubentaucher verschwindet blitzschnell von der Wasseroberfläche, um wenig später mit einem leisen »plop« woanders wieder aufzutauchen. An einem anderen Pfad erlaubt ein Aussichtsturm einen weiten Blick über das Sumpfgebiet.

Geöffnet Mitte März bis Ende Oktober von Dienstag bis Sonntag von 10–17.30 Uhr. Eintritt für die Ausstellung: CHF 8, Kinder bis 16 Jahre CHF 6. Bezahlung nur über die TWINT-Prepaid-App. Die Moorpfade sind kostenlos und auch außerhalb der Öffnungszeiten frei zugänglich. www.pronatura-champ-pittet.ch.

(091) WOMO-Wanderparkplatz: Yverdon / Champ-Pittet

GPS: N 46°46'57.0", E 6°39'50.0", 449 m. **Max. WOMOs:** 1–2
Ausstattung: Keine.
Beschreibung: Geschotterter Parkplatz am Ortsrand, 200 Meter zum Naturzentrum. Übernachtung für Besucher des Naturzentrums möglich, aber bitte unbedingt nachfragen. Man möchte im Zentrum nicht, dass der Parkplatz zum Durchgangsstellplatz für Wohnmobile wird. **Besucher des Naturzentrums dagegen sind willkommen**. Café im Zentrum.
Anfahrt: Am Kreisel an der Ortseinfahrt in Richtung Centre Nature und am Schulzentrum links in den Chemin de Champ-Pittet.
Sonstiges: Wandermöglichkeit durch die Uferzone auf einem zwei Kilometer langen Naturlehrpfad.

Alternativ finden Sie in Yverdon Unterkunft auf dem Camping **Yverdon Plage**, der ebenfalls am Stadtrand und in bester Seeuferlage neben dem Strandbad platziert ist.

(092) WOMO-Campingplatz: Camping Yverdon Plage

GPS: N 46°47'05.0", E 6°38'55.0", 431 m, Avenue des Iris,
Tel. 0041 (0) 24 4251089. **Geöffnet:** Ende März bis Oktober.
Ausstattung: V/E, Laden, Cafe, WLAN.
Beschreibung: Direkt am See mit Strandbad, 5 Minuten Fußweg in die Innenstadt und zu den Museen.
Preise: CHF 37–51, Strom CHF 4, www.camping-yverdon.ch.
Anfahrt: An der westlichen Ortseinfahrt rechts am See. Ausgeschildert.

Die Menhire von Clendy

Zwischen dem Camping Yverdon Plage und Champ-Pittet treffen sie mitten in den Grünflächen am Seeufer auf einen steinzeitlichen Steinkreis. Sie befinden sich zwischen See und Straße ungefähr auf der Höhe des Strandbades. Der Steinkreis vor den Toren von Yverdon besteht aus 45 bis zu 4,5 hohen Steinblöcken. Sie wurden vor etwa 6000 Jahren erstmals am Seeufer errichtet, aber später vom Wasser überspült. Bei der Gewässerkorrektur Ende des 19. Jahrhunderts, als die Wasserfläche des Lac de Neuchâtel etwa 2,7 Meter sank, blieben die bearbeiteten Steine zurück. Im Jahr 1986 hat man sie dann hier erneut aufgerichtet.

Stadtbummel in Yverdon

Yverdon-les-Bains ist nach Lausanne die zweitgrößte Stadt des Kantons Waadt. Besucher können hier durch die Fußgängerzone in der Altstadt schlendern, in der Therme entspannen oder eines der im Schloss am Rande der Altstadt untergebrachten örtlichen Museen besuchen.

Im Schloss haben Sie die Wahl zwischen dem **Schweizer Modemuseum** oder einer Ausstellung, die sich mit 6000 Jahren Ortsgeschichte befasst. *Beide Museen öffnen ihre Pforten von 11–18 Uhr, Juni bis September Di bis So und von Oktober bis Mai Mi bis So. Der Eintritt liegt bei CHF 10, www.musee-yverdon-region.ch.*

Sie wollen sich zur Abwechslung lieber mit der Zukunft als mit der Vergangenheit beschäftigen? Dann gehen Sie doch ins **Museum für Science-Fiction**, Utopien und außergewöhnliche Reisen. Hier sehen Sie neben einer umfangreichen Sammlung an Büchern, Spielzeugen und Kunstwerken aus der Welt der Science-Fiction auch eine Dauerausstellung über Jules Verne und wechselnde Sonderausstellungen zu Themen aus den Bereichen Raumfahrt bis Utopie.
Geöffnet Di bis So 11–18 Uhr, CHF 12, Kinder CHF 8, www.ailleurs.ch. Das Museum befindet sich in der Maison d'Ailleurs an der zentralen Place Pestalozzi direkt vor dem Schloss.

Zum Besuch der Altstadt und der Museen parken Sie am besten auf dem großzügigen zentralen Platz vor dem Bahnhof. **GPS N 46°46'49.0", E 6°38'27.0"**, CHF 1 pro Stunde. Kostenfrei in der Mittagszeit.

Wenn nach so viel Kultur und Stadtbummel der Kopf raucht und die Füße schmerzen, hilft sicher ein Besuch in der traditionsreichen Therme von Yverdon. Nach einem Besuch ist dort auch eine Übernachtung möglich.

Warmes Bad am See – die Therme von Yverdon

Drei Thermalbecken mit Temperaturen zwischen 28 und 34°C, davon zwei auf dem Außengelände, verwöhnen mit Massage- und Sprudeldüsen. Außerdem gibt es auch einen Strömungskanal. Zusätzlichen Eintritt zahlt man für Sauna und Dampfbad. Der Innenbereich wird im Frühjahr 2024 renoviert. *Drei Stunden CHF 20–25, Kinder 4–15 Jahre CHF 13–17, je nach Tag und Uhrzeit. Geöffnet Montag bis Samstag 9–20.30 Uhr, sonn- und feiertags 8–19 Uhr, Di und Do bis 22 Uhr.* Der Parkplatz **GPS N 46°46'18.0", E 6°38'53.0"** ist für Hausgäste reserviert und nach dem Bad eine Stellplatzmöglichkeit. www.bainsyverdon.ch.

Bei heißem Sommerwetter bietet die ausgedehnte Uferzone zwischen der Stadt und dem Lac de Neuchâtel kühlere Alternativen. Auf dem ehemaligen **Expo-Gelände Parc des Rives** zwischen Stadt und See ist heute ein frei zugängliches Freizeitgelände mit Sportplätzen, Picknick- und Spielplatz sowie einem Café und daneben ein großes Freibad. Dann folgt der Camping Yverdon Plage und rechts davon das Strandbad mit zwei langen Sandbuchten. Große, gebührenpflichtige Parkflächen mit Nachtparkverbot bieten auch genug Platz für Wohnmobile **GPS N 46°47'07.0", E 6°38'29.0"**.

TOUR 5 145 km

Vom Murtensee über Bern nach Burgdorf

Avenches – Fribourg – Schwarzenburg – Sensetal – Bern – Burgdorf

Stellplätze:	Mysery, Fribourg, Sensegraben, Grasburg, Ruchmühlebrücke, Bern, Deisswil
Campingplätze:	Düdingen, Bern
Besichtigen:	Bern und Fribourg mit verschiedenen Museen
Wandern/Fahrrad:	Grasburg und Sensegraben, Schwarzwasser

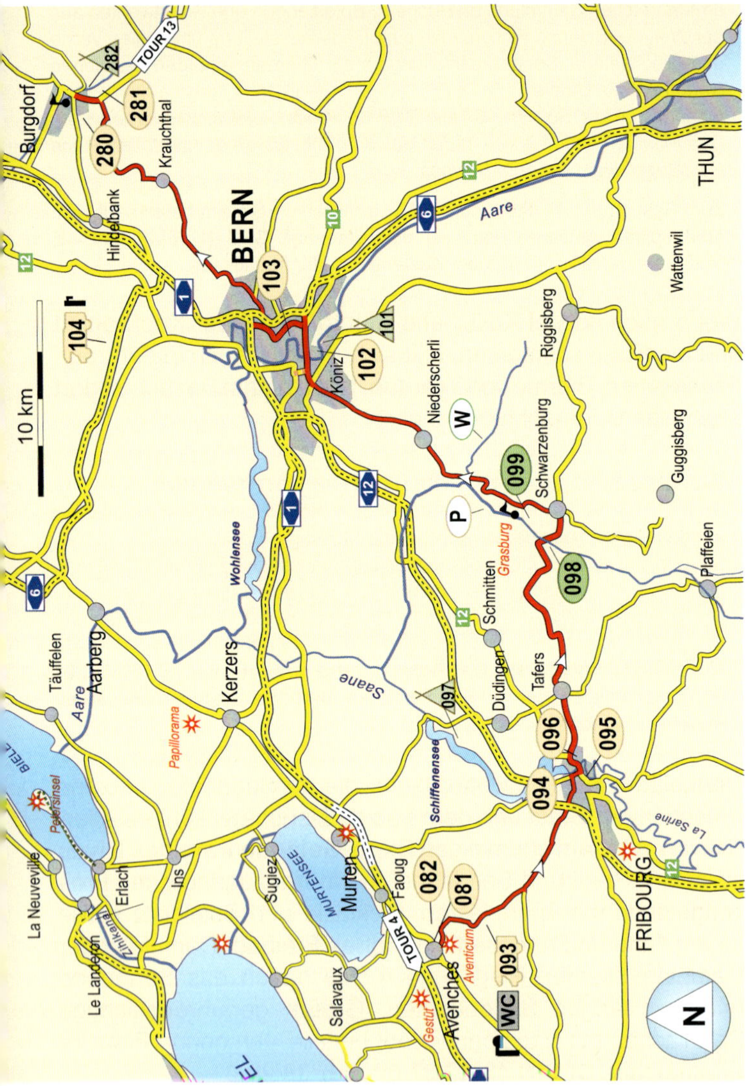

Zwei schöne alte Städte sind die Höhepunkte dieser Tour. Die Altstadt der Landeshauptstadt Bern trägt sogar die Auszeichnung UNESCO-Weltkulturerbe. Fribourg ist etwas gemütlicher und überschaubarer, steht aber ansonsten kaum hinter Bern zurück. Dazwischen erholen Sie sich vom Stadttrubel in schönster Natur im Tal der Sense.

Am westlichen Ortsende von Avenches fahren Sie auf kleinen Straßen nach **Donatyre**, wo Sie an der Porte de l'Est des antiken Aventicum unseren **Stellplatz (082)** aus Tour 4 finden und folgen dann der Beschilderung über Cournillens nach Fribourg. Im nächsten Dörfchen mit dem Namen **Misery**, wartet ein schöner kleiner Stellplatz auf dem Bauernhof.

(093) Offizieller WOMO-Stellplatz: Misery / La Ferme du Tilleul
GPS: N 46°51'10.9", E 7°03'45.9", Chemin de Corsalettes 24.
Max. WOMOs: 10.
Ausstattung: Entsorgung auf Anfrage möglich, Wasser, Strom, WC und Dusche unten am Haus, Müll, kleiner Hofladen mit Kartoffeln, Eiern, Honig, Milch und im Sommer auch Gemüse aus eigenem Anbau.
Beschreibung: Plätze auf einer Wiese hinter dem Hof und Obstbäumen. Weiter Blick über Felder und Wiesen.
Preise: CHF 20. Anmeldung im Hof. www.fermedutilleul.ch
Anfahrt: Von Fribourg kommend am Ende des Ortes links in die Rue de Corsalettes abbiegen. Der Bauernhof ist das letzte Haus auf der rechten Seite.

Wenig später erreichen wir **Fribourg**. Das Zentrum der Stadt thront auf einem Hochplateau über der Saane. Die Altstadt zieht sich von hier oben hinunter bis zum Fluss. Die Saane (oder französisch Sarine) windet sich in mehreren Schleifen um die Stadt und ist nördlich von Fribourg zum Schiffenensee aufgestaut. Die Altstadt erforschen Sie am besten auf einem markierten Stadtrundgang von etwa 1,5 Stunden, der durch verträumte Gassen und Winkel führt und Sie dabei praktischerweise auch noch zu den interessantesten Museen der Stadt bringt. Aber erst mal brauchen Sie dazu einen Platz für ihr Wohnmobil.

Die Parkplätze in der Stadtmitte an den Museen sind eng und nicht besonders groß. Alle Plätze in der Stadt sind kostenpflichtig und die bezahlte Parkzeit ist tagsüber auf drei Stunden begrenzt. Es gibt aber auf fast allen Plätzen einen kostenlosen Zeitraum über Mittag. Wenn Sie mit gutem Timing parken, haben Sie also bis zu vier Stunden Zeit die Stadt zu besichtigen. Noch entspannter ist der Besuch am Wochenende: Sonntags ist die Parkzeit auf vielen Plätzen ganztägig kostenlos und unbegrenzt.

Recht stressfrei und ohne überhaupt in die Stadt zu fahren, parken Sie ihr Fahrzeug auf der nördlichen Seite der Saane. Eine Handvoll kostenpflichtiger Parkplätze parallel zur Straße finden Sie bei **GPS N 46°48‘25.0“, E 7°10‘07.0“** an der Zähringerbrücke, über die Sie dann auch bequem die Altstadt erreichen.

Kurz vor der Brücke schlängelt sich eine Straße hinunter zum Fluss. Hier zieht sich eine lange Reihe Parkplätze am Wiesenrand entlang, auf denen Sie auch ein etwas größeres Wohnmobil gut unterbringen. Zwischen 18.30 und 8 Uhr ist hier das Parken frei, sodass auch eine Übernachtung denkbar ist.

(094) WOMO-Parkplatz: Fribourg Saaneufer

GPS: N 46°48‘29.2“, E 7°09‘54.1“, Rue des Neigles. **Max. WOMOs:** 4–5
Ausstattung: Keine.
Beschreibung: PKW-Parkplätze am Ortsrand und an einer wenig befahrenen Straße. Einige Bäume bieten Schatten und Parkplätze zwischen den Bäumen die Möglichkeit, den Überhang über der Wiese zu platzieren. Gegenüber befinden sich eine Schule und ein kleiner Bauernhof mit bimmelnden Ziegen. Über eine Fußgängerbrücke ist die Altstadt gut zu erreichen.
Preise: CHF 2 pro Stunde. Kostenpflichtig von 8–12 und 13–18.30 Uhr. In dieser Zeit dürfen Sie maximal drei Stunden hier parken.
Anfahrt: Von der Route de Berne vor der Zähringerbrücke rechts in die Rue du Stadtberg und unten am Flussufer in die Rue des Neigles abbiegen.

Für Fahrer*innen schmaler Campingbusse mit maximal sechs Meter Länge gibt es in der Unterstadt zwei Alternativen. Um dorthin zu kommen, muss man allerdings mitten durch die Stadt kurven und die schmale, sehr steile Straße in die Unterstadt hinunterfahren. Der **Parking de la Route Neuve** besticht durch seine Lage auf halber Höhe mit Blick über die Altstadt. Er befindet sich der Nähe der Standseilbahn. Alternativ kann man weiter hinunter zum Fluss fahren. Hier gibt es rechts neben der Brücke weitere Parkplätze.

(095) WOMO-Parkplatz: Fribourg / Parking de la Route Neuve

GPS: N 46°48'07.0", E 7°09'21.0" **Max. WOMOs:** 2
Ausstattung: Keine.
Beschreibung: Ebene Parkfläche auf einer eingezäunten Terrasse hoch über der Altstadt.
Preise: CHF 2 pro Stunde. Kostenpflichtig von 8–12 und 13–18.30 Uhr. In dieser Zeit dürfen Sie maximal drei Stunden hier parken.
Alternative: Einzelne Parkplätze in ruhiger Lage am Rand der Unterstadt rechts der Pont de Saint-Jean über die Saane: **N 46°48'11.6", E 7°09'40.0"**.
Anfahrt: Aus dem Zentrum dem Schild »Ville basse« der schmalen Rue de la Grande Fontaine hinunter folgen und von dort rechts zum Parkplatz hinauf oder links zum Fluss hinunter fahren. Die Rue de la Grande Fontaine ist eine Einbahnstraße. Die Rückfahrt aus der Stadt erfolgt dann über die Route Neuve am Bahnhof vorbei.

Will man sich mit der Besichtigung der Stadt Zeit lassen, bietet sich auch einer der Park-and-Ride-Parkplätze am Stadtrand als Basisquartier an. Hier kann man am Automaten ein kombiniertes Ticket für das geparkte Fahrzeug und für den Stadtbus lösen.

(096) WOMO-Parkplatz: Fribourg / P&R Heitera

GPS: N 46°48'36.9", E 7°10'25.3", Route du Tavel. **Max. WOMOs:** 2–3
Ausstattung: Keine
Beschreibung: Leicht schräger Asphaltplatz am östlichen Stadtrand, Busverbindung in die Stadt.
Preise: CHF 8,80 Tagesticket für Bus und Parkplatz.
Anfahrt: Von Fribourg an der Ausfahrtsstraße in Richtung Tafers. Mit Parkplatzsymbol beschildert.

Die Altstadtrunde

Vom Parkplatz an der Route Neuve folgen Sie der Straße bergab und treffen an der Talstation der Seilbahn auf unsere Altstadtrunde. Wenn Sie oben an der Zähringerbrücke parken, kommen Sie dort in die Altstadt, wo die Straße zur Saane hin abfällt. Laufen Sie links hinunter bis zum Sankt-Johanns-Platz, der auf der Spitze der Landzunge in einer Saaneschleife liegt. Links verbindet die schöne überdachte Holzbrücke Pont de Berne die Altstadt mit dem anderen Flussufer, rechts geht es über die Pont du Milieu in die modernere Unterstadt. Links vor der Brücke treffen Sie in einem der alten Stadthäuser auf ein kleines, uriges Marionettenmuseum.

Marionettenmuseum Fribourg

Mehr als 3000 Marionetten aus aller Welt bekommen Sie in den verschachtelten Räumen des alten Hauses in der Altstadt zu sehen. Eine Spielecke für Kinder und ein kleines Café, in dem Crèpes und bretonische Spezialitäten angeboten werden, erfüllt das Haus mit Leben. Geöffnet Mittwoch bis Sonntag 11–17 Uhr, Eintritt CHF 5, www.marionnette.ch.

Hinter der Brücke führt der markierte Weg am Saaneufer weiter und dann auf die Straße zurück bis zum zentralen Parkplatz der Unterstadt. Hier überqueren Sie abermals die Saane und haben jetzt die Wahl, ob Sie links hinüber zur **Funiculaire** laufen oder über die **Escalier du Court Chemin** (Foto Seite 120) auf eigenen Füßen in die Oberstadt zurückkehren. Mit der »Funi«, die schon seit 1899 die Unterstadt mit dem Stadtzentrum verbindet, ruckeln Sie für CHF 2,90 pro Person ohne größere Anstrengung den Berg hinauf. Der Antrieb der »Funi« ist übrigens recht ungewöhnlich: Die Bahn fährt damals wie heute mit dem Abwasser der Oberstadt. Das Gewicht des gefüllten 3000 Liter Tanks unter dem Wagen zieht den oberen Wagen nach unten und der untere schwebt dabei mühelos bergauf. Das funktioniert komplett ohne Strom. Einfach und genial. Die Bahn fährt von Mo bis Sa von 7 bis 19 Uhr, am So ab 9.30 Uhr. Wer an der Route Neuve geparkt hat, kann zuerst hier hinauffahren und dann immer abwärts durch die Altstadt schlendern.

Die 1250 erbaute Pont de Berne ist eine der ältesten Brücken der Schweiz.

Zum Aufstieg auf dem kurzen Treppenweg halten Sie sich geradeaus und erleben beim Gang durch eine der malerischsten Gassen der Stadt die Höhenunterschiede innerhalb Fribourgs noch einmal recht intensiv. Halten Sie sich dann oben erst rechts und dann gleich wieder links, steuern Sie auf den über die Stadt ragenden Turm der **Kathedrale** zu. Wer weitere 368 Stufen verkraftet, steigt in den Turm hinauf (geöffnet 10–17 Uhr, So ab 13 Uhr, CHF 4,) und schaut weit über die Häuser, die vielen Flussbrücken und den Schiffenensee. Links hinauf erreicht man an der **Place de Notre Dame** den in einem alten Straßenbahndepot untergebrachten Espace Jean Tinguely – Niki de Saint Phalle, der Werke beider Künstler zeigt.

Espace Jean Tinguely – Niki de Saint Phalle

Die schwarzen Maschinen Tinguelys und die bunten Skulpturen der französischen Künstlerin Niki de Saint Phalle ergänzen sich nicht nur in zahlreichen Wasserinstallationen wie dem bekannten Brunnen am Centre George Pompidou in Paris. In Fribourg erfüllen die Arbeiten des Künstlerpaares ein eigenes kleines Museum mit Leben. Die Halle des ehemaligen Tram Depots bietet viel Platz für eine der größten Installationen Tinguelys – den Altar des westlichen Überflusses. Niki de Saint Phalle ist mit einigen kleineren Skulpturen vertreten.
Geöffnet Mittwoch bis Sonntag 11–18 Uhr, Donnerstag bis 20 Uhr, CHF 7.

Um jetzt wieder zur **Zähringerbrücke** zu kommen, gehen Sie zurück zur **Kathedrale**, links an dieser vorbei und treffen dann einige Häuser weiter unten auf die Brücke.

In der **Touristen-Information am Bahnhof** (Place Tinguely 1) können Sie verschiedene Stadtführungen buchen. Außerdem bekommen Sie hier die Beschreibung von zwei Wanderwegen am Wasser rund um die Stadt (Drei-Flüsse-Rundweg 11 km und Pérollessee-Rundweg 8 km) und eine Karte der Altstadt.

Wenn Sie mehr von der Umgebung Freiburgs sehen wollen, finden Sie auf dem Camping Schiffenen in **Düdingen** nördlich der Stadt ein Quartier am Ufer des Schiffenensees. Hier führt zum Beispiel die 25 Kilometer lange Wanderung Tour du Lac vorbei, auf der Sie mehrere Schlösser, ein geschütztes Moorgebiet und die in Felshöhlen über dem See verborgene **Magdalena-Einsiedelei** entdecken können.

(097) WOMO-Campingplatz: Düdingen/Camping Schiffenen
GPS: N 46°52'42.0", E 7°11'30.0", 545 m, Schiffenen 15,
Tel. 0041 (0)26 4931917. **Geöffnet:** April bis Oktober.
Ausstattung: V/E, Imbiss, kleiner Laden, Restaurant, Pool, Tretbootverleih.
Beschreibung: Am See, wenige Plätze für Reisende, überwiegend Dauercamper.
Preise: CHF 30–35, plus Kurtaxe, www.camping-schiffenen.ch.
Anfahrt: Auf der Kantonalstraße 12 an Düdingen vorbei und kurz nach dem Ort links zum Schiffenensee abbiegen. Camping ausgeschildert.

Wir fahren hinaus aus der Stadt und entlang des Naturschutzgebietes Sensegraben zur nächsten ebenso sehenswerten Schweizer Metropole: Unser nächstes Ziel ist Bern, die Hauptstadt der Schweiz. Wir halten uns an der Zähringerbrücke links in Richtung Bern, fahren dann rechts in Richtung Tafers. Kurz hinter der Ortsdurchfahrt von Heitenried quert dann die Straße das Bett der Sense – den wildromantischen Sensegraben. Auf dem Wanderparkplatz rechts neben der Flussbrücke könnte man auch über Nacht bleiben.

(098) WOMO-Wanderparkplatz: Sensegraben
GPS: N 46°49'31.0", E 7°19'08.0", 661 m. **Max. WOMOs:** 2
Ausstattung: Keine.
Beschreibung: Schön gelegen mit Flusszugang neben einer alten Holzbrücke, Gasthof Sodbach 100 Meter, nicht ganz ruhig, da nahe der Straße, außerorts. Möglichkeit zum Baden im Fluss.
Anfahrt: Direkt rechts vor der Brücke über die Sense.
Sonstiges: Wanderweg zur Ruine Grasburg markiert, die man in etwa 35 Minuten Fußweg zur Grasburg.

Kürzer ist der Weg zur imposant auf einem Felssporn über dem Fluss aufragenden **Ruine der Grasburg** vom Örtchen Steinbus. Die Zufahrt ist jedoch eng und nur für kleinere Mobile empfehlenswert. In **Schwarzenburg**, das Sie nach kurzer Weiterfahrt erreichen, biegen Sie links ab in Richtung Bern. Bei **Steinbus** ist rechts ein braun beschilderter Abzweig zur Grasburg markiert. Die Strecke dreht einen Bogen unter der Straße nach Bern hindurch und führt dann als Schotterweg weiter. Rechts hinunter, durch einen Bauernhof und zum leider sehr schrägen und daher nur mit geschicktem Rangieren für eine Übernachtung nutzbaren **Parkplatz am Waldrand** [**099:** GPS N 46°49'55.0", E 7°20'04.0", Grasburg].

Burgromantik über dem Sensegraben: Der kurze Weg zur Grasburg

Die Angabe von fünf Minuten Gehzeit auf dem Wanderschild ist leicht irreführend: erwarten Sie keinen mühelosen Spaziergang. Es geht etwa fünf Minuten steil hinunter und anschließend über viele Holzstufen wieder hinauf zur Burganlage. Ich würde eher 10 bis 15 Minuten kalkulieren. Der vordere Teil der Burg befindet sich gleich am Ende der Treppe, geradeaus weiter geht dann es zum anderen Ende der ausgedehnten Anlage. Auf der Grasfläche dazwischen sorgt eine Feuerstelle für einen romantischen Rastplatz. Weitere Grillstellen finden Sie direkt an den Burgmauern.

Zurück auf der Kantonalstraße nach Bern rollen wir weiter zum nächsten Dorf **Niedereichi**. Biegt man hier links ab in Richtung Albingen, kurvt man kurz darauf noch einmal hinunter ins Tal der Sense und zu einer weiteren gedeckten Holzbrücke. Rechts vor der Brücke geht es steil hinab zu einem Parkplatz, der inzwischen aus Naturschutzgründen ein Nachtparkverbot hat. Weil der Sensegraben im Sommer 2020 immer wieder extrem überfüllt war, gibt es hier einige neue Verbotsschilder, um das fragile Ökosystem zu schützen. Inzwischen ist auch dieser Platz verboten, tagsüber steht man hier aber immer noch toll.

WOMO-Badeplatz: Ruchmühlebrücke

GPS: N 46°50'47.0", E 7°20'11.0", 615 m.
Max. WOMOs: 2–3
Ausstattung: Dixi-WC, Müllcontainer und Wasser (kein Trinkwasser) an der Straße. Feuerstellen.
Beschreibung: Schöne Lage am Fluss, leicht anzufahren. An Sommerwochenenden immer gut besucht. In der Sense gibt es vor der Steilwand ein hüfttiefes Becken, in dem man sich gut erfrischen kann. Übernachten verboten! Naturschutzgebiet.
Anfahrt: Links hinter der Brücke direkt an der Straße.

Wir kehren zurück zur Kantonalstraße und steuern weiter in Richtung Bern, dem wir uns jetzt zügig nähern. Ein letzter romantischer Platz am Fluss ist nur mit Campingbussen zu erreichen. Beim Ort **Riedburg** befindet sich die Mündung der Schwarzwasser in die Sense. Etwa 40 Meter hinter **Äckenmatt** und der **Schwarzwasserbrücke** zweigt eine schmale Straße rechts ab, beschildert ist hier »Schwarzwasser«. Sie führt in Serpentinen hinunter zum Fluss. Rund um die Brücke bei **GPS N 46°51'53.0", E 7°21'53.0"** wird am Straßenrand geparkt, sodass auf der deutlich abfallenden Straße nur eine Durchfahrt von gut zwei Metern bleibt. Von der Brücke kann man dann auf einem Pfad ins Flusstal hineinlaufen.

Abstecher zur Schwarzwasserschlucht

Vor der Brücke unten am Fluss zweigt rechts ein schöner Weg ab, der in etwa 15 Minuten am Fluss entlang zu einer Kiesbank am Fuße eines Kletterfelsens führt. Hier mündet die Schwarzwasser in die Sense, und auf den weitläufigen Kiesflächen kann man prima sonnenbaden und picknicken. Auch für ein erfrischendes Bad reicht das Wasser locker.

Wenn Sie am Ufer weiterlaufen, können Sie nach etwa drei Kilometern an der Riederenbrücke den Fluss überqueren und auf der anderen Flussseite zurücklaufen. Kurz hinter der Mündung der Schwarzwasser treffen Sie dann auf eine lange Hängebrücke, über die Sie ans andere Ufer zurückkehren. Links hoch führt Sie der Wanderweg zurück zur Schwarzwasserbrücke und zum Parkplatz. Diese Runde haben wir aber bisher noch nicht selbst ausprobiert.

Von der Schwarzwasser sind es dann nur noch knapp zehn Kilometer bis nach Bern. Kurz vor **Köniz** wird die Umgebung städtisch, und schon bevor wir die Stadt erreichen, hilft uns ein Wegweiser rechts die Zufahrt zum ruhig gelegenen Camping Eichholz zu finden, der sich gut als Basisquartier zum Erkunden der Stadt eignet. Der Platz liegt ruhig an der Aare und Sie erreichen die Altstadt in etwa 20 Minuten zu Fuß. Alternativ hilft auch die Tram beim Transfer.

(101) WOMO-Campingplatz: Bern / Camping Eichholz

GPS: 46°55'59.1", E 7°27'21.8", Strandweg,
Tel: 0041 (0)31 9612602. **Geöffnet:** Ostern bis Oktober.
Ausstattung: V/E, Restaurant, WLAN.
Beschreibung: Ruhig und im Grünen, Wohnmobilplätze auf Rasengitter unter Bäumen hinter der großen Zeltwiese, die direkt an den Aareuferweg angrenzt. Gute Sanitäranlagen, Ankunft abends bis 21 Uhr möglich. Aare-Strandbad direkt nebenan. Fußweg zur Altstadt gut 20 Minuten, Tierpark am gegenüberliegenden Ufer über Fußgängersteg erreichbar.
Preise: CHF 43, Strom CHF 3,50, Bern-Ticket und Kurtaxe inklusive, www.campingeichholz.ch.
Anfahrt: Siehe Text.

Für einen Kurzaufenthalt haben Sie am **Tierpark** eine gute Chance auf einen **Parkplatz ohne Nachtparkverbot**. Die Parkfläche zieht sich bei [**102**: N 46°56'05.0", E 7°26'47.0", Bern Tierpark] längs der Straße am Aareufer entlang (zentrale Parkuhr) und an der Aare entlang in die Stadt laufen (20 Minuten).

Sind sie mit einem kurzen Campingbus unterwegs, können Sie ihr Glück auch auf dem zentralen **Parkplatz am Bärengraben** bei [**103**: 46°56'58.0", E 7°27'34.0"] (Parkgebühr 7 – 19 Uhr CHF 2,20 pro Stunde, maximal 24 Stunden) versuchen. Dort gibt es einige blaue Parkplätze und auch auf denen mit Parkuhr stehen Sie nachts kostenlos. Besonders gut sind die Chancen am Abend oder an Sonn- und Feiertagen. Viele Plätze sind allerdings recht schräg. Wer richtig Glück hat, erwischt einen der beiden geraden Plätze mit Blick auf die Aare.

Wenn Sie Bern ausführlich ansehen wollen, ist unsere Empfehlung jedoch ganz klar der angenehme Campingplatz mit kostenloser Karte für die Tram.

Bern – Hauptstadt mit Charme

Die Altstadt von Bern gehört seit 1983 zum Weltkulturerbe der UNESCO. Die langen, parallel verlaufenden Straßenzüge in der Altstadt sind von überdachten Arkadengängen gesäumt, was unser Glück war. Bei unserem Besuch in Bern schüttete es nämlich wie aus Kübeln. Die Fotos können daher nur andeuten, was es hier zu sehen gibt. Sie können also auch bei echtem Sauwetter gemütlich von Geschäft zu Geschäft bummeln. Die typischen Läden einer städtischen Fußgängerzone befinden sich dabei oberhalb des Zeitglockenturmes. In Richtung Nydeggbrücke finden Sie Restaurants, kleine Cafés und kleinere Läden mit ausgefallenem Angebot. Wenn Sie dann die Brücke überqueren, kommen Sie zum Bärenpark, in dem vier Exemplare des Berner Wappentieres in einem großem Gehege am Fluss residieren.

Fahren oder laufen Sie von hier aus am Aareufer rechts und zurück bis zur Kirchenfeldbrücke, nähern Sie sich dem Museumskomplex der Stadt. An der Kirchenfeldbrücke links finden Sie hinter dem Helvetiaplatz erst mal das Historische Museum (Di bis So 10–17 Uhr), das mit 500.000 Objekten

als eines der bedeutendsten Museen der Schweiz gilt. Weil es einen guten Überblick verschafft, finden wir das Alpine Museum für Schweizreisende besonders interessant. Von Klimawandel und Gletscherschwund bis zu den Alpen in der Kunst reichen die Themen der Ausstellung, die Di bis So von 10–17 Uhr geöffnet ist. CHF 18, Familie CHF 40. Parken können Sie an den Museen kaum, vom Bahnhof am Rande der Altstadt bringt Sie aber die Tram 6, 7 oder 8 zur Haltestelle Helvetiaplatz, www.alpinesmuseum.ch.

Für Kunstinteressierte ist das Zentrum Paul Klee am Stadtrand ein absolutes Muss. Der luftig wellenförmige Neubau des Stararchitekten Renzo Piano beherbergt seit 2005 die weltweit größte Sammlung mit Werken des Künstlers. Von den 4.000 im Archiv vorhandenen Arbeiten sind in halbjährlichem Wechsel um die 150 Werke in den Ausstellungsräumen zu sehen. Einen Zugang zur Kunst für die jüngsten Besucher versucht das ebenfalls im Zentrum untergebrachte Kindermuseum Creaviva mit Führungen und offenen Workshops zu vermitteln.

Geöffnet Di bis So 10–17 Uhr, Eintritt CHF 20, Kinder 6–16 Jahre CHF 7, Familie CHF 27–40, Schosshaldenstr. 92c. Vor dem Museum gibt es große kostenpflichtige und mit Schranke abgesperrte Parkplätze. Vom Bahnhof erreichen Sie das Zentrum Paul Klee mit dem Bus Nr. 12 in 10 Minuten, www.zpk.org.

Ein Abstecher nach Westen führt uns nördlich von Bern auf einen kleinen, liebevoll angelegten Stellplatz auf einem Bauernhof. Er liegt etwas abseits unserer Route, bietet aber ein schönes Übernachtungsquartier.

(104) Offizieller WOMO-Stellplatz: Deisswil / Sunnehubel

GPS: N 47°02'09.3", E 7°27'23.8" **Geöffnet:** April bis Oktober.
Ausstattung: Wasser, Strom, WC, Müll, kleiner Hofladen mit Eiern, Milch, Joghurt, Konfitüre und Honig, Frühstück auf Vorbestellung.
Beschreibung: Vier Plätze auf einem grünen Hügel auf dem Bauernhof neben der Kuhweide. In der einen Richtung Ausblick über das Tal, in der anderen Blick auf ein Silo. Anmeldung per Info-Kasten unten am Hof, der Platz liegt noch 100 Meter weiter oben links des Fahrweges.
Preise: CHF 18 inklusive Strom, sunnehubel.ch.
Anfahrt: Von der Lyssstraße rechts zum Dorf Deisswil. Der Hof ist nur über eine für Fahrzeuge gesperrte, aber für Anlieger freigegebene Straße erreichbar. Wenn Sie die Zufahrt von der Westseite wählen (erst zweite Straße in Deisswil rechts, vermeiden Sie die Fahrt durch ein Wohngebiet. Am Hof weist ein Zeltplatzsymbol den richtigen Weg. Der Infokasten zum Stellplatz hängt rechts an der Hauswand.

Über Krauchthal erreichen wir dann **Burgdorf** und die **Tour 13**.

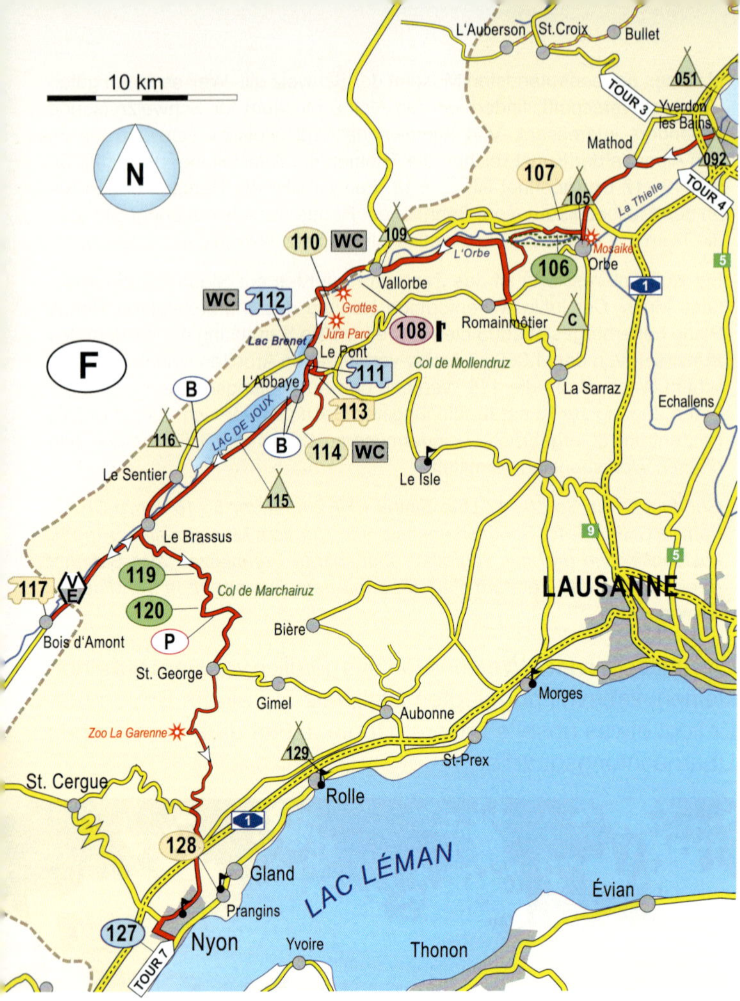

TOUR 6 110 km

Vom Lac de Joux zum Genfer See

Yverdon-les-Bains – Orbe – Romainmôtier – Vallorbe – Lac de Joux – Col de Marchairuz – Nyon

Stellplätze:	Montcherant, Vallorbe, Juraparc, Le Pont, Lac de Brenet, Alpage des Croisettes, Bois d'Amont, Col de Mollendruz, Col de Marchairuz
Campingplätze:	Orbe, Vallorbe, Abbaye (à la ferme), Le Sentier
Besichtigen:	Römische Mosaike in Orbe, Romainmôtier, Grotte und Jurapark in Vallorbe, Uhrenmuseum Le Sentier, Holzmuseum Bois d'Amant, Zoo Garenne
Wandern:	Gorges de l'Orbe, Grottes aux Fées, Tour de Lac de Joux, Sentier du Sapin à Siméon

Statt von Yverdon zügig zum Genfer See zu fahren, wählen wir weiterhin den Weg durch das »westlichste Ende der Schweiz«. Und wer den Lac de Taillières mochte, sollte den Lac de Joux keinesfalls verpassen. Tour 6 führt uns mitten in schönste Schweizer Tourismusprovinz und hat für Liebhaber wenig berührter Natur einiges zu bieten.

Von Yverdon folgen wir einer der Landstraßen in südlicher Richtung und fahren über Mathod nach **Orbe**. Fährt man an der Kreuzung vor dem Ort nach links, kann man links der Straße ein Relikt der Römerzeit bewundern:

Szenen römischer Mythologie – die Mosaike von Orbe
In der Kleinstadt Orbe wurden Mitte des 19. Jahrhunderts acht große Mosaike ausgegraben, die einst die Böden einer riesigen römischen Villa schmückten. Von der Villa selbst ist nichts mehr übrig, die Mosaike werden heute von eigens errichteten Pavillons geschützt.
Geöffnet Mai, Juni und Oktober Sa, So, Juli bis September, Mi bis So 10–18 Uhr. CHF 10, www.pro-urba.ch. **GPS N 46°44'30.6", E 6°32'13.0"**.

Fährt man geradeaus in den Ort hinein, geht es gleich an den ersten Häusern links zum schönen Camping Le Signal, der sich direkt neben dem Freibad befindet.

(105) WOMO-Campingplatz: Orbe/Camping Le Signal
GPS: N 46°44'10.0", E 6°31'59.0", 492 m, Route du Signal 9,
Tel. 0041 (0)24 4413857. **Geöffnet:** Ostern bis Anfang Oktober
Ausstattung: V/E, WLAN kostenlos, Snack-Bar.
Beschreibung: Am Ortsrand von Orbe direkt neben dem Freibad, unparzellierte Stellplätze im lichten Wäldchen, TCS Camping.
Preise: CHF 38–52 inklusive Strom, plus Kurtaxe. Rabatt für ADAC und CCI. Eintritt ins Freibad inklusive. www.tcs.ch.
Anfahrt: Am Ortseingang links ausgeschildert.

Nähert man sich der Kleinstadt aus dieser Richtung, präsentiert sie sich nicht von ihrer Schokoladenseite und man übersieht leicht das Zentrum mit seiner schönen mittelalterlichen Altstadt. Von dort können Sie zu einer der interessantesten Wanderungen der Region starten: Der Weg durch die Schlucht des Flusses Orbe verbindet Orbe mit der Nachbarstadt Vallorbe.

Durch die Gorges de l'Orbe

4 Stunden, etwa 200 hm. Die komplette Strecke durch das Flusstal ist mit 17 Kilometern zu lang, um Sie doppelt zu laufen. Entweder Sie nehmen den Bus nach Vallorbe (fährt morgens gegen 8 Uhr) und wandern von dort in etwa 4,5 Stunden auf dem markierten Weg nach Orbe zurück, oder Sie folgen unserem Wandervorschlag und machen auf halber Strecke im netten Dorf Les Clées kehrt. Wenn Sie dann auf der anderen Flussseite zurückkehren, können Sie sogar einen Rundweg laufen.

Parken können Sie Ihr Wohnmobil am Bahnhof von Orbe **GPS N 46°43'30.0", E 6°31'49.0"** oder noch günstiger auf der gegenüber liegenden Flussseite am Fußballplatz **GPS N 46°43'37.0", E 6°31'48.0".** Von dort laufen Sie zur Orbe hinunter. Der Weg führt vom Fußballplatz auf der linken Flussseite bis zum Kraftwerk. Dort überqueren Sie die Brücke und folgen dem Pfad auf der rechten Flussseite zwischen die steilen Kalkwände der Schlucht. In knapp zwei Stunden erreichen Sie die ersten Häuser von Les Clées. Dort überqueren Sie die Orbe und laufen auf der anderen Seite hoch über dem Fluss zurück.

Wenn Sie dann in Richtung **Montcherand** weiterfahren, können Sie die Gorges de l'Orbe auch in Kurzversion besuchen. Der Wanderparkplatz liegt direkt an der Kantonalstraße.

(106) WOMO-Wanderparkplatz: Montcherand
Gorge de l'Orbe pour tous

GPS: N 46°43'44.5", E 6°30'27.2". **Max. WOMOs:** 3–4
Ausstattung: Keine.
Beschreibung: Rechts der Straße großer Parkplatz mit Naturboden unter Bäumen an einer offenen Festhalle. Früher waren hier Wohnmobile verboten, das Schild war aber beim letzten Besuch verschwunden.
Alternative: Links der Straße am Start des Wanderweges kleiner, etwas unebener Schotterplatz im Wald mit schmaler Zufahrt auf einem Schotterweg.
Anfahrt: An der Kantonalstraße von Orbe in Richtung Montcherand. Die Zufahrt zu beiden Plätzen zweigt bei **GPS N 46°43'43.0", E 6°30'25.0"** von der Straße ab.

Gorges de l'Orbe für alle – Spaziergang auf dem Sentier nature

Auf dem 1,8 Kilometer langen »Sentier nature pour tous« sieht man nicht besonders viel vom Fluss. Der schön angelegte, ebene, geschotterte Weg ist dafür auch mit Kinderwagen und Rollstuhl befahrbar. Er verläuft hoch oben am Rand der Steilwände und ermöglicht denen, die keine vier Stunden laufen können, einen entspannten Blick auf das Naturspektakel.

Einen weiteren Platz ohne Verbot gibt es am Sportplatz in Montcherand. Im Ort ist außerdem eine **Kirche der Cluniazenser** mit Fresken aus dem 12. Jahrhundert zu sehen.

(107) WOMO-Parkplatz: Montcherand

GPS: N 46°44'03.0", N 6°30'16.0", 581 m. **Max. WOMOs:** 1–2.
Ausstattung: Keine.
Beschreibung: Asphaltierter Parkplatz an einer Sportanlage, max. 3,5 t.
Anfahrt: Von Orbe am ersten Abzweig nach Montcherand vorbei, durch die spitze Kurve mit dem Abzweig zum Wanderparkplatz und etwa 700 Meter weiter rechts hinauf (Terrain des Sports) und gleich wieder links zum Sportplatz.

Zwei Kilometer weiter in Richtung Vallorbe treffen wir auf den Abzweig nach **Les Clées**. Mit einem kleinen Fahrzeug lohnt der kleine Umweg auf schmaler Straße und durch das Dorf, das direkt in der Orbe-Schlucht liegt. **Romainmôtier**, den schönen kleinen Ort mit dem großen romanischen Kloster, der unser nächstes Ziel ist, erreichen Sie aber auch, wenn Sie der Hauptstraße folgen und dann links zum Dorf abbiegen. Die Parkplätze im Ortskern sind für Wohnmobile zu kurz, genug Raum ist auf dem **Parkplatz oberhalb des Ortes bei GPS N 46°41'29.0", E 6°27'40.0"** an der Zufahrt zum Campingplatz.

Romainmôtier und die Mönche von Cluny

Die Blütezeit des Klosters von Romainmôtier begann vor über 1000 Jahren. Nach dem Vorbild der Abteikirche von Cluny, deren Verwaltung das Kloster unterstand, wurde zwischen 990 und 1030 nach Christus die Stiftskirche gebaut, die beinahe unverändert erhalten ist. In der Kirche befinden sich wertvolle Wandgemälde, die aufwendig restauriert wurden. Das ehemalige Klostergebäude wurde im Zuge der Reformation abgerissen. Die Kirche hat man damals in eine reformierte Pfarrkirche umgewandelt. Heute ist Romainmôtier ein Ort der Ökumene und der Kunst: Die Kirche wird von beiden Richtungen des christlichen Glaubens für Gottesdienste genutzt und die sonntäglichen Konzerte, die im Juli und August regelmäßig und sonst nur sporadisch das Kirchenschiff mit vollen Tönen erfüllen, bereiten auch weniger religiösen Menschen Freude. Das aktuelle Konzertprogramm können Sie unter concerts-romainmotier.ch aufrufen.

Ein weiteres Gebäude in der Ringmauer des Ortes ist bereits viele Hundert Jahre alt und verdient aus mehreren Gründen besondere Aufmerksamkeit. Das Haus des Priors, in dessen Café du Prieur Sie heute mit Tee, heißer Schokolade und köstlichen Kuchen verwöhnt werden, war schon immer ein Ort der Gastlichkeit. Hier wurden Besucher untergebracht und Feste gefeiert. Nach dem Tee können Sie das ehrwürdige Gebäude aus dem Mittelalter besichtigen.

Über eine gut ausgebaute Straße erreichen wir von Romainmôtier zügig **Vallorbe**, wo es jede Menge Spannendes zu sehen gibt. Ausnahmsweise gehört der Ortskern nicht dazu. Vallorbe ist Verkehrsknotenpunkt und grenznah und war damit immer ein geeigneter Standort für Industrie und Militär. So können Sie das **Musée du fer et du chemin de fer** in der Rue des Grandes-Forges 11 besuchen. Wer möchte, schaut sich oberhalb von Vallorbe auch das **unterirdische Fort 39/45** aus dem Zweiten Weltkrieg an.

Das **Musée du fer** beschäftigt sich mit Produkten aus Eisen – und mit der Eisenbahn. Untergebracht ist das Museum in einem ehemaligen Hüttenwerk, dessen Schmiede noch funktionsfähig ist und sporadisch in Betrieb genommen wird. Eisenbahnfans finden im oberen Stockwerk eine riesige Modellbahnanlage mit historischen Zügen. *Geöffnet von April bis Oktober Di bis So 10–17 Uhr, Februar, März und November Mi, Sa, So 13–17 Uhr. Eintritt CHF 13, Kinder CHF 6, www.museedufer.ch.*

Der Fluss im Berg und die Höhlen von Vallorbe

Ebenfalls unter der Erde befindet sich eine dritte Sehenswürdigkeit, die Sie keinesfalls auslassen sollten: In Vallorbe verschwindet der Fluss Orbe im Berg – und da, wo das Wasser aus dem Fels sprudelt, hat sich in Millionen Jahren ein Höhlensystem mit unterirdischen Seen und Tropfsteinen gebildet. Die Höhlen sind seit 1974 für Besucher zugänglich. Vom Parkplatz am Ortsrand von Vallorbe laufen Sie etwa 500 Meter bis zum Höhleneingang. Dort starten die einstündigen Führungen in den Bauch des Berges. Jacke nicht vergessen, die Temperatur in den Höhlen liegt unter 10° C.
Eintritt CHF 18, Kinder 6–15 Jahre CHF 8, geöffnet täglich Juni bis August 9.30–17.30 Uhr, April, Mai, September, Oktober 9.30–16.30 Uhr, www.grottesdevallorbe.ch.

Der Parkplatz an den Grotten bei **GPS N 46°42‘06.0“, E 6°20‘57.0“** eignet sich gut für eine Rast. Direkt angrenzend gibt es schöne, sehr schattige Plätzchen direkt am Fluss. Wenn Sie das Wohnmobil ganz hinten parken, haben Sie das Ufer fast vor der Tür. Nur übernachten dürfen Sie hier leider nicht...

Eine Kurzwanderung zur Grotte aux Fées

20 Minuten einfach, etwa 100 hm. Läuft man vom Parkplatz in Richtung Tropfsteinhöhle, führt kurz vor dem Eingang ein Weg rechts ab. Den Wegweisern zur Grotte aux Fées folgend, überquert man die Orbe und läuft erst auf einem ebenen breiten Waldweg, dann auf einem in Serpentinen ansteigenden Pfad hinauf zu einem weiteren Höhlensystem. Eine große Apsis bildet den Auftakt, von dort führt ein Gang in den Berg hinein. Wer im Gegensatz zu uns eine Taschenlampe dabei hat, kann dort ein gutes Stück hineinlaufen. Für uns war nach einigen Metern Schluss – der Gang macht einen Bogen und so wird es schnell dunkel.

Auf dem Weg von Vallorbe zu den Höhlen kommen Sie an einem Picknickplatz vorbei. Zwei Tische und ein Trinkwasserbrunnen laden ein zu einer erholsamen Pause – es sei denn, auf dem Schießstand nebenan wird gerade trainiert. Am Wochenende finden hier ab und zu Veranstaltungen statt, ansonsten steht man ruhig und geschützt zwischen den Bäumen.

(108) WOMO-Picknickplatz: Vallorbe

GPS: N 46°42'08.0", E 6°21'30.0", 777 m. **Max. WOMOs:** 1–2
Ausstattung: Tische, Trinkwasserquelle.
Beschreibung: Links der Straße sichtgeschützt in einer Baumgruppe, am Schießstand.
Anfahrt: An der Zufahrt von Vallorbe zu den Höhlen links der Route de la Raz.

Alternativ finden Sie im Zentrum von **Vallorbe** einen kleinen **Campingplatz**: [**109**: N46°42'38.2", E6°22'28.9", sports-loisirs-vallorbe.ch] am Flussufer und direkt am örtlichen Freibad, zu dem Campinggäste kostenlos Zutritt haben. Es geht weiter in Richtung Lac de Joux. Doch schon auf halbem Weg sorgt der Jurapark für den nächsten interessanten Halt:

(110) WOMO-Gaststätte: Juraparc

GPS: N 46°41'31.0", E 6°20'27.0", 1.060 m. **Max. WOMOs:** 1–2
Ausstattung: Toilette, Mülleimer.
Beschreibung: Parkplatz hinter dem Park-Restaurant, ein gutes Stück von der Straße entfernt, ruhig an einer Reihe Bäume, aber nahe am Eingangsgebäude. Unbedingt nach Besuch des Parkes oder Restaurants um Erlaubnis zum Übernachten bitten. Restaurant unter anderem mit Bisonspezialitäten. Täglich geöffnet.
Anfahrt: Zwischen Orbe und Vallorbe an der Verbindungsstraße.

Wildnis zum Anschauen – ein Besuch im Jurapark

Haben Sie schon mal junge Braunbären beobachtet? Im Jurapark bei Vallorbe könnten Sie Glück haben. Die Bären, die in dem großen naturnahen Gelände leben, haben regelmäßig Nachwuchs. Genauso wie auch die Wölfe, die sich das Gehege mit den Bären teilen. Ein Holzweg auf Stelzen führt die Besucher hoch über den Zäunen durch das Gelände. Sie können also ohne störende Zäune den jungen Bären beim Spielen zusehen und natürlich auch fotografieren. Der Jurapark ist kein Zoo im eigentlichen Sinne: Außer Bären und Wölfen sind

hier nur noch Luchse, eine Gruppe Bisons und einige Nachzüchtungen des Przewalski-Pferdes zu Hause. Dafür werden die Tiere möglichst artgerecht gehalten, was sie mit regelmäßigem Nachwuchs danken. Für Tier- und Naturfreunde ist der Park ein ganz besonderer Ort.

Der Park ist täglich ab 9 Uhr bis zum Einbruch der Dunkelheit geöffnet. CHF 10, Kinder 5–14 Jahre CHF 6. Fütterung der Tiere: Mo bis Fr um 14 Uhr, Sa und So um 10.15 Uhr. Einige Regendächer auf dem Steg machen den Besuch auch bei mäßigem Wetter möglich, www.juraparc.ch.

Der Lac de Joux und der Parc Jurassien vaudois
Beinahe nordisch wirkt die karge Landschaft rund um den Lac de Joux. Der See friert im Winter komplett zu und ist dann ein Paradies für Schlittschuhläufer. Im Sommer können Sie den Ausflug auf dem See mit dem Ruder- oder Tretboot starten – den Verleih finden Sie am nördlichen Seeende in Le Pont. Badeplätze gibt es am östlichen Ufer neben der Straße und am kleineren **Lac de Brenet** gleich nebenan. Beinahe unbesiedelt und ein interessantes Ziel für Wanderer sind die Berge süd-westlich des Sees im Schutzgebiet des Jurassien vaudois.

Von Vallorbe kommend erreichen Sie den See bei **Le Pont**. Rund um den Lac de Joux waren im Corona-Sommer 2020 provisorische Plätze eingerichtet – als Reaktion auf den ungewöhnlich großen Ansturm der Camper auf den kleinen See. Die Übernachtung kostete auf allen Plätzen CHF 8 pro erwachsener Person. Einige dieser Plätze waren auch vorher schon offiziell für Wohnmobile freigeben, wie zum Beispiel der Wiesenplatz am Ortsrand von Le Pont.

(111) Offizieller WOMO-Stellplatz: Le Pont

GPS: N 46°39'48.0", E 6°19'46.3", 1.009 m. **Max. WOMOs:** 8–10
Geöffnet: April bis Oktober. **Ausstattung:** Müll.
Beschreibung: Wiesenstreifen zwischen Seeufer und der leicht oberhalb gelegenen Dorfstraße. Zufahrt über sehr unebenen Schotterweg.
Preise: CHF 16. Aufenthalt maximal 4 Tage.
Anfahrt: In Le Pont am Seeufer entlang in Richtung Abbaye fahren. Kurz hinter der Kurve führt links ein Schotterweg auf einen am Hang gelegenen Wiesenstreifen. Während der Saison stehen hier fast immer ein paar Mobile.

Zum Baden fast noch schöner ist der benachbarte kleinere Lac Brenet. Statt links am Lac de Joux entlangzufahren, biegen Sie dazu beim Erreichen des Sees in Le Pont nach rechts zum Dorf **Les Charbonnières** ab.

(112) Offizieller WOMO-Stellplatz: Les Charbonnières

GPS: N 46°39'58.0", E 6°18'58.0", 1.018 m. **Max. WOMOs:** 5–6
Ausstattung: WC, Müll.
Beschreibung: Geteerter Parkstreifen vor einem Parkplatz und einigen Häusern und direkt an der breiten Uferwiese mit mehreren Badebuchten. Über die Wiese guckt man auf den See.
Preise: CHF 16. Aufenthalt maximal 4 Tage.
Anfahrt: In Le Pont rechts zu den wenigen Häusern von Les Charbonnières. Im Ort rechts den Schildern zur Firma Valtronic Technologies folgen und gleich wieder rechts auf den Parkplatz am See und am Sportplatz.

Fährt man geradeaus weiter, an der Firma Valtronic vorbei und auf der Rue de Bonport bis zum Fahrverbot, kommt man zu einem schönen **Badeplatz bei GPS N 46°40'16.0", E 6°19'04.0"**, an dem man aber nicht mehr über Nacht stehen darf.

Sind beide Plätze vollständig belegt, gibt es zwei Ausweichplätze an der Straße zum Col de Mollendruz.

(113) Offizieller WOMO-Stellplatz: Le Pont Le Patinage / Crêt Blanc

GPS: N 46°39'44.9", E 6°19'49.4", 1.050 m. **Max. WOMOs:** 10
Ausstattung: Keine.
Beschreibung: Großer Schotter-Wiesenplatz unter Bäumen. In ruhiger Lage am Ortsrand von Le Pont.
Alternative Cret Blanc: Ebener Schotterplatz an der Passstraße nach Mollendruz bei **GPS N 46°39'25.6", E 6°20'05.9"**. Die Straße ist nachts kaum befahren. Beide Plätze waren 2020 als Stellplätze markiert. **Preise:** CHF 10.
Anfahrt: In Le Pont links der Rue de Mollendruz den Berg hinauf folgen. Zum ersten Platz geht es gleich die zweite Straße nach rechts, zum zweiten Stellplatz fährt man immer geradeaus bis zum Kreisel über dem Ort und dort auf den geschotterten Parkplatz.

Einen weiteren schönen Platz haben wir hoch über dem Ort in den grünen Jurahügeln entdeckt, in denen im Sommer viele Kühe weiden. Hier bietet die Alp Les Croisettes einen attraktiven Stopp – nicht nur für Wanderer.

Zwischen Lamas, Kühen und Pferden – ein Kurzurlaub auf der Alp

Sie haben Kinder dabei? Sie mögen abgelegene Plätze in der Natur? Dann machen Sie einen Abstecher in die grünen Hügel südlich des Sees. Von Mai bis Oktober finden Sie auf der Alpage des Croisettes eine bunte Almgemeinschaft aus Hochlandrindern, Alpakas, Schafen, Kaninchen, Eseln und Pferden und mittendrin einen liebevoll gestalteten Gasthof, in dem aus regionalen Zutaten leckere Speisen bereitet werden. Auf dem hauseigenen Parkplatz mit Blick über die Weiden dürfen Gäste des Restaurants auch über Nacht stehen bleiben. Zu den Spezialitäten des Hauses gehören übrigens Fondue und Raclette sowie die hausgemachten Meringues. Und wenn Sie sich so schnell nicht wieder trennen können: Man kann vom Hof aus verschiedene Wanderungen unternehmen.

(114) WOMO-Gaststätte: Alpage des Croisettes

GPS: GPS: N 46°38‘24.0“, E 6°20‘12.0“, 1.328 m. **Max. WOMOs:** 2–3
Ausstattung: WC am Haus.
Beschreibung: Alp in Alleinlage, umgeben von Wald und Weiden. Ebene Parkflächen am Gasthof und viele Tiere. Geöffnet Mai bis Mitte Oktober, Montag und Dienstag Ruhetag.
Übernachtung nach Einkehr.
www.lescroisettes.ch.
Anfahrt: Von Le Pont in Richtung Col de Mollendruz. Kurz vor dem Abzweig nach Vaulion führt bei **GPS N 46°39‘36.0“, E 6°20‘43.0“** eine schmale, mit einem großen Schild markierte Straße hinauf zur Alpage. Nach etwa drei Kilometern kurviger Fahrt quer durch Kuhweiden endet die Straße an der Alm.

Von Le Pont fahren wir dann am südöstlichen Seeufer entlang. An der Strecke gibt es rechts der Straße weitere Badeplätze. Den ersten guten Seezugang finden Sie zwischen Le Pont und Le Sentier kurz vor **Abbaye GPS N 46°39'07.0", E 6°19'27.0"**. Eine Parkbucht rechts neben der Straße ermöglicht den Zugang zum Badeplatz hinter den Bäumen. Unterhalb der Parkbucht befinden sich mehrere Sand-Kies-Buchten und etwas rechts davon eine kleine Liegewiese.

Ein weiter größerer Parkplatz liegt kurz darauf links der Straße bei **GPS N 46°38'52.3", E 6°19'01.2"** an einer Seilbahnstation. Zum Badeplatz müssen Sie an der gegenüberliegenden Gemeindeverwaltung von Abbaye vorbei zum See.

Nur einen Kilometer weiter kann man noch einmal rechts der Straße am See parken. Alle drei Plätze gehören zu den **offiziellen Übernachtungsplätzen der Region**, auf denen Sie für CHF 5 pro Person auch über Nacht bleiben können, sind durch die Nähe zur Straße aber als Stellplatz wenig attraktiv. Wenn Sie Campingplätze nicht kategorisch ablehnen, lässt sich auch ein netteres Plätzchen finden. Zum Beispiel am nächsten Seezugang. Hier ziehen sich die Terrassen eines einfachen Camping à la ferme den Hang hinab bis zu einer winzigen Badebucht. Für wendige Wohnmobile gibt es hier richtig nette Plätze mit Blick auf See und Sonnenuntergang.

(115) WOMO-Campingplatz: Les Bioux / Camping à la ferme

GPS: N 46°37'32.0", E 6°16'46.0", 1.013 m, Chez Grosjean 40, Tel. 0049 (0) 79 5087075.
Geöffnet: Christi Himmelfahrt bis Ende August.
Ausstattung: Wasser nachfüllen am Gartenschlauch möglich.
Beschreibung: Tolle Stellplätze, aber einfache Infrastruktur. Bad mit zwei Duschen und zwei WCs und Schlange stehen vor den zwei Spülbecken. Wenn Sie sich damit arrangieren können, stehen Sie hier bestens!
Preise: CHF 28, Strom CHF 4, campinglesbioux.ch.
Anfahrt: Zwischen Abbaye und Bioux zwischen Straße und See.

Nun haben wir die untere Seespitze und den Ort **Le Sentier** erreicht. Hier finden wir ein kleines Uhrenmuseum und einen zweiten Campingplatz, der 100 Meter vom Ufer entfernt am Hang liegt. Hier finden auch größere Wohnmobile einen Platz – wenn noch einer übrig ist. Sehr groß ist das Gelände nämlich nicht. In der Hochsaison landen Wohnmobile dann auch mal auf dem Parkplatz vor der Tür, wo sich auch die frei zugängliche, ganz neu errichtete **V/E-Station mit Grauwassereinlass** befindet.

(116) WOMO-Campingplatz: Le Sentier Camping Lac de Joux

GPS: N 46°37'34.0", E 6°15'10.0", 1.018 m, Le Rocheray 37, Tel. 0041 (0)21 8455174. **Geöffnet:** Ganzjährig.
Ausstattung: V/E, Restaurant, WLAN, Spielplatz.
Beschreibung: Stellplätze oberhalb des Sees aufgereiht an einem Fahrweg auf baumfreier Wiese.
Preise: CHF 28–33, Strom CHF 4, plus Kurtaxe. ValPass-Karte (öffentlicher Verkehr, auch Schiffe, gratis) inklusive, www.camping-club-vaudois.ch.
Anfahrt: In Le Sentier ausgeschildert.

Unterhalb des Campings Lac de Joux wurde ein neuer Stellplatz eingerichtet (CHF 35–40 inkl. Strom und ValPass) bei **GPS N 46°37'29.0", E 6°15'09.0"**. Von hier sind die Badebuchten von Le Sentier nicht weit. Über Nacht dürfen Sie außerdem in Le Sentier für die üblichen CHF 8 pro Person an der Grand-Rue 2 direkt an den Bahngleisen parken.

Ausflüge am Lac de Joux

Genug gebadet? Zum Schwimmen ist es zu kalt? Dann machen Sie doch einen Ausflug ins Uhrenmuseum oder wandern auf dem gut markierten Uferweg.

Auf der »Tour du Lac de Joux« rund um den See

4–5 h, etwa 100 Höhenmeter. Als schmaler Fußweg, Bretterpfad oder Sträßchen führt die Tour du Lac de Joux immer am Seeufer entlang. Starten können Sie an jedem Parkplatz am Seeufer. Im Sommer sollten Sie unbedingt Badesachen einpacken – Sie werden unterwegs viele schöne Badeplätze entdecken. Eine Einkehr ist in Le Sentier – oder am anderen Ende – in Le Pont möglich. In Le Sentier finden Sie auch einen kleinen Picknickplatz mit Tisch. Ansonsten gibt es unterwegs jede Menge lauschigen Plätzchen, um die Picknickdecke auszubreiten.

Auch den deutlich kleineren Lac Brenet kann man zu Fuß umrunden. Der Weg beginnt am **Stellplatz in Charbonnières (112)**. Rechnen Sie eine gute Stunde für die Runde um den kleineren See.

Espace Horloger, Le Sentier

Den Nachbau einer Uhrmacherwerkstatt und seltene Stücke aus den 16. bis 19. Jahrhundert bekommt man im kleinen Uhrenmuseum von Le Sentier zu sehen.

Geöffnet Mai bis Oktober Di bis So von 10–17 Uhr, im Winter 13–17 Uhr. Eintritt CHF 12, Kinder CHF 6, Grand Rue 2, espacehorloger.ch.

Ein kurzer Ausflug bringt uns in den französischen Teil des Parc Naturel du Haut-Jura. Im Dörfchen **Bois d'Amont** kurz hinter der Grenze gibt es neben einem offiziellen Stellplatz in guter Lage am Flussufer auch ein kleines Museum zu entdecken, das die Techniken der Holzverarbeitung der letzten zwei Jahrhunderte vorstellt.

(117) Offizieller WOMO-Stellplatz: Bois d'Amont

GPS: N 46°32'16.3", E 6°08'22.7", 1.050 m. **Max. WOMOs:** 10
Ausstattung: Euro-Relais, Picknicktische.
Beschreibung: Stellplätze im Ortszentrum am Museum am Flussufer.
Anfahrt: Von der Kantonalstraße links ins Dorf Bois d'Amont abbiegen und den Schildern zum Museum und dem Wohnmobilsymbol folgen.

Kunsthandwerk aus Holz – Musée de la Boissellerie
Die Verarbeitung von Holz und im speziellen die Herstellung von Käseschachteln hat Tradition in der waldreichen Region des Jura und das kleine Museum in Bois d'Amont ist als private Initiative und durch das ehrenamtliche Engagement einiger Dorfbewohner entstanden und seit 1975 langsam gewachsen. Bald konnte die alte Wassermühle des Dorfes restauriert werden, in deren Räumen man heute alles über alte Techniken der Holzverarbeitung erfahren kann. Inzwischen hat die Mühle auch ein neues funktionstüchtiges Mühlrad. In ihrem Inneren gibt es neben Geräten zur Holzbearbeitung auch die Ergebnisse zu sehen: Schachteln in allen Größen, die ersten Holzskier...
Nur mit Führung zu besuchen Mi bis Sa 9.30–12.30 und 14–17.30 Uhr, So ab 10 Uhr. €9, museedelaboissellerie.com.

Vom Lac de Joux wollen wir jetzt weiter zum Genfer See. Die schönste Route dorthin führt über den Col de Marchairuz.

Auf schnellstem Weg zum Genfer See?

Wenn Sie den Weg zum Genfer See etwas abkürzen wollen oder müssen, können Sie die Fahrt von Le Pont auch über den **Col de Mollendruz** fortsetzen. Der Parkplatz auf der Passhöhe eignet sich für eine Pause mit schönem Blick über die Wiesen. Nachts ist hier inzwischen das Parken verboten.

Den See erreichen Sie dann bei Lausanne. Unterwegs lohnt das **Schloss von L'Isle** mit dem Namen **Petit Versailles** einen Stopp. Sie können im Park spazieren gehen oder sich eine der Wanderungen aussuchen, die an der Infotafel vor dem Schlosspark beschrieben sind. Das Schloss selbst kann nicht besichtigt werden, denn trotz seines klangvollen Namens wird es ganz profan genutzt: Dort residiert die Gemeindeverwaltung des Ortes.

Petit Versailles – das Schloss von l'Isle

Der schönste Weg zum Genfer See

Wer genug Zeit hat, fährt mit uns über den landschaftlich interessanten **Col de Marchairuz** und nähert sich dem Genfer See bei Nyon. Schon vor der Passhöhe bietet rechts der Passstraße ein **in mehreren Terrassen angelegter Parkplatz** [**119:** N 46°33'34.3", E 6°14'54.0", Marchairuz] einen schönen Blick über die steingesprenkelten Wiesen.

Kurz hinter der Passhöhe finden Sie rechts der von halbhohen Bruchsteinmäuerchen gesäumten Passstraße einen großen Schotterplatz, der auch als Ausgangspunkt für eine kurze Wanderung dienen könnte. Hier können Sie übernachten oder sich eine Runde die Füße vertreten.

(120) WOMO-Wanderparkplatz: Col de Marchairuz

GPS: N 46°32'30.0", E 6°15'16.0", 1.339 m.
Max. WOMOs: 2–3
Ausstattung: Keine.
Beschreibung: Ebener Schotterplatz am Waldrand. Startpunkt für den Spaziergang auf dem Sentier du Sapin à Siméon.
Anfahrt: 1,6 Kilometer nach der Passhöhe rechts der Straße.

Auf dem Sentier du Sapin à Siméon

Gehzeit 45 Minuten, 1,7 km. Der Naturlehrpfad beginnt am Parkplatz und führt zunächst parallel zur Straße bis zu einer Panoramatafel, die den Blick hinüber zum Genfer See erklärt, in dessen Bergkulisse bei guter Sicht auch der Mont Blanc erkennbar ist. Am zweiten Picknickplatz trifft der Fußweg auf die Passstraße und führt auf der anderen Seite zum Parkplatz zurück.

Etwa 400 Meter weiter passieren Sie links der Straße einen ersten **Picknickplatz GPS N 46°32'27.0", E 6°15'22.0"**. Kurz darauf folgt rechts ein Zweiter, den Sie schon gesehen haben, wenn Sie den Rundweg gelaufen sind. Der Tisch steht zwar nahe an der Straße, dafür können Sie hier mit weitem Talblick picknicken. Wenn nicht gerade Horden von Motorradfahrern die Passstraße hinaufpreschen, ist die Straßennähe nicht wirklich tragisch. Meist ist der abgelegene Pass nicht allzu befahren.

Nach einer ausgedehnten Pause wollen wir jetzt hinunter zum **Genfer See**, der in seiner Heimat unter dem in Deutschland weniger vertrauten Namen **Lac Léman** bekannt ist. Ein letzter Stopp vor dem Ziel wird in Saint-Georges fällig, wenn Sie Kinder an Bord haben. Im Zoo La Garenne, der auch Auffangstation ist, wollen Luchs, Wolf und Adler besucht werden.

Zoo Garenne, Le Vaud bei Saint-Georges

Vorwiegend einheimische Tiere. Geöffnet im Sommer täglich 9.30 – 18 Uhr, im Winter nur bis 17 Uhr, Eintritt ab 25 Jahre CHF 18, 16 bis 24 Jahre CHF 13, Kinder bis 15 Jahre CHF 7, **GPS N 46°28'41.0", E 6°14'36.0"**, Restaurant mit biologischen Produkten, www.lagarenne.ch.

Dann erreichen wir bei **Nyon** die blaue Fläche des **Lac Léman**. Wenn Sie das Ufer mit seinen kleinen und großen Städtchen, von denen jedes mindestens ein Schloss und ein Strandbad zu bieten hat, von einem festen Quartier erforschen wollen, empfehlen wir den Campingplatz in Rolle (Stellplatz 129). Hier stehen Sie schön und ruhig am See, die vorderen Plätze direkt am Wasser. Nebenan befindet sich auf der einen Seite der schöne, überschaubare Ort und auf der anderen Seite die öffentliche Badestelle mit Liegewiese und Kiesstrand – alles in allem ein sehr angenehmes Basisquartier.

Wenn Sie lieber jeden Tag ein Stückchen weiterfahren, steigen Sie entweder bei **Nyon** in die **Tour 7** ein, oder Sie fahren zügig nach Genf und beginnen dort die Erforschung des größten Sees der Schweiz.

TOUR 7 160 km

Lac Léman – am Schweizer Meer zwischen Genf und Montreux

Genf – Nyon – Prangins – Rolle – Aubonne – Morges – Lausanne – Lutry – Cully (Corniche) – Servion – Vevey – Montreux – Le Bouveret

Stellplätze:	Genf, Val de l'Allondon, Nyon, Prangins, Weingut Perroy, Aubonne, St. Prex, Morges, Lausanne, Servion, Noville
Campingplätze:	Genf, Val de l'Allondon, Rolle, Morges, Lausanne, Cully, Vevey, Noville, Le Bouveret
Besichtigen:	Altstadt und Museen in Genf, Altstadt und Museen in Nyon, Schweizer Landesmuseum Prangins, Lausanne mit dem Musée de l'Art brut und dem

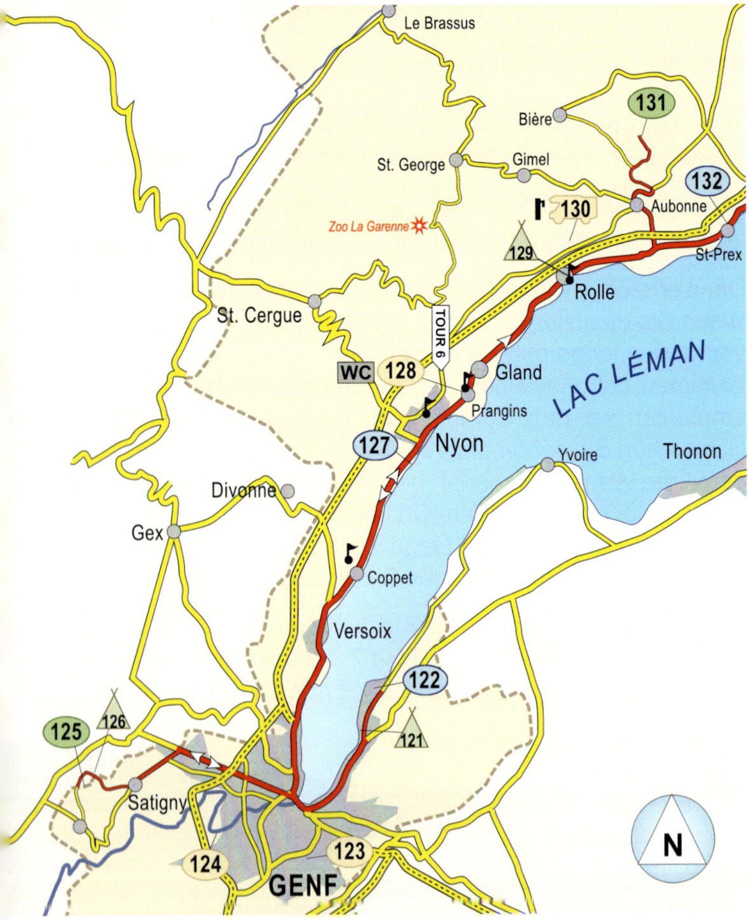

	Olympischen Museum, Lutry, Corniche de Lavaux, Zoo und Tropiquarium Servion, Chaplins World, Seepromenade Vevey und Montreux, Schloss Chillon, Swiss Vapeur Parc
Wandern:	Arboretum Aubonne, Rochers-de-Naye, Radtour-Les Grangettes
Erlebnis:	Bootstour nach Yvoire, Hochseilgarten Signal de Bougy, Aqua Park Le Bouveret

Kurz und knapp »die Küste« nennt man das Ufer des Lac Léman westlich von Lausanne. »La Côte« ist aber auch der Name des Weinanbaugebietes, das sich hinter den kleinen Küstenorten den Berg hochzieht. Interessante Städte, stimmungsvolle Ortszentren mit schönen Uferpromenaden, vielen Schlössern und guter Gastronomie sind die Höhepunkte der siebten Tour, die am unteren Seezipfel in Genf beginnt.

Noble Hotels und berühmte Persönlichkeiten verbindet man mit dem östlichen Teil des Lac Léman – der Riviera der Schweiz. Freddy Mercury verbrachte seine letzten Jahre in Montreux und Charlie Chaplin war lange in Vevey zu Hause. Man kann ihre Wahl durchaus verstehen: Der tiefblaue See, eingerahmt von den schroffen Felsen der Dents du Midi am gegenüberliegenden französischen Ufer, ist wahrlich ein schöner Anblick. Hinzu kommt durch die geschützte Lage ein besonders mildes Klima, das am Seeufer sogar Palmen gedeihen lässt. Im Juni und Juli macht das berühmte Montreux Jazz Festival den Lac Léman zum favorisierten Ziel für alle, die Musik lieben.

Genf – das internationale Zentrum der Schweiz

Genf ist eine multikulturelle Stadt – allerdings eine recht gediegene. Fast die Hälfte der Einwohner sind keine Schweizer und der Mietspiegel ist selbst für Schweizer Niveau astronomisch. Der Grund für beides ist die Präsenz von über 20 der wichtigsten internationalen Organisationen. Das beginnt bei der WOSM und der WMO (nein, hat nichts mit Womos zu tun) und reicht bis zu den bekannteren Organisationen wie der WHO, der UNHCR oder der UNO. Den Palais des Nations – den Genfer Sitz der UNO – können Sie im Rahmen einer Führung besichtigen und das Museum des Roten Kreuzes macht Sie mit der Geschichte einer der wichtigsten internationalen Organisationen vertraut. Der Initiator des Roten Kreuzes, Henry Dunand, war übrigens tatsächlich ein Schweizer. Außerdem hat Genf eine lange Uferpromenade mit dem höchsten Springbrunnen der Schweiz, gepflegte Parks und eine sehr schöne Altstadt zu bieten. Ein Besuch in der überschaubaren Schweizer Weltstadt lohnt sich also auf jeden Fall.

Sie wollen jetzt doch gerne wissen, was es mit den Kürzeln am Anfang des Absatzes auf sich hat? Die WOSM ist die World Organization of the Scout Movement, also die Weltpfadfinderorganisation und hinter den drei Buchstaben WMO verbirgt sich die Weltorganisation für Meteorologie. Außerdem gäbe es da noch die WIPO, die Weltorganisation für geistiges Eigentum, und auch das WCC, das World Council of Churches, hat seinen Sitz in Genf. Dem ließen sich weitere aussagekräftige Kürzel hinzufügen, aber ich glaube, es ist genug. Vielleicht finden Sie ja selbst weitere internationale Organisationen, von denen Sie nicht geahnt hätten, dass sie existieren könnten.

Sie rollen also den See entlang und erreichen parallel zur Uferpromenade das Zentrum, wo Sie gleich die Fontäne des **Jet d'Eau** begrüßt. Mit unbändiger Energie schießt das Wasser aus der Tiefe des Hafenbeckens, um in 14 Meter Höhe, in Millionen feine Tröpfchen zerfallend, zurück in den See zu schweben. Ursprünglich erfüllte das heutige Wahrzeichen der Stadt tatsächlich einen Zweck: Die Fontäne diente als Überdruckventil für eine Wasserleitung, mit der die Genfer Juweliere

ihre Maschinen betrieben. 1891 entschlossen sich die Stadtväter die Wassersäule, die bei Besuchern so viel Aufsehen erregte, als Touristenattraktion ins Hafenbecken zu versetzen und zu beleuchten. Seitdem hat Genf den Jet d'Eau, den Sie jetzt im Vorbeifahren betrachten können.

Wenn Ihnen das nicht reicht, haben Sie ein Problem. Das Suchen eines Parkplatzes gehört in Genf zu den wenig erfreulichen Unterfangen. PKWs verweist man in eines der Parkhäuser, ein Wohnmobil werden Sie kaum unterbringen. Einige Parkplätze schräg zur Fahrbahn für zierliche Fünf-Meter-Fahrzeuge gibt es neben der Ausfahrtsstraße nach Évian. Dort haben wir auch den einzigen **Parkbereich am See** mit perfektem Fotoblick auf den Jet d'Eau entdeckt. Er ist groß genug, dass hier auch längere Womos ihre müden Reifen ausruhen können: Quai du General Guisan **GPS N 46°13'40.0", E 6°11'07.0".** Allerdings ist zwischen 7 und 19 Uhr die Parkzeit auf zwei Stunden beschränkt. Wenn Sie um 17 Uhr parken, hätten Sie genug Zeit für einen Abendbummel am Seeufer. Einige Wohnmobile hatten sich hier auch für die Nacht platziert, was direkt neben der vierspurigen Straße eine wenig heimelige Sache ist. Am entspanntesten lösen Sie das Problem, wenn Sie ihr rollendes Haus auf dem Campingplatz unterstellen und mit dem Bus oder mit dem Fahrrad in die Innenstadt gondeln.

(121) WOMO-Campingplatz: Camping Genf-Vésenaz

GPS: N 46°14'42.4", E 6°11'39.2", 375 m, Chemin de la Bise 19, Tel. 0041 (0) 22 7521296. **Geöffnet:** Ostern bis Mitte Oktober.
Ausstattung: V/E, Laden, gutes Restaurant, WLAN gratis, Badestelle.
Beschreibung: TCS-Camping, sehr schön gelegen, ruhig und direkt am Seeufer in einem Vorort von Genf.
Preise: CHF 56 – 64 inklusive Strom und Busfahrkarte nach Genf, ww.tcs.ch.
Anfahrt: Genf am Seeufer durchqueren und der Uferstraße in Richtung Frankreich folgen. In Vesenaz, kurz vor Bellerive Beschilderung links zum Campingplatz.
Sonstiges: Naturschutzzentrum Pointe à la Bise mit Naturpfad direkt nebenan.

Noch zwei Kilometer weiter stadtauswärts am Seeufer ermöglichen zwei Parkplätze hinter dem Badeplatz von **Collonge-Bellerive** einen Badestopp oder auch eine Übernachtung.

(122) WOMO-Badeplatz: Genf/Collonge-Bellerive

GPS: N 46°15'45.3", E 6°12'05.6", 375m. **Max. WOMOs:** 4–5
Ausstattung: Keine.
Beschreibung: Großer Parkplatz mit Wiesenboden und wenigen Schattenplätzen. Etwa 100 Meter vom Strandbad mit Strandbar, Liegewiese und flachen Badebuchten entfernt. Das Bad ist am Abend kostenfrei, tagsüber zahlt man einen kleinen Eintritt. Max 15h.
Anfahrt: Genf am Seeufer durchqueren und der Uferstraße in Richtung Frankreich folgen. Im Vorort Collonge-Bellerive links in den Chemin de la Savonnière , dann rechts zum Strandbad abbiegen.

Als Alternative können Sie das Wohnmobil auch auf einem Park&Ride Parkplatz näher am Stadtzentrum abstellen, um mit dem Bus in die Stadt zu fahren.

(123) WOMO-Parkplatz: Genf/P&R Le Bout du Monde

GPS: N 46°10'51.4", E 6°09'31.1", 375m. **Max. WOMOs:** 2–3
Ausstattung: Keine.
Beschreibung: Parkplatz unter Bäumen zwischen einer Sportanlage und einer gut befahrenen Straße. Weitere Parkplätze stadtauswärts auf der anderen Seite der Brücke bei N 46°10'56.0", E 6°09'46.7".
Preise: CHF 5, kostenpflichtig 7–17 Uhr. CHF 14 parken inkl. Ticket für den öffentlichen Verkehr.
Anfahrt: Am südlichen Stadtrand am Sportzentrum Bout du Monde in einer Flussschleife der Arve gelegen. Zufahrt über die Route de Veyrier.

Der Badeplatz in Collonge-Bellerive

Ähnlich stadtnah stehen Sie auf einem kleinen Parkplatz an einem Sportpark im Vorort Onex.

(124) WOMO-Parkplatz: Genf / Sportplatz Onex

GPS: N 46°11'16.5", E 6°05'36.5", 422m. **Max. WOMOs:** 1–2
Ausstattung: Keine
Beschreibung: Parkbucht an einer ruhigen Nebenstraße am Stadtrand des Genfer Vorortes Onex, im Grünen und neben dem Sportzentrum.
Anfahrt: Auf der A1 um Genf herum bis zur Ausfahrt Onex. Dann links in die Route de Chancy bis zum Bahnhof. Dort links in den Chemin Francois-Chavaz und der Straße bis zum Waldrand folgen. Hier geht es noch mal links und an einem großen Schotterplatz zur Holzlagerung vorbei, der leider abgesperrt ist. Dann folgen rechts unsere Parkbuchten. Der dahinter liegende große Parkplatz ist für PKW reserviert.

Wenn Sie ausführlich in Genf unterwegs sein wollen, lohnt sich vielleicht der **Geneva City Pass**, mit dem Sie viele Vergünstigungen erhalten, www.geneve.com. Ein paar besonders interessante Attraktionen stellen wir hier vor.

Die Genfer Altstadt

Das Zentrum der Altstadt ist der ehemalige von alten Häusern umringte Marktplatz Place du Bourg-de-Four mit Kunst- und Antiquitätenläden und gemütlichen Cafés. Bei einem Bummel durch die Gassen sollten Sie außerdem unbedingt an der mächtigen, aber angenehm schlichten Kathedrale St. Pierre stoppen, die schon seit dem 12. Jahrhundert an dieser Stelle steht. Südwestlich der Kirche wird nach noch älteren Spuren der Besiedelung gegraben. Die Ausgrabungsstätte (Krypta) ist teilweise zu besichtigen. Wer die Altstadt systematisch erkunden möchte, bekommt an der Information in der Rue du Mont Blanc 18 auch einen Audio-Guide. *Geöffnet Mo bis Sa 9.15–17.45 Uhr, Do erst ab 10 Uhr, So 10–16, www.geneve.com.*

Das Musée du Croix Rouge et du Croissant Rouge

Das Rote Kreuz und der Rote Halbmond sind die größten humanitären Hilfsorganisationen der Welt. Das Museum sammelt und präsentiert Dokumente der Einsätze. Fotos, Plakate und Filme geben einen berührenden und manchmal auch bestürzenden Einblick in die Arbeit und die Geschichte der wichtigsten internationalen Organisation der Welt. *Geöffnet Di bis So 10–18 Uhr, November bis März bis 17 Uhr. CHF 15, Kinder bis 12 Jahre gratis, www.redcrossmuseum.ch.*

Palais des Nations
Den Sitz der UNO in Genf können Sie bei einer einstündigen Führung durch verschiedene Sitzungssäle kennenlernen. Anschließend informiert ein Film über die Arbeit der UNO. *Führungen finden Mo bis Fr 10–17 Uhr statt und kosten CHF22 pro Person. Avenue de la Paix 14, am Ariana-Park. Bitte anmelden unter www.ungeneva.org.*

Darüber hinaus gibt es in Genf einen botanischen Garten, schöne Parkanlagen und viele weitere Museen, in denen Sie leicht den Rest ihres Urlaubs verbringen könnten.

Ein Kurzbesuch in Genf reicht Ihnen? Dann kommen Sie am besten früh – da sind die Aussichten auf einen Parkplatz am besten – und fahren zum Übernachten wieder aus der Stadt hinaus. Einen besonders schönen Übernachtungsplatz finden Sie südwestlich der Stadt im grünen **Val de l'Allondon**.

(125) WOMO-Wanderparkplatz: Val de l'Allondon

GPS: N 46°12'41.0", E 5°59'39.0", 400 m.
Max. WOMOs: 2–3
Ausstattung: Müll.
Beschreibung: Großer geschotterter Parkplatz in einsamer Lage. Naturschutzgebiet, bitte penibel an die Übernachtungsregeln halten.
Anfahrt: Über Vernier nordwestlich von Genf nach Satigny und über Peissy dem Campingplatzschild folgend in Richtung Malval. An der Einfahrt des Campingplatzes vorbei, über eine Brücke, dann folgt rechts der Straße das Infozentrum des Naturparkes mit Café. 500 Meter weiter treffen Sie links der Straße auf den Parkplatz.
Sonstiges: Ein Fußpfad am Bachufer lockt zum Erforschen des Tales.

Eine Stellplatzalternative ist natürlich der Campingplatz, an dem wir gerade schon vorbei gefahren sind.

(126) WOMO-Campingplatz: Satigny Camping du Val de l'Allondon

GPS: N 46°13'09.0", E 6°00'04.0", 415 m, Route de l'Allondon 106, Tel. 0041 (0) 22 7531515. **Geöffnet:** Ostern bis Ende Oktober.
Ausstattung: WLAN, Gasdepot.
Beschreibung: Einfacher preisgünstiger Platz, sehr ruhig und abgelegen im Wald. Busverbindung nach Genf.
Preise: CHF 35, Strom CHF 4, plus Kurtaxe, www.camping-allondon.ch.
Anfahrt: Von Satigny ausgeschildert, ansonsten wie Stellplatz (125).

Das Ufer zwischen Genf und Nyon ist dicht besiedelt, den See bekommt man auf der Fahrt selten zu Gesicht. Ein Stopp lohnt sich im netten **Weinbauort Coppet** und dann hat man auch schon **Nyon** erreicht, wo die nächste schöne Altstadt und weitere interessante Museen warten. Direkt hinter dem Strandbad gab es einmal einen Wohnmobilstellplatz. Das Euro-Relais ist jedoch inzwischen abgebaut und das Parken für Wohnmobile nur noch vor der Höhenschranke möglich.

(127) WOMO-Badeplatz: Nyon

GPS: N 46°22'12.9", E 6°13'44.5", 375 m. **Max. WOMOs:** 3–4
Ausstattung: WC am Skaterplatz am unteren Parkplatzende.
Beschreibung: Nahe an der Durchfahrtsstraße nach Genf und direkt am Strandbad. Die Euro-Relais-Station im hinteren Platzteil existiert nicht mehr und der größte Teil des Parkplatzes ist mit einer Höhenschranke gesichert. Eine Übernachtung ist nur noch vor der Barriere oder auf den Parkplätzen an der gegenüberliegenden Seite der Straße möglich. Beides ist nicht sehr attraktiv. Parkdauer maximal 15 Stunden.
Sonstiges: Direkt am Parkplatz befindet sich der Zugang zum gepflegten, schön angelegten Strandbad mit großer Liegewiese, Schwimmbecken, Spielplatz, Imbiss. Leider nur kalte Duschen oben an den Umkleiden. Geöffnet Mai bis September 9–20 Uhr, CHF 7, Kinder CHF 3.
Anfahrt: Von Genf kommend vor Nyon rechts neben der Straße. Zufahrt am hinteren Ende gegenüber den Sportplätzen. Rechts zum Strandbad abbiegen.

Auf dem Weg ins Val de l'Allondon

Zur Besichtigung der Altstadt oder zum Museumsbesuch können Sie vom Stellplatz in etwa 15–20 Minuten an der Straße entlang in die Stadt laufen. Sie kommen am öffentlichen Badestrand vorbei und durch das **Fischerviertel** mit kleinem Hafen, in dem die Boote der Seefischer liegen.

Zwei kostenpflichtige Parkplätze, (für große Wohnmobile zu eng) befinden sich unten am See bei **GPS N 46°23'02.0", E 6°14'42.0"** und weiter oben hinter der Altstadt an der Place du Perdtemps **GPS N 46°23'3", E 6°14'18.0".**

Ein Ort mit Geschichte –Römische Spuren in Nyon

Sie laufen durch die Altstadt zum weithin sichtbaren Schloss hinüber, von dessen Terrasse man die komplette Altstadt bis hinunter zum See überblickt. Bei guter Sicht können Sie sogar den Jet d'Eau im Hafen von Genf erspähen. Im Schlossgebäude befindet sich das Musée historique et des porcelaines, vor dessen Eingang die Place du Château mit mehreren netten Cafés und einem Trinkwasserbrunnen. Vom Schloss kann man dann entlang der Promenade des Vieilles Murailles an der weinbewachsenen Stadtmauer entlang zu den römischen Säulen und von dort durch den Parc du Bourg-de-Rive zum Musée du Léman bummeln. Ein Abzweig im oberen Bereich des Stadtmauer-Weges bringt einen auch zum römischen Museum. Wenn Sie eines der Museen besuchen, ermöglicht Ihnen übrigens Ihr Ticket freie Passage an der Kasse der beiden anderen...

Im **Musée du Léman** erfahren Sie alles über den größten See der Schweiz. Alte Fotos illustrieren die Geschichte der Orte an seinen Ufern, historische Boote – Originalstücke und Modelle – machen die Vergangenheit greifbar und ein Aquarium mit über 300 heimischen Fischen erlaubt einen Blick in die Unterwasserwelt des Sees, ohne dazu tauchen lernen zu müssen. Das Museum wurde 2012 komplett renoviert und neu ausgestattet.

Geöffnet April bis Oktober Di bis So 10–17 Uhr, im Winterhalbjahr nur 14–17 Uhr, CHF 8, Kinder bis 16 Jahre kostenlos. Quai Louis-Bonnard 8, *www.museeduleman.ch.*

Auf den und um die Mauern der antiken Forumsbasilika ist das **Musée Romain** errichtet. Wer Spaß an römischer Kultur hat, findet im Museum Fundstücke aus der Zeit des alten Noviodunum, die bei Grabungen im heutigen Nyon auftauchten. *Place du Château 5. Geöffnet April bis Oktober Di bis So 10–17 Uhr, im Winterhalbjahr nur 14–17 Uhr, CHF 8, Kinder unter 16 Jahre kostenlos. www.mrn.ch.*

Seehüpfen ohne Wohnmobil – Ein Ausflug nach Frankreich

Die Sonne scheint und Sie wollen nicht ins Museum? Dann wechseln Sie doch Fahrzeug, Land und Seeseite und fahren mit dem Ausflugsschiff nach Yvoire. Die Boote fahren im Sommer auf dieser Strecke im 30-Minuten-Takt mit einer längeren Pause gegen Mittag, sodass Sie auch spontan starten können. Nach 20 Minuten Fahrt erwartet Sie ein idyllisches, mittelalterliches Dorf. Bummeln Sie durch die Gassen, bewundern Sie den üppigen Blumenschmuck, trinken einen Café au lait, stöbern in den kleinen Kunsthandwerkerläden und besuchen den Garten der fünf Sinne, der sich rund um das Schlossgebäude aus dem Jahr 1306 erstreckt.
Der Garten ist täglich von 10– 17.30 Uhr geöffnet und kostet €14 Eintritt, jardin5sens.net. Für die Überfahrt kostet. Hin und zurück CHF 28 pro Person, www.cgn.ch.

Fast übergangslos erreicht man hinter Nyon den nächsten Ort und das nächste Schloss – und zwar ein besonders großes. Im **Schloss von Prangins** ist das Schweizerische Landesmuseum untergebracht, das sich mit Menschen und Kultur der Schweiz vom 18. Jahrhundert bis heute beschäftigt. Auf dem Parkplatz am Ortsrand kann man auch locker die Nacht verbringen.

(128) WOMO-Parkplatz: Château Prangins

GPS: N 46°23'43.3", E 6°14'58.4", 415 m. **Max. WOMOs:** 2–3
Ausstattung: WC.
Beschreibung: Asphaltierter Parkplatz nahe dem Zentrum, kleiner Spielplatz, Zugang zum Schloss. Café gleich an der nächsten Straßenecke. Nicht weit zu Fuß ins Zentrum zur Chocolaterie, Bäckerei und Einkehrmöglichkeiten. Von 7–19 Uhr max. 3 Stunden mit Parkscheibe.
Anfahrt: Von der Durchgangsstrecke (Rue de Lausanne) links ab in den Chemin de Chaux, in die Route de Benex-Dessous und dann links in die Route de Benex.

Die schweizer Geschichte von den Helvetiern bis heute ist das Thema im **Schweizerischen Landesmuseum**. Im ersten Stock entführt Sie eine ganz neu gestaltete Ausstellung in das Leben im Schloss im 18. Jahrhundert. Im Gemüsegarten, den man kostenlos besuchen kann, lernen Sie dann alte Gemüsesorten kennen und beim Gang durch den Park erfahren Sie alles über die Zeitepoche der Aufklärung. *Geöffnet Di bis So, 10–17 Uhr, CHF 13, Kinder bis 16 Jahre frei, www.chateaudeprangins.ch.*

Rolle – Campingparadies zwischen Genf und Lausanne
Dass Rolle in den letzten Jahren schnell und heftig gewachsen ist, sieht man nicht auf den ersten Blick. Ein großer Büroneubau schaffte innerhalb weniger Jahre Raum für 13 internationale Firmen und deren Mitarbeiter. Im Ortskern bekommt man vom neuen Boom wenig mit. Direkt am Seeufer logiert das langgezogene Gebäude des hiesigen Schlosses, in dem unter anderem die Bibliothek untergebracht ist. Davor bummeln Sie auf einer schönen Promenade, und direkt neben dem Schloss befindet sich ein Spielplatz. Den Parkplatz an den Schlossmauern ziert ein Zwei-Meter-Balken. Fahren Sie an der Schranke vorbei, sehen Sie rechts einen Sportplatz. An dessen hinterer langer Seite gibt es ausreichend große Plätze. Um dorthin zu kommen, fahren Sie auf der Hauptstraße am Sportplatz vorbei bis zur ersten Straße, die nach rechts führt, **GPS N 46°27'37.6", E 6°20'35.4".**

Ansonsten ist der nette kleine Ort wunderbar wenig spektakulär. Der schöne Badeplatz direkt neben Campingplatz lässt sich allerdings mit dem Wohnmobil nicht mehr erreichen. Die Zufahrt ist inzwischen komplett verboten. Alternativ können Sie ihr Fahrzeug kurzzeitig auf dem Parkplatz bei **GPS N 46°27'46.3", E 6°21'05.7"** auf der anderen Seite der Bucht unterbringen, um zum Seeufer zu kommen. Für die Nacht bleibt Ihnen in Rolle aber nur der Campingplatz.

(129) WOMO-Campingplatz: Rolle / Camping aux Vernes

GPS: N 46°27.42.0", E 6°20'46.0", 375 m, Chemin de la Plage 4.
Geöffnet: April bis September.
Ausstattung: V/E, Laden, Imbiss, WLAN gratis, Spielplatz.
Beschreibung: Am See und am Badestrand, 500 Meter zur Altstadt.
Preise: CHF 35–43, Strom CHF 3, plus Kurtaxe, www.campingrolle.ch.
Anfahrt: Ab Ortsmitte nach dem Sportplatz ausgeschildert.

Wenn Sie stattdessen lieber einen ruhigen Übernachtungsplatz in den Weinbergen möchten, wären Sie wenige Kilometer außerhalb von Rolle auf dem Weingut der Familie Perroy wunderbar aufgehoben.

(130) Offizieller WOMO-Stellplatz: Perroy Domaine du Feuillerage

GPS: N 46°27'52.1", E 6°21'36.3", 388 m, Le Feuillérage 4.
Ausstattung: Wasser, Strom.
Beschreibung: Zwei Stellplätze am Weingut. **Preise:** CHF 20 inkl. Strom. Kostenlos bei Einkauf von 3 Flaschen Wein.
Anfahrt: Kurz hinter Rolle von der Kantonalstraße Nr. 1 links hoch.
Sonstiges: Weinprobe und Direkteinkauf von Wein möglich.

Grüne Giganten im Landschaftspark

Sie brauchen jetzt eine längere Abstinenz von schönen Altstädten, Museen, Schlössern und vollen Badeplätzen und Ihre Seele schreit nach ein wenig Grün und weiter offener Landschaft? Machen Sie mit uns einen Schlenker ins Hinterland von Rolle über Fèchy nach **Aubonne**. In sicherem Abstand zur nächsten schönen Altstadt, die Aubonne selbstverständlich auch zu bieten hat, schmiegt sich der Landschaftspark Arboretum d'Aubonne zwischen grüne Hügel. Über 3.000 Baumarten verteilen sich über ein 200 Hektar großes Terrain mit mehreren Teichen und einem kleinen Stausee. Neun markierte Wege ermöglichen ausgedehnte Spaziergänge zwischen ungewöhnlichen Bäumen aus allen Regionen der Welt. Der Parkplatz am Eingang eignet sich auch für eine ruhige Übernachtung.

(131) WOMO-Wanderparkplatz: Arboretum Aubonne

GPS: N 46°30'34", E 6°22'11", 554 m. **Max. WOMOs:** 1–2
Ausstattung: WC am Museum.
Beschreibung: Am Eingang zum Arboretum, Wander-Infotafel, 15 Minuten Fußweg zum Museum und zum Imbiss (abends geschlossen).
Preise: Parkgebühr auf Spendenbasis, www.arboretum.ch.
Anfahrt: Von Rolle nach Aubonne und dort den braunen Hinweisschildern folgen. Von Aubonne etwa drei Kilometer auf sehr schmalen Straßen. **Vorsicht**, viele Navis schicken Sie von der Nordseite in den Park, was leider nicht funktioniert.

Der Sentier de Plan und das Musée du Bois

Aus dem noch vor einigen Jahren leicht verwilderten Arboretum ist inzwischen eine gepflegte Parkanlage mit vielen Infotafeln und gut markierten Pfaden geworden. Um die Anlage instand zu halten, kostet sie inzwischen auch Eintritt. Dieser erfolgt auf Spendenbasis und wird dringend gebraucht. Im Sommer 2020 stand die Existenz des Arboretums auf der Kippe. Spendenboxen gibt es am Parkplatz und am Info-Zentrum. An beiden Plätzen steht auch eine Karte mit allen Wegen des Parks, die Sie beliebig kombinieren können. Die kleine, rot markierte Runde Sentier du Plan führt Sie durch den südlichen Teil des Parks. Höhepunkte des Weges sind viele Bäume in skurrilen Formen, der Platz unter den hängenden Ästen einer alten Zeder und ein Aussichtspunkt mit Blick durch das Tal bis hinunter zum See. Im August blühen hier die ersten Magnolien. Sie stehen oben am Hang über dem Parkplatz.

Café am See beim Campingplatz Morges

Auf Rückfahrt von Aubonne nach Rolle bringt ein kurzer Abstecher Abwechslung ins Programm – vor allem wenn Sie mit Kindern unterwegs sind. Fahren Sie hinter **Aubonne** in Richtung **Saint-George**, zweigt gleich hinter dem Ort eine schmale Straße zum **Signal-de-Bougy** ab. Dort im Parc Pré Vert finden Sie einen kleinen Funpark für jüngere Kinder, einen Minigolfplatz, einen Streichelzoo, grüne Wiesen und einen Gasthof. Direkt daneben gibt es einen Golfplatz und einen der größten Hochseilgärten der Schweiz.

Parc Aventure Signal de Bougy

Am Rande einer großen Parkanlage mit Kleintiergehege und Gasthof befindet sich der Hochseilgarten mit 14 verschiedenen Parcours. Für 3 Stunden Kletterzeit zahlen Erwachsene CHF 40, Jugendliche zwischen 12 und 15 Jahre CHF 30, Kinder von 8 bis 11 CHF 26. Und die Jüngsten zwischen 4 und 8 Jahren sind mit CHF 15 dabei. Ab drei Personen gibt es auch eine Familienkarte. Die Parkplätze der Anlage bei **N 46°29'08.0", E 6°21'18.0"** kosten bis 8 Stunden moderate CHF 5. Ab der neunten Stunde sorgt der Parktarif von 1,50 pro Stunde dafür, dass der Platz als Nachtparkplatz wenig attraktiv ist.

Zurück am See, könnten wir in **Saint-Prex** zur Erfrischung ins Wasser springen, bevor wir uns wieder den Schlössern, Museen und schönen Städten widmen.

(132) WOMO-Badeplatz: Saint-Prex / Vieux Moulin

GPS: N 46°28'54.2", E 6°27'37.8", 375 m. **Max. WOMOs:** 1–2
Ausstattung: Im Sommer Toilette und Dusche am Strand.
Beschreibung: Parkplatz am Kultur- und Sportzentrum Vieux Moulin. Parkbuchten an der Straße vorne am See oder größerer Parkplatz hinter dem Gebäude. Nicht schön aber einer der wenigen Plätze am See auf dem man 72 Stunden parken könnte.
Anfahrt: An einem der beiden Kreisel im Ort Saint-Prex rechts zu See abbiegen und am See links am Ufer entlang bis zum Parkplatzschild.

Das nächste Schloss steht in **Morges**. Parkt man direkt am Ortseingang rechts bei **GPS N 46°30'11.0", E 6°29'15.0"** (Parkzeit auf sechs Stunden begrenzt) oberhalb des Sportboothafens, kann man am Seeufer entlang einen weiteren Spaziergang machen. Vorbei am Campingplatz läuft man zu einem **Park mit uralten Riesenbäumen** aus aller Welt, einem Strandbad und einem Spielplatz. Hinter dem Park erheben sich direkt am Seeufer die dicken Mauern des Schlosses von Morges. In seinem Inneren können Sie das Waadtländer Militärmuseum besichtigen und dahinter beginnt die Altstadt.

(133) WOMO-Campingplatz: TCS Camping Morges

GPS: N 46°30'13.0", E 6°29'16.0", Promenade du Petit-Bois 15, Tel. 0041 (0)21 8011270. **Geöffnet:** Ostern bis Mitte Oktober.
Ausstattung: V/E, Laden, Restaurant, WLAN gratis.
Beschreibung: Am See, aber ohne direkten Seezugang, kostenloser Eintritt ins benachbarte Strandbad. Gut ausgestattete Anlage mit dem Charme eines Großparkplatzes, von hoher Hecke eingefasst. Auch mit großen Wohnmobilen leicht anzufahren.
Preise: CHF 46–58 inklusive Strom, ADAC- und CCI-Rabatt, www.tcs.ch.
Anfahrt: Gleich an der Ortseinfahrt rechts, neben der Marina.

Einen Platz für die Nacht oder eine Pause im Grünen finden Sie am anderen Ende der Stadt in Seenähe und an einem Park.

(134) WOMO-Parkplatz: Morges

GPS: N 46°30'58.0", E 6°30'36.0" **Max. WOMOs:** 1–2
Ausstattung: Toilette, Kiosk, Spielplätze, Mülleimer.
Beschreibung: Parkanlage, teils »blaue Zone« (von 18–8 Uhr und am Wochenende unbegrenzt, sonst maximal eine Stunde, Parkscheibe verwenden!), teils max. 10 Stunden. Kläranlage in der Nähe.
Anfahrt: Einen Kilometer hinter der Ortsmitte rechts zum Parkplatz »Step ERM« (beschildert).
Alternative: 500 Meter vor der Parkplatz-Einfahrt liegt bei **N 46°30'53.7", E 6°30'14.8"** ein großer Parkplatz zwischen Straße und See. Mit etwas Glück kann man ganz vorne am See stehen. Die Parkzeit ist auch hier auf zehn Stunden begrenzt. Gebührenpflichtig 8–12 und 13.30–18.30 Uhr, CHF 1,50 pro Stunde.

Hinter Morges wird die Besiedlung dichter und wir landen in der typisch unschönen Außenzone einer größeren Stadt. Wir nähern uns **Lausanne**. Zuerst stoßen wir am Stadtrand auf die Zufahrt zum Campingplatz, der sich am Seeufer befindet. Direkt vor dem Campingplatz hat man einen Wohnmobilstellplatz mit Euro-Relais angelegt.

(135) Offizieller WOMO-Stellplatz: Lausanne Camping Vidy

GPS: N 46°31'03.0", E 6°35'54.0", 375 m, Chemin du Camping 3, Tel. 0041 (0)21 6225000. **Geöffnet:** Ganzjährig.
Ausstattung: Euro-Relais mit Bodeneinlass, Supermarkt, Restaurant, WLAN.
Beschreibung: Umzäuntes Wiesengelände mit Stellplätzen.
Preise: CHF 24, nur V/E CHF 3. Anmeldung an der Rezeption des Campingplatzes. www.campinglausannevidy.ch.
Anfahrt: Von der Kantonalstraße 1, kurz hinter dem Ortsschild am Kreisel rechts ab, ausgeschildert Camping und Euro Relais.
Sonstiges: Ein Stellplatz auf dem benachbarten Campingplatz Vidy kostet CHF 34, Strom CHF 3, plus Kurtaxe.

Eine ebenfalls günstig gelegene Alternative zum Campingplatz bietet der Park & Ride Parkplatz **Ouchy**. Fahren Sie auf der Hauptstrecke in Seenähe geradeaus in die Stadt hinein, können Sie die großen Parkflächen rechts der Straße kaum verfehlen.

(136) WOMO-Badeplatz: Lausanne Ouchy

GPS: N 46°30'34.0", E 6°37'09.0" **Max. WOMOs:** 4–5
Ausstattung: Keine.
Beschreibung: Der richtige Park & Ride-Parkplatz liegt links der Zufahrt. Hier ist es aber für größere Wohnmobile viel zu eng. Die finden rechts der Einfahrt auf der großen Asphaltfläche neben den LKWs einen Platz. Direkt neben dem Parkplatz befindet sich auch das Strandbad.
Preise: CHF 8 für ein Tagesticket, CHF 2,50 pro Stunde, kostenpflichtig Mo bis Sa 8–20 Uhr. Wenn Sie mit Bus und Bahn in die Stadt wollen, können Sie ihr Ticket aber auch an den Automaten des Park & Ride Platzes ziehen. Für CHF 16, 25,30 oder 34,00 ist hier das Tagesticket für alle öffentlichen Verkehrsmittel für 1, 2 oder 3 Personen gleich inklusive.
Anfahrt: Direkt hinter dem Strandbad rechts der Hauptstraße.

Unterwegs in Lausanne

Lausanne ist die Hauptstadt des Kantons Waadt und gehört mit ihren 130.000 Einwohnern zu den kleinsten und schönsten Großstädten der Welt. Von Ouchy unten am Seeufer fahren Sie mit dem Bus hinauf in die **Altstadt**, die auf einem Felsen hoch über dem See erbaut wurde. Dort lässt es sich in den autofreien mittelalterlichen Gassen rund um die im Jahre 1275 feierlich geweihte **Kathedrale** von Lausanne wunderbar bummeln, im Café sitzen und einkaufen. Wer mehr auf Kultur aus ist, hat im nahe gelegenen **Palais de Rumine** die Wahl zwischen fünf

Museen. Der Palais beherbergt Kunstmuseum, Museum für Archäologie und Geschichte, Münzmuseum und die Museen für Zoologie und Geologie. Etwas weiter ist der Weg zur weltweit einzigartigen **Collection de l'Art Brut im Château de Beaulieu,** erreichbar mit den Bussen 2, 3 und 21 bis zur Haltestelle Beaulieu-Jomini.

Die Künstler der **Collection de l'Art Brut** stehen am Rande der Gesellschaft: Die Gemälde, Zeichnungen und Skulpturen der Sammlung sind in Gefängnissen und psychiatrischen Kliniken entstanden. Ausdrucksstark und jenseits des gängigen Kunstbegriffs, nur aus Seele und Gefühl des Künstlers entstanden, beeindrucken die Arbeiten nachhaltig. Die zugehörigen Biografien erzählen ungewöhnliche Lebensgeschichten, die genauso wenig in die Norm passen, wie die Werke der Ausstellung. *Geöffnet Di bis So 11–18 Uhr, im Juli und August auch am Montag, CHF 12, Kinder bis 16 Jahre gratis. www.artbrut.ch.*

Fahren Sie vom Stellplatz weiter, nähert sich die Straße dem Hafenbecken. Direkt dahinter hat das **Olympische Museum** seinen Platz, **GPS N 46°30'26.0", E 6°38'02.0"**. Parken können Sie nur auf einem Streifen entlang der Straße, wenn ihr Wohnmobil nicht zu lang ist. Am besten lassen Sie es also gleich auf dem P&R stehen und laufen in etwa 15 Minuten an der Uferpromenade entlang, am **Stadthafen** vorbei und am **Schloss Ouchy** zum Museum hinüber.

Musée Olympique

Das Museum über die Geschichte der Olympischen Spiele wird vom Olympischen Komitee unterhalten und wurde Ende 2013 nach umfangreicher Renovierung wieder eröffnet. Auf der verdoppelten Fläche gibt seitdem neben der Ausstellung mit Medaillen, Trikots und Sportgeräten erfolgreicher Olympioniken auch viele audiovisuelle Stationen. Ein besonderes Highlight ist der erst 2018 im Untergeschoss eröffnete Ausstellungsbereich »Der olympische Geist«. Hier können Besucher ansatzweise in die Haut eines Spitzensportlers schlüpfen und Spannung, Freude und Enttäuschung miterleben und mitfühlen.

Die Ausstellung erklärt die Olympische Idee und beleuchtet das Weltgeschehen von der griechischen Antike bis heute aus dem besonderen Blickwinkel des Sports. Informationen stehen in der Ausstellung auf Französisch und Englisch zur Verfügung, für deutsche Erläuterungen brauchen Sie einen zusätzlichen Audioguide.

Anschließend lohnt ein Rundgang durch den Garten mit seinen Skulpturen und dem stetig brennenden olympischen Feuer. *Geöffnet Di bis So 9–18 Uhr, Eintritt CHF 20, Kinder bis 15 Jahre gratis, olympics.com/museum.*

Von **Lausanne** folgen wir der Uferstraße und erreichen in der Reihe vieler schöner Orte am Seeufer ein ganz besonders schönes Exemplar. In **Lutry** sollten Sie unbedingt stoppen, auch wenn das Parken nicht ganz so einfach ist. Auf dem kostenpflichtigen Parkplatz am Ortseingang neben der Straße **GPS N 46°30'12.0", E 6°41'08.0"** kommen nur kleinere Wohnmobile unter. Eine weitere Parkmöglichkeit zur Stadtbesichtigung und dazu noch mit Badeufer finden Sie bei **GPS N 46°30'04.0", E 6°41'21.0"** am anderen Ende des Ortes, wenn Sie am Kreisel rechts zum See abbiegen. Leider ist auch diese Zufahrt ziemlich eng.

Steine in allen Formen – Ein Spaziergang durch die mittelalterlichen Gassen von Lutry

Auf die erste Sehenswürdigkeit von Lutry stoßen Sie gleich neben dem oberen Parkplatz: Hier reihen sich mitten zwischen den Häusern 24 Menhire, die 1984 beim Bau eines Parkhauses gefunden und am ursprünglichen Standort neu aufgerichtet wurden. Machen Sie ansonsten einen Bummel durch die schmalen Gassen, betrachten die alten, leicht windschiefen Häuser, genießen am Hafen einen Crèpe oder einen Kaffee, schauen ein wenig auf den See und ergänzen Ihre Vorräte in der Fromagerie oder Boulangerie im Ort.

Ein Ausflug ins Lavaux

Lutry ist das Tor zum Lavaux, dem Weinanbaugebiet oberhalb des Sees. Am Hafen können Sie Rundfahrten durch die Weinberge und die schönen Winzerdörfer in einem kleinen Touristenzug buchen. *Der Zug fährt am Mittwoch, Freitag und Sonntag von Lutry und Dienstag, Donnerstag und Samstag von Cully, einem Ort wenige Kilometer weiter. Abfahrten gibt es etwa 3 mal am Tag, die Fahrt kostet CHF 16 pro Person, www.lavauxexpress.ch.*

Versucht man die komplette **Corniche de Lavaux** mit dem Wohnmobil zu fahren, scheitert man am ersten Abzweig kurz hinter Lutry, wo die Corniche die Bahnschienen unterquert, an einer Unterführung mit der Durchfahrtshöhe von 2,60 Meter. Ein Dorf weiter in **Cully** kommt man dann aber problemlos unter den Schienen hindurch und hinauf in die Weinberge. Die offizielle Freigabe der Straße am Hang für alle Fahrzeuge bis zwölf Meter Länge finden wir gewagt – es liegen zwei sehr enge Ortsdurchfahrten auf der Route. Mit Mobilen bis 2,30 Meter Breite und der entsprechenden Erfahrung sollten Sie jedoch zurechtkommen. **Riex** ist das erste Dorf an der Strecke. Hier wird es eng, an einigen Stellen passen auch zwei PKWs nicht mehr aneinander vorbei. Zwischen Riex und Epesses ermöglichen **Parkplätze entlang der Straße** eine Pause mit grandiosem Blick über die Weinberge und hinunter auf den See. Am gegenüberliegenden Parkplatz ist zudem ein Wasserhahn zu finden.

In **Epesses** rücken die Häuser so nahe aneinander, dass man sich für eine Einbahnstraßenlösung mit einer Ampel entschieden hat. So kommen Sie ohne Gegenverkehr ans andere Ende des Dorfes und können noch einmal den Ausblick genießen, bevor es bei **Chexbres** entweder zum See hinunter oder links nach Servion hinüber geht.

Auch unten am See gelegenen Dörfer des Lavaux haben Charme und die Straße am See ist ebenfalls reizvoll. Nach Lutry folgt am Seeufer **Cully**. An einer Reihe Parkplätze mit Seeblick kann man wunderbar Pause machen. Wer bleiben möchte, geht auf den kleinen Campingplatz, der für durchreisende Wohnmobile Stellplätze auf einer Asphaltfläche über dem Jachthafen bereithält.

(137) WOMO-Campingplatz: Cully / Camping De Moratel
GPS: N 46°29'23.0", E 6°44'16.0", 778 m, Route de Moratel 2, Tel. 0041 (0)21 7991914. **Geöffnet:** März bis Oktober.
Ausstattung: Laden, Badeplatz, WLAN.
Beschreibung: Direkt am Seeufer am Ortsrand von Cully. Die meisten Wohnmobile stehen auf Asphalt aber mit Seeblick neben dem Wiesenplatz, der hauptsächlich von Dauercampern belegt ist. Gute Sanitäranlagen. Nahe an der Uferstraße und der Bahnlinie und daher nicht allzu ruhig.
Preise: CHF 31, Strom CHF 3, plus Kurtaxe. spbmc.ch/camping
Anfahrt: Am Ende der Straße die durch den Ort führt rechts am Seeufer.

Von **Chexbres** lohnt dann noch einmal ein Ausflug in die Hügel nördlich des Sees: Hier kann man die gut gestalteten Anlagen des Zoos und des Tropiquariums von Servion besuchen.

Abstecher nach Servion

Biegen Sie in Chexbres ab in Richtung Essertes / Oron la Ville und wählen in Puidoux die Straße links am Lac de Bret vorbei, wo man am unteren Seeende bei **GPS N 46°30'25.0", E 6°46'11.0"** oder am Westufer des Sees recht gut Pause machen kann. Am ersten Platz hat man einen guten Blick über den kleinen Stausee, vor dem zweiten befindet sich eine Wiese mit Baumschatten. Hier wird im Sommer auch gegrillt und gepicknickt. In Essertes biegen Sie dann ab nach Servion und fahren bis zum gut ausgeschilderten Parkplatz des Zoos.

Seeblick von der Corniche de Lavaux

(138) WOMO-Parkplatz: Servion Zoo und Tropiquarium

GPS: N 46°34'00.0", E 6°46'26.0", 778 m. **Max. WOMOs:** 2–3
Ausstattung: Restaurant.
Beschreibung: Schön im Grünen, aber schräg am Hang gelegener Parkplatz unter Bäumen. Einige halbwegs gerade Plätze am Rand der Parkfläche.
Anfahrt: Siehe Anfahrt zum Zoo.

Der Zoo von Servion

Der Zoo ist nicht groß, beherbergt aber eine erstaunliche Vielzahl an großen Raubkatzen. In großen, naturnahen Gehegen sehen Sie Tiger, Löwen und Nebelpanther. Außerdem leben hier verschiedene Affen, Bären, Wölfe und auch einige weniger spektakuläre Tierarten.
Geöffnet täglich 9–19 Uhr, im Winter bis 18 Uhr. Fütterungszeiten zwischen 14.30 und 15.15 Uhr bei Wölfen, Schneepanthern, Löwen und Tigern (außer Mo und Fr), Hunde sind im Park verboten. CHF 12, Kinder 6–16 Jahre CHF 7, Kombiticket mit Tropiquarum CHF 20, Kinder CHF 11, www.zoo-servion.ch.

Das Tropiquarium von Servion

Schildkröten, Pinguine und tropische Vogelarten bevölkern die Gehege des Tropiquariums. Weitere Vögel aus kühleren Klimazonen können Sie in begehbaren Großvolieren ganz ohne Gitter betrachten. Im Vivarium begegnen Sie Krokodilen und verschiedenen kleineren Echsen.
Geöffnet täglich 9–19 Uhr, im Winter bis 18 Uhr. CHF 12, Kinder 6–16 Jahre CHF 7, Kombiticket mit Zoo CHF 20, Kinder CHF 11, www.tropiquarium.ch.

Von hier suchen Sie sich jetzt eine der Straßen aus, die sie wieder zum See und hinunter nach **Vevey** bringen. Kurz vor Vevey liegt am Seeufer ein weiteres verschachteltes Bilderbuchdorf: Das winzige **Saint-Saphorin**. Parken können Sie nur unterhalb des Ortes an der Straße am Seeufer. Ganz in der Nähe bietet ein kleiner, einfacher Campingplatz eine Möglichkeit zu bleiben.

(139) WOMO-Campingplatz: Vevey/Camping de la Pichette

GPS: N 46°28'12.0", E 6°48'35.0", 374 m, Chemin de la Paix 37, Tel. 0041 (0)21 9253507. **Geöffnet:** April bis September.
Ausstattung: Imbiss.
Beschreibung: Auf einer Landnase neben der Uferstraße, am Sportboothafen, ein gutes Stück vom nächsten Ort entfernt. Nicht besonders ruhig, daher eher für einen kurzen Stopp als für einen Urlaub geeignet, dafür preisgünstig.
Preise: CHF 26–28, Strom CHF 2, Dusche CHF 1, plus Kurtaxe.
Anfahrt: Zwischen Saint-Saphorin und Vevey an der Kantonalstraße 9 nicht zu übersehen.

Charlie Chaplin unter Palmen

Auf der Seeuferstraße fahren sie nach **Vevey** hinein, passieren das örtliche Freibad und steuern dann den zentralen Parkplatz (Parkgebühr) direkt an Stadtkern und Uferpromenade an, **GPS N 46°27'36.0", E 6°50'31.0"**. Eine Parkplatzalternative gibt es am anderen Ende der Uferpromenade: Fahren Sie zurück zur Durchgangsstraße Rue du Simplon, folgen ihr bis zum Kreisel und nehmen dort die erste Ausfahrt. An der Rue entre deux villes finden Sie rechts und links je einen weiteren Parkplatz **GPS N 46°27'23.0", E 6°51'15.0".**

Von beiden Plätzen können Sie leicht die Stadt erkunden. Sehr empfehlenswert ist ein Bummel am Seeufer entlang, wo Sie auch auf das Standbild eines Ehrenbürgers von Vevey treffen: **Charlie Chaplin** lebte hier von 1953 bis zu seinem Tod. Auf der Promenade können Sie bis Montreux weiterlaufen. Selbstverständlich hat auch Vevey Museen zu bieten. Film und Fotofans besuchen hier das **Musée de l'Appareil Photographique**, das **Alimentarium** beschäftigt sich mit Ernährung und der Geschichte des im Ort ansässigen Lebensmittelriesen Nestlé und zum 127. Geburtstag des Künstlers hat am 16. April 2016 nach jahrelanger Planung Chaplin's World eröffnet.

Chaplins World – Zu Besuch bei Charlie Chaplin

Im Manoir Ban, dem Haus am Stadtrand von Vevey, in dem Chaplin mit seiner Frau Oona und seinen acht Kindern die letzten 25 Jahre seines Lebens verbrachte, hat man Chaplin als Mensch und als Künstler greifbar gemacht. Die Räume sind authentisch eingerichtet und eine Kombination von alten Dokumenten, lebensechten Wachsfiguren und Filmsequenzen füllen die alte Villa und ihre Parkanlage mit Leben. Lehrreich, spannend und liebevoll gestaltet lohnt das neue Haus seinen stolzen Eintrittspreis: *Erwachsene CHF 30, Kinder 6 bis 15 Jahre CHF 21, geöffnet täglich 10–17 Uhr, Route de Fenil 2, Corsier sur Vevey, GPS N 46°28'31.5", E 6°51'05.1", www.chaplinsworld.com.*

Wer bei Vevey einen Stellplatz sucht, wird am nördlichen Stadtrand in der Nähe eines Sportplatzes fündig. Folgen Sie der Avenue de Pérouge noch ein Stück stadtauswärts, treffen Sie kurz vor der Autobahnzufahrt auf einem Busparkplatz auf eine neu angelegte **V/E-Station mit Euro-Relais und Grauwassereinlass**. Für Frischwasser und Strom braucht man Jetons, die Entsorgung ist kostenlos. An der Säule hängt eine Info, wo man die Jetons kaufen kann. Zu Weiterfahrt müssen Sie jetzt wieder zum Seeufer hinunter.

Bleiben Sie unten am See, werden Sie kaum bemerken, dass Sie Vevey verlassen und ins Stadtgebiet von **Montreux** einfahren, welches als die nobelste Adresse am Genfer See gilt. Die palmengesäumte Uferpromenade erinnert ans Mittelmeer, was auch das Lebensgefühl in der Stadt bestimmt.

Perspektive wechseln – eine Fahrt auf den Rochers-de-Naye

Ein besonders schöner Ausflug führt uns auf den Hausberg von Montreux. Per Zahnradbahn rattern wir vom Bahnhof am See erst hinauf nach Caux und von dort schweißfrei fast bis zum Gipfelkreuz, an dem man einen grandiosen Blick über den Genfer See hat. Läuft man von der Bergstation in der einen Richtung, kommt man zu einem schön angelegten Alpengarten zwischen malerisch zerklüfteten Felsen. In der anderen Richtung ziehen sich am Hang die Gehege von mehreren Murmeltiergruppen hinauf. Leider ist **Marmots Paradise** aber nicht halb so schön in die Landschaft integriert wie der Alpengarten, sodass die Anlage etwas lieblos wirkt. Trotzdem kommen Sie hier ganz nah heran an die ansonsten so scheuen Nager, vor allem wenn Sie sie in ihren leer gefressenen Gehegen mit frischen Kleeblüten locken.

Wie alle Fahrten mit der Zahnradbahn ist der Weg auf den Rocher-de-Naye keine ganz billige Sache. *Hin und retour kostet die Fahrt von Montreux CHF 80 pro Person. Ein Teil der Fahrtkosten sparen Sie ein, wenn sie den Abstieg vom Gipfel bis zur Mittelstation in Caux zu Fuß antreten. Sie starten dazu auf einem schönen Pfad mit tollem Ausblick über den See und laufen gute zwei Stunden.*

Zwischen Montreux und dem kleinen Ort Villeneuve treffen Sie dann auf das wohl berühmteste Bauwerk der Region: Das bereits 1150 in antiken Schriftstücken erwähnte **Château Chillon**. Auf einer Felseninsel steht es praktisch im Lac Léman.

Zu Besuch auf Schloss Chillon

Sie können das Schloss auf eigene Faust mit Faltblatt oder Audioguide besuchen. Führungen gibt es nur für angemeldete Gruppen. Kinder bekommen eine Schatzkarte, die durch die verschiedenen Räume führt. Jeder Raum von Gewölbekeller zur Dachkammer erzählt ein Stück der Schlossgeschichte. *Geöffnet täglich 10–19 Uhr, CHF 15, www.chillon.ch.*

Der Parkplatz am Straßenrand **GPS N 46°24'46.0", E 6°55'47.0"** vor dem Schloss ist nicht groß und schnell überfüllt. Eine nette Sache ist es daher, eine Schlossbesichtigung vom Campingplatz in Villeneuve oder Les Grangettes mit dem Fahrrad anzutreten – zumal Sie sich dann dem Schloss von seiner fotogensten Seite nähern. Der gut markierte Fernradweg kommt aus dem Rhônetal und führt von Villeneuve immer am Seeufer entlang bis hinauf nach Lausanne. Hinter dem Schloss versteckt sich übrigens ein schöner kleiner Badeplatz, an dem Sie den Ausflug mit bester Schlosssicht und einem Bad im »Schlossgarten« ausklingen lassen können.

Genauso reizvoll ist der **Schlossbesuch von Montreux** aus **mit dem Schiff**. Von Mitte Mai bis Mitte September haben Sie die Wahl zwischen täglich acht Abfahrten, www.cgn.ch.

Wenig später erreichen sie Villeneuve, das durch seine Lage mit bestem Blick auf Château Chillon ein attraktives Ziel ist. Im Ort finden Sie auch einen Campingplatz, der aber keinen direkten Seezugang hat und hauptsächlich von Dauercampern belegt ist. Wenn ihnen die zentrale Lage nicht wichtig ist, stehen Sie besser und ruhiger auf dem Camping Les Grangettes mitten im Naturschutzgebiet an der Mündung der Rhône.

(140) WOMO-Campingplatz: Noville / Les Grangettes

GPS: N 46°23'36.0", E 6°53'44.0", 375 m, Rte des Grangettes 3, Tel. 0041 (0)21 9601503. **Geöffnet:** Ganzjährig.
Ausstattung: V/E, Restaurant, Brötchenservice, WLAN, Badewiese.
Beschreibung: In Alleinlage direkt am See und am Naturschutzgebiet, separater Touristenbereich.
Preise: CHF 29, Strom CHF 4, plus Kurtaxe, www.les-grangettes.ch.
Anfahrt: Von der Kantonalstraße 9 abbiegen nach Noville. Von dort rechts zum See (beschildert).

Nicht weit entfernt vom Campingplatz ermöglichen zwei Parkplätze am Ortsrand von **Noville** auch eine freie Übernachtung am Rande des Naturschutzgebietes.

(141) WOMO-Wanderparkplatz: Noville

GPS: N 46°22'52.1", E 6°53'42.1", 374 m. **Max. WOMOs:** 2
Ausstattung: Keine.
Beschreibung: Schotterplatz am Ortsrand neben einem der Kanäle, die durch das Feuchtgebiet führen. Schöner Blick über Wiesen auf die umliegenden Bergriesen.
Anfahrt: Am südlichen Ende des Sees hinter Villeneuve rechts nach Noville abbiegen, in der Linkskurve im Ort geradeaus halten und zum Kanal fahren. Der Parkplatz liegt links der Straße.
Alternative: Asphaltierter Parkplatz bei **GPS N 46°23'00.8", E 6°53'58.8"** zwischen dem Ort und Wiesen. Ebenfalls schöner Blick auf die Berge. Maximal Parkdauer zehn Stunden.

Der Grand Canal im Naturschutzgebiet von Les Grangettes.

Eine weitere Unterkunftsalternative ist der Campingplatz in **Le Bouveret**, der zwischen zwei viel besuchten Familien-Attraktionen liegt.

(142) WOMO-Campingplatz: Le Bouveret / Rive Bleue

GPS: N 46°23'11.0", E 6°51'36.0", 376 m.
Geöffnet: Ostern bis September.
Ausstattung: V/E, Laden, Restaurant, WLAN gratis, Schwimmbad.
Beschreibung: Wiesenplätze mit einigen Bäumen zwischen Aquapark und Swiss Vapeur Park, in Seenähe. Eintritt ins Strandbad mit geheiztem Schwimmbecken und Zugang zum See inklusive.
Preise: CHF 29,50 – 37,50, Strom CHF6, www.camping-rive-bleue.ch.
Anfahrt: Über Noville nach Le Bouveret. Von dort ausgeschildert.

Reisen wie Gulliver – Unterwegs im Swiss Vapeur Parc

Ein Zug, aus dem oben Köpfe herausschauen, saust durch eine Miniaturschweiz und hält am Bahnhof Prairie, wo wir dann erst mal eine Weile auf einen Anschluss warten. Signale ertönen, Schranken gehen rauf und runter und Sie können dem Schloss von Aigle problemlos aufs Dach schauen. So etwa muss sich Gulliver gefühlt haben, als er nach Lilliput reiste. 12.000 Quadratmeter umfasst die einmalige Modellbahnanlage und 17 originalgetreu nachgebaute Lokomotiven sind auf den Schienen unterwegs. Nicht jeder Zug hält an jedem Bahnhof. Wollen Sie also in einen ganz bestimmten Zug einsteigen, wird das Ganze zur kniffligen Sache. Kinder und Modellbahnfans kommen hier voll auf Ihre Kosten.

Der Park ist von Mitte März bis Anfang November täglich von 10–18 Uhr geöffnet. Eintritt CHF 19, Kinder 4 bis 5 Jahre CHF 15, www.swissvapeur.ch.

An der Einfahrt des zugehörigen kostenpflichtigen Parkplatzes steht ein Wohnmobilverbot. Wenn Sie es nicht ignorieren wollen, parken Sie am Aquapark, der nur fünf Minuten entfernt ist. Beide Parkplätze sind gebührenpflichtig! Auch vom Campingplatz, der zwischen beiden Attraktionen liegt, laufen Sie in wenigen Minuten zum Parkeingang.

Zwischen Adrenalin-Schock und Sprudelliege: Das ultimative Wasser-Paradies

Sie wollten schon immer mal 15 Meter frei fallen, um sich dann im Wasser wiederzufinden? Eine pechschwarze Rutsche ohne einen Hauch von Licht ist für Sie eine spannende Herausforderung? Dann dürfen Sie den **Aqua Parc** auf gar keinen Fall verpassen. Sollten Sie die Rutschpartien überleben, können Sie sich hinterher im Sprudelbecken oder dem Wellnessbereich mit Sauna und Hammam erholen. Aber auch für Familien und weniger Wagemutige ist hier viel geboten: Im Kinderbecken ankert eine lebensgroße Galeone, an der man klettern und spielen kann, und fünf verschiedenen Familien-Rutschen bieten für jeden Gast die richtige Dosis Adrenalin.

Die Badezeit ist unbegrenzt. Das Bad öffnet um 10.30 Uhr, die Schließzeiten variieren stark mit der Saison. Im August und an Samstagen ist bis 20.30 Uhr geöffnet, sonst bis 18.30 oder 19.30 Uhr. Wenn Sie es genau wissen müssen, fragen Sie unter Tel. 0041 (0) 24 4820000 oder schauen Sie in den Kalender unter www.aquaparc.ch. Eintritt CHF 51, Kinder 7 bis 15 Jahre CHF 41, Familie CHF 165.

Den großen Parkplatz des Aquapark finden Sie bei **GPS N 46°23'24.0", E 6°51'41.0"**. Es gibt hier kein Nachtparkverbot und wir sahen am Abend mehrere für die Nacht platzierte Fahrzeuge, der Campingplatz von Le Bouveret befindet sich allerdings in unmittelbarer Nähe.

Velotour im Rhônedelta – Im Vogelschutzgebiet von Les Grangettes

Das Naturschutzgebiet Les Grangettes am Zufluss der Rhône in den Lac Léman ist perfekt zum Fahrrad fahren. In Le Bouveret startet der Rundweg **Tour du Haut-Lac,** der auch als **Veloroute 120** markiert ist. Die Strecke ist 53 Kilometer lang und führt vom Genfer See ins Tal der Rhone. Sie verläuft meist auf Asphalt, weist aber einige Höhenmeter auf. Es gibt aber unterwegs mehrere Möglichkeiten abzukürzen.

Außerdem führt auch die 350 Kilometer lange **Veloroute 1** hier entlang, die durch das ganze Rhônetal von Andermatt bis nach Genf verläuft. Mehr Infos zu den Radwegen finden Sie unter schweizmobil.ch/de/veloland.

Alternativ zu einer Übernachtung auf dem Campingplatz können Sie sich zurück auf den Weg zur Kantonalstraße machen. Kurz hinter dem Ort zweigt links eine schmale Straße zu einer kleinen Kirche ab. In den großzügigen Parkbuchten an der Straße finden ein bis zwei Wohnmobile einen ruhigen Platz.

(143) WOMO-Parkplatz: Église Romaine

GPS: N 46°22‘19.0“, E 6°52‘19.0“. **Max. WOMOs:** 1–2
Ausstattung: Toilette.
Beschreibung: Asphaltierter, zum Friedhof gehörender Parkplatz an wenig befahrender Straße.
Anfahrt: Von Le Bouveret auf die 21 in Richtung Aigle. Hinter dem zweiten Kreisverkehr folgt rechts eine Kiesgrube und kurz darauf links der Abzweig zur Kirche.

TOUR 8 105 km

Vom Genfer See ins Wallis

Le Bouveret – Aigle – Bex – Saint-Maurice – Vernayaz – Les Marécottes – Martigny

Stellplätze:	Bex, Relais fermier La Soldanelle, Lavey, Martigny
Campingplätze:	Aigle, Le Marécottes, Martigny
Besichtigen:	Weinmuseum Aigle, Mines de Sel de Bex, Grotte aux Fées, Bergzoo Les Marécottes, Fondation Pierre Gianadda, Musée et chiens du Grand-Saint-Bernard
Wandern:	Gorge du Trient
Erlebnis:	Thermalbad Lavey, Hochseilgarten Aigle, Labyrinthe Aventure

Wenn wir jetzt vom Lac Léman der Rhone zu ihrem Ursprung folgen, erwartet uns ein abwechslungsreiches Reiseprogramm. Denn auch wenn das Rhonetal in diesem Bereich nicht unbedingt zu den landschaftlichen Highlights der Schweiz gehört: Höhlen, Schluchten und Burgen, ein erstes Thermalbad und ein Salzbergwerk sorgen für spannende und vielseitige Stopps bis wir mit der Stadt Martigny ein kulturelles Zentrum der Region und außerdem das Tor zur einmaligen Bergwelt des Wallis erreichen.

Von **Le Bouveret** machen wir uns auf den Weg, um uns das Märchenschloss aus dem Swiss Vapeur Park auch in Originalgröße anzuschauen. Dazu sausen wir zügig auf der Kantonalstraße 15 Kilometer weiter nach **Aigle**. Auch dieser Ort am Fuße des Diableretsmassivs lebt hauptsächlich vom Weinbau. Die Widmung des örtlichen Schlossgebäudes liegt daher nahe: Hinter den Mauern der imposanten Anlage am Stadtrand von Aigle verbirgt sich ein Museum für Weinbau.

Musée de la Vigne et du Vin

Von der uralten Weinpresse im Erdgeschoss bis zur modernen interaktiven Info-Station über Weinbau, die Anbauregion um Aigle und das Leben der Weinbauern reicht die Spannweite der Präsentation. Schön gemachte Filme und gute Erklärungen sorgen dafür, dass Sie sich dem Status eines Weinkenners vorsichtig annähern. Sie können sogar ihre Nase schulen: Riechen Sie die Unterschiede zwischen einem Rosenbouquet und einem fruchtigen Pfirsich? Über Turmtreppen und durch schmale Durchgänge erforschen Sie dabei das urige alte Gemäuer auf eigene Faust: Entdecken Sie die Kerkerräume und den Zugang zur Galerie über dem Innenhof?

Geöffnet Di bis So 10–17 Uhr, im Juli und August täglich. CHF 13, Kinder CHF 5, chateauaigle.ch.

Parken können Sie entlang der Zufahrtsstraßen zum Schloss **GPS N 46°18‘54.0“, E 6°58‘34.0“**. Das letzte Stück durch schmale Gassen, vorbei an der Kirche und einem Weinkeller, laufen Sie zu Fuß.

Nach dem Besuch bietet sich eine Einkehr in einem der umliegenden Gasthöfe an oder ein Spaziergang durch die Altstadt. Weitere Parkplätze finden nördlich der Altstadt an der Zufahrt zum Campingplatz **GPS N 46°19‘15“, E 6°58‘03“**.

(144) WOMO-Campingplatz: Aigle / Camping de la Piscine

GPS: N 46°19‘25.0“, E 6°57‘44.0“, 406 m, Avenue des Glariers 1, Tel. 0041 (0)24 4662660. **Geöffnet:** April bis Mitte Oktober.
Ausstattung: V/E, Brötchenservice, WLAN gratis, Spielplatz.
Beschreibung: Wiesengelände, teils mit Bäumen, Eintritt für öffentliches Freibad nebenan inklusive, Minigolf in der Nähe. 500 m zum Schloss Aigle.
Preise: CHF 30–38, Strom CHF 6, plus Kurtaxe, www.campingdelapiscine.ch.
Anfahrt: Am nördlichen Ortsrand. Von der »9« nach Aigle, dort ausgeschildert.

Eine Alternative für die Übernachtung und ein Ausflugsziel, das Sie keinesfalls auslassen sollten, ist die **Salzmine im nahen Bex**. Hier sehen Sie aus erster Hand, wie Salz unter Tage abgebaut wird – die Minen sind nämlich noch in Betrieb. Folgen Sie in Bex der Ausschilderung zu den Mines de Sel, erreichen Sie nach knapp vier Kilometern den Parkplatz des Bergwerkes.

(145) WOMO-Parkplatz: Mine de Sel de Bex

GPS: N 46°16‘42.0“ E 7°01‘37.0“, 635 m. **Max. WOMOs:** 2–3
Ausstattung: Toilette am Souvenirshop, Picknicktische, Restaurant.
Beschreibung: Im hinteren Teil des Parkplatzes des Salzbergwerks, beschilderte Womo-Plätze. Fährt man vom Schotterplatz hinter dem Eingang noch ein Stück weiter, erreicht man über einen Schotterweg einen versteckten kleinen Platz am Bach, der jedoch nach Regenfällen ziemlich feucht ist.
Anfahrt: In Bex ausgeschildert. Auf der »9« von Aigle kommend am Ortseingang links in die Route de Mine de Sel bis zum Parkplatz.

Weinbau in Aigle

Mit dem Grubenzug ins Salzbergwerk – Salzgewinnung in den Mines de Sel de Bex

Nach einem einführenden Film über die 300-jährige Geschichte der Salzminen fahren Sie wie die Bergarbeiter mit dem Grubenzug in den Stollen ein. Dort geht es dann zu Fuß weiter durch niedrige Gänge. Aus erster Hand erfahren Sie alles Wichtige über den Salzabbau unter Tage. Nach knapp zwei Stunden sind Sie dann zurück im Tageslicht. Im Laden bekommen Sie Salz aus dem Bergwerk in küchenfertigen Portionen und könnten für den Rest der Reise ihre Womoküche mit einer der exzellenten Salzmischungen bereichern.

Die Temperatur im Bergwerk beträgt konstant 18°C. Auf den unebenen Wegen in den Stollen sind feste Schuhe notwendig. Die Mines de Sel sind nur im Rahmen einer Führung zu besichtigen.

Von Juni bis August täglich geöffnet, Mai, Septembermontags geschlossen. Die erste Führung startet am Morgen um 10.30 Uhr, die letzte Tour in den Berg beginnt um etwa 15.45 Uhr, Eintritt CHF 26, Kinder CHF 16. Online-Anmeldung empfohlen unter www.salina-helvetica.ch/fr/salzberg-werk-von-bex

Extratour für Bullifahrer

Am Ortsrand von Bex führt eine schmale Straße nach Les Plans-sur-Bex hinauf. Oberhalb des Dörfchens bietet ein Bauernhof mit Restaurant **ausschließlich für Camper im Bulliformat** Parkplätze auf der Wiese neben dem Haus.

(146) WOMO-Gaststätte: Relais fermier La Soldanelle

GPS: N 46°15‘17.6“, E 7°05‘36.8“ **Max. WOMOs:** 2–3
Ausstattung: WC, Wasser, Restaurant, Bergblick.
Beschreibung: Parkplätze auf Schotter und Wiesenboden neben dem Restaurant. Umgeben von hohen Bergen und an einer Pferdeweide.
Preise: Kostenlos bei Einkehr.
Anfahrt: Von Bex der Route des Plans bis nach Les Plans folgen. Kurz hinter dem Ort geht es am Schild »Buvette à la ferme« rechts auf einem Schotterweg hinauf zum Restaurant.

Weiter hinauf wird die Straße noch einmal deutlich schmaler und stellenweise auch recht steil. Sie endet am **Wanderparkplatz Pont du Nant**. Hier oben beginnen mehrere Wanderwege, außerdem gibt es einen einladenden Gasthof. Übernachten ist hier verboten.

Wir folgen dann der Rhone nach **Saint-Maurice**, welches auf Deutsch zwar Sankt Moritz heißt, aber trotzdem nichts mit dem berühmten Skiort in Graubünden zu tun hat. Neben viel mittelalterlicher Bausubstanz im Stadtkern und dem berühmten Kloster Abbaye de Saint-Maurice d'Agaune mit noch berühmterem Klosterschatz, den man besichtigen kann, verführen hier auch noch die Grotte aux Fées und das Militärmuseum in der ehemaligen Festung zu einer Pause. Der Parkplatz unterhalb der Festung ist auch der Ausgangspunkt zum 15-minütigen Aufstieg zur Höhle. Sie parken entweder oben quer zur Straße **GPS N 46°13'20.0", E 7°00'14.0"** oder mit mehr Platz auf dem **P2** unterhalb der Bücke **GPS N 46°13'19.0", E 7°00'17.0"**. Zum Kloster laufen Sie die Straße in Richtung Ort zurück.

Barbie kriegt Flügel oder der lange Weg in die Grotte aux Fées

Die Grotte aux Fées ist seit gut 100 Jahren für Besucher zugänglich und war damit die erste Schauhöhle der Schweiz. Auf einem Serpentinenweg steigen Sie etwa15 Minuten hinauf bis zum Höhleneingang mit Restaurant. Von dort führt ein finsterer Gang in den Berg hinein bis zum »Feenplatz« an einem unterirdischen See. Unterwegs machen Zahlen auf Sehenswertes aufmerksam – die Erklärung dazu bekommen Sie am Eingang. Um auch die jüngsten Besucher bei Laune zu halten, hat man im Tunnel Feen versteckt. Feen mit lang gestreckten Beinen, blonden Mähnen und stereotypen Gesichtern, die Sie wahrscheinlich schon häufiger in Kinderzimmerregalen gesehen haben. Am Ende des Tunnels stehen Sie am See mit sanft rieselndem Wasserfall, der im schräg einfallenden Licht wirkt wie ein hauchdünner Feenschleier.

Geöffnet vom Mitte März bis Mitte November täglich von 10–17 Uhr, Juli und August bis 18.00 Uhr, Eintritt CHF 10, Kinder CHF 7, Innentemperatur 10°C, www.grotteauxfees.ch.

Im Schloss am Fuße des Berges sehen Sie wechselnde Kunstausstellungen und finden Informationen über die militärische Geschichte der Stadt. Gleich zwei große, teilweise unterirdische Forts sind in die Berge über Saint-Maurice gegraben, das durch die Lage am Eingang des Rhonetales immer ein strategisch bedeutender Ort war. Die Anlagen **Fort du Scex** (1911 bis 1995) und **Fort Cindy** aus dem Zweiten Weltkrieg kann man mit Führung besichtigen. Deutsche Führung mit Anmeldung Tel. 0041 (0)24 4854040. Im Juli und August täglich in der Nebensaison nur am Wochenende. www.forteresse-st-maurice.ch.

Ein ruhiger Stellplatz mit der Aussicht auf ein warmes Bad ist auf der anderen Rhoneseite zu haben: Wechseln Sie dazu in Saint-Maurice über den Fluss und folgen der Beschilderung nach **Lavey-les-Bains**.

(147) WOMO-Badeplatz: Therme Lavey

GPS: N 46°12'10.0", E 7°01'13.0", 433 m. **Max. WOMOs:** 2–3
Ausstattung: Mülleimer.
Beschreibung: Asphaltierter Parkplatz im Grünen. Drei größere Plätze für Womos. Die nahe Zufahrtsstraße ist wenig befahren. Thermalbad etwa 400 Meter entfernt. Gaststätte und Brunnen kurz unterhalb des Thermalbades.
Anfahrt: Von der Kantonalstraße 9 ab Saint-Maurice ausgeschildert. Für Womos ist der »Parking D« 200 Meter hinter dem Bad gedacht.

Les Bains de Lavey

Das Wasser der Bäder von Lavey kommt aus der heißesten Thermalquelle der Schweiz. Schwer zu verkraftende 62 bis 70 Grad hat es, wenn es aus 600 Metern Tiefe hinaufgepumpt wird. Abgekühlt auf 32 bis 36° C füllt es dann die Badebecken mit Massagedüsen und Wasserfällen. Zwei befinden sich im Freien, ein weiteres im überdachten Bereich. Außerdem können Sie sich im heißen Sprudeltopf, in verschiedenen Saunen und dem Hammam (eines davon getrennt für Männer und Frauen) entspannen.
Geöffnet So bis Do 9–21 Uhr, Fr und Sa bis 22 Uhr. 3 Stunden CHF 30, Kinder (nur Thermalbad) CHF 23, www.bains-lavey.ch.

Wir wechseln jetzt wieder die Uferseite der Rhone. In **Evionnaz** wartet noch einmal ein ganz anderes Vergnügen, an dem vor allem Familien ihren Spaß haben werden.

Spaß und Spiel im Labyrinthe Aventure

Im Labyrinthe Aventure verirren Sie sich zwischen vielen Kletterhindernissen. Kinder können sich außerdem auf dem Trampolin austoben oder einen Schatz suchen. Es gibt wilde Rutschen und schräge Fahrräder. Alles in allem eine nette Abwechslung und ein Stopp, nach dem Kinder müde und ausgetobt wieder ins Auto sinken. Ein kleiner Imbiss sorgt für Stärkung. CHF 17, Kinder zahlen ab einer Größe von einem Meter. Geöffnet Mitte März bis Ende Oktober täglich von 10–18 Uhr. Der Parkplatz bietet auch für größere Wohnmobile ausreichend Parkraum, liegt aber direkt zwischen zwei viel befahrenen Straßen **GPS N 46°09'56.0", E 7°01'39.0",** Route des Iles Vieilles 30, www.labyrinthe.ch.

Immer noch auf der gleichen Flussseite geht es vier Kilometer weiter bis nach **Vernayaz**. Direkt am Ortsbeginn sieht man rechts am Berg Wassermassen über die Felsen stürzen. Gegenüber liegt links der Straße ein kleiner Parkplatz (max. 12 Stunden). Zum gewaltigen **Wasserfall** mit dem skurrilen Namen **Pissevache** (Kuhpipi) sind es von hier aus nur ein paar Schritte. Auf dem Weg passiert man einen kleinen Picknickplatz.

Schluchtweg am Wegesrand

Im nächsten Ort Vernayez hat das Wasser sich einen anderen Weg gesucht: Es hat eine tiefe Schlucht in den Fels gegraben. Die **Gorges du Trient** sind mit einem Brückenpfad erschlossen und kann besucht werden. Den zugehörigen Parkplatz finden Sie direkt rechts der Durchfahrtsstraße vor einem Blumenladen, in dem Sie auch die Tickets kaufen können. Die Schlucht beginnt gleich dahinter.

Geöffnet Mai bis Oktober Di 9–14, Mi bis Fr 9–12 und 14–18 Uhr, CHF 8.
www.gorgesdutrient.ch

Holzbrücken führen knapp über dem Wasser an den Felswänden entlang. Am Ende der Schlucht sehen Sie weit über sich die eine Autobrücke über dem Abgrund, die Sie überqueren werden, sollten Sie anschließend nach Les Marécottes weiterfahren. Erwarten Sie nicht die spektakulärste Schlucht der Schweiz, werden Sie Freude haben an der charmanten kleinen Steganlage, die Sie meist ganz in Ruhe genießen können.

Um zum Tierpark nach **Les Marécottes** hinauf zu kommen, folgen Sie zuerst der Kantonalstraße nach **Martigny**. Kurz vor der Stadt zweigt im spitzen Winkel die kleine Straße nach Les Marécottes ab. Sie windet sich kurvenreich gute zehn Kilometer den Berg hinauf. Sie fahren am Ort vorbei und folgen der Beschilderung zum Tierpark.

Les Marécottes – Bergzoo mit Felsenpool

Sie haben bei Ihren Wanderungen bisher weder Murmeltiere noch Gämsen gesehen? Im Tierpark Les Marécottes können Sie in Ruhe vergleichen, was Gämsen und Steinwild unterscheidet, sich das Pfeifen eines Murmeltieres anhören oder bei Fuchs und Waschbär vorbeischauen. Die Gehege sind großzügig und naturnah gestaltet und die Besucher laufen auf angenehm schattigen Wegen. Für abenteuerlustige Kids hat es am Wegrand viele tolle Klettersteine. Einige der Tiere können auch gefüttert werden. Tierfutter gibt es an der Kasse. Ein besonderes Vergnügen ist von Juni bis September an heißen Sommertagen der anschließende Besuch des außergewöhnlich schön angelegten, in einem Felsen eingelassenen 70 Meter langen Naturschwimmbades am Parkeingang.

Geöffnet täglich ab 10 Uhr. Eintritt CHF 13 Kinder 9, Eintritt in den Park inkl. Felsenbad CHF 20, Kinder CHF 15. Parkplatz bei **GPS N 46°06'43.0", E 7°00'42.0"**, *www.zoo-alpin.ch.*

Fahren Sie geradeaus weiter, treffen Sie nach ein paar Hundert Metern auf einen kleinen, etwas improvisierten Campingplatz.

(148) WOMO-Campingplatz: Les Marécottes Camping La Médettaz

GPS: N 46°06'28.0", E 7°00'26.0", 1.046 m,
Tel. 0041 (0)27 7611830. **Geöffnet:** Mai bis September.
Ausstattung: WC-Entsorgung, kleiner Laden, kleines Restaurant.
Beschreibung: Preisgünstig, einfach und etwas eng, Stellplätze auf der Wiese neben der (sehr wenig befahrenen) Ortsdurchfahrt.
Preise: CHF 22, Strom CHF 3, plus Kurtaxe, www.camping-marecottes.ch.
Anfahrt: 250 Meter hinter dem Zoo.

Auf dem gleichen Weg geht es in vielen Kurven wieder hinunter auf die Hauptstrecke nach **Martigny**, wo Sie mit der **Fondation Pierre Gianadda** ein interessantes Kunstmuseum erwartet. Besonders stimmungsvoll ist der Skulpturengarten vor dem Museum an warmen Sommerabenden – deshalb ist hier dann auch bis in den Abend hinein geöffnet. Ihr Wohnmobil parken Sie direkt vor dem Eingang. Genauso nah an unserem Stellplatz wohnen die Bernhardiner des **Musée et chiens du Saint-Bernard**. Die gutmütigen braun-weißen Riesen ziehen nicht nur Kinder sofort in ihren Bann.

(149) WOMO-Picknickplatz: Martigny

GPS: N 46°5'43", E 7°04'24", 479 m. **Max. WOMOs:** 4–5
Ausstattung: Picknicktische, Brunnen auf der gegenüberliegenden Straßenseite, Mülleimer.
Beschreibung: Befestigte Parkfläche mit PKW-Buchten und daher nur für kleine Wohnmobile geeignet. Am Ortsrand beim Friedhof und am Amphitheater gelegen.
Anfahrt: Wenn Sie auf der »9« nach Martigny fahren, halten Sie sich zuerst in Richtung Fondation Gianadda und folgen dann den Hinweisen zum Amphitheater in den Chemin du Vivier. Der Parkplatz befindet sich gegenüber dem orangen Gebäude des Musée et chiens de St. Bernhard.
Sonstiges: Von hier geht es unter den Schienen hindurch und Sie stehen auf dem großen asphaltierten Parkplatz der Fondation Gianadda. Tagsüber ist die Parkzeit auf 5 Stunden beschränkt, von 19–7 Uhr und an Sonn- und Feiertagen parken Sie frei. Für eine Übernachtung stehen Sie auch hier recht gut. Wenn es heiß ist, finden Sie hier auch schattige Plätze. Mit dem Auto müssen Sie von Parkplatz zu Parkplatz einen Bogen schlagen, um die Schienen zu überqueren. Die Zufahrt befindet sich in der Parallelstraße Rue du forum. **GPS N 46°05'43.0", E 7°04'15.0"**. Für längere Aufenthalte gibt es in Martigny einen Campingplatz **GPS N 46°05'51.0", E 7°04'43.0"**.

Im Coronasommer 2020 hat die Stadt außerdem den großen **Schotterplatz** bei **GPS N 46°05'45.0", E 7°04'36.0"** auf der anderen Seite des Bernhardiner-Museums als temporären Stellplatz für bis zu 100 Wohnmobile zur Verfügung gestellt. Bisher war dieser Platz mit einer Höhenschranke versehen. Ob er als Stellplatz über den Sommer 2020 hinaus erhalten bleibt, ist allerdings leider zweifelhaft.

Etwas weiter vom Museum entfernt finden Sie an der Bergbahnstation Martigny-Croix einen weiteren Parkplatz, auf dem leider seit 2023 Übernachtungen verboten sind.

WOMO-Wanderparkplatz: Martigny Bergbahn

GPS: N 46°05'12.5", E 7°03'28.8", 479 m. **Max. WOMOs:** 2–3
Ausstattung: Wasser, Picknicktische an der Einfahrt.
Beschreibung: Geschotterte Parkfläche unterhalb der Bahnschienen am Ortsrand, Beginn des Naturlehrpfades Mont-Chemin.
Anfahrt: Von der Fondation Pierre Gianadda in Richtung Verbier/Val Ferret. Am ersten Kreisel links am zweiten geradeaus und auf der Rue due Mont St. Bernard bis zur in der Kurve abzweigenden Einfahrt zum Parkplatz.

Die Fondation Pierre Gianadda
Eine bunte Mixtur aus Kunst und Geschichte

Ein Automuseum, eine Ausstellung über die gallisch-römische Vergangenheit der Stadt, ein Raum mit Werken von Chagall und der lebendig schöne Skulpturengarten sind die vielseitigen ständigen Exponate der Stiftung Pierre

Gianadda. Dazu kommen interessante wechselnde Ausstellungen mit Werken verschiedener Künstlern von internationalem Rang.

Auch wenn Sie keinen rechten Zugang zur Kunst haben, sollten Sie zumindest einen Bummel durch den besonders schön gestalteten Garten machen. Skulpturen, unter anderen auch von namhaften Künstlern wie Joan Miró, Niki de Saint Phalle, Auguste Rodin oder Henry Moore sind hier in bunter Stilmixtur angenehm unaufgeregt zwischen Büschen, Aprikosenbäumen, gigantischen Kastanien, schwimmenden Enten und kleinen Wasserflächen platziert. An warmen Sommerabenden wird das ansonsten verschlossene Gittertor zum Parkplatz ab 18 Uhr und bis 22 Uhr geöffnet. Der Eintritt, der sonst an den Museumsbesuch gekoppelt wird, ist dann gratis.

Geöffnet täglich 9–18 Uhr, im Winter ab 10 Uhr, CHF 20, Kinder ab 10 Jahre und Studierende CHF 12, Familie CHF 42, www.gianadda.ch.

Musée et chiens du Saint-Bernard
Museum für einen vierbeinigen Mythos

Sie sitzen im Museumsfoyer und in jedem Spielwarenladen: Braun, weiß und mit Fässchen um den Hals. Es gibt Sie wuschelig oder mit glattem Fell – und wenn Sie am Hundegehege die echten Tiere genau betrachten, sieht keiner aus wie der andere und nur wenige entsprechen dem Stoffhundeklischee. In den Innenräumen der Hundequartiere informieren Tafeln über die Lebensläufe ihrer Bewohner, die längst nicht so heroisch daherkommen wie die Vita ihres berühmten Ahnen: Barry, geboren im Jahr 1800 im Augustinerhospiz auf dem Großen Sankt-Bernhard. In seiner zwölfjährigen Laufbahn als Schutz- und Lawinensuchhund soll er 40 Menschenleben gerettet haben. Der neue interaktive und moderne Rundgang zeigt die lebendige Geschichte des Hospizes und des Passes. Außerdem gibt es wechselnde Ausstellungen. Jedes Jahr kommen dort etwa 20 Welpen zur Welt. Im April 2020 wurde »Djanga au Moulin de Tallans« Mutter von fünf Welpen.

Barrys Nachfahren wären der Aufgabe als Lawinenhund wohl kaum mehr gewachsen:

Durch Zuchtauswahl sind die Hunde heute viel massiger und schwerfälliger als früher. Ihre Arbeit im Schnee haben leichtere wendige Hunde wie der Deutsche Schäferhund, Labrador oder Retriever übernommen – wenn nicht gleich Lawinensuchgeräte im Einsatz sind. Einige der sanften Riesen haben heute einen Sommerjob als Touristenattraktion und Fotomodell – hier im Museum, am Sankt-Bernhard Hospiz oder an der Bergstation der großen Seilbahnen. Ansonsten sind Bernhardiner beliebt als gutmütige, anhängliche Familienhunde.

Geöffnet täglich 9.30–17.30 Uhr. Bis 17 Uhr sind einige der Hunde im Museum unterwegs, sodass man Sie auch anfassen kann. CHF 12, Kinder CHF 7, Familienkarte CHF 29, www.barryland.ch.

Ein weiteres Ziel finden wir etwas oberhalb der Stadt: die **Gorges du Dunand**. Sie liegen westlich der Stadt an der Straße nach Champex Lac. Der Parkplatz der Gorges liegt gleich in der ersten Kehre rechts an der Straße.

Noch 500 Meter weiter – die Straße wird hier schon etwas schmaler – versteckt sich links vor der nächsten Serpentine ein kleiner **Picknickplatz** [**151:** N 46°04'20.3", E 7°04'40.2"] mit holpriger Zufahrt. Vor den Picknicktischen können ein oder zwei kurze Fahrzeuge parken.

Neun Täler und ein Fluss
Eine aufregende Reise durchs Wallis

Val Ferret – Großer Sankt Bernhard – Val Derborence – Val d'Herémence – Val d'Anniviers – Leukerbad – Lötschental – Saastal – Mattertal – und immer wieder das Rhônetal

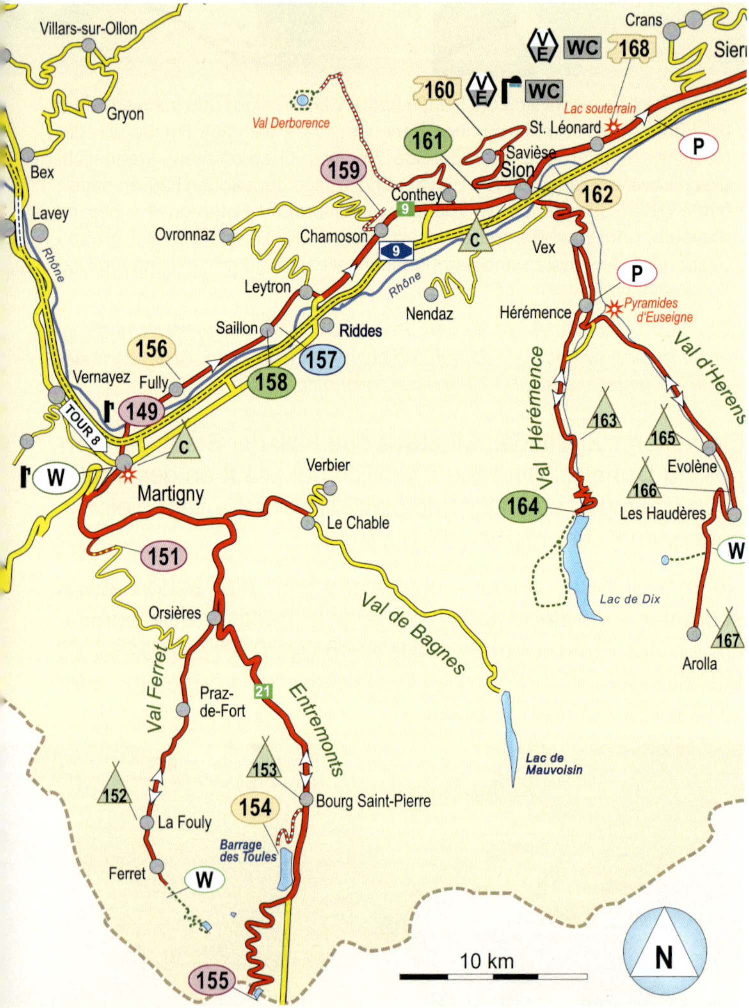

Stellplätze: Barrage de Toules, Col de Saint-Bernard, Fully, Saillon, Chamoson, Savièse, Sion, Lac de Dix, Lac de Saint-Leonard, Sierre, Grimentz, Moiry Gletscher, Zinal, Leukerbad, Gampel, Saas Fee, Täsch, Brig

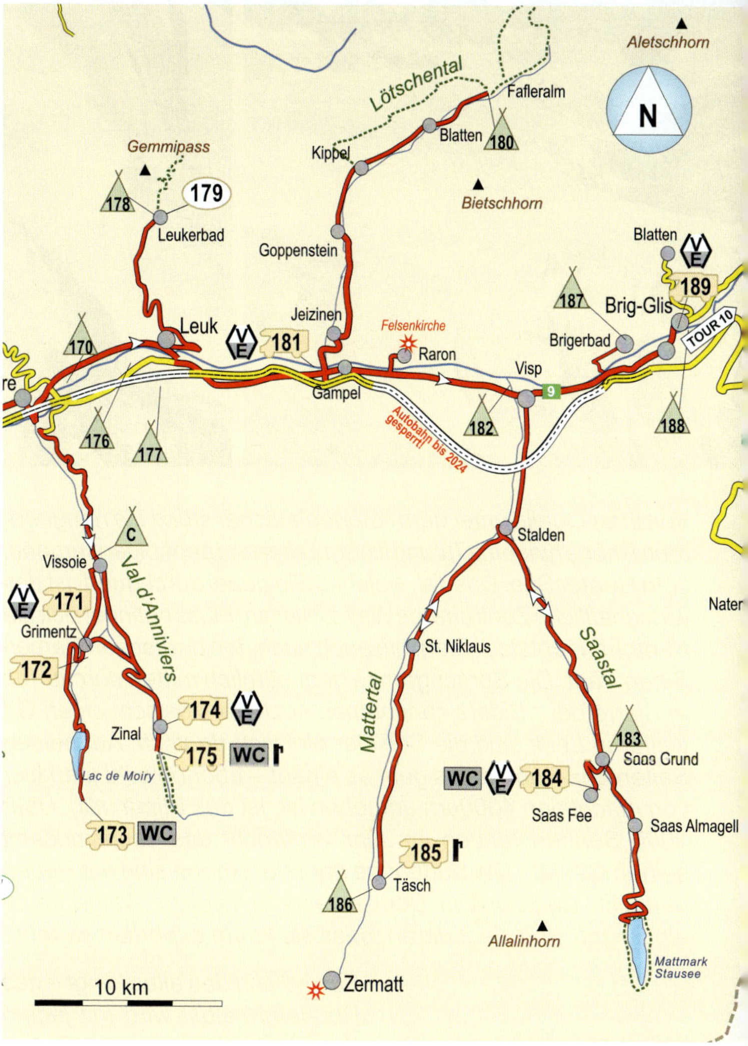

Campingplätze: La Fouly, Sion, Pralong, Evolène, Les Haudères, Arolla, Sierre, Susten, Leukerbad, Fafleralp, Visp, Saas Grund, Täsch, Brigerbad, Brig

Besichtigen: Verbier, Belle Usine, Burgruine Sion, Lac Souterrain Saint-Leonard, Pyramiden von Euseigne, Turtmann, Lötschentaler Museum, Felsenkirche Raron, Bergsteigerdorf Zermatt, Stockalper Palast Brig

Wandern: La Fouly, Lacs de Fenêtre, Sentier Farinet und Burgruine Saillon, Val Derborence, See und Burgruine Montorge, Lac de Dix, Lac Bleu bei Arolla, Zinal, Gemmiweg, Lötschental: Höhenweg und Anenhütte, Erlebnis- und Suonenweg Saas-Amagell, Mattmarkstausee, Gornergrad Zermatt

Erlebnis: Hochseilgarten La Fouly und Saas Fee, Sommerrodelbahn Saas Fee, Thermen in Leukerbad

Von ihrer Quelle unter dem Rhônegletscher stürzt die neugeborene Rhône hinab ins Tal und fließt, breiter und behäbiger werdend, zum Genfer See. Das Tal, welches Sie dabei durchquert, ist das wirtschaftliche Zentrum des Wallis. Hier am Fluss befindet sich die Kantonshauptstadt Sion, die auch noch den deutschen Namen Sitten trägt. Die Sprachgrenze geht nämlich mitten durchs Tal: In Sierre oder Siders spricht man noch französisch, einen Ort weiter in Leuk sind die Schilder plötzlich deutsch. Auf beiden Seiten des Rhônetales geht es hinauf – aber obwohl man hier von mächtigen 4000ern umgeben ist, ist das Klima mild. Über 2000 Sonnenstunden im Jahr verspricht das Tourismusamt seinen Gästen. Die Südhänge über der Rhône sind mit Reben bedeckt. Dass uns in Deutschland Schweizer Weine kaum ein Begriff sind, liegt daran, dass sie kaum exportiert werden.

So idyllisch das alles klingt – das Rhônetal selbst wird mit jedem Kilometer, den sich die Rhône dem Genfer See nähert, weniger ansehnlich. Sie ist auf weiten Strecken kanalisiert und mit Industriegebäuden verziert. Die wirklichen Schönheiten des Wallis finden Sie in den Seitentälern, die nördlich und südlich des Flusses zwischen die Berge führen. Die Sache hat nur einen Haken: An den meisten Stellen geht es vom Tal aus steil hinauf und die ersten Kilometer der Talzufahrten sind dann extrem kurvig, teilweise

Klein, willensstark, pechschwarz und stämmig: Die Eringer Kuh ist eine echte Walliserin. Aus den üblichen Kraftproben der Leitkühe bei Zusammenführung der Herden vor dem Alpauftrieb ist im Wallis die Tradition der Kuhkämpfe in der Arena entstanden. Die Siegerinnen dieser beliebten Veranstaltungen gehen als gefeierte Königinnen beim Almauftrieb der Herde voraus.

recht eng und glänzen mit mehr oder weniger dramatischer Straßenführung. Wenn Sie also absolut keine Bergsträßchen mögen, unter Höhenangst leiden oder ein Wohnmobil in Reisebusgröße ihr eigen nennen, sollten Sie Ihre Fahrstrecke mit Bedacht wählen. Wir beschreiben dazu das Wallis von seiner Mittelachse, der Rhône, ausgehend und besprechen Tal für Tal. Sie suchen aus, in welche Täler Sie hineinfahren wollen. Alternativ können Sie auch von einem Basisquartier im Rhônetal die Seitentäler mit dem Postbus erforschen, der seine Fahrgäste selbst an die abgelegensten Orte bringt.

Wir beginnen unsere Wallisreise in **Martigny** und haben gleich einen besonders schönen Talausflug zur Wahl. Das Val Ferret ist über eine schmale, aber weitgehend undramatische Straße gut zu erreichen.

Wo sich Fuchs und Hase gute Nacht sagen – Bergeinsamkeit im Val Ferret

Das Val Ferret gehört zu den wenig touristischen Tälern des Wallis. Ein einziger einfacher Sessellift hilft im Hauptort La Fouly beim Aufstieg auf die Gipfel, und auch größere Skiliftanlagen sucht man vergebens. Liebhaber unberührter Natur finden hier ihr Wanderparadies. Ein sehr schöner Campingplatz bietet in La Fouly ein Quartier für längere Aufenthalte und die Zufahrt ist überraschend undramatisch.

Direkt von Martigny folgen wir den Hinweisen in Richtung »Col de Saint-Bernard, Val de Bagnes« und biegen dann in **Orsières** rechts von der Zufahrt zum Pass ins Val Ferret ab. Die Straße ist bis **La Fouly** breit genug und gut befahrbar. An der Ortseinfahrt finden Sie einen großen Parkplatz mit Nachtparkverbot, von dem Sie zur Seilbahn und zur Touristeninformation nur wenige Schritte laufen. Am Ortsende führt eine etwas schmalere Zufahrt zu einem großzügig angelegten Campingplatz, auf dem Wohnmobile aller Größen gut unterkommen. In La Fouly gibt es außerdem einen Hochseilgarten.

(152) WOMO-Campingplatz: La Fouly / Les Glaciers

GPS: N 45°56'01.0", E 7°05'43.0", 1.592 m, Route de Tsamodet 36, Tel. 0041 (0) 27 7831826. **Geöffnet:** Mai bis September.
Ausstattung: V/E, Kiosk, WLAN gratis, Kletterwand.
Beschreibung: Naturnaher in Terrassen angelegter Platz mit toller Bergkulisse am Ortsrand des Touristendorfes La Fouly.
Preise: CHF 27–34 plus Kurtaxe, Strom CHF 4, www.camping-glaciers.ch.
Anfahrt: Siehe Text.

Hochseilgarten La Fouly

Der niedrigste der vier Parcours ist für die Kleinsten ab vier Jahren gedacht, der zweite ab sieben Jahren freigegeben und für die Profis gibt es Nummer Drei. *Geöffnet von Mai bis Oktober. Im Juli und August täglich von 10–18 Uhr, ansonsten nur Mi und am Wochenende von 13–17 Uhr. CHF 25, Kinder 4 bis 15 Jahre CHF 15. In La Fouly ausgeschildert. www.sentier-suspendu.ch.*

Wandern in La Fouly

Im Ort beginnen fünf kurze einfache Themenwege vom Eichhörnchenweg mit 45 Minuten bis zur Hirschrunde mit 1 h 30. Alle Wege sind gut markiert. Ein Faltblatt mit Kartenskizze bekommen Sie in der Information.

Wer richtig wandern möchte, fährt mit dem Sessellift hinauf und folgt von der Bergstation dem Rundweg »Sentier des Bergers«, der auf halber Höhe und mit wenigen Steigungen eine ausgedehnte Runde um den Talschluss dreht. Dabei passieren Sie vier im Sommer bewirtschaftete Alpen mit schwarzen Walliser Kühen. Auf der letzten, der Alpage de La Peule, können Sie dann auch einkehren. **Gehzeit: 6,5 Stunden.**

Eine weitere sehr schöne **Bergtour** führt steil hinauf zu den drei bildschönen, in karger Bergwelt gelegenen **Lacs de Fenêtre**. Sie könnten auch vom Sentier des Bergers abzweigen, um hinaufzukommen, etwas kürzer ist die Tour jedoch vom **Wanderparkplatz am Ende der Fahrstraße**. Fahren Sie also von La Fouly weiter ins Tal hinein und passieren Sie den kleinen Ort Ferret. Weiter geht es auf einem schmalen Sträßchen mit Ausweichstellen bis zum Ende der Straße. An der **Alpage des Ars** führt ein geschotterter Fahrweg rechts hinunter auf einen großen **Parkplatz am Fluss GPS bei N 45°54‘19.0“, E 7°06‘57.0“**, der ein guter Ausgangspunkt für die Wanderung zu den Lacs de Fenêtre ist, sich aber auch für ein Picknick und einen faulen Stopp am eiskalten Wasser eignet. Nur übernachten dürfen Sie hier nicht.

Les Lacs de Fenêtre – Drei Seen unterm Großen Sankt Bernhard

Gehzeit: 4 h, 700 hm. Die landschaftlich besonders spektakuläre aber unkompliziert zu gehende Strecke gehört zu den bekanntesten Touren im Val Ferret und ist an schönen Sommertagen gut frequentiert. Außer dem Aufstieg vom Tal gibt es auch noch eine gerne begangene Tour vom Sankt-Bernhard-Pass, vorbei an den Seen hinunter nach La Fouly (von dort geht es dann mit dem Bus zurück nach Martigny). Es lohnt sich daher, nicht zu spät zu starten, da sich vor allem die geführten Wandergruppen erst im Laufe des Vormittags auf den Weg machen. Wir sind an einem strahlenden Augustsamstag hinaufgestiegen und hatten den Weg zwischen 8 und 10 Uhr beinahe für uns alleine. Beim Abstieg kamen uns dann gefühlte zweihundert, vom Aufstieg in der Sonne schwer schnaufende, Wanderer entgegen.

Wanderung: Von einem der beiden Parkplätze folgen Sie der Fahrstraße dort, wo sie für Fahrzeuge gesperrt ist, weiter ins Tal. In großen Schleifen steigt sie sanft an, trifft an der **Alphütte Les Ars Dessus** auf den Sentier des Bergers und führt immer noch als breiter ebener Weg bis zur **Alpage du Plan-la-Chaux** mit Butter und Käseverkauf. Über den Sammelplatz der Kühe laufen Sie vor dem Haus links hinauf, kriechen gegebenenfalls mehrfach unter dem E-Zaun hindurch und steigen von hier auf einem schmalen, steinigen Bergpfad weiter hinauf. Eine Stunde und zehn Minuten sind es von hier noch zu den Seen. Kurz darauf wird der Weg steiler und die Luft wird uns auch ohne brennende Sonne knapp. Aber es lohnt sich sowieso, ab und zu stehen zu bleiben: Der Blick ist einfach hinreißend. Kurz vor dem Ziel wird der Pfad undeutlich und verschwindet zwischen Steinen. Wenn Sie hier gut auf die Markierungen achten, stehen Sie kurz darauf am **untersten See**. Die beiden anderen verstecken sich in zwei Mulden etwas höher in Richtung des Passes **Fenêtre de Ferret**. Besonders schön für eine ausgiebige Pause vor

dem Abstieg sind der untere See und der größere der oberen Seen auf der rechten Seite des Aufstiegsweges.

Hinunter geht es auf dem gleichen Weg. Wer besonders gut trainiert ist, kann von der Alpage du Plan-la-Chaux dem Sentier des Bergers links zum Fluss hinunter folgen und dann auf der anderen Seite zum Einkehren wieder zu Alpage de Peule hinaufsteigen (Gegenanstieg etwa 250 Höhenmeter, eine Stunde zusätzlich). Von dort gibt es einen direkten Abstiegsweg zum Parkplatz hinunter.

Shopping per Bergbahn

Sie mögen Kontraste? Dann fahren Sie aus dem Val Ferret ins **Val de Bagnes**. Unten im Tal können Sie tagsüber in Le Chable an der Seilbahn parken. Diese spart Ihrem Wohnmobil 13 Serpentinen und 700 Höhenmeter und bringt Sie auf den Berg hinauf – nein, nicht zum Wandern. Sie landen mitten in **Verbier**, in einem der beliebtesten Skiorte des Wallis. Im Sommer steigt man hier auf Mountainbiking um und kann so den winterlichen Skizirkus auch ohne Schnee fortsetzen. Neben zahlreichen markierten Wegen lockt der **Bike-Park La Tzoumas** mit einer rasanten Talfahrt. Mitte August startet dann der Grand Raid, das größte Mountainbikerennen der Schweiz. Wir begegnen an der Straße vielen Menschen, mindestens fünf Fahrradläden mit Verleih, sehr vielen bunten Souvenirgeschäften, einer lebendigen Torte und wenig Parkplätzen. Also nehmen Sie besser die Seilbahn (fährt bis 17.30 Uhr) und gehen Sie bummeln. Wir haben bei dem unerwartet plötzlichen Tapetenwechsel vor lauter Schreck das Fotografieren vergessen, aber wenn man sich vom ersten Schock erholt hat, hat das Spektakel einen skurrilen Charme. Wenn Sie ihr Womo doch nicht alleine im Tal lassen wollen, am Sportzentrum von Verbier gibt es einen größeren Parkplatz **GPS N 7°13‘05.0“, E 7°13‘08.0“.**

Zum Großen Sankt Bernhard

Landschaftlich ebenso reizvoll wie das Val Ferret, aber deutlich anspruchsvoller zu fahren, ist die Straße hinauf zum Großen Sankt Bernhard. Sie lohnt sich vor allem, wenn Sie nach Italien weiterreisen möchten. Die Fahrt hinauf und auf gleichem Weg wieder hinunter empfiehlt sich nur für echte Bergfans mit kompakten Wohnmobilen, denn der letzte Abschnitt ist doch ziemlich aufregend und wirklich anstrengend zu fahren.

Bis **Bourg-Saint-Pierre** ist die Straße undramatisch und die Fahrt entspannt. Im Ort treffen wir auf einen kleinen **Campingplatz** [**153:** N 45°57‘10.3“, E 7°12‘27.0“, Bourg-Saint-Pierre] mit vielen Häuschen, der aber auch ein paar Plätze für Durchreisende hat.

Kurz hinter dem Ort führt eine Straße rechts hinunter und auf einem Schotterweg zum **Stausee Barrage de Toules**. Er hält direkt auf die imposante Staumauer zu und schwingt sich vor dieser in zwei Serpentinen hinauf zu ihrer oberen Kante und zu einer großen Parkfläche über dem See.

(154) WOMO-Parkplatz: Barrage de Toules

GPS: N 45°55‘37.6“, E 7°11‘53.5“, 1.830 m. **Max. WOMOs:** 5–6
Ausstattung: Imbiss am Gebäude an der Zufahrt.
Beschreibung: Geschotterte Parkfläche am Betriebsgebäude direkt am oberen Rand der Staumauer oder unebener Wiesenstreifen, der sich von dort am See entlang zieht. Blick über den See auf die Galerie der Passstraße und in die Berge.
Anfahrt: Hinter Bourg-Saint-Pierre und vor dem Beginn der Galerie, die vor Steinschlag schützt, rechts hinunter und in der ersten Kehre geradeaus in die Schotterstraße, die zuerst parallel zur Passstraße ins Tal führt und dann in zwei Kehren hinauf zu Dammkrone. Die Schotterstraße ist in gutem Zustand, das letzte Stück aber ordentlich steil und nicht sehr breit. Das Sieben-Meter-Wohnmobil, das vor uns parkte, ist aber trotzdem hinaufgekommen.

Durch die Galerie geht es weiter den Berg hinauf und kurz vor deren Ende zweigt rechts die Passstraße ab. Geradeaus käme man durch den **mautpflichtigen Tunnel** mit horrenden Gebühren direkt nach Italien. Gleich an der Ausfahrt zur Passstraße liegt rechts ein Schotterplatz mit Blick über den Stausee. Die Umgebung ist aber wenig einladend.

Auf der Fahrt weiter hinauf passiert man bei **GPS N 45°53‘13.9“, E 7°11‘16.9“** und **GPS N 5°52‘50.3“, E 7°10‘59.0“** jeweils eine kleinere Schotterfläche mit schmaler Zufahrt, auf denen man auch ein kompaktes Wohnmobil parken kann. Dann werden die Kurven immer enger und ab und zu geht es auch ohne Leitplanke am Abgrund entlang. Manche Kurven sind nur im ers-

ten Gang zu meistern – auch mit unserem kleinen Bus. Dieser Abschnitt ist aber nicht sehr lang, dann sehen wir das **Sankt Bernhard Hospiz** vor uns. Dahinter liegt ein kleiner See und die Grenze nach Italien. In der Bar und der Herberge auf der anderen Seeseite zahlt man wieder mit dem Euro. Hinter der Bar befindet sich an einem Inselchen mit Picknicktischen ein kleiner Parkplatz, auf dem häufig Wohnmobile parken.

(155) WOMO-Picknickplatz: Col de Saint-Bernard

GPS: N 45°52'3.7", E 7°09'57.1, 2.450 m. **Max. WOMOs:** 3–4
Ausstattung: Picknicktische, Bar.
Beschreibung: Ebener Parkplatz am Seeufer und ein Stück von der Straße entfernt. Direkt hinter der Bar. Weitere Parkplätze rund um den See.
Anfahrt: Auf der Passhöhe am unteren Ende des Sees links an der Bar vorbei zum Picknickplatz, der auf einer kleinen Halbinsel im See liegt.

Zurück im **Rhônctal** und in Martigny wählen wir die schmale Straße nördlich der Rhône. Zwischen Fully und Saillon steht links oben am Hang ein Industriedenkmal. Mit seinen großen Bogenfenstern sieht das Gebäude auf den ersten Blick beinahe aus wie eine Kirche. Ein braunes Schild führt Sie hinauf zum Parkplatz neben der **Belle Usine** – der schönen Fabrik –, die heute für Veranstaltungen genutzt wird. An der schmalen, steilen Auffahrt liegt links außerdem ein Picknickplatz mit mehreren Tischen und ein kleiner Spielplatz.

(156) WOMO-Parkplatz: Fully Belle Usine

GPS: N 46°08'33.6", E 7°06'58.3", 515 m.
Max. WOMOs: 5–6
Ausstattung: Müllcontainer.
Beschreibung: Großer, ebener Schotterplatz im Grünen. Oberhalb des Ortes und mit Blick auf die Berge. Ein Fußweg führt zuerst zu einem Bach und weiter zur Belle Usine. **Preise:** Kurtaxe CHF 2 pro Person.
Anfahrt: Am Ortsende von Fully links den braunen Schildern zur Usine und zu einem Picknickplatz folgen. An einem ersten Parkplatz und am Picknickplatz vorbeifahren und links, den braunen Schildern folgend, zum Parkplatz abbiegen.

Im Städtchen **Saillon** treffen Sie dann auf das nächste Thermalbad, einen echten Schweizer Helden und eine urige kleine Altstadt.

Les Bains de Saillon

Mit seiner neuen Rivière thermale – einem Wasserbecken, das sich dekorativ durch das Freigelände schlängelt – einem ebenfalls neu eingerichteten Saunabereich, drei Thermalbecken und einem etwas kühleren Schwimmbecken mit Wasserrutsche ist hier außergewöhnlich viel geboten – und das zu einem ganz gewöhnlichen Preis. Das Tüpfelchen auf dem »i« ist dann der Übernachtungsplatz für Wohnmobile, den Kunden des Bades kostenlos nutzen können.

Geöffnet täglich von 8–21 Uhr, Tageskarte CHF 29, Kinder 4–15 Jahre CHF 13, Abendtarif ab 18 Uhr CHF 20, www.bainsdesaillon.ch.

(157) WOMO-Badeplatz: Bains de Saillon

GPS: N 46°10‘26.0“, E 7°11‘39.0“, 465 m.
Nur für Gäste des Thermalbades!
Ausstattung: Keine.
Beschreibung: Wiese unter hohen Bäumen, am Ortsrand 200 Meter vom Thermalbad entfernt und von Weinbergen umringt. Maximaler Aufenthalt 48 Stunden. Nur Parken ist erlaubt, keine Markisen und keine Wäscheleinen, Grillen verboten, Tisch und Stühle auf der schönen Wiese platzieren auch! Auch Müll muss vollständig wieder mitgenommen werden.
Anfahrt: Das Bad ist im Ort gut ausgeschildert. Zum Womo-Platz am Eingang und am Verbotsschild für Wohnmobile vorbei auf den hinteren Parkplatz fahren. Dort erklärt eine Infotafel die oben genannten Regeln für die Übernachtung (französisch).

Einen Alternativplatz, der sich auch als Parkplatz für eine Runde in der Altstadt oben am Berg anbietet, finden Sie an der Durchfahrtsstraße links. Dort begegnen Sie außerdem dem ungewöhnlichen Helden der Stadt. **Josef Samuel Farinet** erwirtschaftete seinen Lebensunterhalt mit einer im Land der Banken geradezu empörenden Betätigung: Er fälschte Geld. Dass er dieses anschließend großzügig an Bedürftige verteilte, ist der Grund, dass Farinet in Saillon als Held und Robin Hood der Schweiz gefeiert wird. Parken Sie also vor seinem Denkmal und am Beginn des Sentier Farinet, der Sie in einer einstündigen Runde hinauf in das alte Dorf, zu einem alten Turm und rund um Saillon führt.

(158) WOMO-Wanderparkplatz: Saillon Bourg

GPS: N 46°10‘24.0“, E 7°11‘19.0“, 464 m. **Max. WOMOs:** 2–3
Ausstattung: Spielplatz, Grünanlage.
Beschreibung: Eben und asphaltiert aber relativ nahe an der Durchfahrtsstraße, am Ortsrand.
Sonstiges: Beginn des Wanderweges Sentier Farinet.
Anfahrt: Im Ort in Richtung Bourg. Links der Straße am Chemin des Ecoliers.
Alternative: Camping de la Sarvaz, V/E, gut ausgestattet, aber wenig idyllisch. Mit vielen Häuschen und Dauercampern, www.sarvaz.ch.
GPS N 46°00‘36.0, E 7°10‘02.0“.

Burgturmblick und enge Gassen – Eine Stadt mit bröckeligem Charme

Den schönsten Weg hinauf nach **Saillon** finden Sie, wenn Sie den runden Glasbildern des **Sentier Farinet** folgend, ein Stück an der Straße entlang zurücklaufen bis gegenüber eines Steinhäuschens rechts der »**Sentier sous le Scex**« abzweigt. Endlos viele Stufen steigt man jetzt durch den Weinberg hinauf – bis zur nächsten Tafel des Sentier Farinet und bis zum südlichen **Stadttor**. Die Altstadt ist überschaubar. Laufen Sie einfach geradeaus hinein, vorbei am Falschgeldmuseum und halten sich dann links. An den letzten Häusern verlassen wir den Farinet-Themenweg, der hier auf der Straße in den Weinberg führt, und steigen stattdessen links hinauf zum alten **Burgturm**. Der Weg ist kurz, aber steil und rutschig. Oben angekommen betritt man den Turm durch einen niedrigen Eingang, um dann auf einer abenteuerlich schmalen Wendeltreppe hinaufzusteigen. Die ganze Anlage ist für schweizerische Verhältnisse ungewohnt, aber sehr sympathisch unperfekt – so wie eigentlich der ganze Ort. Wenn Sie sich vom Turmblick trennen können, laufen Sie durch den Ort zurück. Hier können Sie ab 17 Uhr im örtlichen Weinkeller edle Tropfen probieren (das Womo ist ja gut untergebracht) oder es sich im Café gemütlich machen. Das **Falschgeldmuseum**, in dem Sie mehr über die Geschichte von Samuel Farinet erfahren, ist nur von Mittwoch bis Sonntag von 14–17.30 Uhr geöffnet. Wenn Sie links aus dem Ort hinausgehen treffen Sie auf die öffentlichen Toiletten und auf einen weiteren **Parkplatz am Friedhof GPS N 46°10'23.0", E 7°11'18.0"**, der aber wegen der engen Zufahrt durch das Dorf nur für kleinere Mobile zu empfehlen ist.

Bergtour mit Wohnmobil nach Ovronnaz

Oberhalb des Ortes speist die Thermalquelle von Saillon ein weiteres Bad. Eine serpentinenreiche Straße schraubt sich hinauf nach Ovronnaz, was den Besuch mit dem Wohnmobil zum zweifelhaften Vergnügen macht. Wir würden die Bergfahrt nur eingefleischten Bergfans mit Campingbussen empfehlen, zumal man auf den Parkplätzen oben an der Seilbahn nicht mehr übernachten darf. Das Bad mit seinen beiden Außenbecken mit Blick auf die felsigen Gipfel sucht aber seinesgleichen und lohnt durchaus den Besuch.

Noch ein paar Kurven weiter oben fährt eine Sesselbahn zwischen die malerischen Felsgipfel und zum Berggasthof Jorasse. Von dort kann man in knapp zwei Stunden mit bester Aussicht und moderaten 250 Höhenmetern die beiden Felsspitzen oberhalb von Les Jorasses umrunden. Die Wanderrunde heißt Tour du Chatillon und Sie finden sie unter www.ovronnaz.ch.

Dort wo die Straße von Ovronnaz wieder herunterkommt, liegt das Dorf **Chamoson** in den Weinbergen. Etwas oberhalb der Häuser ist ein Picknickplatz mit Parkfläche zu finden. Die letzten 200 Meter der Zufahrt sind sehr schmal und steil. Der Platz ist daher nur für kompakte Mobile zu empfehlen.

(159) WOMO-Picknickplatz: Chamoson

GPS: N46°12'25.9", E7°13'43.1", 735 m. **Max. WOMOs:** 1 – 2.

Ausstattung: Picknicktische, Müll, Wanderwegweiser.
Beschreibung: Leicht schräger Schotterplatz in den Weinbergen. Grandioser Ausblick über den Ort und das Tal. Der Picknickplatz liegt unterhalb der Parkfläche. Vorsicht enge Zufahrt! Leser berichteten, dass sie von der Polizei hier weggeschickt wurden!!
Anfahrt: In Chamoson rechts in die Route de Némiaz. Bis zu den letzten Häusern ist die Straße breit genug und gut befahrbar. Die letzten 200 Meter geht es auf autobreiter Route hinauf und über eine Schwelle rechts auf den Parkplatz.

Zwischen Urwald und Bergsee: Das Val Derborence

Das nächste Tal auf der linken Seite ist ein landschaftliches Kleinod mit einer »interessanten« Zufahrt. Die Straße besteht quasi aus in den Fels gehauenen Tunneln. Sie ist an den meisten Stellen einspurig, hat aber in regelmäßigen Abständen Ausweichstellen. Haben Sie den Gegenverkehr nicht rechtzeitig gesehen, hilft nur rückwärts rangieren. Ist ihr Wohnmobil nicht höher als 3,25 Meter, dürfen Sie die Strecke theoretisch fahren. Da man am oberen Ende in Derborence nicht mehr über Nacht parken darf, lohnt es sich aber kaum, die Fahrt mit dem eigenen Fahrzeug anzutreten – vor allem dann nicht, wenn dieses etwas größer ist. Zweimal am Tag fährt ein Postbus ins Tal, mit dem Sie das schöne Val Derborence völlig stressfrei besuchen können.

Der See, der heute den Talkessel ziert, ist im Jahr 1749 durch einen Felssturz entstanden. Das Tal wurde erst 1960 mit einer Straße erschlossen und ist immer noch einsam. Eine Handvoll Alphütten und ein Gasthof schmiegen sich oberhalb der Wasserfläche an den Hang. Auf der anderen Seeseite zieht sich vom Ufer ein dichter urwaldähnlicher Baumpelz bis zu den Gipfeln hinauf. Hier oben leben Gämsen, Steinböcke und Murmeltiere, die im Naturschutzgebiet nicht gejagt werden dürfen. Auf der schönen, einfachen Wanderung rund um den See bekommen Sie einen ersten Eindruck vom Tal.

Mit dem Bus ins Val Derborence

Im Sommer fahren täglich zwei Postbusse von Sion hinauf. Der erste gegen 9 Uhr, der zweite um 14 Uhr. Wieder hinab geht es dann um 11.45 und 16.45 Uhr. Den Fahrplan finden Sie unter www.sbb.ch. Die Abfahrtszeiten des Busses sind auch interessant, wenn Sie doch selbst hinauffahren. Sie helfen, eine schweißtreibende Begegnung mit dem Postbus zu vermeiden. Und wenn Sie es bequemer wollen, passen Sie den Bus ab und hängen sich hinten an.

Die Tour du Lac

Wenn Sie zügig durchlaufen, haben Sie den Lac de Derborence in 45 Minuten umrundet – doch dafür ist der schöne Weg eigentlich viel zu schade. Nehmen Sie sich etwas mehr Zeit und laufen Sie vom Parkplatz auf dem gegenüber der Informationstafel abzweigenden Pfad hinunter zum See. Bei den großen Felsblöcken am Waldrand geht der Weg weiter. Zwei Holzstege helfen hier, den Abfluss des Sees zu überqueren. Haben Sie Kinder dabei, brauchen Sie hier unbedingt Zeit zum Klettern und Spielen – oder für ein zünftiges Picknick auf einem der Felsen. Danach geht es in den Wald hinein. Kühl und feucht ist es hier. An der ersten Wegkreuzung zweigt links die Tour du Vallée ab. Wir laufen rechts oberhalb des Sees, überqueren den Seezufluss und gehen dann direkt am Ufer auf die Alphütten und den Gasthof zu. Von dort geht es auf dem Fahrweg zum Parkplatz zurück.

Die Tour de la Vallée

Wer das Tal ausführlicher kennenlernen will, kann auf der markierten Tour de la Vallée einmal rund um den Talkessel laufen. Für die 15 Kilometer lange Strecke mit 500 Meter Höhenunterschied kalkulieren Sie fünf bis sechs Stunden. Eine Karte zum Rundweg gibt es unter www.derborence.ch.

Von Conthey in die andere Richtung über Chandolin in die Weinberge oberhalb von **Savièse** hinaufzukurven lohnt sich aus einem ganz anderen Grund. Auf einem großen Parkplatz hat die Gemeinde Savièse hier einen offiziellen Stellplatz für Wohnmobile eingerichtet, der die kurvige Anfahrt aus dem Tal durchaus lohnt. Auf allen anderen Parkplätzen in der Gemeinde ist das Übernachten im Wohnmobil dafür verboten.

(160) Offizieller WOMO-Stellplatz: Savièse

GPS: N 46°15'25.4", E 7°20'38.3", 1045 m, Route de Binii. **Max. WOMOs:** 13
Ausstattung: V/E, WC, Dusche, Müll. **Geöffnet:** Mai bis Oktober.
Beschreibung: Großer Schotterplatz (P 1) mit Weitblick auf die gegenüberliegenden Gipfel. Max. 4 Tage.
Anfahrt: Wegen der schmalen Durchfahrt zwischen den Häusern empfiehlt es sich, am Kreisel im Zentrum von Savièse den Ortskern rechts oder links zu umfahren. Beide Straßen sind schmal und führen durch ein Wohngebiet zum oberhalb des Ortes gelegenen Parkplatz. **Preise:** CHF 10.
Sonstiges: Auf einer Infotafel am Platz ist der nahe gelegene neu angelegte Wanderweg entlang einer Suone beschrieben, der vom Parkplatz in 45 Minuten erreicht werden kann und teilweise ziemlich spektakulär am Felshang entlangführt.

Fahren wir über **Roumaz** in Richtung Sion wieder bergab, kommen wir am Naturschutzgebiet am **Lac de Mont d'Orge** vorbei. Auf einem Fußweg kann man um den hübschen See spazieren. Außerdem führt vom Parkplatz ein kurzer Bergpfad zu einer Burgruine hinauf, der sich schon wegen des grandiosen Weitblicks über das Rhônetal und auf die Burghügel von Sion lohnt.

(161) WOMO-Wanderparkplatz: Sion / Lac de Mont d'Orge

GPS: N 46°14'01.0", E 7°20'26.0", 650 m. **Max. WOMOs:** 1–2
Ausstattung: Trinkwasser am benachbarten Picknickplatz.
Beschreibung: Geschotterter, leicht schräger Parkplatz im Grünen, teilweise schattige Plätze unter Bäumen. Der Picknickplatz befindet sich am unteren Teil der Parkfläche. Hier beginnt auch der Aufstieg zur Burgruine. WC im Maison de Nature am Seeufer.
Anfahrt: Direkt hinter einer Serpentine bei La Muraz dem braunen Schild Maison de Nature rechts und gleich wieder rechts folgen. Die zweite Straße links führt hinunter zum Parkplatz. Diese ist zwar sehr schmal, aber immerhin eine Einbahnstraße.

Die Burgruine von Montorge

Die Felsenburg wurde 1230 hier erbaut und löste gleich einen Konflikt aus. Die Grafen von Savoyen wollten vom Mont d'Orge den Durchgang ins Oberwallis überwachen, bauten ihre Burg aber dabei auf dem Gebiet des Bischofs von Sion. Dieser verlangte vergebens die Zerstörung der Wehranlage und rückte schließlich 1264 mit Truppen an. So gelangte Montorge in den Besitz des Bischofs von Sion und wurde erst im 14. Jahrhundert zurückerobert.

Bei einem Aufstand er Oberwalliser gegen die Freiherren von Raron, die im 15. Jahrhundert die Geschicke des Tales lenkten, wurde die Felsenburg zerstört – genau wie die gegenüberliegende Burg von Tourbillon. Anders als diese wurde sie nicht wieder aufgebaut. Heute stehen auf dem Mont d'Orge nur noch ein paar Mauern und das Fundament des ursprünglich etwa 15 Meter hohen Turmes, die Aussicht auf die beiden Burghügel von Sion und in das obere Rhônetal ist aber unverändert gut.

Zwei Burgen überm Häusermeer

Zurück im Rhônetal bekommt jetzt **Sion**, der Hauptort des Kantons Wallis, die gebührende Aufmerksamkeit. Ein markierter Wohnmobilparkplatz am Stadtrand ist ein guter Ausgangspunkt für einen Rundgang durch die Altstadt.

(162) WOMO-Parkplatz: Sion

GPS: N 46°14'00.7", E 7° 22'06.7", 490 m. **Max. WOMOs:** 10
Ausstattung: Keine.
Beschreibung: Ebener Parkplatz zwischen einer Straße und dem Berghang. Laut Schild an der Einfahrt reserviert für Wohnmobile, aber meist gut mit PKWs belegt. Kurzer Fußweg in die Altstadt und zu den Burgen.
Anfahrt: Am westlichen Ortsende am Kreisel an der Ortsausfahrt.
Alternative: Für eine ruhige Übernachtung finden Sie am anderen Ortsende zwischen Rhône und Badesee den komfortablen **TCS Camping Sion** bei **GPS N 46°12'42'.0", E 7°18'50.0".** Der benachbarte Camping Sedunum ist einfacher und preisgünstiger, hat aber kein eigenes Badeufer.

Lassen Sie sich nicht vom hässlichen Häusermeer der Außenbezirke Sions abschrecken. Die schöne verschachtelte Altstadt und beide Burgen, die sich auf den zwei Hügeln im Stadtzentrum gegenüberstehen, lohnen den Fußweg und die Mühe des Aufstiegs unbedingt.

Vom Parkplatz gehen wir zuerst zur Altstadt, die auf der linken Seite am Fuß der Hügel zu finden ist. Von dort führt ein Weg durch malerische Gassen hinauf zum Sattel zwischen den

Blick über Sion von der Burgruine Montorge

Kubikmeter Beton wurden in 14 Jahren Bauzeit verarbeitet, bis das Kraftwerk im Jahr 1965 in Betrieb ging. Eine Seilbahn transportiert Wanderer vom Fuß der Staumauer zu Ihrer Krone, wo eine fünfstündige Wanderrunde beginnt. Für Wohnmobile kommen zwei Parkplätze infrage. Der erste liegt gleich rechts neben dem kurzen Tunnel am Fuß der Staumauer. Von diesem ist, leicht übersehbar, ein zweiter Parkplatz in 500 Metern beschildert. Die Straße sieht auf den ersten Blick abenteuerlich aus, ist aber eben und gut zu fahren. Sie endet auf einem großen Schotterplatz leicht seitlich der Mauer, der sogar ein blaues Wohnmobilsymbol trägt und damit ganz offiziell zum Übernachten freigegeben ist.

(164) WOMO-Wanderparkplatz: Lac de Dix

GPS: N 46°05'08.0", E 7°24'04.0", 2.092 m. **Max. WOMOs:** 20
Ausstattung: WC an der Seilbahnstation.
Beschreibung: Schotterplatz vor der Staumauer, Seilbahnstation, Gaststätte im Hotel 300 Meter entfernt.
Anfahrt: Die Straße ins Val d'Hérémence bis zum Ende fahren, bis gleich hinter einem Tunnel rechts der erste Parkplatz erscheint. Von diesem der schmalen Straße zum zweiten Parkplatz folgen.
Sonstiges: Weitere Stellplätze an der Straße zum See, zum Beispiel am Beginn der Steigung bei **GPS N 46°05'39.0", E 7°24'07.0"** oder 400 Meter davor Parknische mit Brunnen.

Hoch über dem Lac de Dix

Gehzeit: 5 h, 850 hm. Anfangs gemütlich und später steiler windet sich der Weg zur Hütte Cabane de Prafleuri hinauf. Ebenso steil geht es weiter bis zum Pass Col de Roux, wo man den langgezogenen Stausee aus der Vogelperspektive betrachten kann. Auf gutem Weg steigt man wieder zum See hinunter, passiert die Cabane des Écoulaies und landet dann auf dem Fahrweg am Ufer. Durch mehrere beleuchtete Tunnel kommt man zurück zur Staumauer. Sie finden diese Tour auch im Rother Wanderführer Unterwallis.

Grandioser Ausblick hin oder her – der Parkplatz unterhalb der Staumauer war uns nicht ganz geheuer. Vor uns der Abgrund, wenige Meter hinter uns die unvorstellbare Gewalt von 400 Millionen Liter Gletscherwasser, gebändigt von ebenso unvorstellbaren Massen Beton, und über uns am Himmel ein aufziehendes Gewitter – wir sind trotz später Stunde wieder vom Berg hinunter gerollt, um unser Nachtquartier nach **Evolène** zu verlegen. Hier stehen Sie auch mit großen Wohnmobilen gut. Der hübsche Ort mit guter Infrastruktur ist das perfekte Basisquartier, um das Tal zu Fuß und mit dem Postbus zu erkunden.

(165) WOMO-Campingplatz: Camping d'Evolène

GPS: N 46°06'39.0", E 7°29'48.0", 1.359 m, Route de Lannaz, Tel. 0041 (0)27 2831144. **Geöffnet:** Ganzjährig.
Ausstattung: V/E, WLAN, kleiner Pool.
Beschreibung: Einfacher Campingplatz in bester Lage auf einer Wiese unterhalb des bildschönen Dorfkernes.
Sonstiges: Im Ort gute Einkaufsmöglichkeiten und große gastronomische Auswahl zu fairen Preisen.
Preise: CHF 37, Strom CHF 4, plus Kurtaxe, www.camping-evolene.ch.
Anfahrt: Am Ortsende rechts, im Ort ausgeschildert.

Wollen Sie ohne Übernachtung den Ort Evolène besuchen, was sich auch für die Einkehr in eines der gemütlichen Gasthäuser lohnt, finden Sie einen großen Parkplatz am hinteren Ortsende **GPS N 46°06'42.0", E 7°29'54.0"**.

An der Hauptstraße im Ort stehen viele gut erhaltene Waliser Holzhäuser und auch einige Gebäude mit Mäuseplatten aus Granit.

Fährt man zum Wandern weiter ins Tal hinein, bieten zwei weitere angenehme Campingplätze ein Quartier. Der erste, wenige Kilometer weiter in **Les Haudères** ist komfortabel ausgestattet, am Ortsrand gelegen und ebenfalls leicht zu erreichen. Mitten in der Natur übernachtet man dagegen im Tal von Arolla, wobei die Zufahrt zum Platz für große Wohnmobile problematisch ist.

(166) WOMO-Campingplatz: Les Haudères Camping Molignon

GPS: N 46°05'26.0", 7°30'25.0", 1.406 m,
Tel. 0041 (0) 27 2831240. **Geöffnet:** Ganzjährig.
Ausstattung: V/E, Laden, Café, WLAN, Gasservice, kleiner Pool mit Dach, Spielplatz.
Beschreibung: Schöne, ruhig gelegenen Stellplätze am leicht terrassierten Hang, teilweise unter Bäumen, naturnah. Gemütliches Restaurant mit breiter Auswahl zwischen wallisischen Spezialitäten, Fondue und Pizza. Etwa 1 Kilometer vom Ort entfernt.
Preise: CHF 27–34, Strom CHF 4 plus Kurtaxe, www.camping-molignon.ch.
Anfahrt: Von Evolène kommend kurz vor Haudères rechts, ausgeschildert.

Hinter Molignon wird die Straße schmaler und kurviger. Ein **schmaler, dunkler Tunnel**, in dem kaum zwei PKWs aneinander vorbeikommen, ist ein erstes Nadelöhr, bevor das Tal sich wieder weitet. Kurz vor Arolla beginnt im Weiler **La Gouille** der Aufstieg zu einem der wunderbar türkis glitzernden Tümpel, die in der französischen Schweiz »Lac bleu« genannt werden. In der deutschen Schweiz bekommen Sie den niedlichen Namen »Blauseeli«. Zwei Parkbuchten an der Straße haben ausreichend Tiefe für normal große Wohnmobile **GPS N 46°03'14.0", E 7°29'25.0"**. Ein großes Schild kündigt die Wanderung an und sorgt dafür, dass man den Parkplatz kaum verfehlen kann.

Die Wanderung zum Lac Bleu

45 Minuten einfach, 280 hm. Wanderschuhe trotz der Kürze unbedingt sinnvoll. Picknickdecke und Brotzeit nicht vergessen.

Zwischen den Häusern steigt man auf einem schmalen Pfad erst durch den Wald, dann später über Wiesen, ordentlich bergan, passiert die **Hütten der Alp Louché** und steht kurz darauf an einem wahrlich paradiesischen Fleckchen. Ein Wasserfall stürzt in das azurblaue Becken des großen Sees und ein schmalerer, beinahe ebenso blauer zweiter Teich versteckt sich hinter dem Hügel zur Rechten. Suchen Sie sich einfach ihren Lieblingsplatz und machen es sich gemütlich.

Auf den dritten empfehlenswerten Campingplatz im Tal treffen Sie dann kurz vor dem Ort **Arolla**.

(167) WOMO-Campingplatz: Camping Arolla

GPS: N 46°01'39.0", E 7°29'09.0", 1970 m, Route de Tsalion 8.
Geöffnet: Juni bis Oktober.
Ausstattung: Kleiner Laden, WLAN gratis, Grillplatz, Slackline für alle.
Beschreibung: Höchster Campingplatz Europas, schönes Wiesengelände, moderne Sanitäranlagen. Berg- und Gletscherblick, keine Dauercamper, zehn Minuten Fußmarsch zum einladenden Gasthof. Schmale Zufahrt auf unebenem Naturweg und relativ steile Zufahrtswege auf dem Platz. Keine Reservierung möglich.
Preise: CHF 28–32, Strom CHF 4,50, www.camping-arolla.ch.
Anfahrt: Am Gasthof von der Hauptstrecke abbiegen und auf einem geschotterten Weg zum Campingplatz, schmale Bachbrücke kurz vor dem Platz.

Der Zahn der Zeit und die Pyramiden von Euseigne

Wenn Sie wie wir aus dem Val Hérémence nach Evolène gefahren sind, erwartet Sie auf dem Rückweg ins Rhônetal noch etwas Besonderes: Ein bizarres Naturphänomen, an dem sich ein kurzer Stopp anbietet.

Was zuerst einmal aussieht, als hätte ein Bildhauer eine monumentale Betonskulptur über der Straße errichtet, ist natürlichen Ursprungs. Die Stein-Lehm-Pyramiden von Euseigne sind Relikte abziehender Gletscher, deren besondere Form durch Bodenerosion entstanden ist. Betrachtet man die Hänge zwischen Evolène und Euseigne genauer, sieht man weitere, kürzere Nadeln und verwandte senkrechte Felsstrukturen. Der Erosionsprozess wird sich fortsetzen: angegriffen von Wind, Wasser und Frost zersetzt sich die bröselige, betonartige Masse. Zuerst fallen die Steinblöcke, die wie Kappen auf den Pyramidenspitzen ruhen, dann zerbröckelt die nun ungeschützte Spitze mit doppelter Geschwindigkeit.

Aber noch können Sie die Pyramiden betrachten. Vor der **Tordurchfahrt** finden Sie am Straßenrand zwei neu angelegte Parkbuchten. Etwa 50 Meter hinter dem Tor bietet ein schön angelegter **Picknickplatz mit zwei Parkflächen** rechts der Straße mehr Platz **GPS N 46°10‘21.0“, E 7°24‘56.0“**. Hier beginnt ein schmaler Fußweg, der zu den Pyramiden hinunter führt. Noch eine Kurve weiter treffen Sie dann auf einen Picknickplatz mit bestem Pyramidenblick bei **GPS N 46°10‘30.0“, E 7°24‘37.0“.**

Dann erreichen wir die vertrauten Serpentinen am Ende des Tales und sind zurück an der Rhône, wo wenige Kilometer weiter in Richtung Sierre im Südhang des Tales eine der beliebtesten Sehenswürdigkeiten des Wallis verborgen ist. Ein 300 Meter langer **unterirdischer See** ermöglicht eine Höhlenbesichtigung mit dem Boot. Damit Sie statt in der Schlange zu stehen die erste Tour am Morgen wählen können, übernachten Sie einfach auf dem offiziellen Stellplatz am Lac Souterrain.

(168) Offizieller WOMO-Stellplatz: Lac Souterrain de Saint Leonard

GPS: N 46°15'19.3", E 07°25'32.0", 450 m. **Max. WOMOs:** 6
Ausstattung: V/E, Strom, Toilette, Mülleimer, Picknicktische, Snack-Bar.
Beschreibung: Ebener asphaltierter Parkplatz. Wenn die markieren Wohnmobilplätze belegt sind, darf auf dem PKW-Parkplatz übernachtet werden.
Preise: CHF 15 für 24 Stunden, zu bezahlen per Twint oder ParkingPay.
Anfahrt: Der Kantonalstraße 9 durch den Ort folgen und kurz vor dem Ortsende links den Schildern zum Lac Souterrain folgen. Die Stellplätze befinden sich rechts auf dem kleineren Parkplatz.
Sonstiges: Der unterirdische See wird mit hölzernen Ruderbooten befahren. Die geführten Touren auf deutsch, französisch, italienisch und englisch dauern 30 Minuten, Mitte März bis Oktober täglich zwischen 9–17 Uhr. CHF 12, Kinder 5–15 CHF 7. Reservierung auf lac-souterrain.com.

Wir sparen uns die extrem kurvenreiche Bergstrecke am Südhang, die unter anderem zum Skiort Crans Montana führt, und bleiben bis Sierre im Rhônetal. Bei Granges bietet ein **Parkplatz** bei **N 46°15'37.1", E 7°27'17.6"** zwischen dem Vergnügungspark **Happyland** und dem Badesee **Lac de Brèche** die Möglichkeit für eine Pause. Ein schöner Campingplatz folgt kurz darauf an der Zufahrt zum Val d'Anniviers.

(170) WOMO-Campingplatz: Sierre/Swiss Plage

GPS: N 46°18'07.0", E 7°33'52.0", 580 m,
Tel. 0041 (0)27 4556608. **Geöffnet:** Ostern bis Oktober.
Ausstattung: Snackbar, WLAN gratis.
Beschreibung: An der Rhône, naturnahes Gelände mit kleinem Badesee. Touristenplätze in Seenähe, viele schattige Plätze unter Bäumen.
Preise: CHF 35–39, Strom CHF 4, plus Kurtaxe, www.swissplage.ch.
Anfahrt: Am Kreisel westlich von Sion in Richtung Salgesch fahren. Der Campingplatz liegt noch vor Salgesch rechts an der Straße und am nördlichen Ufer der Rhône.

Val d'Anniviers – Abenteuertour ins Eifischtal
Die Zufahrt ins Eifischtal, das ist der deutsche Name des Val d'Anniviers, ist nichts für schwache Nerven. Es beginnt harmlos und gerade, dann schraubt sich die immerhin recht breite Straße in etlichen extrem engen Serpentinen hinauf, die unserem Navi einen mittleren Kollaps bescherten. Es konnte uns definitiv nicht mehr korrekt orten. Aber was soll's, verfahren kann man sich hier eh nicht – es gibt ja nur eine Straße. Abzweigungen verbietet der gähnende Abgrund auf der rechten Seite.

Hart an der Felswand geht es weiter, die Straße wird immer mal wieder überraschend enger, bis sich das Tal kurz vor Vissole langsam weitet. Hier findet unterhalb der Straße bei **GPS N 46°13'05.0", E 7°34'59.0"** sogar ein kleiner **Campingplatz** Raum. Die Zufahrt ist jedoch eng und steil und der Platz mäßig attraktiv. Da es sich zurzeit um den einzigen Campingplatz im Tal handelt, soll er wenigstens Erwähnung finden.

Eine schmale Straße führt von Vissole hinauf nach **Grimentz**, welches mit seinem historischen Ortskern aus alten Holzhäusern nostalgisches Flair verbreitet. Und unterhalb des Ortes gibt es einen offiziellen Stellplatz für Wohnmobile.

Auf allen Stellplätzen im Val d'Anniviers, wird eine Kurtaxe von CHF 4 pro Person erhoben. Klingt erst einmal viel, beinhaltet aber den **Pass Anniviers Liberté**, mit dem Sie unter anderem kostenlos Bergbahn und Postbus fahren können. Wenn Sie Ihren Stellplatz am Automaten bezahlt haben, können Sie sich mit der Quittung den Pass im örtlichen Verkehrsbüro abholen.

(171) Offizieller WOMO-Stellplatz: Grimentz

GPS: N 46°10'25.2", E 7°34'20.8", 1.585 m. **Max. WOMOs:** 8
Ausstattung: V/E, Strom, Müll.
Beschreibung: Auf dem Parkplatz Clos de Frès am Ortsrand unterhalb des Hotel Cristall. Direkt unterhalb des historischen Ortskernes. **Geschlossen** Mitte August zum Grand Raid und bereits 1–2 Wochen vorher eine halbe Baustelle.
Preise: CHF 23, im Winter CHF 30 inklusive Kurtaxe, zahlbar am Automaten.
Alternative: Wenn Sie keinen Wert auf Strom legen, können Sie auch rechts vom Stellplatz der Straße zum höher gelegenen Parkplatz folgen. Die Tagesparkgebühr beträgt CHF 5, ein Verbotsschild, wie sie sonst überall im Ort zu sehen sind, konnten wir hier nicht finden.
Anfahrt: Am zentralen Parkplatz im Ort links in die Route de Moiry und vor dem Supermarkt links auf den Parkplatz.

(172) Offizieller WOMO-Stellplatz: Grimentz Zeltplatz Ilôt Bosquet

GPS: N 46°10'12.2", E 7°34'08.8", 1.585 m. **Max. WOMOs:** 10
Geöffnet: Mai bis Oktober.
Ausstattung: Wasser, Dixi-WC, Dusche, Müll.
Beschreibung: Zelt- und Campinggelände der Gemeinde mit großem Schotterplatz für Wohnmobile. Ruhige Lage am Waldrand ein Stückchen abseits des Ortes.
Preise: CHF 23 inkl. Kurtaxe (Pass Anniviers Liberté inklusive).
Anfahrt: Am zentralen Parkplatz im Ort rechts in die Route de Moiry, am Supermarkt und am Hotel Cristall vorbei, dann links über den Parkplatz. Am hinteren Ende des Platzes der schmalen Straße 200 Meter folgen. Der Platz liegt rechts oberhalb des Fahrweges.

Auch die Weiterfahrt zum **Lac de Moiry** lohnt sich inzwischen wieder. An der Barrage de Moiry sind Wohnmobile jetzt toleriert und noch ein Stück weiter oben auf dem Parkplatz vor dem Gletscher von Moiry hat man tatsächlich einen offiziellen Wohnmobilstellplatz eingerichtet, der auf 2.400 Metern die wahrscheinlich höchstgelegene WC-Entsorgungsstation Europas zu bieten hat.

(173) Offizieller WOMO-Stellplatz: Moiry Gletscher

GPS: N 46°06‘24.8“, E 7°34‘41.4“, 2.400 m.
Max. WOMOs: 10. **Geöffnet:** Mai bis Oktober.
Ausstattung: Entsorgung-WC, Toilette, tagsüber Buvette.
Beschreibung: Großer Schotterplatz in grandioser Lage mit Blick auf den Gletscher.
Anfahrt: Vom Stellplatz in Grimentz weiter hinauffahren und vom oberen Parkplatz der Straße zur Barrage de Moiry folgen. An der Zufahrt sollte das grüne Schild »ouvert« hängen. Im Winterhalbjahr ist die Straße zum Stausee gesperrt. Nach den ersten steilen Kurven direkt hinter Grimentz führt die Straße recht undramatisch weiter ins Tal, schwingt sich in zwei Kehren zur Staumauer hinauf und führt durch einen einspurigen Tunnel zum Seeufer. Hier gibt es bereits schöne Plätze am Seeufer, an dem die Straße jetzt weiterführt bis sie am Parkplatz vor dem Gletscherabfluss endet. Die für Wohnmobile reservierten Plätze liegen rechts am Rand des großen Parkplatzes. **Preise:** CHF 23 inkl. Kurtaxe),
Sonstiges: Vom Parkplatz führt ein Wanderweg zur Hütte Cabane de Moiry hinauf, die auf einem Felssporn direkt neben der Gletscherzunge steht.

Zurück in Grimentz biegen wir ab nach **Zinal**, wo etliche lange Touren in die wilde Bergwelt des abgelegenen Tales möglich sind. Ohne die passende Wanderliteratur mit Karten kommen Sie allerdings nicht weit. Das Infomaterial an den Bergbahnen fanden wir wenig erhellend. Rund um den Ort finden Sie mehrere Kletterfelsen mit markierten Routen für Anfänger und Fortgeschrittene.

Die Stellplatzsituation in Zinal hat sich in den letzten Jahren noch einmal komplett verändert. Auf dem einladenden ehemaligen Wohnmobilparkplatz rechts vor dem Ort befindet sich zur Zeit eine Baustelle. Dafür hat die Gemeinde im Ort links der Straße einen kleinen, komplett ausgestatteten Stellplatz angelegt. Außerdem ist auch der provisorische Zeltplatz neben dem **Relais de Tzoucdana** wieder in Betrieb und stellt eine Wiese für Campervans und Wohnmobile zur Verfügung.

(174) Offizieller WOMO-Stellplatz: Zinal

GPS: N 46°08'14.8", E 7°37'31.3", 1.647 m. **Max. WOMOs:** 4–5
Ausstattung: V/E, Strom, Müll.
Beschreibung: Parkplatz im Ort und direkt an der Durchfahrtsstraße, die in Zinal endet. Die Plätze an der unteren Stromsäule sind leicht schräg.
Preise: CHF 23, im Winter CHF 30, inklusive Strom und Kurtaxe (beinhaltet Pass Anniviers Liberté).
Anfahrt: An den ersten Häusern links der Straße. Zufahrt mit Wohnmobilsymbol markiert.

Gemütlicher fanden wir die Plätze am Relais, die ganz am Ende des Ortes mitten im Grünen liegt. Die Camperwiese ist allerdings komplett naturbelassen und ziemlich uneben.

(175) Offizieller WOMO-Stellplatz: Zinal Relais de Tzoucdana

GPS: N 46°07'32.7", E 7°37'52.7", 1.647 m, Tel. 0041 (0) 27 475 12 19.
Geöffnet: Mai bis Mitte September. **Ausstattung:** Dixie-WC, Wasser, Müll.
Beschreibung: Unebener Wiesenplatz in schönster Berglandschaft neben dem Gasthof mit einfachen Gerichten zu akzeptablen Preisen.
Preise: CHF 26, plus Kurtaxe CHF 4 (beinhaltet Pass Anniviers Liberté), www.tzoucdana.ch.
Anfahrt: Durch den Ort, dann auf Schotter bis zur Gaststätte fahren.

Wer sich nur ein wenig die Füße vertreten will, fährt durch Zinal hindurch und weiter ins Tal hinein, bis die Straße nach wenigen Kilometern auf einem schön gelegenen Wanderparkplatz endet.

Käseeinkauf und ein Spaziergang am Fluss

Gehzeit etwa 1 h, eben. Vom Wanderparkplatz können Sie an der Navisence entlang weiter ins Tal laufen: auf beiden Flussseiten führen breite Wege entlang. Gerade vor Ihnen zieht sich der Zinalgletscher ins Tal und die weiße Spitze rechts im Hintergrund ist der 4357 Meter hohe Dent Blanche. Laufen Sie hier geradeaus weiter, begeben Sie sich mitten in die straßenlose Bergwildnis zwischen der Schweiz und Italien. Wenn aus dem Spaziergang keine Bergtour werden soll, wechseln Sie an der ersten Brücke die Flussseite und laufen zurück zum Parkplatz. Bevor Sie wieder aufbrechen, empfiehlt sich der Einkauf von frischem Alpkäse an der Alphütte oberhalb des Platzes oder vielleicht die Einkehr im urig gemütlichen Almgasthof La Tzoucdana mit Spielplatz und kleinem Streichelzoo.

Zurück im Rhônetal geht es auf der Kantonalstraße nach Leuk. Direkt an der E62, aber schon im Naturpark Pfyn liegt der naturbelassene Camping Monument. Etwas oberhalb von Leuk und in ruhigerer Lage treffen wir auf den komfortablen Campingplatz Bella Tola.

(176) WOMO-Campingplatz: Susten / Monument

GPS: N 46°18‘25.0“, E 7°36‘39.8“, 600 m, Pfynstr. 68, Tel. 0041 27473 1827.
Geöffnet: Mai bis Mitte September.
Ausstattung: WC-Entsorgung, Pool
Beschreibung: Einfacher Platz im Wald, aber nahe an der Durchgangsstraße. Ruhigere Plätze im hinteren Bereich.
Preise: CHF 30–36, Strom CHF 4.
Anfahrt: Südlich von Leuk direkt an der Kantonalstraße 9.

(177) WOMO-Campingplatz: Susten / Bella Tola

GPS: N 46°17‘56.0“, E 7°38‘11.0“, 756 m, Waldstrasse 133, Tel. 0041 (0)27 4731491. **Geöffnet:** April bis Oktober.
Ausstattung: V/E, Restaurant, Imbiss, gut sortierter Laden, WLAN gratis, Gasdepot, geheiztes Schwimmbad, E-Bike-Verleih
Beschreibung: Mitten im Grünen gelegener, gepflegter Viersterne-Campingplatz mit großzügigen, meist halbschattigen Plätzen. Sehr ruhig und in schöner Umgebung. Viele Bäume. Separater Touristenbereich ohne Dauercamper.
Preise: CHF 35, Strom CHF 3,80, www.bella-tola.ch.
Anfahrt: An der Ortsdurchfahrt Susten ausgeschildert (rechts).
Sonstiges: In direkter Nähe der spektakulären Butanbrücke über den Illbach ins Naturschutzgebiet Pfynwald.

Von Susten fahren wir jetzt auf kurviger, aber gut ausgebauter Straße links hinauf zum bekannten Kurort **Leukerbad**.

Wellnessparadies Leukerbad

Leukerbad ist ein Badeort mit Tradition. Die Thermalquellen waren schon in römischer Zeit beliebt und das »Maison blanche«, das älteste Hotel am Ort, existiert seit 1719. Mitte des 19. Jahrhunderts war der damals noch kleine Bergort mit sieben großen Hotels ein bevorzugtes Ziel der europäischen Oberschicht. Erst nach dem 1. Weltkrieg wechselte die Klientel. Heute kuren im Burgerbad und in der nobleren Alpentherme ganz normale Schweizer Bürger.

Trotz seiner langen Geschichte als Touristenort hat das Ortsbild von Leukerbad erst einmal wenig Charme. Es ist bestimmt von großen, modernen Hotels der gehobenen Preisklasse und gesichtslosen Straßenzügen. Die Berge im Hintergrund sind da schon deutlich schöner anzusehen. Knubbelige Felsnasen wechseln mit grünen Grasmatten und eine Fahrt mit der 1957 eröffneten Gemmi-Seilbahn bringt uns hinauf in die karge Hochgebirgslandschaft zwischen Dauben- und Lämmerensee. Ein Rundgang um den Daubensee ist mit zwei Stunden auch für weniger trainierte Wanderer gut zu machen. Der Abstieg vom Gemmipass auf dem serpentinenreichen Felsenweg war früher eine gefährliche Herausforderung – heute ist ein aufregender, aber gefahrloser Bergpfad daraus geworden. Was Leukerbad besonders macht, sind auch heute noch seine Bäder. Das heiße Wasser sprudelt hier im Überfluss aus rund 20 Quellen, sodass neben den Becken der beiden öffentlichen Thermalbäder auch noch die Heilbäder einiger Kurhotels gefüllt werden können. In Leukerbad finden Sie die größten Thermenanlagen der Schweiz. Die Zufahrt ins Tal ist gut ausgebaut und unkompliziert zu fahren.

Das Burgerbad – Spaß und Entspannung für Alle

Das familienfreundliche Burgerbad ist eine Mischung zwischen Therme und Spaßbad. Besucher haben die Wahl zwischen 10 Thermalbecken von frischen 28°C bis zu badewannenwarmen 43°C. Ein Sportbecken mit mehreren Riesenrutschen sorgt für Kinderspaß, die Natursteingrotte und Massagedüsen für Entspannung.

Täglich geöffnet 8–20 Uhr, Tageskarte CHF 37, Kinder 8 bis 15 Jahre CHF 18, 3 Stunden CHF 30, www.leukerbad.ch.

Die Alpentherme – Wellnessparadies und Heilbad

Innen- und Außenbecken der 1993 erbauten Alpentherme haben besten Bergblick und viele Massagedüsen. Im angeschlossenen Wellnessbereich haben Sie die Wahl zwischen ayurvedischen Massagen, Thalasso-Therapie, Kräuterbädern mit Alpenpflanzen und vielen weiteren gesundheitsfördernden Anwendungen. Saunafreunde dürfen sich gleich an einem ganzen Saunadorf mit vier verschiedenen Hütten und uriger Dorfbeiz erfreuen.

Geöffnet ist täglich von 9–20 Uhr, die Sauna öffnet um 10 Uhr. 3-Tageskarte Sauna und Bad CHF 85 (je 3 Stunden), 3 Stunden CHF 33, www.alpentherme.ch.

(178) WOMO-Campingplatz: Sportarena Leukerbad

GPS: N 46°22'52.0", E 7°37'25.0", 1.400 m, Römerweg 2, Tel. 0041 (0) 27 4701037. **Geöffnet:** Mai bis Oktober.
Ausstattung: V/E, Laden, WLAN, Sportstätten.
Beschreibung: Stellplätze auf schattenlosen Wiesenterrassen am Rand eines Wäldchens und am Ortsrand, kaum Dauercamper. Direkt an der modernen Sportarena. Burgerbad und Gemmi-Bahn sind zu Fuß erreichbar.
Preise: CHF 42 inkl. Strom und Kurtaxe (inklusive Gästekarte), www.leukerbad.ch.
Anfahrt: Durch den Ort hindurch. Am oberen Ortsende links. Ausgeschildert.

Eine Alternative bietet ein kleiner Parkplatz oberhalb des Ortes auf dem man einen 24-Stunden-Tarif lösen kann.

(179) WOMO-Parkplatz: Leukerbad

GPS: N 46°22'55.9", E 7°37'55.9", 1400 m. **Max. WOMOs:** 3–4
Ausstattung: Keine.
Beschreibung: Parkplatz in ruhiger Lage am Ortsrand. Übernachtung nur außerhalb der Öffnungszeiten des Campingplatzes erlaubt!
Preise: CHF 10.
Anfahrt: Am Campingplatz vorbei der einzigen nicht für Fahrzeuge gesperrten Straße folgen. Der Parkplatz liegt kurz hinter der Bachbrücke auf der rechten Seite.

Das Rhônetal zwischen Leuk und Gampel ist auf den ersten Blick wenig spektakulär. Ein Stopp lohnt sich jedoch im kleinen Ort **Turtmann**.

Ein Stützpunkt auf Simplonhandelsweg
Ein Rundgang durch das historische Turtmann

Gut gelegen an einem der wichtigsten Handelswege nach Italien, erlebte Turtmann im 17. Jahrhundert seine Blütezeit. Waren wurden damals mit Maultieren über den Simplonpass transportiert und Turtmann war ein wichtiger Handelsplatz an der Route. Im Ortskern verbergen sich über 20 gut erhaltene historische Gebäude, die mit einem zweistündigen Rundweg, dem Kulturpfad Turtmann, verbunden sind. Der Weg beginnt an der Kirche und führt von uralten, vorsichtig restaurierten Patrizierhäusern bis zur alten Sennerei und zur alten Säge, wo ein Abstecher zum Wasserfall führt. Bodenmarkierungen erlauben die sorgenfreie Orientierung unterwegs, außerdem bekommen Sie an der Information auch ein Faltblatt mit der Beschreibung. Am Bahnhof können Sie dann in der Schaukäserei besten walliser Käse direkt vom Erzeuger kaufen.

Die im Ort abzweigende Straße ins **Turtmanntal** ist mit Vorsicht zu genießen. Sie ist durchgängig sehr schmal und überhaupt nur mit kompakten Wohnmobilen befahrbar. Unterwegs gibt es keinerlei Parkmöglichkeiten und am Talschluss nur wenige Parkplätze im Weiler Gruben oder am Rand der Straße kurz vor dem Talende. Am Straßenende können Sie nicht drehen!

Kurz nach Turtmann biegt in südlicher Richtung die gut ausgebaute Straße zum **Bahntunnel mit Autoverladung** ab. Sicher verstaut auf einem Eisenbahnwagen könnte Ihr Wohnmobil in einer schlappen Viertelstunde (Wohnmobil bis 5 Tonnen CHF 27 am Wochenende CHF 29,50) durch den Berg und hinüber nach Kandersteg im Berner Oberland rollen.

Aber eigentlich haben wir jetzt hier etwas anderes vor: Fährt man nämlich an der Bahnstation vorbei, führt rechts eine erfreulich unkomplizierte Straße an der Lonza entlang in ein immer noch ruhiges abgelegenes Tal.

Leukerbad ist kein besonders schöner Ort, die umliegende felsige Berglandschaft ist dafür wirklich beeindruckend.

Maskenzauber und UNESCO-Weltnaturerbe
Natur und Kultur im Lötschental

Eine Straße führt erst seit den 1950er Jahren ins Tal, vorher waren die Orte Kippel, Wiler und Blatten nur mit der Bahn zu erreichen. So haben sich im Lötschental, weit weg von der modernen Welt, alte Traditionen und Bräuche erhalten, die im Rest der Schweiz oft unbekannt sind. Besonders eindrucksvoll ist der Aufzug der Tschägätta. Zottelige Gestalten mit grauslichen Fratzen streifen in den kalten, schneereichen Faschingstagen durch die Dörfer, um dort Angst und Schrecken zu verbreiten. Eine schöne Sammlung von Masken, die meist aus Arvenholz geschnitzt und dann in kräftigen Farben bemalt werden, kann man auch außerhalb der Faschingszeit im Lötschentaler Museum in Kippel betrachten. Im Einsatz sehen Sie Masken und Zottelpelze jedes Jahr Anfang Februar beim Tschäggättu-Umzug, dem Höhepunkt der Lötschentaler Faschingssaison. Etwa 100 Maskierte laufen dann die Strecke zwischen den Dörfern Blatten und Ferden...

Und das ist es, was auch Sie hier im Tal unbedingt tun sollten: Laufen. Besser mit Wanderschuhen als mit Holzmaske und den Fellumhang können Sie sich im Sommer auch sparen. Das Gebiet hinter der Fafleralm am Talende hinauf zum Gletschertor des Langgletschers wurde 1901 zum Weltnaturerbe erklärt. Ein einfacher, gut markierter Wanderweg führt zu zwei idyllischen Seen, an der Lonza entlang zum Gletschertor und durch ein felsgesprenkeltes Wiesental weiter hinauf zur Anenhütte. Und das i-Tüpfelchen an der Sache: Unterhalb der Fafleralm ermöglicht ein einfaches Campinggelände direkt am sprudelnden Wildbach einen entspannten Aufenthalt mit abendlichem Lagerfeuer und ausführlicher Grillsession vor dem Wohnmobil – und das vor bilderbuchreifer Bergkulisse.

Wenn Sie jetzt ins Tal hineinfahren, treffen Sie in Kippel erst einmal auf das **Lötschentaler Museum** mit seiner Sammlung von 60 Tschägätta-Masken aus den letzten 100 Jahren. Außerdem können Sie sich hier über das »Zusammenleben von Mensch und Berg« und über die Geschichte des Lötschentales informieren.
Museumsstraße 1, Juni bis Oktober Di bis So 14–17 Uhr, im Winter nur Mittwoch bis Freitag. CHF 6, loetschentalermuseum.ch.

Am Ende des Tals wartet ein einfacher, besonders schön gelegener, aber eigentlich für seinen sanitären Standard völlig überteuerter Campingplatz. Er liegt direkt neben dem großen Parkplatz, der für Tagesgäste eine gute Basis für die beiden beschriebenen Wanderungen (Tagesparkschein CHF 7) ist.

(180) WOMO-Campingplatz: Camping Fafleralp

GPS: N 46°26‘06.0“, E 7°51‘41.0“, 1.765 m,
Tel. 0041 (0)27 9391403. **Geöffnet:** Mai bis Oktober.
Ausstattung: Kein Strom, Wasser, Kiosk und Snacks.
Beschreibung: Im Talkessel zwischen mehreren Gletschern am Bach gelegen. Halbwegs ebene Wiesenfläche. Feuerstellen am Bachufer und Murmeltierbau am Hang hinter dem Platz. Für Campinggäste reservierter sehr einfacher WC/Duschcontainer.
Preise: CHF 27–36 je nach Fahrzeuggröße und Saison, plus Kurtaxe (Inkl. Lötschental-Card), www.camping-fafleralp.ch.
Anfahrt: Am Straßenende durch die Parkplatzschranke (Ticket ziehen) und dann links zum Wiesengelände. Anmeldung und Münze zum wieder Hinausfahren am Kiosk.
Sonstiges: Postbusstation am Platz. Ausgangspunkt für zwei schöne Wanderungen.
Alternative: Camping Lötschental in Kippel N 46°23’52.2”, E 7°46’28.9” (ACSI-Rabatt in der Nebensaison), neuer kleiner Platz am Fluss.

Der Lötschentaler Höhenweg – eine Wanderung für Genießer

Gehzeit 2,5 h, 140 m hoch, 340 m hinunter. Weit oberhalb von Straße und Fluss führt ein einfach zu gehender Fußweg durch blühende Wiesen und über sprudelnde Bäche mit weitem Blick ins Tal hinein. Wer den Lötschentaler Höhenweg in seiner vollen Länge laufen möchte, ist zwischen der Fadumalm am Taleingang und der Fafleralm am Straßenende gut 5 Stunden auf 16,5 Kilometern unterwegs. Unsere Teilstrecke ist weniger anspruchsvoll und auch für weniger trainierte Wanderer und Familien locker zu schaffen. Nehmen Sie einfach vom Parkplatz am Talende den stündlich fahrenden Postbus nach Wiler, lassen sich von der Seilbahn hinauf zur Lauchernalp transportieren und laufen von dort mit weiter Sicht ins Tal auf dem gut markierten Weg zurück zum Womo. Auf halben Weg können Sie am Tellistafel in der Tellisalp einkehren, und kurz vorm Ziel lassen sich am Schwarzsee (Foto links oben) idyllische Picknickplätze entdecken oder der Sprung ins kalte Wasser wagen. Sie finden eine genaue Beschreibung dieser Wanderung unter anderem im Buch Entdeckertouren Oberwallis von Eugen Hüsler oder in verschiedensten Varianten unter www.loetschental.ch.

Wanderung zum Langgletscher und zur Anenhütte

13 km, 710 hm, etwa 4,75 h (bis zur Anenhütte). Ohne Besuch der Anenhütte etwa 3,5 h, 460 hm. Etwas höhere Ansprüche an die Kondition stellt ein Ausflug von der Fafleralm in die andere Richtung. Landschaftlich nicht weniger eindrucksvoll geht es sanft ansteigend an der wilden Lonza entlang ins Tal hinein. Schon nach einer knappen halben Stunde steht man am türkisblau schimmernden Grundsee und müsste eigentlich gar nicht weiter gehen, so schön ist es hier. Bei unserem ersten Besuch im Tal sind wir hier von Blaubeerbusch zu Blaubeerbusch gewandert. Diesmal haben die Kühe ganze Arbeit geleistet und alles ist ratzekahl gefressen. Keine einzige Blaubeere hängt in den Büschen.

Über mehrere Stationen des Gletscherlehrpfades erreichen wir das Tor des Langgletschers. Erst wenn man immer näher kommt, wird klar, dass die Eishöhle, aus der die Lonza mit Schwung hervorschießt, das Format eines mächtigen Kellergewölbes hat. Von weiter weg sieht es klein und harmlos aus. Kurz vor dem Gletscher zweigt links ein Pfad zur Anenhütte ab, die, nachdem eine Staublawine sie 2006 komplett zerstörte, seit dem Herbst 2008 in neuer, hochmoderner Pracht neben dem Gletscher steht. An ihrer Architektur scheiden sich die Geister, der Standort und der Weg dorthin sind allerdings unvergleichlich. Es geht durch ein grünes Tal mit üppig sprudelndem Bachlauf zwischen wild in der Wiese verstreuten Felsen. Auf dem Rückweg wählen wir den Abstieg über die felsgesprenkelten Wiesen der Guggialp zum nächsten See. Kurz bevor Sie den Guggisee erreichen, zweigt ein Pfad zurück zum Parkplatz ab: das wäre der kürzeste Weg zurück. Wir laufen weiter zum See, links am Ufer entlang und steigen erst an der Almsiedlung Guggistafel in Serpentinen wieder hinab ins Tal. Eine gute halbe Stunde später erreichen wir wieder die Fafleralm.

Wenn Sie nur von der Fafleralm zum Gletschertor wollen, kalkulieren Sie dafür gut 2,5 Stunden, allerdings verpassen Sie dann den landschaftlich grandiosen Aufstieg zur Guggialm. Eine Karte mit allen Wegen finden Sie am Parkplatz. Dort oder am Kiosk bekommen Sie auch einen Flyer, der die einzelnen Stationen des Weges beschreibt. So können Sie mithilfe der Erklärungen die landschaftlichen Spuren lesen, die der Langgletscher über die Jahrhunderte im Tal hinterlassen hat.

Wir trennen uns von dem schönen Tal und kehren zur Rhône zurück. Unser nächstes Ziel ist Zermatt, aber bevor es so weit ist, haben wir in **Gampel** noch einen neuen vollausgestatteten Stellplatz für Sie.

(181) Offizieller WOMO-Stellplatz: Gampel/Lampertji 6

GPS: N 46°18'26.8", E 7°44'30.5", 632 m. **Max. WOMOs:** 100
Geöffnet: Ganzjährig.
Ausstattung: V/E, Strom, Dusche, WC (eingeschränkt im Winter).
Beschreibung: Am Ortsrand von Gampel und an der Rhône. Schöne Plätze im Grünen. Sanitäranlage im Container, nah an der Bahnlinie.
Preise: CHF 26 inkl. Kurtaxe, Strom CHF 3. www.lampertji6.ch/stellplatz
Anfahrt: Bei Gampel links über die Rhônebrücke und vor der Tankstelle gleich wieder links zum Stellplatz.

Einen weiteren Stopp auf der Fahrt zu den Vispertälern könnten Sie an der Felsenkirche in Raron einplanen. Anfahrt: Bei Raron unbedingt die erste Zufahrt von der »9« zum Ort wählen und die Rhône über die »Grossibrigga Gesch« queren. Vorsicht! Die Zufahrt zur Brücke im Ort (Bahnhofstraße) führt auf der südlichen Rhôneseite durch einen **2,40 Meter hohen Tunnel**. Auch bei der Rückkehr zur Kantonalstraße müssen Sie erst aus dem Ort hinaus und dann links über die Rhône fahren. Parkplatz an der Kirche bei **GPS N 46°18'37.0", E 7°48'08.0"** mit Nachtparkverbot.

Die Felsenkirche von Raron und Rilkes Grab

Die eigentliche Felsenkirche, von der nur der moderne Eingang sichtbar ist, befindet sich unten im Berg. Der große Höhlenraum, in dem 500 Gläubige Platz haben, wurde 1974 aus dem Burgfels gebrochen. Der Raum im Bauch der Mutter Erde hat nicht nur eine ganz spezielle Stimmung, sondern auch eine besonders gute Akustik, sodass er gerne für Konzerte genutzt wird.

Hoch über der modernen Felsenkirche ragt der Turm der um vieles älteren Burgkirche St. Romanus in den Himmel. Sie wurde um 1512 errichtet und an ihren Wänden ist ein gut erhaltenes, äußerst martialisches Gemälde

mit der Darstellung des jüngsten Gerichtes zu sehen, das die verqueren Moralvorstellungen der frühen katholischen Kirche wunderbar auf den Punkt bringt.

Das Grab des Dichters Rainer Maria Rilke ist auf dem Kirchberg zu finden. Rilke verbrachte, auf der Flucht vor den Wirren des Ersten Weltkrieges, seine letzten Jahre in der Schweiz. Er lebte in einem Schlösschen oberhalb von Sierre, wo er 1926 mit gerade einmal 51 Jahren an Leukämie starb. Einen Einblick in sein Werk bekommen Sie im Museum im Pfarrhaus, das außerdem auch eine Ausstellung über Kirchenbau im 19. Jahrhundert beherbergt. Geöffnet von Juni bis September täglich von 10–16 Uhr. Eintritt CHF 5. Grab und Kirche sind frei zugänglich. Um hinauf zu kommen, laufen Sie vom Parkplatz in den Ort (Hinweisschilder) und dann rechts in einem Bogen steil bergauf. Der Ausblick ist von hier oben übrigens fantastisch.

Im nächsten Ort Visp gibt es einen schönen Campingplatz.

(182) WOMO-Campingplatz: Visp/Camping Mühleye

GPS: N 46°17‘51.5“, E 7°52‘21.8“, 650 m, Mühleye 7, Tel. 0041 (0)27 9462084. **Geöffnet:** Ostern bis Oktober.
Ausstattung: V/E, Restaurant, Pool, WLAN.
Beschreibung: Großzügiges, naturnahes Gelände am Fluss. Schwimmbad benachbart. Gute Zugverbindung von Visp nach Zermatt. **Preise:** CHF 27–31, Strom CHF 4, plus Kurtaxe, www.camping-visp.ch.
Anfahrt: Auf der Südseite des Rotten direkt an der Kantonalstraße.

Am nächsten Abzweig ist es so weit: Durch einen Tunnel rollen wir unter der üblichen steilen Felsstufe am Talbeginn hindurch und nähern uns zwei der bekanntesten Touristenorte der Schweiz. **Zermatt** und **Saas Fee**. Wir sind gespannt und ein bisschen graust es uns auch vor dem zu erwartenden Trubel. Aber die Überraschung ist durchweg positiv.

Die Vispertäler

Die Täler der Saaser und der Matter Vispa erforschen Sie problemlos auch mit größeren Wohnmobilen. Der Ort Zermatt ist sowieso komplett autofrei. Fahren können Sie nur bis Täsch, wo Sie Ihr Wohnmobil am besten auf dem gut gelegenen Campingplatz unterbringen, um mit dem Zug nach Zermatt weiterzufahren. Im Nachbartal in Saas Fee treffen wir unerwartet auf ein kleines Wohnmobilparadies. Auch hier bleiben Autos vor der Stadt. Für Wohnmobile gibt es einen großen, gut besuchten Stellplatz direkt hinter dem Parkhaus. Man steht hier vergleichsweise ruhig auf Schotter und hat an den Randplätzen tollen Talblick. Besonders interessant ist aber die SaastalCard, die Sie für Ihre CHF 7 Kurtaxe bekommen. Mit ihr nutzen Sie kostenlos neun Bergbahnen, fahren mit dem Postbus und besuchen viele Attraktionen des Ortes. So können Sie hier erlebnisreiche Tage verbringen, ohne ein Vermögen auszugeben, was Ihnen nebenan in Zermatt schwerlich gelingen wird. Also fahren Sie los und schauen sich das Ganze selber an.

Ereignisreiche Tage mit der SaastalCard

Nach den ersten neun Kilometern haben Sie die Wahl: Saastal oder Mattertal. Wir biegen links ab und rollen zuerst ins ruhigere Saastal hinein. Bis Saas Grund ist die Straße beinahe eben und gerade. Hier geht es dann rechts nach Saas Fee hinauf und geradeaus weiter auf schmaler werdender Straße in ein sehr reizvolles Talende. In Saas Grund finden Sie nebeneinander vier Campingplätze, die trotz guter Ausstattung nicht viel teurer sind als der Stellplatz in Saas Fee. Zum Campingpreis kommt jeweils die obligatorische Erlebnistaxe (CHF 7 pro Person und Tag), für die Sie die bereits erwähnte SaastalCard bekommen. Mit dieser können Sie viele interessante Ausflüge machen, während ihr Wohnmobil auf dem Campingplatz bleibt. Wenn Sie also nicht unbedingt direkt am quirligen Dorfleben von Saas Fee interessiert sind, stehen Sie hier unten auch recht gut.

(183) WOMO-Campingplatz: Campingplätze Saas Grund

Ausstattung: V/E (Mischabel, Schönblick) WC-Entsorgung (Kapellenweg).
Beschreibung: Vier Campingplätze in einer Reihe bieten Ihnen jede Menge Auswahl für einen schönen Platz. Am Hotel und mitten im Ort in direkter Nähe zur touristischen Infrastruktur und mit kostenlosem Eintritt ins Hallenbad befindet sich der **Camping Bergheimat,** top-of-saas.ch. Naturnah und etwas außerhalb im Grünen liegen die Plätze **Kapellenweg**, www.kapellenweg.ch, geöffnet Mai bis Oktober und **Mischabel,** www.campingmischabel.com, geöffnet Juni bis September, die uns am besten gefallen haben. Ebenfalls etwas außerhalb des Ortes in Richtung Saas Amagell empfängt Sie der vierte **Camping Schönblick,** www.campingschweiz.ch.
Preise: CHF 28, Strom CHF 5, plus Kurtaxe CHF 7 (SaastalCard).
Anfahrt: Die Plätze reihen sich an der Straße um Saas Grund und weiter in Richtung Saas Amagell und sind beschildert.

In Saas Grund haben Sie auch das perfekte Basisquartier für eine besonders spannende Wanderung.

Der Suonen- und Erlebnisweg von Saas Amagell

8 km, 2 h 30, 540 hm bergab. Wanderschuhe notwendig, für den Erlebnisweg schwindelfrei und trittsicher! Kinder frühestens ab 10 Jahren.

Nehmen Sie von Saas Grund das Postauto nach Saas Amagell zur Furggstalden Sesselbahn und starten von dort auf einem erlebnisreichen Weg zurück. An der Bergstation der Bahn beginnt der Almageller Erlebnisweg. Nach einem kurzen Stück auf einem Fahrweg geht es mit toller Aussicht auf gut gesicherten Felspfaden mit einigen Leiterchen und Eisentritten rund um das Almageller Horn zur Almagelleralp. Höhepunkt des Weges sind zwei lange Hängebrücken. Auf der Höhe des Ortes Saas Amagell steigt man dann nach etwa 45 Minuten aufregendem Bergweg wieder ein ganzes Stück hinunter und folgt knapp über den Dächern des Dorfes dem Pfad in Richtung Saas Grund, Moosgufer. Wem der Erlebnisweg zu heftig ist, der kann auch vom Parkplatz im Dorfzentrum zur Holzbrücke über dem Wasserfall hinaufsteigen und hier links in Richtung Moosgufer laufen. Im leichten Auf- und Ab läuft man von hier an der sanft plätschernden Suone entlang zurück nach Saas Grund.

Der Sessellift fährt zwischen 9 und 16 Uhr und ist kostenlos mit der SaastalCard. Ohne Bahn steigen Sie erst mal 430 Meter hinauf. Eine Karte und eine ganz genaue Beschreibung finden Sie bei www.planetoutdoor.de unter Erlebnisweg Almagellerhorn und Moosgufer-Suone.

Eine Suone? Was ist das denn?

Genau das fragten wir uns vor nicht allzu langer Zeit. Inzwischen kann ich es Ihnen erklären: Eine Suone ist eine mehr oder weniger antike Wasserleitung. Die Südhänge der Walliser Berge sind trocken und damit dort und im sonnigen Tal Wein und Gemüse gedeihen kann, braucht es Wasser, welches es in den Bergen zu Genüge gibt. So baute man erst Gräben und später offene Leitungen, die teilweise aufwendig an steilen Hängen entlanggeführt wurden. Einige Suonen sind heute noch in Betrieb oder man hat sie instandgesetzt. Auf ihren Trassen wurden teilweise recht abenteuerliche Wanderwege mit schmalen Stegen hoch über dem Abgrund eingerichtet. Unsere Suone ist eine der zahmeren Art und Sie behalten immer festen Boden unter den Füßen.

Wenn Sie jetzt von **Saas Almagell** weiter ins Tal fahren, ist es schnell vorbei mit der ebenen, geraden Straße. Am Ende des Saastales haben uns die Kurven wieder: Serpentine um Serpentine schraubt sich die Straße hinauf, bleibt dabei aber immer zweispurig, sodass Sie sich auch mit größeren Mobilen hinauftrauen können. Allerdings darf man auch oben am **Mattmarkstausee** nicht mehr übernachten, denn das ist im ganzen Saastal nur noch auf offiziellen Plätzen erlaubt. Tagsüber steht man hier oben jedoch rechts gut und auch die kleine Wanderung rund um den See ist durchaus lohnenswert.

Wanderung im Steinbockland – eine Runde um den Mattmarkstausee

Vom Parkplatz können Sie auf bequemem Weg mit wenigen Steigungen in gut zwei Stunden einmal um den Stausee spazieren. Der Weg an der Westseite führt erst mal durch einen langen Tunnel und dann auf Asphalt bis zur Seespitze unterhalb der Distelalp. Auf der anderen Seite geht es auf einem Sand-Schotterweg zurück. Auf dem Rückweg – bereits kurz vor der Dämmerung – sind wir mitten auf dem Staudamm einer Gruppe junger Steinböcke begegnet. Sie leckten hochkonzentriert und mit verzücktem

Gesichtsausdruck etwas Köstliches von den Steinen auf dem Damm. Salzige Steinkrümel? Losgetreten von Wandererschuhen? Wir wissen es nicht. Jedenfalls ließen uns die Tiere ganz erstaunlich nahe heran...

Wenn eine richtige Bergtour aus dem Spaziergang werden soll, steigen Sie an der Distelalp knapp 600 Meter hinauf bis zum Monte Moro-Pass, einem alten Passweg zwischen der Schweiz und Italien. Das Rifugio Oberto, in dem Sie kurz hinter der Passhöhe einkehren können, steht bereits auf italienischem Boden. (Gehzeit 6 h, Wanderschuhe, Karte und Bergerfahrung notwendig).

Saas Fee

Nach so viel Bergeinsamkeit am Mattmarksee stürzen wir uns jetzt wie versprochen ins touristische Dorfleben von Saas Fee. Bereits am Ortseingang werden Sie vom Wohnmobil-Symbol empfangen und links am Parkhaus vorbei auf den Stellplatz gelotst. Die ersten drei Stunden parken Sie hier übrigens kostenlos, sodass Sie sich in Ruhe umsehen können, um zu entscheiden ob Sie bleiben wollen.

(184) Offizieller WOMO-Stellplatz: Saas Fee

GPS: N 46°06'38.0", E 7°56'00.3", 1.777 m. **Max. WOMOs:** 30
Ausstattung: V/E, Strom, Toilette, Müll.
Beschreibung: Große, ebene Schotterfläche hinter dem Parkhaus, ruhig und gut abgeschirmt. Zufahrt durch eine Schranke, drei Stunden parken Sie kostenfrei. Die SaastalCard, die Ihnen ab der zweiten Übernachtung freie Fahrt mit vielen Bergbahnen sichert, erhalten Sie in der Tourist-Information.
Preise: CHF 25, Strom CHF 2, Kurtaxe CHF 7 (SaastalCard).
Anfahrt: Die Straße führt von Saas Grund in Serpentinen hinauf bis zum riesigen Parkhaus. Vor dem Parkhaus links hinab zum WOMO-Stellplatz (P4).

Die Schokoladenseite des Stellplatzes in Saas Fee

Wir erreichen **Saas Fee** pünktlich zum Markttag und kaufen mitten im Nobelort zu unerwartet günstigen Preisen ein. Es gibt Walliser Knoblauchwurst, frischen Almkäse, hausgebackenes Brot und die köstlichen Schweizer Fruchtwähen. Gasthöfe und Cafés finden Sie in allen Preisklassen. Auf der Straße herrscht buntes Gewimmel und dazwischen schnurren die kleinen Elektroautos der Hotels umher. Allen anderen Fahrzeugen ist der Zugang zum Ort verwehrt, sie bleiben im riesigen, im Sommer halbleeren Parkhaus am Ortseingang.

Im Ort mischen sich alte Holzhäuser mit modernen Hotels und schmale Gassen sorgen für dörfliches Flair. Wenn es Ihnen gefällt, holen Sie in der Touristen-Information, die Sie beim Weg ins Dorf kaum verfehlen können, Ihre SaastalCard, mit der Sie dann die Qual der Wahl zwischen den Seilbahnstrecken am Ort haben. Sie könnten zum Beispiel hinauf zum **Allalin Gletscher** fahren oder am Spielboden die zahmen Murmeltiere besuchen – das Angebot ist eigentlich unwiderstehlich. Wandervorschläge um die Bergstationen der Seilbahnen bekommen Sie in der Information. Außerdem finden Sie an der Talstation des Alpin Expresses in Richtung Allalin-Gletscher einen kleinen Hochseilgarten mit zwei Parcours und die rasante Sommerrodelbahn Feeblitz (mit SaastalCard reduzierter Tarif). Oben am Gletscher könnten Sie das ganze Jahr über Ski fahren. Langweilig wird es Ihnen in Saas Fee also ganz bestimmt nicht.

Verlassen wir jetzt das gastfreundliche Tal und machen uns wieder auf den Weg. Dazu fahren wir zurück in Richtung Taleingang und wählen dieses Mal die Straße ins Nachbartal, an deren Ende der Schweizer Berg der Berge auf uns wartet.

Der lange Weg zum Matterhorn

Der Weg zum Matterhorn ist eine Expedition. Das gehört sich schließlich so bei einem 4000er. So nähern wir uns jetzt dem Wahrzeichen der Schweiz auf verschlungenen Pfaden. Einfach hinfahren und anschauen? Vergessen Sie es. Vom Abzweig ins Tal durchqueren wir **St. Niklaus** und rollen von dort bequem weiter nach **Täsch**, wo die Reise abrupt auf einem der vielen kostenpflichtigen Parkplätze endet. Für private Fahrzeuge ist die weitere Straße gesperrt. Ab hier nehmen Sie ein Shuttle-Taxi oder Sie steigen in den Zug. Und hier beginnen Sie auch mit dem Rechnen oder Sie lassen es besser gleich bleiben – billig ist der Besuch im berühmtesten Ort des Wallis nämlich nicht. Kalkulieren Sie etwa 15 CHF Parkgebühr und etwa CHF 16 pro Person für die Zugfahrt. Wenn Sie hoch hinaus auf den Gornergrat wollen, kommen je nach Saison noch mal 92 bis 132 Franken dazu. Sollten Sie viel mit Bahnen unterwegs sein wollen, könnte sich die ErlebnisCard lohnen, mit der Sie unterschiedliche Ermäßigungen im Wallis und angrenzenden Tälern bekommen, auf die Gornergratbahn 50%, erlebniscard.ch.

Natürlich gibt es günstigere Alternativen zum Gornergrat. Doch dazu später mehr. Jetzt müssen Sie erst mal ihr Wohnmobil parken. Wenn Sie in der Tourist-Information fragen, schickt man Sie wahrscheinlich auf den Busparkplatz, für den Sie vor dem Parken im Bahnhofsgebäude ein Parkticket lösen müssen – das ist die teuerste und komplizierteste Lösung. Der Parkplatz befindet sich nämlich einen guten Kilometer außerhalb an der Ortseinfahrt von Täsch. Der Fußweg an der Matter Vispa entlang zum Bahnhof ist zwar nett, aber eben doch recht lang.

Deutlich besser, wenn auch nicht schön und inzwischen deutlich überteuert, stehen Sie auf dem Parkplatz von Taxi Christophe, wo Sie auch über Nacht bleiben können, wenn Sie sich an die dortigen Übernachtungsregeln halten.

(185) Offizieller WOMO-Stellplatz: Täsch Taxi Christophe

GPS: N 46°04'08.0", E 7°46'34.0", 1.435 m **Max. WOMOs:** 10
Ausstattung: WC-Entleerung, Wasser, Strom.
Beschreibung: Parkplätze in asphaltiertem Hinterhof mit dem Charme eines Gewerbegebietes. Kein Campingverhalten!
Preise: CHF 40.
Anfahrt: In Täsch, links der Straße kurz vor dem Bahnhof.

Unsere Empfehlung für einen entspannten Aufenthalt ist in diesem Fall der sehr günstig direkt am Bahnhof und trotzdem im Grünen gelegene Campingplatz, bei dem Sie für ihre »Parkgebühr« zumindest ein nettes Nachtquartier bekommen.

(186) WOMO-Campingplatz: Täsch / Camping Alphubel

GPS: N 46°03'56.6", E 7°46'30.2", 1.443 m, Tel. 0041 (0) 27 9673635. **Geöffnet:** Mitte Mai bis Mitte Oktober
Ausstattung: V/E, Kiosk, WLAN kostenpflichtig.
Beschreibung: Schöne Wiesenplätze am Fluss, zentral und trotzdem grün. Wenige Schritte zu Fuß in den Ort und zur Bahnstation. Keine Dauercamper. Der Platz ist meist gut besucht, Reservierungen sind nicht möglich.
Preise: CHF 30, Strom CHF 5, plus Kurtaxe, www.campingtaesch.ch.
Anfahrt: Die Straße bis an ihr Ende fahren und dann hinter dem Bahnhof rechts über die schmale Flussbrücke. Vorsicht, für große Mobile recht eng.

Nachdem unser Haus gut untergebracht ist, wenden wir uns jetzt endlich dem Ziel des ganzen Aufstandes zu. Sie besteigen jetzt mit einer dicken Traube Reiselustiger aus aller Welt den Zermatt-Shuttle, der alle 20 Minuten eine neue Gruppe neugierig schauender und unsicher umherirrender Menschen am Bahnhofsplatz von Zermatt ausspuckt. Hier fallen Sie direkt in die örtliche Information, wo Sie sich am besten erst mal mit einem Stadtplan ausstatten.

Zermatt – Bergsteigerdorf und Nobelquartier

38 Viertausender reihen sich rund um Zermatt und machen den Ort seit fast 150 Jahren zum Traumziel vieler Bergsteiger. Das Matterhorn – von den Einheimischen liebevoll »Horu« oder »Toblerone Mountain« genannt – ist der berühmteste Berg der Schweiz. Auf dem Bergsteigerfriedhof im alten Teil des Ortes liegen Wagemutige aus aller Welt begraben: Tödliche Unfälle gab es an den Bergen rund um Zermatt immer wieder, seit im Jahr 1865 die Siebenergruppe um den englischen Bergsteiger Edward Whymper zum ersten Mal einen Fuß auf die Felsspitze des Matterhornes setzte. Dem

Matterhornblick am Riffelsee

Triumph folgte die Tragödie: Vier der sieben Erstbesteiger fanden anschließend ihre letzte Ruhestätte in Zermatt – sie stürzten beim Abstieg über die Nordwand ab. Heute pilgern jeden Sommer um die 3.000 Bergsteiger zum Horu – und das innerhalb der sechs bis acht Wochen im Sommer, in denen die vier möglichen Aufstiegsrouten begehbar sind. Von der Hörnlihütte über Zermatt gelangt man in fünf bis sechs Stunden auf den berühmtesten Gipfel der Schweiz – allerdings braucht es dazu schon recht solide Bergerfahrung, wirklich gute Kondition und die Begleitung eines Bergführers. Und ungefährlich ist die Sache auch heute nicht.

Längst nicht alle Besucher Zermatts gehören zur besonderen Spezies der Bergsteiger – die 124 Hotels des Ortes sind rund ums Jahr gut gebucht und haben sich auf den gehobenen Tourismus spezialisiert. Der mangelnde Raum im Tal setzt dem Wachstum enge Grenzen – und so setzt man stattdessen auf besondere Qualität. Längst hat der Ort die Grenzen des alten Dorfes gesprengt und die Außenbezirke sind unschön verbaut. Im Ortskern bleibt Zermatt jedoch ein Dorf. So streift das internationale Publikum des Abends auch durch die engen Gassen des ganz alten Zermatt, und wenn sich am Nachmittag die zurückkehrenden Wanderer mit schweren Stiefeln und dreckigen Hosen unter das schicke Publikum in den Cafés mischen, bekommt der Ort einen ganz besonderen Charme.

Matterhornblick vom Gornergrat

Um in Zermatt hoch hinauf zu kommen, müssen Sie kein Bergsteiger sein – es braucht dazu nicht einmal Bergstiefel. Sie steigen einfach in die Zahnradbahn und schauen die nächsten 30 Minuten wie gebannt aus dem Fenster. Etwa nach einem Drittel der Fahrt taucht es zum ersten Mal auf: das Matterhorn. Und wenn Sie dann 1.465 Meter weiter oben wieder aussteigen sind Sie umringt von Gletschern – und wahrscheinlich ebenfalls von Menschen. So stehen Sie eng gedrängt und bewundern das Panorama, speisen auf einer der Terrassen oder hinter großen Glaswänden mit windfreiem Talblick. Wenn Sie gerne etwas mehr vom Berg spüren wollen, nehmen Sie doch die Wan-

derschuhe mit hinauf. Eine schöne und recht unkomplizierte Strecke zum Laufen haben Sie vor sich, wenn Sie an der Station Rotenboden aussteigen und von hier erst zum Riffelsee und dann über einen schmalen Bergpfad mit vielen Horublicken bis zur Riffelalp hinabsteigen (andersrum geht es natürlich auch). Das letzte Stück ist etwas steiler, ansonsten läuft man recht gemütlich durch die raue Hochgebirgswelt. **Gehzeit etwa 1 h 45, etwa 600 hm bergab.**

Natürlich gibt es um Zermatt noch viele andere Wanderrouten. Ruhiger als am Gornergrat ist es gegenüber am Schwarzsee, und wer unten im Tal bleiben möchte, könnte zum Beispiel die Gornerschlucht besuchen. Und wenn Sie gute Kondition und Spaß an einer ausgedehnten Wanderung mitbringen, schauen Sie sich das Matterhorn doch einfach von der anderen Talseite an, so wie es auch die Zermatter machen, wenn Sie die Lust zum Wandern packt. Dort fährt keine Bahn hinauf und den Aufstieg auf 2.740 Meter müssen Sie aus eigener Kraft schaffen, dafür kommen Sie an einen ganz besonderen Ort weit abseits der Touristenströme.

Der Höhenweg über die Höhbalmen
Eine Wanderung mit Matterhornblick

Gehzeit 6 h, 1.130 Höhenmeter. Vom Zermatter Bahnhof läuft man auf der Bahnhofstraße durchs Dorf, bis rechts eine enge Gasse nach Trift abzweigt. Auf einem botanischen Lehrpfad geht es in die Triftschlucht hinein und durch den Wald steil hinauf, bis man nach 750 Höhenmetern und zwei Stunden den einsam gelegenen urigen Berggasthof Hotel du Trift erreicht. Hier wäre auch eine Übernachtung möglich (Zimmer oder Lager, www.zermatt.net/trift/de). Weiter geht es dann hinauf zur Hochebene der Höhbalmen. Jetzt beginnt der entspanntere Teil der Tour: Nur sanft ansteigend führt der Weg mit bestem Matterhornblick auf den Zmuttgletscher zu und von dort über den Gasthof Chalbermatten und die Zmuttalm zurück nach Zermatt.

Der Europaweg und die Charles Kuonen Hängebrücke

Der Europaweg gilt wegen der vielen tollen Blicke ins Mattertal und auf das Matterhorn als einer der schönsten Wanderwege der Alpen. Die anspruchsvolle Bergwanderung (38 km, 2366 Höhenmeter) führt in zwei Wandertagen an der Ostseite des Tales von Grächen nach Zermatt und erfordert solide Bergerfahrung und gute Kondition. Kurz vor Zermatt ist die 2017 eröffnete **Charles Kuonen Hängebrücke**, die mit 494 Metern Länge als längste Seilbrücke der Welt gilt, einer der Höhepunkte des Europaweges. Die Brücke führt bei Randa über ein Geröllfeld und kann auch aus dem Ort mit einem Aufstieg von 650 Höhenmetern erreicht werden. Noch einmal 200 Meter höher lädt dann die Europahütte zur Einkehr ein. Die Wanderrunde ab Randa (4 Stunden, 975 Höhenmeter) finden Sie zum Beispiel bei outdooractive.de.

Zurück im Rhônetal treffen wir in **Brigerbad** auf die letzte Therme unserer Wallisreise. Mit riesiger Wasserrutsche, Sportbecken, Strömungskanal und 40°C heißen Grottenbad bietet das Brigerbad für jeden etwas. Auf den großen Parkplätzen rund ums Bad ist Nachtparkverbot – kein Wunder, der Campingplatz direkt nebenan gehört zum Bad.

(187) WOMO-Campingplatz: Thermalcamping Brigerbad

GPS: N 46°18'07.0", E 7°55'56.0", 655 m,
Tel. 00 41 (0) 27 9484837. **Geöffnet:** Ostern bis Oktober.
Ausstattung: Laden, Restaurant, WLAN.
Beschreibung: Camping direkt neben der schönen Anlage des Thermalbades. Wiesenplätze unter in gleichmäßigen Reihen gepflanzten Bäumen. Bei voller Besetzung etwas eng. Hunde verboten.
Preise: CHF 80, inkl. Strom und Tageseintritt ins Thermalbad, thermalbad-wallis.ch.
Sonstiges: Bad geöffnet 9–21 Uhr,
Anfahrt: Etwa 1 Kilometer westlich des Ortes Brigerbad.

Einen weiteren Campingplatz gibt es in Brig, wo unsere Tour durch das Wallis ein Ende hat.

(188) WOMO-Campingplatz: Brig / Camping Geschina

GPS: N 46°18'34.0", E 7°59'38.0", 715 m, Geschinaweg 41,
Tel. 0041 (0) 27 9230688. **Geöffnet:** Mai bis Mitte Oktober.
Ausstattung: WC-Entsorgung, WLAN gratis
Beschreibung: Am Bach außerhalb von Brig. 250 Meter Fußweg zum Freibad.
Preise: CHF 23–28, Strom CHF 3, Dusche CHF 1,50, ACSI-Rabatt, www.geschina.ch.
Anfahrt: Links neben der Kantonalstraße 9 südlich von Brig.

Freistehen können Sie in Brig nicht mehr. Der neue private Stellplatz nicht weit vom Bahnhof ist aber auch ein guter Ausgangspunkt für die schöne Wanderung durch die Massaschlucht zum Aletschgletscher (siehe Seite 239).

(189) Offizieller WOMO-Stellplatz: Brig Glis

GPS: N 46°19'01.3", E 7°58'46.7", 550 m, Dammweg 11. **Max. WOMOs:** 6.
Geöffnet: März bis Anfang November. **Ausstattung:** V/E.
Beschreibung: Privater Wiesenplatz nahe der Bahnschienen. Netter Betreiber.
Preise: CHF 13. V/E 3.
Anfahrt: In Brig den Schildern zum Bahnhof folgen und vor den Schienen rechts auf den Stellplatz abbiegen.

Besuch im Stockalper-Palast in Brig

Der im 17. Jahrhundert erbauten Palast in Brig gehörte dem Kaufmann Kaspar von Stockalper, der als Fugger der Alpen und genialer Kaufmann gilt. *Führungen durch Schloss und Garten, Mai bis Oktober, Di bis So mehrmals täglich. CHF 10, www.stockalperstiftung.ch.*
Parkplätze gibt es am Stadtrand bei **GPS N 46°18'54.0", E 7°59'02.0"** in der Glismattenstraße oder außerhalb der Badesaison am Freibadparkplatz in der Nähe des Schlosses **GPS N 46°18'45.0", E 7°59'33.0"**.

TOUR 10 — 150 km

Vom Wallis ins Berner Oberland

Brig – Aletscharena – Obergoms – Grimselpass – Innertkirchen – Meiringen – Brienzer See

Stellplätze:	Bettmeralpbahn, Außerbinn, Münster, Gletsch, Grimselpass, Grimselstraße, Guttannen, Ballenberg
Campingplätze:	Mörel, Grengiols, Fiesch, Binntal, Ritzingen, Reckingen, Ulrichen, Innertkirchen, Aare-Schlucht, Meiringen
Besichtigen:	Grimselkraftwerk, Aare-Schlucht, Reichenbachfall, Freilichtmuseum Ballenberg
Wandern:	Aletscharena, Goms-Bridge, Zauberwald, Totensee, Oberaarstausee, Grimselkristallweg, Gelmersee, Meiringen

Immer am Rand der höchsten Berge der Schweiz führt die zehnte Tour durchs malerisch urige Goms zur Quelle der Rhône und über den Grimselpass mitten ins Hochgebirge. Von dort geht es mit grandiosen Gebirgseindrücken wieder hinunter, am Ufer der Aare durchs Haslital und auf die andere Seite der Berge, wo Brienzer und Thuner See vor großer Bergkulisse in klarem Blau schimmern.

Aletsch der Große

Zurück im Rhônetal nähern wir uns schon dem nächsten Höhepunkt der Reise. Das Tal wird hier langsam enger, die Orte kleiner und die Straße schmaler. Kurz: Das Rhônetal beginnt ein wenig romantisch zu werden. Nachdem wir uns jetzt wieder im deutschsprachigen Teil der Schweiz befinden, trägt die Rhône hier ihren deutschen Namen: Rotten. Weit oberhalb des Flusses bewegt sich der große Aletschgletscher zwischen mächtigen Bergreihen vom Jungfraugebiet bis ins Wallis hinab. Aletscharena wird das Plateau unterhalb des Gletschers zwischen den vier autofreien Almsiedlungen Belalp, Riederalp, Bettmeralp und Fiescheralp genannt. Jede dieser »Alpen« ist ein kleiner Ferienort mit mehreren Hotels und zu jedem führt eine Bergbahn aus dem Tal hinauf. Weitere Seilbahnen erschließen den Bergkamm zwischen den Ansiedlungen und dem Aletschgletscher. Drei der Alpen erreicht man direkt aus dem Rhônetal von den Orten Mörel, Betten und Fiesch.

Wandern in der Aletscharena

Die einfachste Tour für Wanderer mit wenig Bergerfahrung startet an der Bettmeralp und führt durch den Aletschwald, der dem rauen Gletscher einen lieblich grünen Rahmen verpasst, zum Pro-Natura-Zentrum in der dekorativen alten Villa Cassel. Eine besonders schöne Tour oberhalb des Gletschers entlang beschreiben wir von der Fiescheralp (Seite 242), und wer die Gletscherschlucht per Hängebrücke überschreiten will, wählt die Strecke

von der Belalp zur Riederalp. Das sind nur drei von vielen Möglichkeiten. Mit einem Wanderpass für CHF 55 kann man die verschiedenen Bahnen der Aletscharena zu einer Rundwanderung mit wenig Steigungen kombinieren. Auch die Rückfahrt im Tal mit dem Zug ist schon dabei. Für die Runde von Blatten über die Belalp und die Hängebrücke gibt es ein weiteres Spezialticket, in dem Bahn und Postbus bereits enthalten sind.

Beginnen wir unsere Reise zum Aletschgletscher in Mörel. Hier fährt die Seilbahn zur Riederalp und im Tal finden Sie einen einfach ausgestatteten Campingplatz direkt am Fluss.

(190) WOMO-Campingplatz: Mörel / Camping Tunetsch

GPS: N 46°21'33.0", E 8°03'05.0", 761 m, Pfäwi 1, Tel. 0041 (0) 27 927 2525. **Geöffnet:** Ganzjährig.
Ausstattung: V/E, Restaurant.
Beschreibung: Einfacher, aber sehr netter Platz in schöner Lage am kräftig rauschenden Bach, am Ortsrand. Talstation der Riederalpbahn in etwa 5 Minuten zu Fuß erreichbar.
Preise: CHF 30, Strom CHF 5, plus Kurtaxe, www.restauranttunetsch.ch.
Anfahrt: Von der Ortsdurchfahrt am Ortsende von Mörel hinter dem Restaurant Tunetsch rechts. Der Campingplatz ist ausgeschildert.

Von der Riederalp durch den Aletschwald

Steigen Sie in Mörel in die Seilbahn, landen Sie wenig später im autofreien Bergferienort Riederalp. Zwischen etlichen Hotels gibt es zwei weitere Seilbahnen, die Sie auf die Hohfluh oder die Moosfluh bringen. Sie können von der Riederalp direkt in Richtung Aletschwald und Riederfurka marschieren und an der Villa Cassel den Aufstieg zur Moosfluh beginnen, oder Sie kürzen per Seilbahn ab. Der Weg von der Moosfluh über Biel hinunter und dann oberhalb des Aletschgletschers zur Riederfurka ist ein gut zweistündiger unschwieriger Bergspaziergang mit tollem Gletscherblick. Steigen Sie auf eigenen Füßen von der Riederalp zur Moosfluh hinauf, rechnen Sie insgesamt 3,5 Stunden mit gut 400 Höhenmetern. Egal, wie Sie entscheiden, am Ende Ihrer Wanderung lädt das **Pro Natura Zentrum** in der **Villa Cassel** mit Alpenblumengarten und einer **Ausstellung zu Gletscher und Aletschwald** zum Besuch ein. Geöffnet ist Mitte Juni bis Mitte Oktober von 9 – 18 Uhr.

Über die Massa-Schlucht

14 km, 800 hm, Gehzeit 4–5 Stunden. Die spannende Rundwanderung beginnt auf der Belalp, die man von Brig mit Postbus und Bergbahn erreicht. Der Postbus fährt stündlich am Bahnhof von Brig bis zum Bergdorf Blatten. Hier steigen wir um in die Standseilbahn zur Belalp, einer ehemaligen Alpsiedlung, die heute fast ausschließlich aus urigen Ferienhäusern besteht. Durch die Siedlung wandert man auf bequemem Weg bis zum Hotel Belalp. Von hier ist er dann weit hinten zu sehen: Der große Aletschgletscher! Ein Bergsteig führt den Hang hinab bis zum Almsiedlung Aletschji, auf deren Weiden im Sommer Kühe grasen. Das letzte Wegstück zur Massaschlucht, dem Abfluss des Gletschers ins Tal, ist dann felsig und zusätzlich mit Steinmännchen markiert. Über die Schlucht konnte man früher den Gletscher zu Fuß überqueren. Und von hier sieht man auch gut, wie erschreckend weit der Gletscher sich schon zurückgezogen hat, weit hinten sieht man das Gletschertor. Die Hängebrücke macht heute den alten Verbindungsweg wieder gangbar.

Die Überquerung der Schlucht ist durchaus eine Mutprobe. Die Brücke hängt leicht durch und so geht erst einmal hinab. Das Schaukeln unter den Füßen verstärkt sich und manch einer hält sich eher krampfhaft an den Seilen fest … Geradeaus schauen hilft, nicht in die Tiefe, und gleichmäßig voran gehen.

Auf der anderen Seite geht es dann bergauf. Zuerst nur bis zum Grünsee, an dem man wunderbar Pause machen kann. Von dort aus führt ein Waldpfad beinahe eben weiter, dann beginnen die Serpentinen, die uns Meter für Meter durch einen grünen Urwald hinaufbringen. Nach dem anstrengenden Aufstieg erreichen wir die Riederfurka mit Berggasthof. Ein Stichweg führt rechts zum Pro Natura Zentrum in der Villa Cassel. Von der Riederfurka steigen wir dann in etwa 30 Minuten hinunter zur Riederalp und fahren entweder mit der Kabinenbahn oder mit der großen Gondel hinunter nach Mörel. Unterhalb der Bergbahnstation bringt uns die Matterhorn Gotthardbahn in wenigen Minuten zurück nach Brig.

Das Rundreiseticket Hängebrücke Belalp-Riederalp kostet CHF 28 pro Person und ist entweder im Postbus oder an den Bergbahnen in Mörel, Betten oder Fiesch erhältlich.

Walliser Schwarznasen

Zum jährlichen Almauftrieb im Aletschgebiet stapfen nicht nur die Kühe mit schweren Glocken den Berg hinauf. Ein helleres Bimmeln kündigt die kleineren Sommergäste auf den Almwiesen im Gletschergebiet an. Schwarze Gesichter und weißes Zottelfell, dazu mehrfach gedrehte Hörner verleihen dem wallisischen Schaf mit dem Namen »Schwarznase« sein charakteristisches Aussehen. Schwarznasen sind robuste und genügsame Bergschafe, die geschickt klettern, sodass Sie auch auf karg bewachsenen Steilhängen ihr Futter finden. Dass diese uralte Haustierrasse fast unverändert erhalten blieb, ist dem unbeugsamen Naturell der Walliser Schafzüchter zu verdanken, die sich allen Bemühungen, ein Schweizer Standardschaf mit hohem Fleischertrag zu züchten, erfolgreich widersetzten. So begegnen Sie den knuffigen Gesellen im Sommer häufig auf Wanderungen am Aletsch und rund um Zermatt.

Fahren wir weiter in Richtung Osten, sind es nur wenige Kilometer zur nächsten Seilbahnstation. Auf dem Parkplatz der **Bettmeralpbahn** ist die Übernachtung im WOMO toleriert.

(191) WOMO-Wanderparkplatz: Bettmeralpbahn

GPS: N 46°22‘18.0“, E 8°04‘49.0“, 835 m. **Max. WOMOs:** 5–6
Ausstattung: Toilette in der Bahnstation.
Beschreibung: Asphaltierter Großparkplatz zwischen Straße und Bach. Fahren Sie auf der schmalen Straße zwischen Rhône und Durchgangsstraße vom Hauptparkplatz auf den großen Platz östlich der Talstation (durch die Schranke). Hier stehen Sie relativ ruhig direkt am Flussufer, wo das Rauschen des Wassers locker die Straßengeräusche übertönt.
Preise: Bis 24 Stunden CHF 10.
Anfahrt: Zwischen Mörel und Fiesch direkt links der Kantonalstraße 19.

Vom hinteren Parkplatz ist der angenehme Camping Aletsch mit schönen Plätzen auf der Wiese am Fluss bereits in Sichtweite. Zur Seilbahn läuft man von hier wenige Minuten.

(192) WOMO-Campingplatz: Grengiols / Camping Aletsch
GPS: N 46°22'22.0", E 8°05'05.0", 844 m, Tel. 0041 (0) 78 6530595.
Geöffnet: Juni bis Mitte September.
Ausstattung: Kiosk.
Beschreibung: Einfacher Wiesenplatz direkt an der Rhône.
Preise: CHF 22.
Anfahrt: Kurz hinter der Bettmeralpbahn links an der Kantonalstraße 19.

Wandern an der Bettmeralp

Von der Bettmeralp können Sie weiter hinauf zum Bettmerhorn fahren und von dort in die Wanderrunde zum Märjelensee einsteigen, die wir von der Fiescheralm beschreiben (siehe unten). Sie sparen sich dadurch einige Höhenmeter Aufstieg und brauchen etwa genauso lang. Sehr lohnend, aber anspruchsvoll ist auch der UNESCO-Höhenweg von der Bergstation der Bahn zum Bettmerhorngipfel. Will man gar weiter über die Elsenlücke bis zum Eggishorn, braucht es solide Berg(steiger)erfahrung.

In **Fiesch** erreichen wir schließlich die dritte der großen Seilbahnen in die Aletscharena. Auf dem gebührenpflichtigen Parkplatz ist tagsüber genug Platz für Wohnmobile, nachts jedoch Parkverbot. Von Fiesch kann man zur **Fiescheralp** hinauf fahren, die ebenfalls eine ausgewachsene Feriensiedlung und keine Alm im eigentlichen Sinne ist, und von dort weiter fast bis zum Gipfel des Eggishorn schweben. Spannender ist es, sich dem weißen Band des Aletschgletschers langsam zu nähern. Dazu fahren Sie nur bis zur Fiescheralp (etwa CHF 27 hin und retour).

Auf dem Weg zum Aletschgletscher

Eiszeit – Zwischen Aletschgletscher und Gletscherstube

Gehzeit 4,5 h, ca. 300 hm, steinige Pfade, komplette Wanderausstattung notwendig. Von der Bergstation wenden Sie sich links und laufen auf der Almstraße an den Häusern vorbei. An den letzten Häusern geht es rechts hinauf in Richtung Bettmerhorn. Der breite Sandweg steigt mäßig und gleichmäßig an und hält auf die weithin sichtbare Kabinenbahn zum Bettmergrat zu. Kurz nachdem Sie unter den Seilen hindurch sind, haben Sie an der Hobhalm den höchsten Punkt des Bergrückens erreicht und der Gletscher kommt in Sicht. Hier folgen Sie den Wegweisern zur Roti Chumma und zur Gletscherstube am Märjelensee auf dem steinigen Panoramapfad, der ab hier über dem Gletscher entlang führt und ihnen eine besonders eindrucksvolle Wanderung beschert. Es geht stetig bergab und das Eis kommt immer näher, bis man unten an der **Roti Chumma** die Gletscherspalten genau erkennen kann. Hier mündet von oben der Weg von der Bergstation der Bettmergratbahn und bietet eine Alternative, sollte der untere Weg noch wegen Schnee gesperrt sein.

Nach einer Wegstrecke knapp über dem Gletscher steigt der Pfad wieder an. Dann verabschieden wir uns vom Gletscher, wenden dem Eis den Rücken zu und wandern zwischen den Wasserbecken des **Märjelensees** hinauf zum **Gasthof Gletscherstube**. Dicke grüne Büschel mit Wollgras schaukeln im Wind vor blauen Wasserflächen. Ein schmaler Wasserlauf sucht sich seinen Weg zwischen dicken Felsen und verbindet einen See mit dem nächsten. Malerischer kann eine Landschaft kaum sein. Nach gut drei Stunden Gehzeit haben Sie sich dann eine Rast an der Gletscherstube redlich verdient. Wenn Sie Glück haben, sitzen Sie gemütlich in der

Sonne und lassen sich Raclette, Rösti oder eines der dick belegten Sandwiches schmecken. Lecker ist alles und die Preise sind okay.

Frisch gestärkt könnten Sie jetzt den Tälligrat überschreiten – wir nehmen jedoch den kürzeren Weg unten hindurch. Es gibt hier tatsächlich einen Fußgängertunnel durch den Berg. Jede Wette – so was finden Sie nur in der Schweiz. Wir marschieren also in schummeriger Beleuchtung einen ebenen Fahrweg entlang und erblicken nach etwa 15 Minuten Licht am Ende des Tunnels. Leicht geblendet nehmen wir dann die letzte Stunde Gehzeit auf einem breiten Schotterweg zurück zur Alm in Angriff und steigen in die Gondel, die uns wieder zu unserem Wohnmobil bringt.

Sind Sie mit Kindern unterwegs? In unmittelbarer Nähe zur Talstation der Seilbahn gibt es noch eine beliebte Attraktion für die Jüngsten: Im **Tierpark Aletsch** begegnet man Alpentieren wie Steinböcken und Murmeltieren. Vor allem aber ist das Streichelgehege mit Ziegen für Kinder der Hit. Der Streichelzoo ist täglich geöffnet.

Vermutlich neigt sich inzwischen der Tag seinem Ende zu und Sie brauchen ein Nachtquartier. In Fiesch am Ufer des Rotten liegt der komfortable **Camping Eggishorn** [**193**: N 46°24'36.3", E 8°08'21.1"]. Leider ist die Übernachtung auf dem Skiliftparkplatz in Mühleberg nicht mehr möglich. Er eignet sich aber für die Besichtigung des schnuckligen Dörfchens **Ernen** und den Besuch der Hängebrücke.

WOMO-Wanderparkplatz: Mühlebach Hängebrücke

GPS: N 46°24'35.0", E 8°09'30.0", 1.237 m.
Ausstattung: Keine.
Beschreibung: Geschotterter Parkplatz am Ortsrand mit schönem Blick auf Mühlebach. Im Hotel Restaurant Moosji im Ort kocht man für Sie Walliser Spezialitäten mit Biogemüse aus dem eigenen Garten.
Anfahrt: Von Ernen in Richtung Mühlebach / Steinhaus. Am Ortsende von Mühlebach Parkplatz rechts der Straße.
Sonstiges: Von Mühlebach können Sie entlang der seit 2006 in Betrieb genommenen Trusera Suone durch den Wald bis zum Zauberwald über Ernen laufen (siehe nächster Stellplatz). Gehzeit etwa 2,5 Stunden.

Goms-Bridge – Die Hängebrücke von Mühlebach

Seit dem Sommer 2015 hat Mühlebach eine neue Attraktion. Eine 280 Meter lange Hängebrücke baumelt zwischen Mühlebach und Bellwald über dem Rhônetal. Eigentlich soll sie vor allem eine schnelle, interessante Verbindung zwischen zwei beliebten Wandergebieten sein. So kann man jetzt vom Gommer Höhenweg ganz entspannt nach Ernen spazieren oder von Mühlebach den Bahnhof Fürgangen der Matterhorn-Gotthard-Bahn erreichen. Natürlich kann man aber auch vom Stellplatz einen schönen Abendspaziergang machen, den eigenen Mut testen und den Weitblick von der Brücke genießen. Laufen Sie dazu in den Ort hinein bis ins Ortszentrum und folgen dann den Hinweisschildern nach rechts, vorbei am neuen Bed & Breakfast.

Die Ortsdurchfahrt von Ernen ist nur für kompakte Wohnmobile passierbar.

Zu Trollen und Feen im Zauberwald
Etwas weiter oben, an der Zufahrt zum Binntal, finden wir ein weiteres Familienziel: Im liebevoll gestalteten Zauberwald gibt es einen Bachspielplatz, eine Riesenschaukel, Grillplatz, Schluchtweg und eine Alphornrutsche. 20 tolle Spielstationen sorgen für einen äußerst abwechslungsreichen Waldspaziergang. Einen engen, kleinen Parkplatz gibt es am Wegbeginn bei **GPS N 46°23'09.0", E 8°07'49.0"**, der zweite befindet sich eine Kurve weiter auf einer Wiesenfläche neben der Straße. Dort ist auch die Haltestelle des Postbusses, der von Fiesch hier hinauffährt. Mit kleineren Womos ist auf einem der beiden Plätze auch eine Übernachtung möglich. **Stellplatz Außerbinn Zauberwald** [**195:** GPS N 46°23'07.0", E 8°07'52.0"].

Fahren Sie von Außerbinn weiter ins abgelegene **Binntal**, führt die Straße durch einen knapp zwei Kilometer langen schnurgeraden einspurigen Tunnel mit Ausweichstellen. Er sorgt dafür, dass die Orte Binn und Fäld auch im Winter erreichbar bleiben. Das erste Dorf im Tal ist **Binn**, das sich mit seinen dunkelbraunen Holzhäusern gut in die Landschaft einpasst. Im Zentrum des Ortes führt eine alte Bogenbrücke über die Binna und der Gasthof »Zur Brücke« lädt zu einer Pause ein.

Oberhalb des Dorfes gibt es noch einen größeren kostenfreien Parkplatz auf dem Sie tagsüber parken könnten. Hier ist jedoch

das Campieren verboten. Zwischen Binn und Fäld treffen Sie dann auf einen einfachen naturnahen Campingplatz, den Sie als Basis für Wanderungen im Tal nutzen können.

(196) WOMO-Campingplatz: Binn / Camping Giessen

GPS: N 46°22'11.0", E 8°12'10.0", 1.474 m,
Tel. 0041 (0) 27 9714619. **Geöffnet:** Mai bis Oktober.
Ausstattung: Lagerfeuerstellen, Bäckerwagen im Sommer.
Beschreibung: Alleinlage mitten in der Natur. Wiesengelände mit Wäldchen an der Binna.
Preise: CHF 24, Mini-Camper CHF 20, Strom CHF 3, Dusche CHF 1, www.camping-giessen.ch.
Anfahrt: An der Binntalstraße kurz vor dem Talende in Fäld.

Noch einmal zwei Kilometer weiter endet die Straße kurz vor dem Dorf **Fäld**. Weiter dürfen nur noch Anwohner oder der Alpinbus fahren. Rechts der Straße ermöglicht ein geschotterter leicht schräger Parkplatz den Besuch des winzigen Dorfes mit einem außergewöhnlich charmanten Dorfplatz. Aber auch hier dürfen Wohnmobile nur tagsüber stehen.

Das Gasthaus Imfeld unten am Fluss hat inzwischen ein neuer Pächter übernommen. Noch uriger ist das Restaurant Bärgkristall, www.baergkristall.com, oben im Dorf. Hier sitzen Sie direkt am

idyllischen Dorfplatz zwischen uralten Holzhäusern und die Speisekarte klingt sehr verlockend. Im Dorf gibt es außerdem mehrere Mineralienhändler, die ihre Fundstücke in rohem Zustand oder zu kunstvollen Schmuckobjekten verarbeitet zum Verkauf anbieten. Das Vorkommen an Mineralien ist rund um Fäld besonders groß, sodass das Binntal auch gerne als »Tal der verborgenen Schätze« bezeichnet wird. Vom Gasthof Imfeld führt ein Geologielehrpfad bis zur Mineraliengrube Lengenbach, wo Sie auch selbst nach glitzernden Steinen suchen dürfen – vor allem für Kinder ist das ein großes Vergnügen. Das notwendige Werkzeug kann man am Gasthof leihen.

Wandern im Binntal

Bergbahnen suchen Sie im Binntal vergebens und nur ein einziger Skilift nimmt im Winter den Betrieb auf. Im Sommer treffen sich hier die Puristen unter den Wanderern, jene die Ursprünglichkeit und Natur besonders zu schätzen wissen. Von Binn ausgehend ist die Twingischlucht ein beliebtes Wanderziel. Ein alter Säumerweg, heute als Römerweg bezeichnet und markiert, führt von Binn durch die Schlucht bis Grengiols und durchquert dabei mehrere kurze Felstunnel. Ebenfalls unkompliziert begehbar ist der Weg an der Binna von Binn nach Fäld. Oberhalb von Fäld locken dann mehrere Bergseen und die historische Säumerroute über den Alprunpass erfahrene Wanderer ins Hochgebirge. Die Binntalhütte bietet unterwegs ein Quartier.

Zurück im Rhônetal fahren wir weiter nach Westen und der Quelle der Rhône entgegen. Hinter **Fiesch** beginnt das **Obergoms** und es wird im Tal immer ruhiger. Bergbahnen gibt es keine und auch die ganz großen Attraktionen werden Sie hier nicht finden. Dafür reiht sich ein schönes kleines Dorf ans nächste und Wanderer, die die Ruhe lieben, finden hier ihr kleines Paradies.

Im Winter ist das **Goms** ein beliebtes Langlaufgebiet. Die Campingplätze in Fiesch und in Reckingen sind daher auch im Winter geöffnet. Im Winterhalbjahr sind jedoch die Pässe gesperrt und die Region ist am besten per Autoverlad zu erreichen. In Kandersteg nimmt man auch größere Mobile Huckepack, in Realp dürfen nur WOMOs bis 3,5 Tonnen auf die Zugwaggons. Vermutlich sind Sie aber doch eher im Sommer unterwegs und fahren jetzt mit uns durch ein üppig grünes Tal.

Auf dem Gommer Höhenweg

Die Wanderattraktion des Tales ist der Gommer Höhenweg, der oberhalb der Orte durch das komplette Tal führt. Von Bellwald bis Oberwald ist man neun bis zehn Stunden unterwegs. Der Weg ist von den Talorten, die durch die Matterhorn-Gotthard-Bahn verbunden sind, in jeweils 20 bis 30 Minuten erreichbar. So kann man auch gut kürzere Abschnitte laufen. Eine Panoramakarte bekommen Sie in allen Tourismus-Informationen im Goms. Einen besonderen Tipp gaben uns unsere Leser aus dem Goms: Am Abzweig nach Biel gibt es in der Wallibachhütte unter anderem auch Raclette vom offenen Feuer.

Aber auch die Fahrt auf der Kantonalstraße mit der Nummer 19 hat ihre Reize. Immer in Rhône Nähe führt die Straße ins Tal hinein und durch die ersten kleinen Orte mit schmucken alten Holzhäusern hindurch. Nach Niederwald nähern wir uns Blitzingen, wo im Sommer ein erfrischender Ausflug möglich ist.

Rund um Blitzingen führt ein Natur-Kneippweg. Barfuß geht es durch Wiesen und einen kalten Gebirgsbach und an ganz warmen Tagen kann man auch im Wasserfall duschen und ein Bad im Bach nehmen. Der Weg beginnt am Parkplatz an der Ortseinfahrt direkt links der Straße **GPS N 46°26'29.0", E 8°12'07.0"**.

Campieren ist auf dem kleinen Parkplatz verboten und er liegt auch arg nah an der Straße. Alternativ finden Sie einen guten Kilometer weiter bei Ritzingen direkt an der Rhône ein einfaches Campinggelände.

(197) WOMO-Campingplatz: Ritzingen / Camping Brigga
GPS: N 46°27'19.0", E 8°13'35.0", 1283 m, Campingstr. 77, Tel. 0041 (0)27 9731631. **Geöffnet:** Mai bis September.
Ausstattung: Kiosk, Restaurant.
Beschreibung: Stellplätze in vier Bereichen an der Rhône verteilt, teilweise schattig.
Preise: CHF 36 – 42, Strom CHF 6, plus Kurtaxe, www.campingbrigga.ch.
Anfahrt: Von der 19 in Ritzingen rechts zur Rhônebrücke, ausgeschildert.

Kurz vor dem Abzweig zum Campingplatz gibt es zwischen Blitzingen und Biel an der Rhône eine Fischzucht, an der Sie selbst angeln oder frisch zubereiteten Fisch essen können. Zu diesem Besuch nutzen Sie am besten den Parkplatz am Ortsende von Biel (mit Zeltverbot) bei **GPS N 46°27'24.8", E 8°13'05.8"** und laufen zur Fischerei. Ebenfalls empfehlenswert ist die Einkehr im Hotel Weisshorn mit gutbürgerlicher Küche zu erschwinglichen Preisen.

Zwischen Ritzingen und Gluringen steht links der Straße eine kleine sehenswerte Barockkapelle. Sie können vom Parkplatz bei **GPS N 46°27'43.0", E 8°13'55.8"** am Ortseingang von Gluringen auf einem geschotterten Feldweg in 10 bis 15 Minuten hinauflaufen. Ebenfalls am Ortseingang von Gluringen lockt ein kulinarisches Highlight: Der Koch des **Hotel Restaurant Tenne** war bis vor kurzem Mitglied der schweizerischen Kochnationalmannschaft. Das Restaurant bringt es auf stolze 13 Gault-Millaut-Punkte.

Kurz vor Reckingen, dem nächsten Dorf, lohnt dann der Stopp an der Biokäserei Goms, www.biogomser.ch, mit Hofladen und einer ausgezeichneten Käseauswahl (Mo bis Fr 9 – 12, 14 – 18 Uhr, Sa 9 – 17 Uhr, So 13 – 17 Uhr. In Reckingen selbst können Sie dann in der

Im Goms wird das Tal der Rhône malerisch

Bäckerei noch frisches Brot dazu erstehen. Hier gibt es außerdem eine schöne Barockkirche und im alten Dorfkern rechts und links des Flusses verstecken sich eine restaurierte, wasserbetriebene Säge, eine Mühle, eine Backstube, die in der Saison immer am Dienstag in Betrieb genommen wird, und eine alte Glockengießerei. Neben dem öffentlichen Schwimmbad finden Sie am Flussufer einen weiteren Campingplatz.

(198) WOMO-Campingplatz: Reckingen Camping Augenstern

GPS: N 46°27'54.0", E 8°14'42.0", 1.312 m,
Tel. 0041 (0) 27 9731395. **Geöffnet:** Ganzjährig.
Ausstattung: Restaurant, Spielplatz.
Beschreibung: Gut ausgestattet, geheizte Sanitäranlagen, Stellplätze am Fluss. Schwimmbad nebenan.
Preise: CHF 29, Strom CHF 4,50, plus Kurtaxe, www.campingaugenstern.ch.
Anfahrt: In Reckingen rechts über die Rhône, am Schwimmbad vorbei zum Campingplatz.

Dann folgt das schönste Dorf im Tal: Im alten Dorfkern von Münster reihen sich rechts und links der Straße alte, teilweise gefühlvoll restaurierte und zu Wohnhäusern umgebaute Speicherhäuser. Sehenswert ist auch die Barockkirche und im Hotel Landhaus im Ortszentrum kocht ein weiteres Mitglied der schweizerischen Nationalmannschaft. Parken können Sie am Dorfeingang links.

(199) WOMO-Parkplatz: Münster

GPS: N 46°29'00.9", E 8°15'34.8", 1.370 m. **Max. WOMOs:** 2–3
Ausstattung: Keine.
Beschreibung: Ebener asphaltierter Parkplatz neben der Kantonalstraße, nachts ruhig, weil wenig Verkehr. Guter Ausgangspunkt zum Spaziergang durch den Ort. Pizzeria in unmittelbarer Nähe.
Anfahrt: Am Ortseingang hinter der Tankstelle links.
Alternative für Campingbusse: Kleiner Parkplatz am süd-östlichen Ortsrand bei GPS N 46°29'07.0", E 8°15'47.8". Am Ortseingang von der Furkastraße rechts. Zufahrt durch enge Gassen.

Wenn Sie jetzt ein bisschen Entspannung brauchen oder sogar Badewetter das Wohnmobil aufheizt, gibt es kurz hinter Münster genau den richtigen Pausenplatz. Ein langgezogener Badesee glitzert rechts unterhalb der Straße verlockend und eine Reihe Parkplätze bei **GPS N 46°29'41.6", E 8°17'12.3"** an seiner langen Seite bieten ausreichend Platz für Wohnmobile. Nur übernachten dürfen Sie hier leider nicht!

Um Ulrichen wird dann die Bebauung im Tal wieder dichter. Um die alten Häuser in der Ortsmitte gruppieren sich viele Neubauten. Ein weiterer Campingplatz sorgt für die gesicherte Unterkunft, wenn man es von hier nicht mehr auf die Passhöhe schafft.

(200) WOMO-Campingplatz: Ulrichen / Camping Nufenen

GPS: N 46°30'15.0", E 8°18'40.0", 1.348 m,
Tel. 0041 (0) 27 9731437. **Geöffnet:** Juni bis September.
Ausstattung: WC-Entsorgung, Kiosk.
Beschreibung: Wiesenplätze in Rhônenähe an einem Bach am Ortsrand, Schattenplätze unter Bäumen.
Preise: CHF 31, Campingbus CHF 26, Strom CHF 3,50, plus Kurtaxe, Dusche 50 Cent, www.camping-nufenen.ch.
Anfahrt: In Ulrichen rechts über die Rhône, beschildert.

In Oberwald befindet sich dann die Verladestation für die Autozüge nach Realp. Im Sommer fahren wir hier weiter nach Gletsch und entweder geradeaus über den Furka oder links hinauf über den Grimselpass. Im Winter ist die Straße ab Oberwald hoch verschneit und der Weg über die Pässe gesperrt. Nur die Bahnstrecke durch den Furkatunnel ist dann noch passierbar. Und auf eigenen Rädern kann man dann das Goms nur noch vom Genfer See über das Rhônetal erreichen.

Hinter Oberwald beginnt die Straße anzusteigen. So geht es Kurve um Kurve weiter, bis in Gletsch ein Kessel zwischen hohen Bergen erreicht ist.

Fußweg an der jungen Rhône

Auch im Sommer ist unsere Reise durch das Tal der Rhône hier zu Ende. Wir haben ihre Quelle erreicht. Hoch oben über **Gletsch** strömt das Wasser unter dem Gletschereis hervor und bildet den Ursprung des Flusses. Im Tal zwischen zwei großen Pässen gelegen, ist Gletsch traditionell ein (Rast-) Platz für Reisende. Es besteht vorrangig aus einem großen Hotel und der Bahnstation. Im alten Stationshaus können Sie eine Ausstellung über die Entwicklung des Rhônegletschers sehen und vom Parkplatz des Hotels startet ein Fußweg am Wasser entlang. Ihr Wohnmobil bringen Sie so lange auf dem Parkplatz an der Bahnstation unter.

(201) Offizieller WOMO-Stellplatz: Gletsch

GPS: N 46°33'43.0", E 8°21'42.0" **Max. WOMOs:** 10
Ausstattung: Keine.
Beschreibung: Geschotterter Parkplatz und kleine Zeltwiese hinter dem Bahnhofsgebäude und am Flussufer. Straßenverkehr manchmal recht laut. Der Parkplatz gehört zum altehrwürdigen Hotel Glacier du Rhône auf der gegenüberliegenden Straßenseite. 2023 war hier eine Baustelle, das Hotel wird restauriert, der Platz ist wohl aber benutzbar.
Preise: Im Moment kostenlos. **Anfahrt:** In Gletsch an der Auffahrt in Richtung Grimselpass vorbei, rechts der Straße gegenüber vom Hotel.

Über den Furkapass haben Sie hier Anschluss an die Pässerunde unseres WOMO-Buchs Band 51, Schweiz Ost. Folgen Sie dieser Tour weiter, verlassen Sie jetzt das Tal über den eindrucksvollen **Grimselpass**. Dort oben haben Sie die Wahl zwischen mehreren schönen Stellplätzen – besonders wenn die Wolken sich aus den Bergen verziehen und Sie etwas sehen können. Bei windig-grauem Wetter kann es hier oben ziemlich frisch werden. Auch im Sommer kommt es dann manchmal zu Schneefällen. Durchgängig recht breit und komfortabel schraubt sich die Straße auf 2.165 Meter Höhe, die Sie am Hotel Grimselblick erreichen. Ein Murmeltiergehege und eine Kristallausstellung sorgen für Unterhaltung.

(202) Offizieller WOMO-Stellplatz: Hotel Grimselblick

GPS: N 46°33'39.0", E 8°20'41.0", 2.174 m. **Geöffnet:** Sommer
Ausstattung: Strom, Wasser, Toilette (im Hotel), Gasthof, Mülleimer.
Beschreibung: Am Parkplatz links der Straße dem Wohnmobilsymbol folgen, die schönsten Plätze für wendige Mobile befinden sich am Ende des schmalen Zufahrtsweges. Mit größeren Fahrzeugen stehen Sie vorne an der Straße gut. Kristallausstellung im Hotel.
Preise: CHF 26 inkl. Strom und Kurtaxe. Anmeldung im Hotel. www.grimselpass.ch. **Anfahrt:** Auf der Passhöhe erstes Haus an der Straße. Parkplatz links vor dem Murmeltiergehege.

Nur wenige Hundert Meter weiter erreichen wir beim Restaurant Alpenrösli weitläufige Parkflächen, auf denen man ebenfalls gegen einen Obolus von zehn Franken über Nacht bleiben darf.

(203) Offizieller WOMO-Stellplatz: Hotel Alpenrösli

GPS: N 46°33'41.0", E 8°20'11.9", 2.165 m,
Tel. 0041 (0)33 9731291. **Geöffnet:** Mai bis Oktober.
Ausstattung: Toilette (tagsüber im Gasthof), Gasthof.
Beschreibung: Großer asphaltierter Parkplatz auf der Passhöhe. Den besten Blick hat man vom langgezogenen Platz links der Straße. An windigen Tagen steht man geschützter vorne auf dem kleinen Platz am Totensee.
Preise: CHF 10. Anmeldung im Gasthof. www.grimselpass.com.
Anfahrt: Passhöhe Grimselpass gegenüber dem Hotel Alpenrösli.

Rundweg um den Totensee

Vorbei am zweiten Murmeltiergehege auf dem Pass kann man vom Parkplatz am Totensee auf einem schmalen steinigen Pfad am Seeufer entlanglaufen. Im Wasser sorgen bis in den Sommer hinein Eisschollen für einen ungewöhnlichen Anblick. Man kann um den ganzen See wandern und erreicht dann an der Staumauer den Parkplatz des Hotel Grimselblick und die Straße. Die Wegspuren werden jedoch auf der zweiten Weghälfte am Ostufer undeutlich. Kletterei über Steine. Wanderschuhe sinnvoll!

Am Alpenrösli beginnt die **Stichstraße zum Oberaarstausee** mit Gasthof und Wanderweg. Auf dem Platz direkt am Seeufer durfte man jahrelang auch über Nacht stehen bleiben. Leider ist dieser Platz jetzt zum Opfer des neuen Campingbooms geworden. Er wurde im Sommer 2020 exzessiv und von viel zu vielen Campern genutzt. Leider blieben dabei auch noch Müll und Fäkalien in den Bergen zurück. Grauwasser wurde einfach auf dem Platz abgelassen und in den umliegenden Wiesen häuften sich mit Klopapier verzierte Tretminen. Das traurige, aber nachvollziehbare Ergebnis: Am Oberaarstausee ist seit dem August 2020 Camping und Übernachten verboten.

Die Fahrt zum See ist aber auch ohne Übernachtung ein Erlebnis: Die schmale Straße windet sich dramatisch um schroffe Felsen. Um gefährliche Begegnungen zu vermeiden, darf sie immer nur in eine Richtung befahren werden. Achtung: Der Parkschein muss vor der Zufahrt zur Panoramastraße gezogen werden!

WOMO-Wanderparkplatz: Oberaarstausee

GPS: N 46°32'53.0", E 8°16'35.0", 2.312 m
Ausstattung: Toilette.
Beschreibung: Ebene Schotterfläche am Staudamm. Gasthof oberhalb am Hang in zehn Minuten zu Fuß erreichbar.
Preise: CHF 5 pro Tag. Der Automat steht an der Zufahrt Panoramastraße.
Anfahrt: Die Auffahrt auf der Panoramastraße gegenüber des Hotels Alpenrösli ist **ab der vollen Stunde für zehn Minuten** freigegeben. Planen Sie nicht zu knapp, Sie müssen **vor der Auffahrt** noch ein Parkticket lösen und die Ampel an der Zufahrt springt pünktlich nach zehn Minuten wieder auf Rot um. Zurück geht es dann jeweils in den ersten zehn Minuten der zweiten Stundenhälfte. **Von 22 Uhr bis 7 Uhr ist die Straße gesperrt.** Wenn Sie nicht gerade unter Höhenangst leiden, können Sie diese Strecke auch mit etwas größeren Wohnmobilen angehen, denn Gegenverkehr ist ja, wie gesagt, ausgeschlossen.

Wasser in verschiedenen Formen
Vom Staudamm zur Gletscherzunge

Gehzeit einfach 1,25 h, etwa 100 hm.

So parkt jetzt unser Wohnmobil direkt am Oberaarsee, der das Tauwasser des gleichnamigen Gletschers aufnimmt und es gut dosiert in den Flusslauf der hier beginnenden Aare entlässt. Das weithin sichtbare Gletschertor ist leicht zu erreichen. Vom Parkplatz laufen wir über die Staumauer und wechseln an deren Ende auf einen schmalen, aber gut ausgebauten Weg. Er führt immer am Ufer entlang bis zur hinteren Seespitze, wo der Oberaargletscher seine grauweiße Zunge zur milchig blauen Wasserfläche hinunter streckt. Bis kurz vor das Gletschertor ist der Weg gut ausgebaut und einfach zu gehen, in Gletschernähe wird es oft feucht und schmierig. Wanderschuhe unbedingt sinnvoll!

Nachdem wir am Morgen das richtige Zeitfenster abgepasst haben, geht es langsam die aufregende Panoramastraße zurück zum Grimselpass und weiter hinunter ins Haslital. Links der Straße lohnt das **Hotel Grimselhospiz** eine erste Pause, bevor der Motor überhaupt richtig in Schwung gekommen ist. Nachdem das alte Hospiz 1930 in den Fluten des neu aufgestauten Grimselsees versank, wurde es auf einem Felsen über dem See neu errichtet. Die Zufahrt führt über den Staudamm. Für Wohnmobile geeignete Parkplätze sind vor dem Hotel allerdings rar und das Parkhaus unter dem Hospiz passt nur für PKW. Mit Parkplatzglück könnten Sie im Hotel einkehren und anschließend auf dem Uferweg mit vielen Treppen über die Staumauer und ein Stück am See entlang laufen. Der Weg führt im stetigen Auf und Ab bis zum Seeende und dann hinauf zur 800 Meter höher gelegenen Lauteraarhütte (Gehzeit 7 Stunden).

Drei Kehren weiter unten befand sich 2020 am Grimselkraftwerk und am Fuß der oberen Staumauer eine erste größere Baustelle und die Parkplätze dort waren nicht benutzbar.

Dann fährt man am Ufer des **Räterichbodensees** entlang. An dessen Ende an der Staumauer befand sich bei **GPS N 46°35‘25.0“, E 8°19‘34.0“** ein übernachtungstauglicher Parkplatz, der zudem der Ausgangspunkt einer schönen Wanderung war. Bei unserer letzten Recherche stand dort ein Bagger. Wir gehen davon aus, dass man hier in Zukunft wieder parken kann. Bis dahin ist eine kleine Parkbucht am See der einzige Zugang zum hier beschriebenen Uferweg. Wer eher auf der Suche nach einem ruhigen Pausenplatz ist, findet im ganzen Bereich zwischen der Passhöhe und Guttannen immer wieder asphaltierte oder geschotterte Buchten am Straßenrand.

Auf dem Grimselkristallweg

Gehzeit etwa 1,5 h. Vom Parkplatz an der Staumauer des Räterichbodensees, können Sie das Grimselhospiz auch zu Fuß besuchen. Der gut markierte Kristallweg, der auf den Spuren alter Saumpfade aus dem Tal heraufkommt, führt auf einem teilweise in den Fels gebohrten Uferweg am hinteren Ufer des Räterichbodensees zum Hospiz hinauf. Sie laufen über die Staumauer auf die Felswand zu und treffen am Ende des Staudammes auf einen gut ausgestatteten Grillplatz. Dann geht es links zwischen See und Kletterfelsen bis zum Ende des Sees, wo Sie entlang der jungen Aare zum Hospiz hinaufsteigen. Von dort können Sie dann mit dem Postbus wieder zum Parkplatz an der Staumauer hinunter fahren.

Der Grimselkristallweg beginnt bereits weiter unten im Tal beim Hotel Handeck. Wenn Sie hier in den Postbus zum Grimselhospiz steigen, können sie den kompletten Weg laufen. In etwa vier Stunden steigen Sie auf schmalen Saumpfaden wieder zum Hotel Handeck hinunter.

Das **Hotel und Naturresort Handeck** links der Straße ist der nächste markante Punkt unserer Talfahrt. Einen Besuch lohnt hier die Schaukäserei mit Verkauf. Der Alpkäse wird auch heute noch im Kupferkessel über dem Feuer hergestellt, was Sie auch live erleben können. Gegenüber finden Sie die Talstation der Gelmerbahn, die als ein der steilsten Standseilbahnen der Welt gehandelt wird. Auf dem zur Bahn gehörenden Parkplatz bei **GPS N 46°36‘44.0“, E 8°18‘32.0“** finden tagsüber auch Wohnmobile Platz. Ansonsten steht hier ein Nachtparkverbot.

Achterbahnfahrt zum Gelmersee – Die steilste Standseilbahn der Welt

Wenn Sie gerne Achterbahn fahren, werden Sie auch an der Gelmerbahn Ihre Freude haben. Wenn Sie sich also in den offenen roten Waggon hinein trauen, werden Sie und 23 unerschrockene Mitreisende in zwölf Minuten steil den Berg hinauf an den Gelmersee gezogen. In etwa zwei Stunden spazieren Sie hier oben einmal um den See. Und sollten Sie es vorziehen, den Rückweg auf eigenen Füßen anzutreten: Der Abstieg auf gutem, anfangs allerdings recht steilem, Weg nimmt auch etwa zwei Stunden in Anspruch.

Die Bahn fährt von Juni bis Mitte Oktober täglich zwischen 9 und 16 Uhr, im Juli und August bis 17 Uhr. Einfache Fahrt CHF 18, hin und retour sind es CHF 36. Kinder 6 – 16 Jahre CHF 18 bzw. CHF 9.

Wenn Sie nach dem Abstieg noch nicht genug Nervenkitzel hatten, laufen Sie doch anschließend über die Hängebrücke, die die Schlucht zwischen Bahnstation und Hotel überspannt. Von hier haben Sie einen tollen Blick auf den Handeck-Wasserfall und können zum Gault-Millau prämierten Restaurant Handeck hinüber spazieren.

Hinter Handeck wird das Tal belebter. Rechts der Straße gibt es noch einmal einen Parkplatz oberhalb der Rhône, dann nähern wir uns schnell dem Haslital.

Guttannen ist der erste richtige Ort nach dem Pass. Gleich an der Ortseinfahrt links treffen Sie auf einen Parkplatz, der neuerdings auch ganz offiziell ein Übernachtungsplatz für Wohnmobile ist. Der Preis ist jedoch ziemlich stolz und der Platz eher zweckmäßig.

Rundweg um den Gelmersee

(206) Offizieller WOMO-Stellplatz: Guttannen

GPS: N 46°39'15.0", E 8°17'25.0", 1.060 m. **Max. WOMOs:** 5–6
Ausstattung: Keine. Toilette und Brunnen im Ort.
Beschreibung: Asphaltierter Parkplatz am Ortsrand. Kein Campingverhalten. Gasthof Hotel Bären im Ort gegenüber der Kirche.
Preise: CHF 20. Zahlbar per Einwurf in eine Box am Parkplatz.
Anfahrt: An der Ortseinfahrt links direkt an der Grimselstraße.

An der breiter werdenden Aare entlang erreichen wir jetzt das **Haslital**, das einige landschaftlich sehr schöne Ecken zu bieten hat. Wohnmobile werden hier allerdings rigoros auf die reichlich vorhandenen Campingplätze verbannt.

Zuerst erreichen Sie Innertkirchen mit drei kleinen Campingplätzen. Der Camping Grimselblick mit Plätzen in Flussnähe liegt direkt im Ortszentrum. Mit einem größeren Mobil werden Sie schon in der engen Zufahrt Schwierigkeiten bekommen. Daher empfehlen wir eher den zweiten Campingplatz in Innertkirchen, der in ruhiger Lage am Ortsrand zu finden ist.

(207) WOMO-Campingplatz: Innertkirchen / Camping Grund

GPS: N 46°42'08.0", E 8°13'38.0", 629 m,
Tel. 0041 (0) 33 9714409. **Geöffnet:** Ganzjährig.
Ausstattung: V/E, WLAN.
Beschreibung: Wiesenplätze am Ortsrand, wenig Schatten, moderne Sanitäranlagen.
Preise: CHF 32–38, Strom CHF 4, Kurtaxe CHF 4, www.camping-grund.ch.
Anfahrt: Im Ort an der zentralen Kreuzung die Aare überqueren und links den Schildern zum Campingplatz folgen.
Alternative: Camping Grimselblick im Ortszentrum, CHF 33 inkl. Kurtaxe. Nur Barzahlung! www.camping-grimselblick.ch.
Sonstiges: Von Innertkirchen lohnt ein Tagesausflug ins Urbachtal, das Sie mit dem Wohnmobil aber abends wieder verlassen müssen.

Folgen Sie in Innertkirchen der Aare in Richtung Meiringen, erreichen Sie kurz darauf den oberen Eingang zur **Aareschlucht**. Unterhalb des Eingangshäuschens wartet der schöne Campingplatz Aareschlucht auf Gäste, von dessen Gelände Sie gemütlich in wenigen Minuten zur Schlucht marschieren.

(208) WOMO-Campingplatz: Innertkirchen Camping Aareschlucht

GPS: N 46°42'33.0", E 8°12'53.0", 645 m, Hauptstraße 34,
Tel. 0041 (0) 33 9712714. **Geöffnet:** Mai bis Mitte Oktober.
Ausstattung: WLAN, kleiner Pool.
Beschreibung: Wiesenplatz oberhalb der Aare, schöne Stellplätze, gute Sanitäranlagen und sehr freundliche Besitzer. Fünf Minuten Fußweg zum östlichen Eingang der Aareschlucht. Wegen der oberhalb des Platzes vorbeiführenden Straße nicht ganz so ruhig.
Preise: CHF 25–27, Strom CHF 4, Kurtaxe CHF 4, ACSI-Rabatt, www.camping-aareschlucht.ch.
Anfahrt: Zwischen Innertkirchen und Meiringen rechts der Kantonalstraße 6.

Die Aareschlucht

Wollen Sie nicht übernachten, empfiehlt sich zum Besuch der Schlucht der Westeingang in Meiringen, wo Sie in einer ruhigen Straße direkt am Fluss parken und rasten können. Dazu biegen Sie an der Meiringer Ortseinfahrt im Ortsteil mit dem schönen Namen Schattenhalb rechts ab. Die Straße endet am Schluchteingang, und am Straßenrand sind quer zur Fahrtrichtung Parkplätze angeordnet **GPS N 46°43'13.0", E 8°12'10.0"** (Nachtparkverbot). Am Eingang zur Schlucht finden Sie einen Spielplatz. Der Besuch lohnt sich unbedingt. Die Holzstege der Aareschlucht führen nahe am tosenden Wasser an der Felswand entlang und durch mehrere finstere Tunnel. Die Schlucht ist wirklich spektakulär und daher immer gut besucht. Am jeweils anderen Schluchtende drehen Sie um oder steigen zur Rückfahrt in den Zug. Gehzeit durch die Schlucht: einfach etwa 30–45 Minuten. Geöffnet von April bis Anfang November 8.30–17.30 Uhr. Eintritt CHF 12. Im Juli und August wird die Schlucht am Fr und Sa abends beleuchtet, sodass Sie vom Eingang West bis 22 Uhr hinein können. www.aareschlucht.ch.

Das Ende des Superhirns – Sherlock Holmes am Reichenbachfall

Ein weiteres sehenswertes Ziel in Meiringen ist der siebenstufige Reichenbachfall, der einen guten Teil seines besonderen Renommées dem Schriftsteller Sir Arthur Conan Doyle zu verdanken hat. Dieser ließ nämlich an diesem Ort seinen Romanhelden Sherlock Holmes zur letzten Reise antreten. Beim Kampf mit einem Widersacher stürzen die Kontrahenten von der Aussichtsplattform mit dem Wasser ins Tal. Für schlappe CHF 12 chauffiert Sie die nostalgische Standseilbahn an den Ort, der Doyle vor vielen Jahren so nachhaltig beeindruckt hat.

Biegen Sie in Schattenhalb statt rechts zur Aareschlucht links ab, landen Sie auf dem Parkplatz der Reichenbachfallbahn **GPS N 46°43'13.0", E 8°11'16.0"**, die von 9–17.45 Uhr alle 15 Minuten zur Bergfahrt startet (Mittagspause 11.45–13.15 Uhr). Kombiticket mit Aareschlucht CHF 20.

Wer in **Meiringen** einen Schlafplatz sucht, hat zwei große Campingplätze zur Auswahl.

(209) WOMO-Campingplatz: Meiringen/Camping Balmweid

GPS: N 46°43'33.0", E 8°10'14.0", 598 m, Balmweidstraße 22, Tel. 0041 (0) 33 9715115. **Geöffnet:** April bis Oktober.
Ausstattung: Restaurant und Kiosk, Mini-Pool.
Beschreibung: Etwas außerhalb von Meiringen im Grünen, schöne Plätze auf bunt bewachsenem Gelände, gepflegte Anlage.
Preise: CHF 27–40 gestaffelt nach Fahrzeuglänge, Strom CHF 4,50–6,50, Kurtaxe CHF 4, CCI-Rabatt, www.camping-meiringen.ch.
Anfahrt: Von Innertkirchen kommend auf der 6 an Meiringen vorbeifahren, am Kreisel am Ortsende links zum Camping.

(210) WOMO-Campingplatz: Meiringen/Alpencamping

GPS: N 46°44'03.0", E 8°10'16.7", Brünigstraße 47, Tel. 0041 (0) 33 9713676. **Geöffnet:** Ganzjährig.
Ausstattung: V/E, Kiosk mit Imbiss, WLAN gratis, Pool, Sauna, Grillplatz.
Beschreibung: Wiesenplatz mit Blick auf die umliegenden Berge.
Preise: CHF 44–47, inkl. Strom, plus Kurtaxe, alpencamping.ch.
Anfahrt: An der Hauptstraße auf der nördlichen Aareseite.

Einen komfortablen Platz am See finden Sie ganz in der Nähe. Die Preise für die Seeplätze sind in der Hochsaison stolz, gehen aber außerhalb der Badezeit in durchaus machbare Bereiche...

(211) WOMO-Campingplatz: Brienz/Camping Aaregg

GPS: N 46°44'52.0", E 8°02'58.0", 566 m, Tel. 0041 (0) 33 9511843. **Geöffnet:** April bis Oktober.
Ausstattung: V/E, Laden, Restaurant und Spielplatz, Liegewiese.
Beschreibung: In Alleinlage auf schönem Gelände mit vielen Bäumen am oberen Ende des Brienzer Sees, 220 Plätze, davon 35 in grandioser Lage direkt am Seeufer, 5 Sterne-Ausstattung.
Preise: CHF 42–51, Seeplätze mit Aufschlag, Strom CHF 7, Kurtaxe CHF 2, www.aaregg.ch.
Anfahrt: Von Meiringen auf der 6 bis zum See. In Kienholz links.

Ein wirklich sehenswertes Ziel ganz in der Nähe ist das **Freilichtmuseum Ballenberg,** auf dessen weitläufigem Gelände Sie historische Gebäude aus allen Regionen der Schweiz entdecken können. Seit 2020 gibt es hier einen kleinen Nachtparkplatz für Wohnmobile und auf den beiden Parkplätzen am Eingang Ost und West gilt Nachtparkverbot.

(212) Offizieller WOMO-Stellplatz: Freilichtmuseum Ballenberg/Parkplatz Ost

GPS: N 46°44'56.9", E 8°05'49.2", 640 m. **Geöffnet:** Mitte April bis Oktober.
Ausstattung: Müll.
Beschreibung: Schotterplatz in ruhiger Lage unterhalb des Parkplatzes am Haupteingang. Nutzbar von 16–10 Uhr. Plätze teilweise etwas schräg. Für den Besuch des Freilichtmuseums müssen Sie tagsüber umparken. Maximal eine Nacht für autarke Mobile.
Preise: CHF 15. Zahlung per Twint oder mittels Einwurf in eine Box.
Anfahrt: Von der Kantonalstraße 6 vor dem Brienzer See auf die »4« abbiegen und der Beschilderung nach Ballenberg Ost folgen. Der Platz liegt links der Zufahrt 50 Meter vor dem regulären Parkplatz.

Ein Tag in ländlicher Idylle

Auf dem ausgedehnten Gelände gruppieren sich authentisch eingerichtete Originalhäuser aus vier Jahrhunderten zu lebendigen Grüppchen, in denen jeweils die typische Architektur einer Schweizer Region dargestellt wird. Das Gelände ist von Leben erfüllt: Es werden Würste gemacht und Brot gebacken, Kräuter und Getreide gepflanzt und verarbeitet und über den Wiesen liegt der Duft von frischem Heu. In den Pferchen suhlen sich Schweine, in den Ställen leben Hühner und Kaninchen und die Weiden werden von Schafen, Ziegen und Eseln bevölkert. Sie können in einer historischen Kutsche über das Gelände fahren oder in der ebenso historischen Apotheke bewährte Kräutermedizin erstehen. Ballenberg ist weit davon entfernt, ein langweiliges Museum zu sein.

Ballenberg ist ein Museum zum Anfassen für die ganze Familie: Die Tiere darf man streicheln und am Spielplatz kann man Kegeln wie im letzten oder vorletzten Jahrhundert.

Es gibt ein Haus der alten Spiele und auch die Fahrt auf dem Rücken der bunten Karussellpferde wird zur bleibenden Erinnerung. Die Werkstätten auf dem Gelände werden im Wechsel in Betrieb genommen. Wo es bei Ihrem Besuch etwas Besonderes zu sehen gibt, können Sie an der Kasse erfragen.

Das Gelände ist riesig. Es gibt einen markierten Rundweg im Westen und einen auf der Ostseite, für jeden sollten Sie inklusive Besuch der Häuser gut drei Stunden kalkulieren. Einen wunderbaren Ort für eine Ruhepause finden Sie dabei am zentral gelegenen Platz am Karussell mit Picknicktischen, Wirtshaus und Imbiss. Ballenberg bietet auf jeden Fall mehr, als Sie an einem einzigen Tag aufnehmen können. Der Plan, den Sie am Eingang erhalten, hilft Ihnen, eine persönliche Auswahl zu treffen.

Geöffnet Anfang April bis Ende Oktober täglich 10–17 Uhr. Eintritt CHF 32, Familientarif (Eltern mit allen eigenen Kindern) CHF 72, mit Gästekarte 25% Rabatt. Kutschfahrten vom einen Eingang zum anderen für 1–2 Personen CHF 30, jede weitere Person CHF 15, auch online unter www.ballenberg.ch.

Auf beiden Seiten der Anlage gibt es jeweils einen geräumigen Parkplatz. Den Eingang West finden Sie bei **GPS N 46°45‘05.0“, E 8°04‘45.0“**, am Parkplatz Ost befindet sich der Haupteingang mit Chocolatrie, Restaurant und kostenpflichtigem Wohnmobilstellplatz. Die Parkgebühr tagsüber beträgt auf beiden Plätzen CHF 5. Die Zufahrt ist von Brienzwiler oder von der Kantonalstraße 6 beschildert.

TOUR 11 — 250 km

Das Berner Oberland

Brienz – Interlaken – Lütschinetäler – Beatenberg – Thun – Spiez – Kiental – Engstligental – Kandertal – Diemtigtal – Simmental

Stellplätze:	Interlaken, Beatenberg, Thun, Langenbühl, Frutigen, Adelboden, Kandersteg, Wiriehornbahn, Schwenden, Lenk
Campingplätze:	Ringgenberg, Bönigen, Interlaken, Wilderswil, Lauterbrunnen, Stechelberg, Grindelwald, Beatenberg, Thun, Kiental, Frutigen, Kandersteg, Schwenden, Oberwil, Lenk
Besichtigen:	Jungfraupark, Trümmelbachfälle, Jungfraujoch, Grindelwalder Gletscherschlucht, Beatushöhlen, Museen Schloss Thun, Schloss Spiez, Standseilbahn Niesen
Wandern:	Rothorn, Schynige Platte, Panoramaweg Männlichen, Eiger Trail, Wildbeobachtung Niederhorn, Wildwasserweg, Hostalde-Hängebrücke, Wasserfallweg Adelboden, Grimmimutzweg, Stockhorn, Siebenbrunnen, Gryden
Erlebnis:	Kanuweg Thun, Wasserspielplatz Gwunderwasser

Das Berner Oberland ist eine der bekanntesten und beliebtesten Ferienregionen der Schweiz. Orte wie Grindelwald und Interlaken mit dem berühmten Drei-Gipfel Panorama Eiger, Mönch und Jungfrau schmücken sich daher gerne mit dem Top-of-Europe-Logo. Und zweifellos – Tausende um die halbe Welt gereiste Menschen aus Asien können nicht irren – wir kommen jetzt in eine der beeindruckendsten Landschaften Europas. Vom unvergleichlich blau schillernden Thuner See führen schmale Straßen in die Täler einer rauen Bergwelt. Rau, aber gut erschlossen durch ein dichtes Netz an Zahnrad- und Seilbahnen, sodass Sie sich selbst in Flip-Flops frische Hochgebirgsluft um die Nase wehen lassen könnten. Allerdings dürften Sie dabei ziemlich kalte Füße kriegen – auf dem Jungfraujoch steigen die Temperaturen auch im Hochsommer kaum über null Grad. Neben den überlaufenen Top-of-Europe-Destinationen gibt es im Berner Oberland auch weniger bekannte Täler zu entdecken, die den berühmten Tourismusorten in punkto Schönheit in keinster Weise nachstehen.

Schon am Nordufer von Thuner und Brienzer See gibt es stille Plätze und kleine Orte, die selbst im Sommer von allzu großem Trubel verschont bleiben. Der Ortskern von **Brienz**, unserem ersten Ziel, ist dörflich geblieben. Schöne alte Häuser schmücken die engen Straßen, die Seepromenade verlockt zum müßigen Sonnenbad auf einer Parkbank und kleine Läden verführen zum Bummeln. Die besondere Attraktion des Ortes ist aber die alte dampfgetriebene Zahnradbahn, die vom Bahnhof mitten im Ort auf den Gipfel des Brienzer Rothornes tuckert. Im Sommer sollten Sie nicht zu spät in Brienz eintreffen. Die Parkplätze der Bahn befinden sich im Parkhaus. Davor gibt es wenige Plätze unter freiem Himmel **GPS N 46°45'17.0", E 8°02'10.0"**. Wenn die schon vergeben sind, müssen Sie im Ort suchen. Chancen haben Sie an den gebührenpflichtigen Plätzen zwischen See und Straße.

Mit der Dampflok auf das Rothorn

Von Anfang Juni bis Mitte Oktober starten die Züge der Rothornbahn täglich ab 8.30 Uhr im Stundentakt hinauf zur Rothorn Kulm, dem Gasthof knapp unter dem Rothorngipfel. Knatternd und zischend arbeiten sie sich hinauf und die ersten Blicke auf den Brienzer See sorgen für erfreute Ausrufe des Staunens bei den Fahrgästen. Dann verschwinden die Berge und die Bahn taucht in den ersten Tunnel. Ohrenbetäubend wird der Lärm von den Wänden zurückgeworfen und die Rauchschwaden aus den Schornsteinen der

Dampflok verteilen sich zwischen den Reisenden. Auf halbem Weg gibt es dann einen Halt. Der Kessel der Lok wird mit frischem Wasser gefüllt und schnaufend und qualmend geht es weiter zu immer spektakuläreren Ausblicken. Oben am Bahnhof verlieren Sie nur langsam den aromatischen Reiseduft aus der Nase. Der Aufstieg von der Station zum Gipfel braucht etwa zehn Minuten. Wenn Sie weiter laufen wollen, sollten Sie sich am besten zu einer richtigen Wanderung entschließen. Denn wo immer Sie hier oben hinlaufen: Es geht gnadenlos steil bergab. Ein gemütlicher Spaziergang ist nicht zu machen.

Auf dem Gratweg über den Arnihaaggen

Eine kurze Runde führt hinunter zum Eisee mit Gasthof, den Sie nach gut 30 Minuten Abstieg erreichen. Wieder hinauf kämen Sie auch mit der kleinen Sesselbahn, die den See mit einem Plateau unterhalb des Gipfels verbindet. Sehr viel reizvoller sind jedoch die längeren Wanderungen über den grünen Berggrat, der sich parallel zum Brienzer See bis zum Brünigpass zieht. 4,5 Stunden sollten Sie für die gut markierte Wanderung über den Arnihaaggen zum Brünigpass kalkulieren. Etwas gekürzt führt die gleiche Strecke in 2,5 Stunden nach Schönbuel und von dort mit der Seilbahn nach Lungern hinab. Beide Touren sind nur für Wanderer mit sicherem Tritt geeignet. Komplette Bergausstattung mit Wanderschuhen und wetterfester Kleidung ist nötig. Den Gratweg nicht bei gewittrigem Wetter laufen! Zurück kommt man von Lungern und vom Brünigpass mit Bus und Bahn. Informationen und eine Karte bekommen Sie an der Talstation der Bergbahn.

Geöffnet Juni bis Oktober. Erste Bergfahrt um 8.30 Uhr in Brienz, letzte Talfahrt um 17.40 Uhr an der Rothorn Kulm. Wer nur hinauf will, zahlt CHF 62, ein Retour-Billett der Rothornbahn kostet stolze CHF 96 pro Person. Kinder 6 bis 15 Jahre CHF 10. Kostenlos können Sie ihren Hund mit in den Zug nehmen. Mit der Gästekarte Brienz erhalten Sie 20 %. Die Bahnfahrt gehört zu auch den Leistungen des Berner Oberland Pass. Mehr Infos und aktuelle Preise unter www.brienz-rothorn-bahn.ch.

Blick vom Rothorn: Der Eisee und rechts davon der Berggrat des Arnihaaggen

Am **Ufer des Brienzer Sees** fahren wir weiter in Richtung Interlaken und passieren schon kurz darauf eine Badebucht. Ein schneller Sprung ins Wasser gefällig? Dann fahren Sie langsam und parken bei **GPS N 46°45'21.0", E 8°00'34.0"**. Es folgen weitere schmale Parkmöglichkeiten, an denen man quer mit grandiosem Seeblick parken kann. Zum Baden muss man dort aber über Steine ins Wasser. Eine weitere größere Parkbucht für einen schnellen Stopp am See finden Sie kurz vor Oberried be**i GPS N 46°44'37.0", E 7°58'20.0"**. Vor den Parkplätzen befindet sich sogar eine kleine Liegewiese. Mit Ruhe ist es aber wegen der Nähe zur Straße nicht weit her.

Sie wollen nicht schnell ins Wasser springen, sondern richtig baden? Voila! Weitab vom Durchgangsverkehr können Sie im Strandbad am winzigen **Burgseeli** noch einen Ort weiter in Ringgenberg baden. Die Badesaison geht von Mai bis September, da das Wasser im schön gelegenen Moorsee besonders warm ist. **GPS N 46°41'54.0", E 7°53'15.0"**, Nachtparkverbot. Ganz in der Nähe gibt es auch einen schönen Campingplatz mit Stellplätzen direkt am Ufer des Brienzer Sees.

(213) WOMO-Campingplatz: Ringgenberg/Camping Au Lac

GPS: N 46°42'26.0", E 7°54'45.0", 578 m, Seestraße 69, Tel. 0041 (0) 33 8222616. **Geöffnet:** Mitte April bis Ende Oktober.
Ausstattung: V/E, kleiner Laden, WLAN, Spielplatz.
Beschreibung: Kleiner Platz mit besonders schönen Stellplätzen direkt am See. Zufahrt etwas eng und die Bahngleise führen direkt oberhalb des Platzes entlang.
Preise: CHF 32–36, Strom CHF 4, Aufpreis für Seeplatz, www.au-lac.ch.
Anfahrt: An der Ortseinfahrt von Ringgenberg links in die Seestraße. Bis zum Straßenende durchfahren.
Alternative: Neuer Camping Talacker weiter oben am Berg. Ruhige Lage zwischen einem Waldstück und dem Hang. Zufahrt beschildert, www.talacker.ch.

Wir erreichen **Interlaken** von Norden und schauen schon von der Brücke auf den ersten Campingplatz hinunter, der direkt am Ufer der Aare liegt.

(214) WOMO-Campingplatz: TCS Camping Interlaken

GPS: N 46°41'33.2", E 7°52'09.3", 570 m, Brienzstraße 24, Tel. 0041 (0) 33 8224434. **Geöffnet:** Ostern bis Oktober.
Ausstattung: V/E, Laden, WLAN gratis, Kanu-- und Fahrradverleih.
Beschreibung: Plätze direkt an Aare, neue komfortable Sanitäranlagen. Es gibt Parkn'Sleep-Plätze vor dem Platz.
Preise: CHF 40–52, inklusive Strom, plus Kurtaxe, www.tcs.ch.
Anfahrt: An der Brücke über die Aare.

Einen weiteren sehr komfortablen Campingplatz finden Sie in **Bönigen**, einem Vorort von Interlaken.

(215) WOMO-Campingplatz: TCS Camping Bönigen

GPS: N 46°41'28.4", E 7°53'37.2", 570 m, Campingstraße 14, Tel. 0041 (0) 33 8221143. **Geöffnet:** Ostern bis Anfang Oktober.
Ausstattung: V/E, Laden, WLAN gratis, Restaurant, Gas-Depot, Spielplatz.
Beschreibung: Stellplätze auf einer Wiese mit altem Baumbestand in Seenähe, aber durch eine Hecke vom Ufer getrennt. Einfache Badestelle vor dem Platz. Schwimmbad mit Pool und Strandbad wenige Schritte entfernt. Sehr gute Sanitäranlagen und freundlicher Empfang. Wenige Minuten Fußweg zu Gasthöfen am Seeufer.
Preise: CHF 46–58, inklusive Strom, plus Kurtaxe, www.tcs.ch.
Anfahrt: Hinter Goldwil über die Aare und links auf der »9« bis Bönigen. Am Ortseingang links zum See. Camping ausgeschildert.
Alternative: Drei enge Stellplätze im Hinterhof eines Hauses für CHF 25 im Nachbarort Böningen, N 46°41'22.1", E 7°53'34.8".

Eiger, Mönch und Jungfrau – Interlaken und die Lütschinetäler

Zwischen Brienzer und Thuner See liegt die Stadt Interlaken, die mit vielen Hotels und einem lebendig bunten Stadtkern ein Zentrum des internationalen Tourismus ist. Der Standpunkt ist günstig: Von Interlaken erreichen Sie mit Zug, Bus und Schiff alle interessanten Ziele in der Umgebung. Im Zentrum des internationalen Interesses stehen der Jungfrau-Gletscher, die Trümmelbachfälle und das »Dorf« Grindelwald. Sind auch Sie

gerne im Zentrum des Geschehens, können Sie von einem der Campingplätze rund um die Stadt die Gegend erkunden. Mögen Sie es etwas ruhiger, suchen Sie sich einen Camping bei Stechelberg oder etwas außerhalb der Stadt in Wilderswil oder Bönigen. Auf allen denkbaren Parkplätzen in der Umgebung finden Sie Zeitbegrenzungen und Nachtparkverbot.

(216) WOMO-Campingplätze Interlaken-West

Zwischen Interlaken und dem Thuner See gruppieren sich am Stadtrand gleich fünf Campingplätze. Die beste Lage hat der ganzjährig geöffnete luxuriöse **Camping Manor Farm N 46°40'52.0", E 7°48'55.0"** mit einigen Plätzen direkt am Seeufer und einem eigenen Badeplatz. Die Preise beginnen bei CHF 55 und gehen ungefähr bis zu CHF 75, www.manorfarm.ch. Günstiger, ruhiger und mit Alpenblick, jedoch ohne Seezugang, sind die Plätze auf dem Camping **Lazy Rancho**, CHF 44–48, geöffnet von Ende April bis Oktober, www.lazyrancho.ch. Beide sind gut ausgestattet, u.a. mit V/E, Laden, WLAN.

Zwischen Interlaken und Bönigen ist im gigantischen Bau des **Jungfrauparks** die »Mystery World« des Schriftstellers und »Weltenforschers« Erich von Däniken untergebracht. Die Ausstellung ist derzeit jedoch geschlossen.

Der Jungfraupark – Mysty Land

Erich von Dänikens Mystery World, die bisher auf dem Gelände zu Hause war, ist bis auf Weiteres geschlossen. Es wird wohl ein Investor für das Projekt gesucht. Geöffnet sind der riesige Indoor-Spielplatz Mysty Land und die Virtual Arena, ein Spielvergnügen mit VR-Brille.

Mysty Land ist täglich geöffnet Mi bis Fr von 13–18 Uhr und Sa, So von 11–18 Uhr. Eintritt CHF 15.

Die Virtual Arena ist derzeit Fr bis So von 13–18 Uhr geöffnet. Ein Spiel erfordert mindestens 2 Personen und kostet CHF 40. Infos unter www.jungfraupark.ch.

Auch der Stellplatz auf dem großen Parkplatz des Jungfrauparks existiert leider nicht mehr. Wer nur einen kurzen Stopp plant, findet auf den Quick-Stop-Plätzen vor dem Camping JungfrauCamp ein vergleichsweise preisgünstiges Quartier.

(217) WOMO-Campingplatz: Interlaken JungfrauCamp

GPS: N 46°41'11.4", E 7°50'06.6" , Steindlerstraße 54, Unterseen.
Tel. 0041 76 295 0511. **Geöffnet:** Ostern bis September.
Ausstattung: V/E, Laden, Restaurant, kleiner Pool, WLAN.
Beschreibung: Ebener Wiesenplatz mit Blick auf die Berge am Stadtrand von Interlaken. Busverbindung nach Interlaken, Haltestelle direkt vor dem Platz. Quickstop-Plätze am Eingang des Campingplatzes für maximal eine Übernachtung. Die Sanitäranlagen können mitbenutzt werden.
Preise: Auf dem Campingplatz CHF 47–59 je nach Saison und Fahrzeuggröße, Strom CHF 1 pro KWh, Quickstop-Plätze ohne Strom CHF 30–36 inkl. Kurtaxe. www.jungfraucamp.ch
Anfahrt: Am westlichen Stadtrand im Ortsteil Unterseen. Die Zufahrt ist beschildert.

Jungfrau Travel Pass oder Berner Oberland Pass

Wollen Sie mehrere Tage in der Region verbringen, sollten Sie rechtzeitig über ein **Mehrtagesticket für die Jungfraubahn** oder den ebenfalls recht interessanten Berner Oberland Pass nachdenken. Im Jungfraugebiet fahren viele Zahnradbahnen, die hohe Betriebskosten und entsprechend hohe Fahrpreise haben. Wollen Sie sich gründlich umschauen, lohnt sich vielleicht ein Mehrtagesticket. Mit dem Jungfrau Travel Pass fahren Sie für CHF 210 an drei aufeinanderfolgenden Tage mit fast allen Zügen der Jungfraubahn. Den Pass gibt es auch für bis zu 8 Tage (CHF 330). Alle Bahnstrecken unserer Wanderungen sind mit dem Jungfrau Travel Pass abgedeckt. Ausgeschlossen ist nur die Zahnradbahn vom Eigergletscher aufs Jungfraujoch für die Sie aber immerhin 50 Prozent Rabatt bekommen. Aktuelle Tarife finden Sie unter www.jungfrau.ch.

Wenn Sie keine drei bis sechs Tage in den Lütschinetälern bleiben wollen, aber doch etwas länger in der weiteren Region unterwegs sind, ist vielleicht der **Berner Oberland Pass** interessant. Es gibt ihn für 3, 4, 6, 8 und 10 aufeinanderfolgende Tage und er gilt auch auf allen Schiffen auf dem Brienzer und Thuner See, für die Brienzer Rothornbahn (Seite 266) und am Beatenberg. Außerdem bekommt man Rabatt auf viele Sehenswürdigkeiten. Er kostet für drei Tage CHF 240 und für 10 Tage CHF 435. Eine Übersicht der Strecken und aktuelle Informationen finden Sie unter www.berneroberlandpass.ch – oder Sie fragen in den Tourismusinformationen danach.

Mit oder ohne Mehrtagesticket im Gepäck verlassen wir jetzt Interlaken nach Süden, um die **Täler der Schwarzen und der Weißen Lütschine** zu erforschen. Die Schwarze Lütschine entspringt in den Bergen über Grindelwald, während die weiße Lütschine ihren Ursprung im Nachbartal bei Stechelberg hat. Im Weiler Zweilütschinen fließen sie zusammen und durchqueren als Lütschine Wilderswil, um in Bönigen am Camping Seeblick in den Brienzer See zu fließen. In Bönigen waren wir ja schon, also geht es jetzt weiter nach **Wilderswil**. Vorbei am Talbahnhof der historischen Zahnradbahn auf die Schynige Platte treffen wir im Ort auf ein empfehlenswertes und preisgünstiges Basisquartier.

(218) WOMO-Campingplatz: Wilderswil/Camping Oberei

GPS: N 46°39‘41.0“, E 7°51‘53.0“, 597 m, Obereigasse 9, Tel. 0041 (0) 33 8221335. **Geöffnet:** Ostern bis Mitte Oktober.
Ausstattung: V/E, Kiosk, WLAN.
Beschreibung: Zentral mitten im Ort und doch ruhig gelegen, in 10 Minuten zu Fuß zur Bahnstation. Sanitärausstattung nicht topmodern aber in Ordnung. Sehr gute Backwaren in Roger‘s Bäckerei (rogers-baeckerei.ch) am Ortsausgang in Richtung Lütschinetäler.
Preise: CHF 22–36, Strom CHF 3, plus Kurtaxe, www.campingwilderswil.ch.
Anfahrt: Im Zentrum von Wilderswil rechts der Durchfahrtsstraße, ausgeschildert.

Der Panoramaweg an der Schynigen Platte
Eine Gratwanderung im Miniformat

Gehzeit 1 h 30 min, etwa 200 Höhenmeter, auch geeignet mit bergerfahrenen Kindern ab etwa sieben Jahren. Nicht nur die Fahrt mit der alten Zahnradbahn ist besonders, auf der Schynigen Platte haben Sie einen tollen Blick auf das berühmte Dreigestirn Eiger, Mönch und Jungfrau, ohne sich mitten ins größte Getümmel stürzen zu müssen. Außerdem lockt hier oben eine wenig mühsame, aber landschaftlich ausgesprochen reizvolle Wanderrunde mit grandiosen Blicken nicht nur auf die Viertausender, sondern auch in der anderen Richtung hinunter zum Thuner See.

Wanderung: Von der Bergstation der Bahn laufen Sie durch den schön angelegten Alpengarten und sehen schon von oben den Pfad, der auf das Oberberghorn, den rechten der beiden Felsgipfel zuhält. Dort steigen Sie hinunter und folgen dem Weg bis zur Kreuzung am Fuße des Felsens. Rechts geht es weiter zum Faulhorn, wir laufen links vor dem Oberberghorn vorbei. Wenig später zweigt rechts der Aufstiegsweg auf den Felsgipfel ab. Trittsicher und schwindelfrei sollten Sie sein, um die steilen Leitern über den Fels hinauf zu gehen. Auch ohne den Gipfel stehen Sie kurz darauf am Grat über dem Brienzer See. Sind Sie nicht schwindelfrei, können Sie hier am Schilderbaum links hinunter gehen. Viel interessanter ist aber der Panoramaweg, der geradeaus leicht ansteigend und ohne wirklich schwierige Stellen zum Aussichtspunkt am zweiten Felsgipfel mit dem Namen Daube führt. Um die Felsen herum führt der Panoramaweg am Hang entlang zurück zur Bahnstation. Kurz vor dem Ziel stehen Sie am Restaurant Schynige Platte mit toller Sonnenterrasse und Spielplatz, wo Sie die Abfahrtszeit der Bahn abwarten können. Zum Bahnhof laufen Sie von hier etwa fünf Minuten.

Sehr interessant für passionierte Wandernde ist auch die längere Tour vom Oberberghorn rechts über das Faulhorn zum First, wo man dann mit der Gondel ins Tal schweben

und mit dem Zug zurück nach Wilderswil fahren kann. Dazu ist man etwa fünf bis sechs Stunden unterwegs.

Wenn Sie nicht auf dem Camping Oberei übernachten, können Sie ihr Wohnmobil während der Wanderung auf dem großen Parkplatz am Ortseingang von Wilderswil unterbringen. Die Bahn fährt von Juni bis Oktober zwischen 7.25 und 16.45 Uhr, Fahrpreis retour CHF 78 oder kostenlos mit dem Berner Oberland Pass.

Lauterbrunnen und das Tal der Wasserfälle

Folgen wir zuerst der Weißen Lütschine in das ruhigere der beiden Täler. Lauterbrunnen ist das erste Ziel. Hier befindet sich eine Talstation der Wengernalpbahn-Bahn, die von Lauterbrunnen über den Bergbahnhof »Kleine Scheidegg« nach Grindelwald fährt. Um sich näher umzusehen, bringen Sie ihr Fahrzeug auf dem Parkplatz an der Kirche unter **GPS N 46°35'33.0", E 7°54'28.0"** (zentrale Parkuhr). Vom Parkplatz lohnt der kurze Fußmarsch zur Kaskade des Staubbachfalles, der mit einer Fallhöhe von 297 Metern der zweithöchste Wasserfall der Schweiz ist. Dazu laufen Sie am hinteren Parkplatzende in die Straße »Beim Gräbli«, biegen am Campingplatz Jungfrau rechts ab und halten dabei direkt auf den Wasserfall zu.

(219) WOMO-Campingplatz: Lauterbrunnen Camping Jungfrau

GPS: N 46°35'19.0", E 7°54'29.0", 812 m.
Geöffnet: Ganzjährig (November geschlossen).
Ausstattung: V/E, Restaurant mit preisgünstigem Take Away, Laden, WLAN gratis
Beschreibung: Der komfortabelste Platz im Tal, am Ortsrand von Lauterbrunnen, fünf Sterne, viele Häuschen, aber auch schöne Stellplätze an der Lütschine. Top Sanitäranlagen. Schwimmbad in der Nähe, Busstation vor dem Platz.
Preise: CHF 42–60 inkl. Strom, plus Kurtaxe, diverse Rabatte möglich. www.camping-jungfrau.ch.
Anfahrt: Am Ortsende von Lauterbrunnen in Richtung Stechelberg.

Ein Wasserfall im Berg

Ein paar Kilometer weiter kündigt ein Parkplatz links der Straße die nächste Attraktion an, von der Sie erst mal gar nichts sehen können. Die Kaskaden der **Trümmelbachfälle** sind im Berg verborgen. Um den Platz auch für weitgereiste Gäste in Sommerschuhen zugänglich zu machen, hat man einen Aufzug in den Fels gebaut. Sie schweben also hinauf und werden dann durch dunkle Gänge in den Berg entlassen, wo Sie das tobende Wasser sofort hören können. Spritzend stiebt hier der Bach durch Gänge und Höhlen. Durch Löcher im Fels und auf Plattformen zwischen den Wasserfällen öffnen sich immer neue Blicke auf das feuchte Spektakel.

Geöffnet April bis November von 9–17 Uhr und im Juli und August von 8.30–18 Uhr, Eintritt CHF 14, www.truemmelbachfaelle.ch.

Und hier sei noch einmal daran erinnert: Auf allen Parkplätzen in beiden Tälern ist das nächtliche Parken von Wohnmobilen verboten. Dafür finden wir in **Stechelberg** einen weiteren Campingplatz in schönster Natur am Bach.

(220) WOMO-Campingplatz: Stechelberg / Camping Rütti

GPS: N 46°32'47.0", E 7°54'08.0", 904 m.
Tel 0041 (0)33 8552885. **Geöffnet:** Mai bis September.
Ausstattung: V/E, Kiosk, WLAN, Gasdepot, Gasthof Stechelberg nebenan.
Beschreibung: Wiesenplatz unter jungen Bäumen mit Bergpanorama, moderne Sanitäranlagen. Bushaltestelle neben dem Camping, sodass Sie Anschluss an das Bahn- und Bergbahnnetz der Täler haben.
Preise: CHF 31–33, Strom CHF 4, plus Kurtaxe, www.campingruetti.ch.
Anfahrt: Am Talende rechts der Straße, nicht zu übersehen.
Alternative: Der Campingplatz Breithorn liegt nahe an den Trümmelbachfällen CHF 30–35 je nach Fahrzeuglänge, Strom CHF 5, campingbreithorn.ch.

Kurz vor dem Camping Rütti passieren Sie einen riesigen Parkplatz. Hier transportiert Sie eine **Gondelbahn auf das Schilthorn**, das als einer der schönsten Aussichtsberge der Region gilt. Im Drehrestaurant Piz Goria sitzen Sie dabei jederzeit warm und trocken. Allerdings wird am Schilthorn noch bis 2026 gebaut und nicht alle Aussichtsterrassen sind zugänglich. Die Bahn gehört nicht zu den Jungfraubahnen, sondern hat einen anderen Betreiber, schilthorn.ch.

Die Sphinx auf dem Jungfraujoch Gletscherfahrt mit der Jungfraubahn

Die größte Attraktion der Lütschinetäler sind die Berge dazwischen. Die Dreierkette Eiger, Mönch und Jungfrau bilden den meist schneebedeckten Hintergrund. Davor erhebt sich der Männlichen und zum See hin grenzt ein Riegel weniger hoher Berge das Gebiet ab. Mitten ins Zentrum bringt uns die Wengernbahn, die von Lauterbach oder Grindelwald den Bergbahnhof Kleine Scheidegg unterhalb des Eigergletschers anfährt. Der absolute Touristenmagnet ist die Fahrt von dort mit der Jungfraubahn auf das 3.454 Meter hohe Jungfraujoch zwischen Mönch und Jungfraugipfel.

Hier oben befindet man sich am Gletscher und im ewigen Eis. Von der Sphinx, der glasbedachten Aussichtkuppel auf dem Joch, schaut man über den höchsten Bereich des Großen Aletschgletschers und mitten hinein in ein komplett unbesiedeltes Reich der Viertausender. Dass man hier außerdem die Wahl zwischen mehreren Restaurants hat, hochwertigste Schweizer Uhren kaufen kann, eine Eisgrotte zu sehen ist und man locker ein halbes Stündchen herumlaufen kann, ohne die Füße überhaupt in den Schnee zu setzen, ist eine Schweizer Spezialität und eigentlich allen Gletscherbahnen gemeinsam. Wenn Sie mehr Glück mit dem Wetter haben als wir, können Sie aber auch im Snow Fun Park Schlitten fahren, per Tyrolienne über das Eis sausen oder Sie wandern durch den Schnee zur 30 Minuten entfernten Hütte. Vergessen Sie dazu nicht, vor der Bergfahrt Mütze und Handschuhe einzupacken und die dickste Jacke aus dem Womo-Schrank zu holen. Die Fahrt hinauf war nicht ganz so spektakulär wie erwartet. Vom Bergbahnhof Kleine Scheidegg startet die Bahn zum Bahnhof Eigergletscher und setzt anschließend die Fahrt im Tunnel fort. Zwei Stopps ermöglichen Ausblicke aufs Eis. Die Fahrt von Grindelwald oder Lauterbrunnen auf die Jungfrau kostet Sie übrigens um die 200 Franken pro Person. Infos über Mehrtagespässe (Jungfrau Travel Pass) gibt es auf www.jungfrau.ch. Wenn Sie Bergstille dem Gletscherspektakel vorziehen, empfehlen wir eher eine der beiden folgenden Wanderungen (siehe ab Seite 276) und den Besuch des Aletschgletschers aus dem Rhônetal.

Noch intensiver ist das Erlebnis, wenn Sie zu Fuß vor der berühmten Bergkulisse unterwegs sind. Dazu haben wir für Sie zwei verschiedene kurze Wandervorschläge, die sich auch gut zu einem Rundweg zusammenfügen lassen. Diese Tour beginnen Sie am besten von Grindelwald.

Vom Männlichen zur Kleinen Scheidegg – Bergspaziergang vor großer Kulisse

Gehzeit 1 h 30 min, fast eben. In Grindelwald sind die Talstationen von Wengernbahn und Männlichenbahn nur wenige 100 Meter von einander entfernt. Auf dem großen Parkplatz der Männlichenbahn **GPS N 46°37'26.0", E 8°01'17.0"** bringen Sie auch Ihr Wohnmobil locker unter (Tagesparkschein CHF 5). Per Gondelbahn schweben Sie jetzt auf den Männlichen. Unter einem der letzten Stützpfosten befindet sich übrigens ein Murmeltierbau. Da die Tiere an schwebende Gondeln gewöhnt sind, kann man sie von oben oft gut sehen. Vom Berggasthof wenden Sie sich dann links und laufen auf dem breiten, gut ausgebauten Wanderweg in Richtung Kleine Scheidegg immer auf den Eiger zu. Links hinunter schauen Sie nach Grindelwald, während Sie sich auf gemütlichem Weg bei perfekter Aussicht dem Fuß der höheren Berge nähern. Kurz bevor Sie den Bahnhof erreichen, geht es zu einem Gasthof mit Aussichtsturm hinab und nach gut 1,5 Stunden stehen Sie an der Kleinen Scheidegg. Von hier können Sie mit der Wengernbahn zurück nach Grindelwald oder per Jungfraubahn hinauf zum Jungfraujoch fahren. Oder Sie fahren nur eine Station mit der Jungfraubahn, steigen am Eigergletscher aus und starten dort auf unsere zweite Wanderung auf dem Eiger Trail.

Tipp: Da diese Tour mit wenig Anforderungen besonders viel bietet, geht es hier an schönen Sommertagen zu wie in einem Stadtpark am Wochenende. Wir sind an einem wunderbar klaren Julimorgen gegen 8 Uhr hinauf gefahren und hatten Weg und Berge fast für uns alleine. Sollten Sie also zu den Frühaufstehern gehören – hier lohnt ein früher Start ganz sicher!

Auf dem Eiger-Trail – am Fuß der Eiger-Nordwand

Gehzeit: 2 Stunden, 750 hm bergab. Gute Wanderschuhe und ein wenig Bergerfahrung notwendig. Stöcke sinnvoll. Die Kletterrouten an der Eiger-Nordwand sind legendär und ein anspruchvolles Ziel für ambitionierte Bergsteiger. Man kommt aber auch als normal trainierter Wanderer ganz nah heran an die Wand der Wände. Von der Station Eigergletscher der Jungfraubahn führt der Eiger-Trail am Fuß der Felsabbrüche bis zur Station

Alpiglen. Der Weg ist schmal und hat ein paar steile Stellen, ist ansonsten aber unkompliziert zu gehen.

An der Station Eigergletscher überqueren Sie die Schienen und laufen unter der Trasse des Skiliftes hindurch auf den Geröllpfad am Hang. Das erste Wegstück ist rau und steinig, dann geht es über einen grünen Hügel mit schönem Aussichtspunkt und Bänken. Von hier laufen Sie kurz abwärts und dann beinahe eben weiter durch grüne Wiesen. Dann nähern Sie sich den Aufstiegsrouten in der Felswand und eine Tafel am Wegrand zeigt deren Verlauf im Fels. Hier beginnt der schönste Teil des Weges: Recht eben wandert man zwischen Felsen und Grasmatten unterhalb der Felswand. Sitzbänke bieten an den schönsten Stellen eine Möglichkeit zur bequemen Rast. Nach etwa 1,5 Stunden beginnt dann endgültig der Abstieg. Vorbei an einem Wasserfall und dann in engen Serpentinen über Geröll bis zum einladenden Berggasthof Alpiglen und zur Station der Wengernbahn, die uns nach Grindelwald zurückbringt. Wer noch Reserven hat, kann auch weiter bis zur Gletscherschlucht in Grindelwald laufen. Der Weg ist beschildert.

Die Häuser und Hotels der Gemeinde Grindelwald verteilen sich weiträumig im hintersten Ende des Tales. Unterhalb des Dorfes an der Lütschine gibt es zwei Campingplätze. Den Camping Eigernordwand finden Sie vor dem Ort ganz in der Nähe der Bergbahnstationen. Der zweite mit dem Namen »Gletscherdorf« liegt am Ortsende nahe der Gletscherschlucht. Während der Saison ist in Gríndelwald immer viel los und entsprechend eng geht es an der Ortsdurchfahrt zu. Die beschilderte Zufahrt zum Camping Gletscherdorf führt daher ab der Bergbahnstation über schmale Sträßchen unterhalb des Dorfes. Auch die Zufahrt zum Camping Eigernordwand ist ziemlich schmal. Mit Wohnmobilen im Reisebusformat sind die Campingplätze im benachbarten Tal bei Stechelberg deutlich entspannter zu erreichen.

(221) WOMO-Campingplatz: Grindelwald Camping Eigernordwand

GPS: N 46°37'19.9", E 8°00'59.8", 988 m, Bodenstraße 4, Tel. 0041 (0)33 8531242. **Geöffnet:** Ganzjährig (außer November).
Ausstattung: V/E, Kiosk, Restaurant, WLAN.
Beschreibung: Die Touristenplätze liegen auf einer schattenfreien Wiese im Tal unterhalb des Ortes. Seilbahnstation wenige Minuten entfernt.
Preise: CHF 63–73, Strom CHF 5, plus Kurtaxe CHF 4,50, www.eigernordwand.ch.
Anfahrt: An der Bergbahnstation im Ort der Beschilderung folgen.

(222) WOMO-Campingplatz: Grindelwald Camping Gletscherdorf

GPS: N 46°37'16.0", E 8°02'43.0", 988 m, Locherbodenstraße 29, Tel. 0041 (0)33 8531429. **Geöffnet:** Mai bis Oktober.
Ausstattung: V/E, kleiner Laden.
Beschreibung: Parkplatzähnlich aufgereihte Stellplätze, teilweise mit tollem Blick auf den Grindelwaldgletscher, am Ortsrand, 15 Minuten zu Fuß zur Gletscherschlucht und genauso weit in den Ort, gute Sanitäranlagen und nette Atmosphäre.
Preise: CHF 40, Strom CHF 6, plus Kurtaxe CHF 5, www.gletscherdorf.ch.
Anfahrt: An der Bergbahnstation im Ort der Beschilderung folgen. Der beschilderte Weg führt unterhalb des Dorfes durch schmale Sträßchen bis zum Campinggelände am Ortsende.

Zwischen 300 Meter hohe Felswände und zur Quelle der weißen Lütschine entführen Sie die Steganlage und die neue begehbare spektakuläre Netzkonstruktion der **Grindelwalder Gletscherschlucht**. Geöffnet Mai bis Mitte November, 9.30 – 18 Uhr. Eintritt CHF 19, Kinder CHF 10. Freitags Light-Show in der Schlucht bis 22 Uhr. Parkplatz am Gasthof mit Kristallausstellung **GPS N 46°36'48.0", E 8°02'45.0"**.

Nach den tollen Berghighlights im Jungfraugebiet ziehen wir uns wieder in ruhigere Gefilde zurück. Wer am Nordufer des Thuner Sees den Hang hinaufkurvt, findet hoch über dem See in **Beatenberg** einen ersten freien Stellplatz. Im Ortsteil Waldegg bietet bei **GPS N 46°42'11.0", E 7°48'32.0"** ein riesiger Asphaltplatz mit Infotafel und Picknickecke eine Möglichkeit zur Rast. Wer über Nacht bleiben möchte, muss aber noch etwas weiter hinauf.

(223) WOMO-Wanderparkplatz: Beatenberg Waldegg

GPS: N 46°42'15.0", E 7°48'54.0", 1.216 m. **Max. WOMOs:** 2 – 3
Ausstattung: Keine.
Beschreibung: Geschotterter Parkplatz am Waldrand mit weitem Blick in schöne Berglandschaft. Kein Campingverhalten.
Preise: CHF 5 pro Tag, zahlbar am Automaten.
Anfahrt: In Interlaken durchqueren wir den Ortsteil Unterseen und fahren auf der Beatenbergstraße bis zum Ort Waldegg hinauf. Hinter dem großen Parkplatz am hölzernen Willkommensschild auf der linken Seite den Abzweig rechts in Richtung Loipe den Berg hinauf folgen. Kurz darauf führt uns das braune Schild nach links und durch eine Rechtskurve zum Parkplatz hinauf.

Wildbeobachtung und »Trottifahrt« am Niederhorn

Sie sind zufällig an einem Donnerstag hier? Und Sommer ist es auch? Von Juli bis September führt ein ortskundiger Wildtierspezialist interessierte Gäste zu den am Niederhorn lebenden Steinböcken, die sich gut an Wanderer gewöhnt haben und Sie ungewöhnlich nahe heranlassen. Außerdem gibt es am Niederhorn auch Steinadler und Murmeltiere. Die Führung dauert etwa sechs Stunden (vier Stunden Wanderzeit). Wanderschuhe und wetterfeste Kleidung sind erforderlich, außerdem sollten Fernglas und Kamera ins Gepäck. Schon um 6.40 Uhr startet eine Gondel ab Beatenbucht zur Sonderfahrt. Sie könnten um 7 Uhr auf halber Höhe in Beatenberg, nur zwei bis drei Kilometer von unserem Stellplatz entfernt, zusteigen. So sind Sie an diesem Morgen die Ersten auf dem Berg. Die frühe Stunde löst auch das einzige Problem, das uns die Bahn auf das Niederhorn bereitet: Der Parkplatz an der Station in Beatenberg ist nicht allzu groß und die Buchten sind an PKW-Maßen orientiert **GPS N 46°41'32.0", E 7°47'11.0"**. Unten in Beatenbucht sieht es noch schlechter aus. Dort gibt es aber einen Anleger der Ausflugsboote. Vor dem Parkhaus finden Sie nur wenige Plätze an der frischen Luft. Nachdem Sie ihr Wohnmobil jetzt am frühen Morgen problemlos untergebracht haben, könnten Sie die Gunst der Stunde noch für eine Abfahrt mit dem Trottibike nutzen. Von der Mittelstation, an der die Wildbeobachtung endet, können Sie entweder auf direktem Weg in etwa 30 Minuten nach Beatenberg rollen oder die gemütliche längere Abfahrt über Naturwege wählen. Zwei Stunden Rollermiete kosten CHF 15.

Die Morgenfahrt zur Wildbeobachtung inklusive Führung kostet CHF 51 ab Beatenberg, Kinder CHF 39. Die Führung findet von Juli bis September donnerstags statt, Reservierung auf www.niederhorn.ch. Die Niederhornbahn ist im Berner Oberland Pass enthalten.

Ohne Führung startet die erste Gondel ab 8.20 Uhr, das Wanderbillet ab Beatenberg kostet CHF 39 einfach, mit Gästekarte CHF 31. Wandervorschläge gibt es an der Bahnstation. Von Juli bis September kann man freitags und samstags auch zum Sonnenuntergang aufs Niederhorn fahren, www.niederhorn.ch.

In Fußmarschentfernung zur Bergbahn gibt es außerdem einen kleinen Campingplatz mit 19 Plätzen und ohne Dauercamper auf dem Bauernhof Wang.

(224) WOMO-Campingplatz: Beatenberg Bauernhofcamping Wang

GPS: N 46°41'26.0", E 7°47'04.0", 1.120 m, Tel. 0041 (0) 33 8412105. **Geöffnet:** Ende April bis Oktober.
Ausstattung: WLAN, Brötchenservice in der Hochsaison.
Beschreibung: Wiesenplätze mit Bergblick, kleiner Sanitärblock, am Ortsrand von Beatenberg. **Preise:** CHF 29–36, Strom CHF 3, Dusche CHF 0,50, plus Kurtaxe, www.camping-wang.ch.
Anfahrt: In der Nähe der Bergbahnstation ausgeschildert. Vorsicht sehr enge, steile Straße!
Alternative: Auf dem Parkplatz an der Zufahrt zum Campingplatz können Sie für CHF 5 ein Tagesticket ziehen. Der Parkplatz liegt aber am Ortsrand direkt an der Straße.

Von hier aus fahren wir zurück nach Interlaken und haben die Wahl, ob wir jetzt am Südufer oder am Nordufer des Thuner Sees entlangfahren. Beide Strecken sind schön und führen teilweise direkt am Seeufer entlang. Auf der Südseite durchqueren wir mehrere kleine Orte auf der Nordseite klemmt die Straße zwischen dem Hang und dem See.

Die nördliche Seestraße von Interlaken nach Thun
Kaum haben wir die letzten Ausläufer der Stadt hinter uns gelassen ermöglicht links der Straße eine Parkfläche vor einer mit Büschen von der Straße abgeschirmten **Liegewiese am See** einen Badestopp, **GPS N 46°40'57.0", E 7°48'26.0"**.

Hinter Sundlauenen rücken die Berge näher an den See heran und es bleibt nur mit Mühe Raum für die Straße. Bei **GPS**

N 46°41'00.0", E 7°46'40.0" befindet sich rechts oberhalb der Straße ein schmaler Parkplatz. Von hier aus steigen Sie in wenigen Minuten hinauf zu den **Beatushöhlen**.

Die St. Beatus-Höhlen – Schauspiel aus Wasser und Stein
Wenn man der Legende glaubt, fand im 6. Jahrhundert nach Christus der heilige Beatus Zuflucht in der Höhle am Beatenberg. Selbstverständlich erst nachdem er dem dort hausenden Drachen die Tür gewiesen hatte. Steigen wir heute über Treppen und Brücken hinauf zum Eingang, erwartet uns eine imposante Tropfsteinhöhle, in deren dunklem Bauch sich Stalaktiten und Stalagmiten in glatten Wasserflächen spiegeln. Den Nachfahren des wilden Drachen hat man während der Öffnungszeiten auf den neu renovierten Spielplatz vor der Höhle verbannt, wo er sich prima als Kinderrutsche macht. *Geöffnet von März bis Mitte November 9.30–18 Uhr, Fr und Sa bis 21 Uhr. CHF 19, Familie CHF 49. Die Führungen beginnen alle halbe Stunde und dauern 90 Minuten. Temperatur in der Höhle 8 Grad, www.beatushoehlen.swiss.*

Eine gute Idee ist auch die Anreise mit dem Boot von Interlaken, Gunten oder Thun nach Sundlauenen. Vom Anleger läuft man eine knappe halbe Stunde auf dem Pilgerweg zum Höhleneingang.

Wir passieren Beatenbucht, die Talstation der Niederhornbahn, und fahren am Wasser entlang durch Merlingen bis Gunten. Hier könnten Sie sich im Strandbad erfrischen, an der Uferpromenade bummeln und den Bootsanleger für eine Fahrt über den See nutzen. Einen ausreichend großen Parkplatz finden Sie bei **GPS N 46°42'55.0", E 7°42'10.0"** am Ortsrand.

Kurz vor Oberhofen ist am kostenpflichtigen Parkplatz bei **GPS N 46°43'14.0", E 7°41'07.0"** noch mal eine Picknickpause am See möglich, bevor wir uns mit großen Schritten Thun nähern.

Badeplatz bei Interlaken (links) und das Strandbad in Gunten.

Wasserstadt an der Aare

Das Zentrum von Thun liegt an der Aare. Mit der Altstadt durch Brücken verbunden ruht eine Insel im beinahe unnatürlich türkisblauen und glasklaren Wasser des Thuner Sees, der hier in die Aare abfließt. Läuft man über die Insel und überquert die Aare auf der schmalen Rathausbrücke, hat man bereits das nächste spezielle Thun-Panorama im Blick: Über den Häusern der Altstadt ragen die weißen Türme des Thuner Schlosses in den Himmel. An seiner Seite steht die 1738 erbaute Stadtkirche und im Schloss können Sie das historische Museum besichtigen. Die Altstadt zu Füßen der Burg fühlt sich ein bisschen an wie ein frisch poliertes Venedig. Nicht nur, weil die Tische der Restaurants und Cafés beinahe mit den Füßen im Wasser stehen, auch die Dichte der Pizzerien ist ungewöhnlich. Wenn Sie also dem Duft von Pizza und Pasta erliegen: Sie werden dabei kaum irgendwo schöner sitzen als am Aareufer in Thun.

Wenn Sie mehr von Thun sehen wollen als das Schloss und die Aare: Im Welcome Center im Bahnhofsgebäude erhalten Sie ein Faltblatt mit einem Altstadtrundweg. Zentral parken können Sie am Bahnhof bei **GPS N 46°45‘15.0“, E 7°37‘52.0“** oder mit einem kurzen Campingbus auch am Kunstmuseum **GPS N 46°45‘24.0“, E 7°38‘06.0“**. Die Parkgebühren sind allerdings satt. Günstiger stehen Sie etwas weiter außerhalb auf unseren Plätzen (225) bis (228).

Kunstmuseum Thun

Das Kunstmuseum, vor dessen Türen Sie jetzt parken, ist ein Kunstwerk an sich. In den historischen Mauern des ersten Grandhotels von Thun betrachten Sie ausschließlich die Werke von Schweizer Künstlern. Die Auswahl reicht von der klassischen Moderne über die Schweizer Pop-Art bis zu zeitgenössischen Arbeiten. Geöffnet Di bis So 10–17 Uhr, Mi bis 19 Uhr, kunstmuseumthun.ch

Schlossmuseum Thun

Das historische Museum im Schloss zeigt Funde von der Frühgeschichte bis zum Mittelalter. Prunkstück des sechsstöckigen Gebäudes ist der große original ausstaffierte Rittersaal. Auch die vier Schlosstürme sind zugänglich und ermöglichen einen grandiosen Ausblick über die Stadt und auf die Berge des Berner Oberlandes, die hinter dem Thuner See aufragen. April bis Oktober täglich 10 bis 17 Uhr, CHF 10, Familienkarte CH20, schlossthun.ch.

Weitere Parkmöglichkeiten, das Strandbad und einen Campingplatz finden Sie auf der anderen Seite der Aare zwischen Thun und Spiez. Die ersten Parkplätze in der Nähe der Aare eignen sich durchaus noch als Basis für eine Stadtbesichtigung.

(225) WOMO-Parkplatz: Thun

GPS: N 46°44'58.6, E 7°38'02.5", Seestr. 27. **Max. WOMOs:** 2–3
Ausstattung: Keine.
Beschreibung: Parkplatz am Stadtrand in der Nähe des Sporthafens, zwischen den Bahnschienen und der Straße gelegen. Nicht der schönste aller Plätze und auch ziemlich laut, aber recht günstig für einen ausgedehnten Stadtbesuch.
Preise: Tagsüber CHF 1 pro Stunde, von 18.30–8 Uhr CHF 0,50 pro Stunde.
Anfahrt: In der Stadtmitte hinter der Aarebrücke links zum Bahnhof und am Bahnhof vorbei in Richtung Gwatt.

Fahren Sie noch ein Stück weiter, folgt rechts der Straße ein Parkplatz gegenüber des Bootsanlegers des Schlosses Schadau. Im Schloss ist das Schweizerische Gastronomiemuseum untergebracht und der Park ist offen für Gäste.

(226) WOMO-Parkplatz: Thun Schloss Schadau

GPS: N 46°44'49.8, E 7°38'07.1", Seestr. 34.
Max. WOMOs: 2–3
Ausstattung: WC tagsüber im Schlosspark.
Beschreibung: Einfacher Parkplatz am Stadtrand am Schlosspark Schadau und am Anleger des Fährbootes über die Aare. Bushaltestelle und Station mit Leihfahrrädern am Platz.
Preise: 8–18.30 CHF 1 pro Stunde, Nachttarif CHF 0,50 pro Stunde.
Anfahrt: Von der Stadtmitte hinter der Aarebrücke links zum Bahnhof und an diesem vorbei in Richtung Gwatt. Der Platz liegt rechts der Straße kurz vor dem Schloss.

Am südlichen Stadtrand bietet das Thuner Strandbad mit mehreren Becken, Wasserrutsche und Sprungturm, langem Badestrand am Seeufer und einer großen Liegewiese eine Alternative zum Baden in der Aare. Der Campingplatz liegt ganz in der Nähe des Bades.

(227) WOMO-Badeplatz: Strandbad Thun

GPS: N 46°44'23.3", E 7°37'41.0", Strandbadweg. **Max. WOMOs:** 2–3
Ausstattung: Keine.
Beschreibung: Parkplatz vor dem Strandbad. Zur Badesaison eng und voll.
Preise: Tagesticket CHF 4, max. 1 Übernachtung erlaubt.
Anfahrt: Von der Stadtmitte hinter der Aarebrücke links zum Bahnhof und am Bahnhof vorbei in Richtung Gwatt.
Sonstiges: Strandbad geöffnet Mai bis Mitte September täglich 7–19 oder 20 Uhr je nach Saison. Eintritt CHF 7 Kinder 6 bis 15 Jahre CHF 3.

Der Parkplatz ein paar Hundert Meter weiter stadtauswärts eignet sich nur noch für Tagesaufenthalte.

WOMO-Badeplatz: Thun / Gwatt

GPS: N 46°43'56.6", E 7°37'41.9", Gwattstraße 71. **Max. WOMOs:** 4–5
Ausstattung: Keine.
Beschreibung: Parkplatz am See, zur Badesaison oft belegt. Nachtparkverbot für Wohnmobile!
Preise: Tagesticket CHF 4.
Anfahrt: Von der Stadtmitte hinter der Aarebrücke links zum Bahnhof und am Bahnhof vorbei in Richtung Gwatt.

Wenn gerade kein Badewetter ist, können Sie den Parkplatz am Strandbad oder den Parkplatz in Gwatt auch zu einem Seespaziergang nutzen.

Der Uferweg zum Gwattlischenmoos

2,5 km, Gehzeit 40 min einfach. Vom Strandbad Thun bis zum Gwattlischenmoos in Gwatt, südlich der Stadt, führt ein schöner Spaziergang über Stege und Brücken und drei kleine Inseln am Ufer des Thunersees entlang. Wenn Sie den Campingplatz Thuner See als Quartier wählen, können Sie direkt dort loslaufen. Der Weg führt am Platz vorbei.

(229) WOMO-Campingplatz: Camping Gwatt Thunersee

GPS: N 46°43'40.0", E 7°37'39.0", 563 m, Gwattstraße 103a, Tel. 0041 (0)33 3364067. **Geöffnet:** Ostern bis Anfang Oktober.
Ausstattung: V/E, Restaurant, kleiner, gut sortierter Laden, WLAN gratis, schönes Badeufer, Spielplatz, SUP-, Kanuverleih.
Beschreibung: TCS Camping direkt am Thuner See am südlichen Stadtrand von Thun. Stellplätze auf der Wiese mit wenig Schatten. Bushaltestelle in der Nähe. Der Uferweg zum Gwattlischenmoos führt direkt am Platz vorbei.
Preise: CHF 46–71 inkl. Strom, plus Kurtaxe, Parkn'Sleep-Plätze vor dem Platz.
Anfahrt: Von Thun in Richtung Spiez auf der Kantonalstraße 6 bis zum unteren Seezipfel fahren. Dort ist der Platz links an der Straße nicht zu verfehlen.

Am westlichen Stadtrand gibt es an der Stockhorn Arena vier für Wohnmobile und Busse markierte Plätze. Ist in der Arena keine Veranstaltung, steht man hier ebenfalls recht ruhig.

(230) Offizieller WOMO-Stellplatz: Thun/Stockhorn Arena

GPS: N 46°44'43.8", E 7°36'26.1", 550 m. **Max. WOMOs:** 4
Ausstattung: Keine.
Beschreibung: Drei große und ein kleinerer Platz für Wohnmobile oder Busse auf einem asphaltierten Parkplatz vor der Sportarena. Vor dem Platz befindet sich eine Tankstelle. Ein gutes Stück von der Straße entfernt und daher außerhalb von Veranstaltungen ruhig, aber trotzdem nicht sehr idyllisch.
Anfahrt: Vom südlichen Stadtrand von Thun über die Weststraße in Richtung Allmendingen bis zur Sportarena rechts der Straße.

Ein Abstecher zum Naturpark Gantrisch

Westlich von Thun beginnt hinter einer landwirtschaftlich genutzten Ebene der Naturpark Gantrisch, der sich fast bis Fribourg erstreckt. Seinen östlichen Rand können wir zum Beispiel von **Langenbühl** erkunden. Das Gebiet an Sense und Schwarzwasser, das ebenfalls zum Naturpark gehört, bereisen wir bei Tour 5.

(231) Offizieller WOMO-Stellplatz: Langenbühl Erlebnisland Grizzlybär

GPS: N 46°45'15.2", E 7°32'09.8" **Max. WOMOs:** 19
Ausstattung: WC-Entleerung, Wasser, Strom, Dusche, Streichelzoo.
Beschreibung: Leicht schräger Asphaltplatz am Dorfrand mit Blick über Wiesen und Felder auf die Berge. Der Gasthof liegt gegenüber. Ruhetag Mo und Di, ganzjährig geöffnet. grizzlybaer.ch. **Preise:** CHF 30.
Alternative: Stellplatz Bim Wald (3 Mobile, CHF 20) an einem großen Hof auf der anderen Seeseite bei GPS N 46°45'29.1", E 7°32'30.2".
Anfahrt: Von Thun über Allmendingen und Thierachern zum Südufer des Dittlingssees. Der Platz liegt gegenüber des Gasthofes Grizzlybär an der Straße.

Wir fahren am Seeufer entlang und erreichen **Spiez** und damit das nächste Schloss. Die Anlage ist deutlich kleiner als in Thun, was aber gerade ihren Charme ausmacht. Um in den reizvollen Ortsbereich unten am Hafen zu kommen, fahren Sie fast bis zum Schloss hinunter und lassen Ihr Womo auf dem oberen Parkplatz zurück **GPS N 46°41'22.0", E 7°41'06.0"**. Ist hier nichts mehr frei, gibt es auf dem oberen Parkdeck des Parkhauses weitere Plätze ohne Dach. Die Zufahrt befindet sich etwa 50 Meter weiter rechts der Straße.

Seeblick vom Schlossturm – Mittelalterfeeling auf Schloss Spiez

Laufen Sie die Straße weiter hinunter bis zum Hafen. Hier gibt es eine Handvoll Cafés und Restaurants. Über eine Treppe geht es dann hinauf zum Schloss, vorbei an einer Flut von Rosen, die aus dem Garten der Schlosskapelle quellen, auf die Terrasse vorm Eingang, wo Sie besten Seeblick haben. Gehen Sie hinein, finden Sie mit Liebe zum Detail authentisch eingerichtete Räume. Besonders spannend ist der Aufstieg im schummrigen Licht durch den urig hergerichteten Burgturm zum Dachzimmer. So wird aus dem Besuch eine stimmungsvolle Sache – auch weil Sie sich nicht mit Besuchermassen durch die Räume schieben müssen.

Geöffnet Mai bis Oktober Di bis So 10–17 Uhr, Mo ab 14 Uhr, Juli und August bis 18 Uhr, CHF 12, Familienkarte CHF 30, www.schloss-spiez.ch.

Kanuweg Thunersee

Auf der anderen Seite des Hafens sehen Sie schon vom Schloss aus das Spiezer Freibad, das eine Station des Kanuweges Thunersee ist. Hier können Sie Kanadier für 2–4 Personen für einen Wasserausflug entlang des Seeufers mieten. Eine kurze einfache Tour (3 km, etwa eine Stunde Paddelzeit) führt Sie zu einem Grillplatz am Ufer und weiter nach Faulenbach, wo Sie ihr Kanu wieder abgeben könnten, um zu Fuß auf dem Strandweg immer am Seeuferweg entlang nach Spiez zurückzukehren. Fortgeschrittene Paddler können sich für einen Ausflug in die andere Richtung entscheiden. Das Seeufer zwischen Spiez und Thun ist vom Land aus beinahe unzugänglich und landschaftlich besonders interessant.

Kanumiete für vier Stunden CHF 80, 2 Stunden CHF 50, Wenn Sie das Kanu nicht dort abgeben, wo Sie es geliehen haben kommen CHF 25 für den

Transport hinzu. Kanustationen am Infopoint Freibad Spiez, an der Bootsfahrschule in Faulenbach und am Bistro Blue Turtle im Bootshafen Güetital. *Geöffnet Ostern bis Mitte Juni und September, Oktober nur WE 10–17 Uhr, Mitte Juni bis August täglich 10–17 Uhr. Reservierung empfohlen. Spiez: Tel. 0041 (0) 33 533 7332, Bootsvermietung Faulensee 0041 (0) 33 655 90 00.*

In Spiez verlassen wir die beiden blauen Seen und fahren wieder mitten zwischen die Berge des Berner Oberlandes, die die schöne Kulisse auf der Südseite der Seen bildet. Wir wenden uns zuerst dem östlichen der beiden Täler zu: Von Spiez führt unsere Reise in die Nebentäler des Kandertales.

In **Mülenen**, dem ersten Ort an der Strecke befindet sich links der Straße eine Bergbahnstation. Die roten Kabinen der Standseilbahn fahren ratternd und schaukelnd mit einer Steigung von 66 bis 68 Prozent auf den markanten, beinahe wie eine Pyramide geformten **Niesen** auf 2.336 Meter Höhe. Er ist einer der besten Aussichtsberge des Berner Oberlandes. Von der Plattform auf dem Niesengipfel erscheinen Thuner und Brienzer See wie zwei türkisblaue Pfützen umringt von unzähligen Bergen. Rechts der Seen schaut man auf die schneebedeckten Gipfel der 4.000er und weit hinein ins Kandertal. Der Ausblick ist schon aus der Bergbahn gigantisch. Als Wanderberg ist der alleinstehende Gipfel allerdings weniger geeignet. Am ehesten bietet sich ein Abstieg zur Mittelstation an.

Weitblick vom Niesen

Mit der Standseilbahn auf den Niesen
Die Zufahrt zu den Parkplätzen der Niesenbahn unterquert die Bahnschienen. Durch die Unterführung passen nur Fahrzeuge bis 2,30 Meter Höhe. Mit einem Wohnmobil müssen Sie an der Zufahrt nach links auf die Parkplätze am Bahnhof. Erste Bergfahrt 8 Uhr, letzte Talfahrt 17.45 Uhr. Dazwischen fahren die knallroten Waggons im 30-Minuten-Takt. Berg- und Talfahrt CHF 59 oder kostenlos mit dem Berner Oberland Pass, www.niesen.ch.

Wenn Sie kurz darauf in **Reichenbach** den Abzweig ins **Kiental** wählen, erwarten Sie stille Bergwelt und ein guter Ausgangspunkt für Wanderungen. Bis Schwendi ist die Straße frei befahrbar und hier bietet auch der kleine Campingplatz Blüemlisalp eine Handvoll Übernachtungsplätze.

(232) WOMO-Campingplatz: Schwendi Camping Blüemlisalp

GPS: N 46°34'52.0", E 7°43'43.0", 935 m, Griesalpstraße 99, Tel. 0041 (0) 33 6761235. **Geöffnet:** Ganzjährig.
Ausstattung: WC-Entsorgung, Restaurant, Grillhaus.
Beschreibung: Kleiner Platz an einem Bauernhaus, eingerahmt von einer Hecke. Hauptsächlich Dauercampingplätze. Am Rande des Platzes 15 Passantenplätze auf etwas engen Wiesenflächen.
Preise: CHF 29–38, Strom CHF 4, plus Kurtaxe, www.camping-bluemlisalp.ch.
Anfahrt: Etwa 2 km nach Schwendi links oberhalb der Straße.
Sonstiges: Eine Karte mit Wanderungen erhalten Sie an der Sesselbahn, täglich von 8–17 Uhr. Bergfahrt CHF 10, retour CHF 15, www.kiental-sesselbahn.ch.

Wollen Sie auf vier Rädern weiter ins Tal, zahlen Sie ab **Schwendi** Maut in Form einer Tagesgebühr für einen der Parkplätze an der Straße. Ein Stopp außerhalb der Parkplätze ist hier im Naturschutzgebiet genauso verboten wie jede Form der Übernachtung. Sie können aber den Tag auf dem **Grillplatz am Tschingelsee** verbringen oder von dort eine Wanderung auf dem Wildwasserweg zur Griesalp starten. Die Mautstraße endet an der Griesalp, das letzte Stück ist jedoch für Fahrzeuge über zwei Meter Breite gesperrt. Auch wenn Ihr Campingbus unter diesen Maßen bleibt: Lassen Sie es einfach

sein. Die Straße schlingt sich hier mit Steigungen bis zu 28 Prozent durch engste Haarnadelkurven unter Felsen hindurch. Klar, der kleine Postbus kommt auch durch, aber sein Fahrer macht das täglich und außerdem wird die Strecke während seiner Fahrt zur Einbahnstraße. Die **Auffahrt zur Griesalp** gilt übrigens als steilste Postautostrecke der Schweiz. Parken Sie ihr Wohnmobil also spätestens am oberen **Ende des Tschingelsees** bei **GPS N 46°32'58.0", E 7°45'22.0"** und folgen Sie unserem Wandervorschlag!

Wildwasserweg zur Griesalp
Gehzeit: 50 min einfach, 250 hm, schmaler Bergpfad, Wanderausrüstung notwendig. Vom Parkplatz laufen wir auf der Straße weiter ins Tal hinein und folgen dann den Markierungen des Wildwasserweges (ist bereits ab Schwendi markiert, dann drei Stunden bis zur Griesalm). In den ersten Kehren der Postbusstrecke zweigt an einem der Wasserfälle ein Pfad von der Straße ab und wir steigen am sprudelnden Bach entlang auf. Nach vielen Stufen und grandiosen Blicken auf den sich wild gebärdenden Bachlauf erreichen wir das Kurhaus Griesalp mit Hotel und mehreren Gasthöfen. Der Postbus fährt im Zwei-Stunden-Takt hinab zum Parkplatz. Letzte Busfahrt ab Griesalp um etwa 18 Uhr.

Zurück auf der auf der Kantonalstraße ins Kandertal erreichen wir in **Frutigen** ein sehr geeignetes Basisquartier für die Erforschung der Umgebung. Am Eingang zum ebenfalls sehenswerten Engstligental mit dem bekannten Ferienort Adelboden am Ende, bietet Frutigen den schönsten Campingplatz der Region. Auch eine freie Übernachtung wäre möglich.

(233) WOMO-Parkplatz: Frutigen Bahnhof

GPS: N 46°35'18.0", E 7°39'02.0", 766 m. **Max. WOMOs:** 4
Ausstattung: Keine.
Beschreibung: Parkplatz am Bahnhof, in der Nähe der Bahnschienen aber im Grünen am Ortsrand. Pizzeria Pony und Bäckerei in Gehweite im Ort.
Preise: 24 h-Ticket CHF 6.
Anfahrt: Im Ort links zum Bahnhof abbiegen.

(234) WOMO-Campingplatz: Frutigen / Camping Grassi

GPS: N 46°34'53.0", E 7°38'30.0", 811 m, Grassiweg.
Tel. 0041 (0) 33 6711149. **Geöffnet:** Ganzjährig.
Ausstattung: V/E, Kiosk, kostenloser Fahrradverleih, Spielplatz.
Beschreibung: Der Platz befindet sich am Ortsrand am Ufer des Engstligenbaches in ruhiger grüner Umgebung. Die großzügigen Stellplätze gruppieren sich unter alten Obstbäumen rund um das Haupthaus des ehemaligen Bauernhofes der Familie Glausen. Gute Sanitärausstattung. Ein Fußweg am Bach beginnt direkt am Platz. Nette, persönliche Atmosphäre. Ein Platz zum rundherum Wohlfühlen. Fahrer*innen von großen Mobilen könnten für Ausflüge auf dem Platz ein kleines Elektroauto mieten.

Preise: CHF 25–30, Aufschlag für Komfortplätze, Strom CHF 4, plus Kurtaxe, www.camping-grassi.ch.
Anfahrt: Südlich des Ortes am Bach, vom Ortszentrum gut beschildert.

Wanderung zur Hängebrücke Hostalde

Gehzeit 1 h 20 min, eben. Folgen Sie vom Campingplatz dem Uferweg am Engstligenbach, laufen Sie erst durch eine Wiesenlandschaft mit Bauernhöfen. Dann überqueren Sie eine schmale Holzbrücke – »nur ein Pferd« mahnt ein Schild über dem Weg, und es geht auf einem Pfad am Ufer weiter. Der Weg wird hier gesäumt von verschiedenen Holzskulpturen und bald sehen Sie unser Ziel über dem Fluss baumeln. Die Hängebrücke Hostalde überspannt

das Bachtal und verbindet die Höfe am rechten Ufer mit der Straße ins Engstligental. Sie zu überqueren lohnt nicht nur für den leichten Nervenkitzel, den der schwankende Boden unter den Füßen verursacht: Am Ende des wackelnden Weges wartet das süße Hängebrückenbeizli auf Sie, in dem sich nicht nur die dort lebenden Katzen sauwohl fühlen. Hausgemachter Most und Kuchen oder eine Brotzeit sorgen für neue Energie, sodass Sie den Rückweg auf der anderen Bachseite locker schaffen werden. Ansonsten fährt oben an der Straße auch ein Bus.

Zu Fuß laufen sie links die Straße hinauf und biegen dort am Holzhaus abermals links auf den Wanderpfad ab. Diesem folgen Sie am Hang entlang. Wenn Sie aus den Büschen heraus ein großes Wildschwein anglotzt, sind Sie auf dem richtigen Weg. Sie passieren weitere Holzskulpturen, bis an zwei Höfen der Weg breiter wird. Ab jetzt haben Sie einen guten Blick ins Tal, sodass die gedeckte Holzbrücke, über die Sie das Flussufer wieder wechseln, von Weitem zu sehen ist. Ein Pfad kürzt wenig später den Hauptwanderweg ab und führt zur Brücke hinunter. Wenn Sie diese überqueren, erreichen Sie kurz darauf wieder die schon vertraute »Ein-Pferd-Brücke«.

Adelboden und die Engstligenfälle

Fahren Sie von Frutigen ins **Engstligental**, können Sie Beizli und Hängebrücke auch ohne Wanderung besuchen. Eine Parkbucht bei **GPS N 46°33'39.0", E 7°36'59.0"** ermöglicht den Stopp. Für eine Beizli-Pause müssen Sie nur über die Brücke.

Folgen Sie weiter der Straße, kommen Sie nach Adelboden. Die beiden kleinen Campingplätze im Ort sind wenig attraktiv und eher auf Dauercamper eingerichtet. Neuerdings gibt es im Ortszentrum aber einen offiziellen Stellplatz mit Sanistation.

(235) Offizieller WOMO-Stellplatz: Adelboden Schlössliplatz

GPS: N 46°28‘55.6“, E 7°33‘31.2“, 1.350 m. **Geöffnet:** April bis November.
Ausstattung: V/E, Grauwasser nur mit Schlauch, WC, Müll.
Beschreibung: Vier markierte Plätze auf Asphalt und mit freiem Blick über eine Wiese, am Rand eines Parkplatzes im Ort.
Preise: CHF14, plus Kurtaxe CHF 2,75. Bezahlung der Parkgebühr am Automaten. Die Kurtaxe wird mit einem ausgefüllten Meldeschein in einer Box hinterlegt.
Anfahrt: Im Zentrum links in Richtung Engstligenalp und nach einem Kilometer rechts in die Kreuzgasse bis zum Buswendplatz rechts der Straße.
Sonstiges: Bei Vorlage des Meldescheines in der Touristeninfo im Ort erhalten Sie eine Gästekarte, mit der Sie günstiger Bergbahn fahren und freien Eintritt zur einigen Sehenswürdigkeiten haben. Wenn Sie im Tal etwas unternehmen, hat sich die Kurtaxe schnell amortisiert.

Eine Wanderung, die Sie nicht verpassen sollten, startet im hintersten Winkel des Tales, wo Sie schon von Weitem einen mächtigen Wasserfall von der Felswand stürzen sehen. Mit der Kabinenbahn schweben Sie vom großen Waldparkplatz an der steilen Felswand hinauf und am abstürzenden Wasser vorbei auf die Hochebene der **Engstligenalp**. Auf dem Parkplatz an der Seilbahn befindet sich außerdem der zweite neue Wohnmobilstellplatz der Gemeinde Adelboden.

(236) Offizieller WOMO-Stellplatz: Adelboden Unter dem Birg

GPS: N 46°27‘30.7“, E 7°34‘02.5“, 1.410 m. **Max. WOMOs:** 8
Ausstattung: Wasser, WC.
Beschreibung: Acht markierte Plätze auf Schotterboden im oberen Bereich des Parkplatzes. Vier davon sind fast gerade, die anderen leider ziemlich schräg. Sind diese Plätze belegt, darf man auch auf andere Bereiche des oberen Parkplatzes ausweichen. Auf dem unteren Parkplatz ist das Übernachten verboten, weil dort bei starken Regenfällen Wasser abläuft.
Preise: CHF 10, Beherbergungstaxe CHF 1, Kurtaxe CHF 2,75. Bezahlung an der Bergbahnkasse oder Selbstregistrierung mit Kuverteinwurf unten vor den Toiletten der Bergbahn.
Anfahrt: In Adelboden den Hinweisschildern zur Engstligenalp folgen.
Sonstiges: Bei Vorlage des Meldescheines in der Tourismusinfo im Ort erhalten Sie eine Gästekarte, mit der Sie unter anderem 25 Prozent Rabatt auf den Preis der Bergbahn erhalten. Fahrtzeiten der Engstligenbahn 8.30 bis 17 Uhr, Bergfahrt CHF 26, retour CHF 37, engstligenalp.ch.

Der Wasserfallweg

1,5 h, 560 m bergab, schmaler Bergpfad mit steilen Abschnitten, Wanderschuhe notwendig!

Kurz und spektakulär ist der Abstieg von der Alm zur Talstation, die überall mit dem Namen »Unter dem Birg« ausgeschildert ist. Dazu laufen Sie von der Bergstation ins Tal hinein und biegen ein Stück hinter dem Hotel zwischen den Almhütten rechts ab. Um noch ein bisschen Zeit auf der idyllischen Hochfläche zu verbringen, könnten Sie auch zuerst den 2,5 Kilometer langen, kinderwagentauglichen Almrundweg laufen, der Sie nach etwa 40 Minuten an diesen Punkt zurückbringen wird. Ansonsten geht es von hier aus rechts zur Felskante und auf einem gewundenen Pfad bergab. Am Fuß des oberen Wasserfalls überqueren Sie im Sprühwasser der großen Kaskade den Bachlauf und steigen vorbei an der zweiten Stufe zur Talstation hinunter. Kurz vor dem Ziel bringt Sie ein Abzweig zum unteren Engstligenfall. Auf einem sehr schmalen und teilweise steilen Pfad können Sie noch einmal zum Aussichtsplateau ganz nahe am Wasser hinaufsteigen und den Fall nicht nur sehen, sondern auch spüren. Dann bummeln Sie durch den Wald zurück zum Parkplatz.

Rundweg über den Engstligengrat

Eine tolle Bergtour für Wanderer mit guter Kondition ist der Rundweg von der Alp links hinauf über den Ärtelengrat und den Engstligengrat zum Chindbettipass und von dort wieder hinunter zur Alp. Rechnen Sie für die Tour etwa vier Stunden. Komplette Wanderausstattung und Trittsicherheit erforderlich.

Dem Wasserfall ganz nah – der Aufstieg über den Klettersteig Chäligang

Ein einfacher Familienklettersteig, der sich auch für einen ersten Versuch in dieser Sportart eignet, führt von der Talstation der Bahn ganz nah am Wasserfall über die Felsen hinauf zur Engstligenalp. Die komplette Ausrüstung mit Helm und Klettergurt leihen Sie unten an der Bahn. Schwierigkeitsgrad 2 (es gibt 1–5). Gehzeit 3 Stunden, 560 Höhenmeter, davon 300 auf dem Klettersteig und den Rest auf guten Bergpfaden. Einkehr oben an der Alp möglich. Für Anfänger gibt es von Juni bis Oktober geführte Touren jeden Mittwoch, CHF 85 pro Person, oder am Wochenende auf Anfrage. *Inklusive Bergführer und Ausrüstung bei der Alpinschule Adelboden. Anmeldung Tel. 0041 (0)79 3631962 oder online, www.alpinschule-adelboden.ch.*

In Adelboden gibt es außerdem an der Vogellisi Bergbahn noch das Trottiland mit sieben verschiedenen Talfahrten – von kurz und einfach bis lang und anspruchsvoll. Wer die Talfahrt mit Roller ausprobieren möchte, findet Infos über Strecken und Preise unter vogellisiberg.ch/trottinett.

Huckepack ins Wallis – eine Abkürzung für Eilige.
Die Fahrt von Frutigen weiter ins Kandertal ist wenig idyllisch, ermöglicht ihnen aber einen schnellen Wechsel unter dem Berg hindurch auf die andere Seite der 4000er. Dazu verladen Sie Ihr Wohnmobil auf einen Transportwaggon des Autozuges und rollen nach 15 Minuten Fahrt durch den **Lötschbergtunnel** im Wallis auf die Straße zurück.

Auf der Fahrt nach Kandersteg kommt man auf halbem Weg am **Blausee** vorbei, der von unterirdischen Quellen gespeist wird. Der See ist ein gut besuchtes Ausflugsziel und wirklich hübsch. Allerdings zahlen Sie einen Eintritt von CHF 5 pro Person für das selbst mitgebrachte Picknick am kleinen See, den man dann in Begleitung vieler Menschen in wenigen Minuten auf einem wurzeligem Uferpfad umrunden kann. Am Ufer steht außerdem ein nobles Hotel mit gefeiertem Gasthof. Im glasklaren Seewasser züchtet man Forellen.

Der Ort **Kandersteg** selbst ist ein bekannter Skiort. Es gibt aber auch viele gute markierte Wanderwege und Mountainbike-Tracks in allen Schwierigkeitsgraden. Direkt am Ortseingang treffen wir auf die Zufahrt zu einen kleinen offiziellen Stellplatz am Fuß der Skisprungschanze.

(237) Offizieller WOMO-Stellplatz: Kandersteg Skisprungschanze

GPS: N 46°30'24.6" E 7°40'46.9", 1.185 m. **Max. WOMOs:** 12
Ausstattung: WC-Entsorgung, Wasser, Toilette. **Beschreibung:** Stellplatz auf zwei Ebenen. Der untere Platz am Fuß der Schanze ist etwas rumpelig. Wenn man an der Zufahrt den ersten Schotterweg rechts hinauffährt, kommt man auf eine schönere, höher gelegene Terrasse mit weitem Blick und unebenem Naturboden.
Preise: CHF 25 inkl. Kurtaxe.
Anfahrt: Am Ortseingang links die schmale Straße zur Nordic Arena hinauffahren. www.nordicarena.ch

Eine gute Alternative ist der Campingplatz von Kandersteg – auch weil er direkt an der Talstation der Seilbahn zum Öschinensee liegt, der das beliebteste Ausflugsziel in Kandersteg ist.

(238) WOMO-Campingplatz: Kandersteg Camping Rendez-Vouz

GPS: N 46°29'48.0", E 7°41'01.0", 1.200 m, Hubleweg, Tel:0041 (0)33 6751534. **Geöffnet:** Ganzjährig.
Ausstattung: V/E, Laden, Restaurant, WLAN, Gasservice.
Beschreibung: Stellplätze auf Terrassen am Hang direkt oberhalb der Seilbahnstation.
Preise: CHF 26–38, Strom CHF 4,50 plus 0.90/kWh, plus Kurtaxe. Dafür spart man die CHF 8 Parkgebühr auf dem Parkplatz der Seilbahn, www.camping-kandersteg.ch.
Anfahrt: In Kandersteg den Hinweisschildern zur Seilbahn folgen und kurz vor dem Parkplatz zur Bahn rechts zum Campingplatz hinauffahren.

Zum **Öschinensee** fährt man nicht unbedingt zum Wandern hinauf – auch wenn es durchaus einen markierten Rundweg mit Panoramablick auf den See gibt (drei Stunden Wanderzeit). Den türkisblau schillernde Bergsee, der in einem Felskessel mit steil aufragenden Wänden eingebettet ist, besucht man vor allem zum Baden oder für ein Picknick am Seeufer. Alternativ gibt es auch zwei Gasthöfe mit Blick über den See. Von der Bergstation der Seilbahn spaziert man auf einem breiten Fahrweg in 25 Minuten zum See hinunter. Wer zu faul ist, anschließend wieder hinaufzuwandern, kann auch in den kleinen Elektrobus steigen (CHF 10 pro Person). Der Öschinensee ist bildhübsch, aber doch eher eine touristische Sehenswürdigkeit als ein Wanderziel. Bergeinsamkeit ist hier oben jedenfalls ganz sicher nicht zu finden.

Bergidylle am Öschinensee

Durchs Simmental ins Wallis

Wer etwas mehr Zeit mitbringt, verlässt das Berner Oberland auf eigenen Rädern über das grüne Simmental. Die Berge sind hier sanfter und nicht ganz so hoch. Wer nicht unbedingt auf die Top-Ziele Europas aus ist, wird hier in einer wunderbar ursprünglichen Natur tolle Wanderrouten entdecken. Neben dem ruhigen **Diemtigtal**, das Sie mit Kindern unbedingt besuchen sollten, gehören auch die Wanderungen in der Bergwelt um Lenk zu meinen schönsten Reiseerinnerungen und das, obwohl das Wetter hier nicht so recht mitspielen wollte.

Kinderparadies Diemtigtal

Wasserspielplatz, Trottibikefahrt, Wildbeobachtung, Grillplätze am Fluss und der besonders nette Grimmimutzweg – im Diemtigtal finden Sie für Kinder jeder Altersgruppe das richtige Ziel.

Dicht am Fluss entlang führt die Straße von **Oey** ins Tal. Links der Straße treffen Sie nach gut sieben Kilometern auf die Talstation der Bahn aufs **Wiriehorn**. Eine rasante Downhill-Strecke für Mountainbiker zieht dort die Profis an. Wenn Sie es auch probieren wollen – eine Bike-Schule bietet hier Trainings auch für Kinder an. Ein Vergnügen für jedermann und jedefrau ist dagegen die Talfahrt mit dem Trottinett. Die Miete für eine Fahrt liegt bei CHF 10 und für CHF 23 können Sie dreimal mit dem Roller hinuntersausen. Dazu kommt die Bergbahn mit Einzelfahrt CHF 12 oder Tageskarte CHF 38. Auf dem Parkplatz können Sie dann ganz offiziell übernachten.

(239) Offizieller WOMO-Stellplatz: Wiriehornbahn

GPS: N 46°36‘45.8“, E 7°32‘03.7“, 997 m, Riedli. **Max. WOMOs:** 8
Ausstattung: WC, Dusche, kleiner Laden mit regionalen Produkten.
Beschreibung: Großer ebener Parkplatz durch eine Baumreihe von der wenig befahrenen Straße getrennt. Gasthof Stierenseeberg gegenüber. Zur Bahn gehört ein gut besuchter Bikepark. **Preise:** CHF 20 per Parkn‘Sleep.
Anfahrt: Von der Diemtigtalstraße beim Weiler Riedli links zur Bahn abbiegen. Der Platz vor der Bahn ist inzwischen mit einem Kinder-Übungsparcours ziemlich zugebaut. Ruhigere Plätze finden Sie, wenn Sie an der Station der Bergbahn vorbei zum hinteren Parkplatz fahren.
Alternative: Auch auf dem Parkplatz des Restaurants Wirieblick N 46°36‘35.5“, E 7°32‘11.5“ dürfen Sie ganz offiziell über Nacht parken.

Am Talende kommen wir zu den Höhepunkten für jüngere Kinder. Vom **Grillplatz Anger bei GPS N 46°35‘54.0“, E 7°30‘07.0“** haben Sie Zugang zum neu angelegten riesigen **Wasserspielplatz Gwunderwasser** am Flussufer. Auf dem Platz an der großen Grillhütte gibt es einen Kühlschrank-Laden mit Käse und Wurst aus dem Tal und kalten Getränken. Auf der Brennholzkiste an der Hütte finden Sie versteckt im Text der Benutzungsbedingungen für den Grillplatz auch den Hinweis, dass Campieren im ganzen Tal außerhalb der Campingplätze verboten ist.

Auf den nächsten Grill- und Wanderparkplatz mit Bachuferlage treffen Sie am Talende in Schwenden. Fahren Sie an der Bergbahn vorbei und folgen den Schildern zum Grimmimutzweg zum Parkplatz Senggiweid. Hier dürfen Sie auch ganz offiziell übernachten.

(240) Offizieller WOMO-Stellplatz: Schwenden Senggiweid

GPS: N 46°33‘56.4“, E 7°28‘44.3“, 1.226 m. **Max. WOMOs:** 5
Ausstattung: Dixi-WC, Grillplatz am Bachufer.
Beschreibung: Schotterplatz am Bach und neben einem Bauernhof. Fährt man ganz hinten durch, kann man direkt am ersten von vielen idyllisch am Bach gelegenen Brätelplätzen parken. Der nächste, ebenfalls sehr schöne Grillplatz befindet sich nur wenige 100 Meter weiter am Grimmimutzweg, der ab dem Parkplatz mit Holzpfeilen ausgeschildert ist.
Preise: CHF 30 inkl. Taxen, zahlbar per Einwurf in eine Box neben dem Parkautomaten an der Scheune.
Anfahrt: In Schwenden weiter in Richtung Grimmialp. Vorbei am Campingplatz und an der Sesselbahn über den Hügel auf den Parkplatz Senggiweid (der Beschilderung Grimmimutz folgen).

Grimmimutz – eine Zwergengeschichte zum Mitwandern

Gehzeit etwa 1,5 h, 250 Höhenmeter, freiwilliger Obulus von CHF 4 für Erwachsene und CHF 2 pro Kind zum Erhalt des Weges und für Ersatz der Materialien am Weg, Spendenbox am Parkplatz. Immer am Bach entlang führt uns die Geschichte vom Grimmimutz, der sich im Winter um die Bergtiere kümmert, und seinem besten Freund, dem Spillgert. Wie Grimmimutz können wir unterwegs Holzbündel schnüren, mit denen

später das Grillfeuer entzündet wird. Doch zuerst geht es noch zur Hexenseilbahn. Dann ist schnell der große Grillplatz im Wald erreicht.

Ab hier führt ein Pfad stramm hinauf und die Geschichte wird dramatisch. Während die Eltern geduldig die Kurven auslaufen, können die Zwerge auch über einen Wurzelpfad geradewegs den Berg hinaufstürmen, um auf halbem Weg die böse Hexe mit Zapfen zu bewerfen... Doch alles zu spät – sie hat den Spillgert längst verzaubert. Der Brunnen oben auf der Alp ist aus den Tränen des Spillgert entstanden. Aber weil das Leben weiter geht, kommt auch nach dieser Station noch eine Kletterwand und der Weg führt mit weiter Talsicht vorbei an einer weiteren Feuerstelle in einer Nische zwischen Weg und Bach über Wiesen ins Tal zurück und wieder am Bach entlang zum Parkplatz. Spätestens jetzt ist es Zeit für Picknick und Spielen am Bach.

Sie haben keine Kinder dabei? Dann packen Sie einfach ein Buch ein und nehmen eine Brotzeit mit und folgen vom Parkplatz direkt hinter der Brücke dem Pfad geradeaus. Er führt zum zauberhaften winzigen blau schillernden Blauseeli. Hier können Sie auf einer der Bänke am Seeufer Platz nehmen und den Tag geruhsam zu Ende gehen lassen. Vom Camping Eggmatte erreicht man das Blauseeli in knapp 15 Minuten immer am bildhübschen Bachweg entlang. An der zweiten Brücke den Bach nicht überqueren, sondern geradeaus weiter bis zum See.

Der Wildbeobachtungsweg

Kurz hinter der Alp, am höchsten Punkt des Grimmimutzweges, führt ein Abzweig auf den mit grüner Plakette mit Steinbock markierten Wildbeobachtungsweg. Er geht weiter hinauf zu einer Beobachtungshütte mit Fernglas, zum Meditationsplatz und zur bewirtschafteten Niddeggalp. Von hier kann man zur Bergstation der Sesselbahn weiterwandern. Es geht natürlich auch andersherum: Fahren Sie hinauf und laufen Sie hinunter.

Alle Wanderwege sind auch vom komfortablen Campingplatz in Schwenden zu Fuß erreichbar. Bleiben Sie mindestens zwei Nächte, ist auch die Bergbahnfahrt in der Kurtaxe enthalten.

(241) WOMO-Campingplatz: Schwenden/Camping Eggmatte

GPS: N 46°34'16.0", E 7°29'02.0", 1.221 m, Eggmatte 8,
Tel. 0041 (0) 33 6841232. **Geöffnet:** Ganzjährig.
Ausstattung: V/E, WLAN, kleiner Spielplatz.
Beschreibung: Gepflegter Vier-Sterne-Campingplatz mit wenigen Womo-Plätzen auf zwei geschotterten Terrassen oder einer etwas unebenen Wiese. Der Platz liegt zwischen mehreren Wohnhäusern, daher wirkt alles etwas eng. Im oberen Teil viele Holzhütten und Dauercamper.
Preise: CHF 34–40, Strom CHF 3, plus Kurtaxe, www.feriendiemtigtal.ch.
Anfahrt: Am Ortseingang rechts, beschildert.
Sonstiges: 15 Minuten Fußweg zum schönen Blauseeli. Einfach an der roten Baumstele hinunter zum Bach.

Zurück auf der Hauptroute durch das Niedersimmental ermöglicht nach wenigen Kilometern in Erlenbach die Stockhornbahn einen weiteren Gipfelausflug. Oben am Stockhorn wandern Sie vom Gipfelrestaurant zu zwei Bergseen. Ihr Wohnmobil wartet derweil auf dem Parkplatz an der Talstation **GPS N 46°39'34.0", E 7°32'42.0"** direkt an der gut befahrenen Durchgangsstraße.

Mit der Bergbahn aufs Stockhorn

Der Blick vom Stockhorn ist ebenso grandios wie der vom Niesen. Statt mit einer historischen Standseilbahn den Berg hinaufzutuckern, schweben Sie am Stockhorn in einer modernen Gondel bergan. Zwischen Gipfel und Mittelstation gibt es außerdem mehrere schöne aber nicht zu lange Wanderwege.

An der Mittelstation der Bahn führt ein gemütlicher Rundweg um den Hinderstockesee und durch zwei Felstunnel zurück zur Station (45 min). Zwei längere Alternativen sind der Rundweg um Ober- und Hinderstockesee (knapp 3 h, 350 Höhenmeter) oder der blickreiche Abstieg vom Gipfel zur Mittelstation mit oder ohne Abstecher zum Oberstockesee. An der Mittel- und an der Gipfelstation gibt es jeweils eine Möglichkeit zur Einkehr. *Berg- und Talfahrt CHF 60 oder inklusive im Berner Oberland Pass, stockhorn.ch.*

Das nächste ruhige Nachtquartier finden Sie in **Oberwil**, wo abseits der Straße ein Camping ruhige Plätze im Grünen bietet.

(242) WOMO-Campingplatz: Oberwil/Camping Arnist

GPS: N 46°39'16.0", E 7°25'55.0", 836 m, Mühlebühl 35e, Tel. 0041 (0)33 7831683. **Geöffnet:** Ganzjährig.
Ausstattung: V/E, Bistro, Spielplatz, Minisauna, und ebenso kleiner Pool,
Beschreibung: Drei sonnige Terrassen vor dem Hauptgebäude.
Preise: CHF 27–31, Strom CHF 5, plus Kurtaxe, www.campingarnist.ch.
Anfahrt: Von der Ortseinfahrt Oberwil ausgeschildert.

Auf der gut ausgebauten Kantonalstraße 11 geht es ohne große Höhepunkte flott voran. Man bestaunt die vielen gedeckten Holzbrücken über die Simme und ahnt kaum, was die Dörfer sonst noch zu bieten haben. Wer das Simmental intensiver erleben möchte, geht am besten zu Fuß.

Historisches Simmental – Wanderung von Haus zu Haus

Der gut markierte Simmentaler Hausweg führt von Erlenbach bis Boltigen und passiert dabei die schönsten der vielen alten Bauernhäuser des Tales. Die ältesten stammen aus dem 17. Jahrhundert und haben schon viele Generationen erlebt. Es gibt einen Tal- und einen Terrassenweg, sodass Sie auch Rundtouren zusammenstellen können. Die ganze Strecke ist mit fast 20 km recht lang. Da aber die Bahnlinie im Tal parallel läuft, können Sie die Länge ihrer Wanderung beliebig gestalten. Ein Faltblatt mit Weg und Beschreibung der alten Häuser bekommen Sie in den Informationen oder unter www.lenk-simmental.ch. Eine kombinierte Tour aus Berg- und Talweg finden Sie im empfohlenen Wanderbuch. Ein weiterer Hausweg führt ab Boltigen durchs Obersimmental weiter nach Lenk.

Wir treten die Reise nach **Lenk** ins **Obersimmental** auf Rädern an. Die Stichstraße beginnt in Zweisimmen, wo direkt nebeneinander zwei komfortable, aber nicht übermäßig idyllische Campingplätze Quartier und eine Entsorgungsmöglichkeit bieten **GPS N 46°33'47.0", E 7°22'36.0"**. An der Rinderbergbahn geht es links in Richtung Lenk, das wir durch kleine Orte mit im Tal verstreuten Häusern auf einer unkompliziert breiten Straße erreichen. Durch Blankenburg kommen wir zuerst nach **St. Stephan**. Wir fahren ein kurzes Stück parallel zur Landebahn des Flugplatzes, dann geht es weiter ins Tal hinein bis nach **Lenk**. Sind Sie auf Suche nach einem Übernachtungsplatz, biegen Sie gleich am Ortseingang rechts ab.

(243) WOMO-Wanderparkplatz: Lenk Wallegg

GPS: N 46°27'30.0", E 7°25'56.0", 1.144 m. **Max. WOMOs:** 2–3
Ausstattung: Keine.
Beschreibung: Großer asphaltierter Parkplatz am Ortsrand, schräg. Wenige halbwegs gerade Plätze ganz oben am Rand.
Anfahrt: Am Ortseingang über die Schienen in die Wallbachstraße bis zum Schwimmbad, dort rechts und wieder links in die Rütistraße und bis zum Straßenende. Beschildert Skilift Wallegg.
Sonstiges: Am Beginn des Aufstieges durch die Wallbach-Schlucht auf den Betelberg.

Fahren Sie weiter durch Lenk hindurch, treffen Sie auf einen weiteren großen Parkplatz an der **Seilbahnstation Rothenbach**. Er liegt jedoch recht nahe an der Straße.

(244) WOMO-Wanderparkplatz: Lenk Bergbahn

GPS: N 46°26'31.0", E 7°27'23.0", 969 m. **Max. WOMOs:** 2–3
Ausstattung: Keine.
Beschreibung: Ebener Schotterplatz an der Bergbahn umgeben von Wiesen, am Ortsrand.
Anfahrt: Links der Straße an der Talstation der Seilbahn in Oberried.

Der idyllischste Platz im Tal ist ganz sicher der Talschluss am Fuß der Simmenfälle. Der Wanderparkplatz **GPS N 46°25'35.0", E 7°28'35.0"** neben dem gleichnamigen Gasthof ist der Startpunkt unserer ersten Wanderung. Direkt neben dem Gasthof können Sie mit freiem Talblick auf der Bergwiese des Camping Hasenweide übernachten.

(245) WOMO-Campingplatz: Lenk/Camping Hasenweide

GPS: N 46°25'40.0", E 7°28'44.0", 1.145 m.
Geöffnet: Ganzjährig.
Ausstattung: V/E, Laden, Restaurant.
Beschreibung: An der Wiese, einfachste Sanitäranlagen, komfortabler ist es im hinteren Teil im Dauercamperbereich an der Rezeption.
Preise: CHF 21–25 je nach Fahrzeuggröße, Strom CHF 3, plus Kurtaxe, www.camping-hasenweide.ch. **Anfahrt:** Am Talende links.

Siebenbrunnen – eine Wanderung zum Ursprung der Simme

Gehzeit 1,5 h, etwa 400 hm. Wanderschuhe notwendig. Einen Kraftort verspricht die Gästeinformation den Besuchern der Sieben Quellen der Simme – und das tatsächlich ganz zu Recht. Vom Parkplatz am Gasthof folgen wir erst dem schmalen Pfad zum Aussichtspunkt auf die Wasserfälle der Simme. Der Bach schießt hier durch einen künstlich geschaffenen Felsgraben mit Wucht zu Tale. Von hier aus wechseln wir auf den ansteigenden Schotterweg. Der schmale steinige Pfad direkt an der Simme ist leider inzwischen gesperrt, ebenso die Barbarabrücke, auf der man beinahe im Wasserfall stehen konnte. Der geschotterte Almweg schraubt sich Kurve um Kurve etwas eintönig und sehr steil hinauf bis vor uns die Siebenbrunnenalm auftaucht. Am Haus vorbei laufen wir in ein grünes Hochtal am Bach. Bringen Sie Zeit mit und vielleicht eine Decke zum Sitzen... Anschließend könnten Sie in der gemütlichen Almhütte einkehren und dort besten Alpkäse einkaufen. In 30 Minuten spazieren Sie auf dem Fahrweg wieder hinunter oder biegen hinter der Hütte links ab zum Iffigfall und zur Iffigenalp (etwa zwei Stunden, 500 hm) und fahren von dort mit dem Bus zurück.

Ebenso reizvoll ist eine Wanderung auf der Höhe des **Betelberges**. Der Parkplatz der Seilbahn ist für größere Wohnmobile etwas eng, dafür passen auch höhere Fahrzeuge in die untere Etage der Tiefgarage bei **GPS N 46°27‘08.0“, E 7°26‘18.0“.** Vom Parkplatz der Betelbergbahn kann man außerdem zum tollen **Spielplatz AlpKultur** am Lenkerseeli weiterlaufen. Dazu einfach vom Wertstoffhof der Seestraße aus dem Ort hinaus folgen bis zum See.

Murmeltierschloss oder Mondlandschaft?

Eine Wanderung um den Gryden

Gehzeit 2,5 Stunden, etwa 150 hm. In der Panoramakarte der Bahn ist die Tour mit der 19 markiert. Die kurze Runde um das Karstgebiet Gryden steckt voller landschaftlicher Höhepunkte. Am Leiterli, der Bergstation der Kabinenbahn, geht es ganz gemütlich los. Auf einem beinahe ebenen Panoramaweg nähern wir uns den seltsamen Steinformationen des Gryden. Hier und da schlägt ein Murmeltierwächter Alarm, aber die Tiere sind kaum zu entdecken. Der Rundweg führt hinten am Gryden-Gipfel vorbei, biegt dann rechts ab und führt uns hinauf und mitten hinein in ein Gewirr aus Kratern

Die Berglandschaft am Gryden im Frühsommer

und Felsen, zwischen denen Hunderte von Murmeltierlöchern eine fantastische Vorstellung von Inneren des Berges auslösen – ein echtes Murmeltierschloss! Gesehen haben wir hier oben aber kein einziges. Mit ein bisschen Kletterei kommen wir nach einer aufregenden Wegstunde zurück auf den bekannten Panoramaweg und siehe da, rechts unten, in sicherer Entfernung zum Weg spielt eine ganze Murmeltierfamilie. Wenn Sie jetzt mehr über die Murmelis, wie Sie in der Schweiz liebevoll genannt werden, wissen wollen, laufen Sie vom Leiterli zur Mittelstation, statt die Bahn zu nehmen.

Familienwandern auf dem Murmeli-Trail

Gehzeit 45 min, 300 hm bergab. Schilder mit Informationen und Stationen zum Spielen machen den Murmeli-Trail zum perfekten Familienweg. Fliegen wie ein Adler oder eine menschengroße Murmelihöhle erforschen, sich selbst in Murmeltieren aufwiegen oder über ein verzweigtes Baumlabyrinth klettern – hier wird es Kindern so schnell nicht langweilig. Dazwischen eingestreut finden Sie alles Wissenswerte über Murmeltiere. Nur ein echtes Murmeli werden Sie auf diesem Weg wohl kaum zu Gesicht bekommen.

Ein ähnliches Konzept hat der Luchsweg, der mit 2,5 Stunden schon etwas anspruchsvoller ist und auf den Spuren des Luchses vom Leiterli nach Lenk hinunterführt.

Wer auch mit dem Camper auf Bergtour gehen will, findet hoch über Lenk neben dem Bergrestaurant auf dem **Bühlberg** einige Stellplätze. Das Restaurant bietet eine Übernachtungsmöglichkeit auf seinem Parkplatz an. Die Straße hinauf ist jedoch eine Sache für sich und eher für Campingbusse im erweiterten Bulliformat geeignet.

(246) Offizieller WOMO-Stellplatz: Lenk Bergrestaurant Bühlberg

GPS: N 46°27'14.2", E 7°28'09.6" **Max. WOMOs:** 7
Geöffnet: Ganzjährig.
Ausstattung: Wasser, WC, Dusche, WLAN, Strom und Brötchenservice, wenn das Restaurant offen ist.
Beschreibung: Stellplätze auf dem Parkplatz des Restaurants mit grandioser Aussicht. Wenn die Kühe nachts auf der Weide vor dem Gasthof stehen, muss man auf den Parkplatz hinter dem Haus ausweichen, auf dem es zu den Öffnungszeiten des Restaurants etwas eng werden kann. Weiden die Kühe woanders, ist vor dem Gasthof viel Platz.
Preise: CHF 20, Strom CHF 3, plus Kurtaxe CHF 3,50, buehlberg.ch.
Anfahrt: Im Zentrum von Lenk ist die Auffahrt auf den Bühlberg mit einem braunen Schild markiert. Vorsicht, die über sechs Kilometer lange Straße hat viele enge Kurven, ist über lange Passagen einspurig mit Ausweichbuchten und der Straßenrand ist nur sporadisch mit Leitplanken gesichert. Wir würden die Straße nur für bergerfahrene Fahrer und Fahrerinnen mit Campingbussen empfehlen. Oben stand aber auch ein ausgewachsenes Wohnmobil mit mindestens sieben Meter Länge – allerdings mit Schweizer Kennzeichen.

Die aufregende Fahrt auf den Bühlberg ist eher eine Strecke für wendige Campingbusse.

TOUR 12 — 160 km

Vom Berner Oberland ins Wallis

Zweisimmen – Jaun – Charmey – Gruyère – Moléson – Leysin – Col de Pillon – Les Diablerets – Col de la Croix – Gryon – Bex

Stellplätze:	Jaun, Charmey, Broc, Gruyère, Moléson, Stausee Lessoc, Stausee Rossinière, Château d'Oex, Gerignoz, Videmanette, Saanen, Étivaz, Les Mosses, Lac de l'Hongrin, Leysin, Col de Pillon, Col de la Croix, Gryon
Campingplätze:	Jaunpass, Chateau d'Oex, Gsteig
Besichtigen:	Schaukäsereien Gruyère und Moléson, Museen in Gruyère, Schaukäserei Étivaz
Wandern:	Jaun, Gorge de la Jorgue, Sentier des Fromageries, Mont Moléson, Scex Rouge

Der Weg über den Jaunpass und das hügelige Land des Gruyère ist nicht gerade die kürzeste Verbindung vom Simmental ins Wallis, dafür aber eine sehr schöne mit vielen guten Stellplätzen für Wohnmobilreisende. Nur wenn Sie in Eile sind, wählen Sie den Abzweig nach links in Richtung Saanen und kürzen ein wenig ab.

Ansonsten fährt man von **Zweisimmen** ein Stück zurück und biegt kurz vor **Boltigen** in die kurvige, aber gut zu fahrende Passstraße ab. Nach einigen Kehren in grüner, beinahe unbebauter Moorlandschaft erreicht man an der Passhöhe einen Gasthof und einen Campingplatz. Auf dem Parkplatz an der Passhöhe ist daher Nachtparkverbot.

(247) WOMO-Campingplatz: Camping Jaunpass

GPS: N 46°35'31.0", E 7°20'15.0", 1.513 m,
Tel. 0041 (0) 33 7736953. **Geöffnet:** Ganzjährig.
Ausstattung: V/E, Laden, Snackbar, Spielplatz, Grillplatz.
Beschreibung: Wiesengelände in Sichtweite der Passstraße, direkt an kleinem Familienskigebiet gelegen.Im Sommer guter Ausgangspunkt für Wanderungen im Moorgebiet rund um den Jaunpass, Gasthof auf der Passhöhe.
Preise: CHF 29, Strom CHF 3, plus Kurtaxe, www.campingjaunpass.swiss.
Anfahrt: Auf der Passhöhe rechts der Straße.

Langsam geht es wieder hinunter bis zum kleinen Ort **Jaun**, der zwischen grünen Hügeln in der Einsamkeit erbaut wurde. In seiner schönen Kirche ist heute das **Cantorama**, eine Ausstellung über Freiburger Chorgesang, untergebracht. Im Ortskern finden Sie mehrere Gasthöfe. Wer sich vor der Weiterfahrt die Füße vertreten mag, folgt den Wegweisern »Rund um Jaun« auf eine kurze Wanderrunde um den Ort. Links vor dem Ort gibt es auch einen kleinen Stellplatz an einer Seilbahnstation.

Rund um Jaun

Gehzeit 1 Stunde, teilweise steile Pfade, Wanderschuhe sinnvoll. Die Wanderung beginnt an der Kirche, führt hinunter zum Wasserfall, von dort in den Wald hinauf zum Jaunbach, zur Bruder Klausen Grotte und zurück in den Ort. Parken können Sie in der Ortsmitte oder bereits vor dem Ortsschild links in einer Bucht neben der Straße **GPS N 46°36'37.0", E 7°16'52.0".**

(248) Offizieller WOMO-Stellplatz: Jaun/Seilbahn Gastlosen

GPS: N 46°36'30.8", E 7°17'27.2", 1025 m. **Max. WOMOs:** 14
Geöffnet: Mitte Mai bis Oktober. **Ausstattung:** V/E, Strom, WC, Dusche.
Beschreibung: Ebener Parkplatz auf Schotter-Grasgemisch, unterteilt mit gespannten Schnüren und dadurch etwas eng. **Preise:** CHF 32 inkl. Kurtaxe. Campervans auf dem normalen Parkplatz am Fluss CHF 18 ohne Strom. Anmeldung und Zahlung an der Kasse der Bergbahn oder mit Twint.
Anfahrt: Am Kreisel vor dem Ortszentrum links in Richtung Seilbahn.

Mit der Bergseite haben wir in Jaun auch den Sprachraum gewechselt. Nicht nur die Ortsnamen sind ab hier französisch. Charmey ist der nächste Ort an der Straße. Hier gibt es den ersten in einer Reihe schöner Übernachtungsplätze und die Möglichkeit zu einer rasanten Talfahrt mit dem Trottinett oder einem Besuch im Seilpark an der Mittelstation der Bahn.

(249) Offizieller WOMO-Stellplatz: Charmey Bergbahn

GPS: N 46°37'05.0", E 7°10'08.4", 880 m. **Max. WOMOs:** 10
Ausstattung: Euro-Relais mit Grauwassereinlass, WC, Mülleimer.
Beschreibung: Geschotterter Bereich mit etwas Grün und großen Bäumen am Rand des großen asphaltierten Parkplatzes der Luftseilbahn. Gasthof im Ortszentrum. **Preise:** CHF 25 inklusive Kurtaxe, Strom CHF 5, Wasser CHF 5 für 100 l, www.charmey.ch.
Anfahrt: Von Jaun kommend am Ortseingang rechts neben der Hauptstraße.
Sonstiges: An der Mittelstation der Seilbahn bietet ein großer Freizeitpark die Möglichkeit zur Fahrt mit dem Bergroller oder dem Besuch im Hochseilgarten mit sechs verschiedenen Parcours. Außerdem kann man mit 15 langen Seilrutschen von der Gipfelstation 400 Höhenmeter ins Tal sausen. Nur mit Voranmeldung unter Tel. 0041 (0)26 927 5520. Spielt das Wetter nicht mit, bietet die benachbarte Therme von Charmey einen gute Alternative.

Les Bains de la Gruyère

Ein Außen- und ein Innenbecken mit 34°C warmem Wasser, ein Kinderbereich und umfangreiches Massage- und Wellnessangebot plus Restaurant. Eintritt 3 h CHF 30, WE CHF 32. Geöffnet täglich 9–21 Uhr, Fr, Sa bis 22 Uhr. Großer Parkplatz **GPS N 46°37'13.0", E 7°09'45.0"**, www.bainsdelagruyere.ch.

Mit schönem Blick auf den Stausee **Lac de Montsalvens** geht es nach Broc, wo Schokoladenfans die Fabrikanlage von Cailler besichtigen und hinterher im Werksverkauf einen Schokoladenvorrat anlegen können. Kurz vor Broc ermöglicht ein enger Wanderparkplatz den Zugang zu einer Schlucht.

(250) WOMO-Wanderparkplatz: Broc / Gorge de la Jorgue

GPS: N 46°36'16.5", E 7°06'47.6", 872 m. **Max. WOMOs:** 1–2
Ausstattung: Picknicktische.
Beschreibung: Geschotterter Parkplatz im Wald, nicht ganz eben und nur für kleinere WOMOs geeignet. Am Wochenende oft komplett belegt.
Anfahrt: Direkt hinter dem Viadukt links dem Picknickplatzschild folgen und auf einem schmalen, abschüssigen Schotterweg etwa 100 Meter bis zum Parkplatz fahren.

Durch die Jaunschlucht zum Lac de Montsalvens

Gehzeit einfach 1 h 30 min. Der Weg durch die Gorges de la Jorgue beginnt kurz hinter dem Parkplatz mit einem kurzen Felstunnel und führt dann über Brücken und Stege in stetem Auf und Ab immer am Fluss entlang. Der spannendste Teil des Weges liegt dabei im Eingangsbereich der Jaunschlucht, dahinter wandern wir ein gutes Stück durch den Wald. Dann folgt, kurz vor dem Ende der Schlucht, noch einmal ein Tunnel und gleich darauf bringt uns eine weitere Brücke ans südliche Bachufer. Hier geht es etliche Stufen hinauf zur Krone der Staumauer des Lac de Montsalvens. Am oberen Ende der Treppe gibt es einen Picknickplatz. Folgt man dem Asphaltweg ab dem See weitere zehn Minuten sanft bergan, kommt man zu einem Gasthof. Der Weg ist beschildert.

Dann geht es weiter zum bildschönen Ort **Gruyère**, der, umgeben von einer alten Stadtmauer, weithin sichtbar auf einem Hügel thront. Bevor wir den Ort erreichen, kommen wir noch an zwei freien Übernachtungsmöglichkeiten vorbei.

(251) WOMO-Parkplatz: Broc/Notre Dame des Marches

GPS: N 46°35'34.8", E 7°06'09.5", 720 m. **Max. WOMOs:** 2–3
Ausstattung: Keine.
Beschreibung: Asphaltierter Parkplatz mit schönem Blick ins Grüne. Außerhalb des Ortes und etwas oberhalb der kleinen Kirche. PKW-Buchten. Gasthof benachbart.
Anfahrt: Am Ortsende von Broc kurz vor der Flussbrücke links in die Route des Marches abbiegen und dieser knapp 1,5 km bis zum Parkplatz folgen.

(252) WOMO-Parkplatz: Sportplatz Gruyère

GPS: N 46°35'42.0", E 7°05'26.0", 688 m. **Max. WOMOs:** 2–3
Ausstattung: Keine.
Beschreibung: Parkplatz an den Sportanlagen mit Blick auf Gruyère, die Straße führt weiter zum Sportflugplatz. Gaststätte am Flugplatz.
Anfahrt: An der Straße von Broc nach Epagny links ausgeschildert (Aerodrome).

Um die Stadt auf dem Berg aus der Nähe zu sehen, folgen wir den Hinweisschildern zu den Parkplätzen. Plätze für Wohnmobile sind auf dem untersten Platz reserviert. Auf einem Fußpfad geht es dann zur Stadtmauer hinauf und durch die mittelalterlich wirkenden Gassen mit kleinen Läden zum Schloss. Außerdem gibt es hier oben zwei ungewöhnliche Museen.

(253) Offizieller WOMO-Stellplatz: Gruyère P3

GPS: N 46°34'55.1", E 7°04'42.9", 680 m. **Max. WOMOs:** 10
Ausstattung: Dixi-WC.
Beschreibung: Großer geschotterter Parkplatz. Am oberen Ende ist eine Parkplatzreihe gegen Durchfahrt gesichert. Hier steht man recht ruhig, aber auch besonders schief. Ohne Auffahrkeile ist kaum etwas zu machen. Schöne Umgebung und kurzer Fußweg in die alte Stadt auf dem Hügel mit vielen Gasthöfen, die alle Raclette oder Käsefondue mit echtem Gruyère servieren.
Preise: CHF 23, Bezahlung mit EasyPark.
Anfahrt: Erster Parkplatz an der Auffahrt nach Gruyère (P3).

Museen in Gruyère

Kunst aus dem Himalaya sehen Sie im **Tibet Museum** (April bis Oktober täglich 11–18 Uhr, CHF 10, www.tibetmuseum.ch). Einen optischen Gegenpol setzt direkt nebenan die metallisch schimmernde Sammlung futuristischer Gestalten im **Musée HR Giger**, das Skulpturen, Möbel und Bilder des Schweizer Künstlers zeigt. Giger erhielt vor mehr als 30 Jahren einen Oscar für die besten visuellen Effekte im Film Alien. Die Ausstellung ist von April bis Oktober täglich von 10–18 Uhr, im Winter bis 17 Uhr, geöffnet. CHF 12,50, www.hrgigermuseum.com.

Der regionalen und vollständig irdischen Kultur widmen sich dagegen die **Ausstellungen im Schloss Greyerz.** 800 Jahre Schloss- und Regionalgeschichte beleben die Räume des mächtigen Schlossgebäudes. Geöffnet April bis Oktober 9–18 Uhr, November bis März 10–17 Uhr, Eintritt CHF 13, Kombitickets für Schloss und eines der anderen Museen nach Wahl CHF 17–20 je nach ausgewähltem zweitem Museum, www.chateau-gruyeres.ch.

Bei einem romantischen Abendspaziergang innerhalb der Stadtmauern von Gruyère ist Käseduft allgegenwärtig. Raclette und Fondue aus dem würzigen Käse der Region steht in jedem Restaurant in der alten Stadt auf der Speisekarte. In den beiden Schaukäsereien im Umfeld der Stadt erfahren wir mehr über die Käseherstellung. Die moderne Form einer Käserei können Sie am Fuß der Stadt im ebenso modernen Gebäude des **Maison du Gruyère** erleben. Auf dem Parkplatz bei **GPS: N 46°34‘57.0“, E 7°04‘20.0“** dürfen Sie eine Stunde kostenlos parken und es gibt dort auch ein Restaurant. *Die Schaukäserei ist täglich geöffnet von 9–18 Uhr, von Juni bis September bis 18.30 Uhr. Gekäst wird zwei- bis viermal am Tag zwischen 9 und 12 Uhr. Eintritt CHF 7, Familie CHF 12, www.lamaisondugruyere.ch.*

Blick auf Gruyère

Wenige Kilometer weiter arbeitet man in der **historischen Käserei in Moléson** noch nach der uralten Methode im Kupferkessel über dem Holzfeuer. So wird Käse heute sonst nur noch auf abgelegenen Almen hergestellt. Wenn Sie zuschauen wollen, müssen Sie morgens um 10 Uhr an der Käserei stehen und sich am Vorabend anmelden. Was läge also näher als die Übernachtung auf dem neuen kleinen Stellplatz.

(254) Offizieller WOMO-Stellplatz: Moléson

GPS: N 46°33'43.7", E 7°02'16.6", 1.111 m. **Max. WOMOs:** 15
Ausstattung: Toilette tagsüber an der Bergbahn.
Beschreibung: Großer ebener Schotterplatz (P3) in ruhiger Lage am Waldrand.
Preise: Nachtparktarif CHF 10. 5–23 Uhr frei. Die Parkvignetten sind in der Tourismusbüro vor Ort zu kaufen. Wer spät ankommt, kann das auch am nächsten Morgen erledigen. Nur für autarke Camper!
Anfahrt: An der Ortseinfahrt nach Moléson den großen Parkplatz an der Seilbahn überqueren und am hinteren Ende rechts zum ausgeschilderten Parkplatz für Wohnmobile abbiegen.

Auf zwei Wanderrouten erleben Sie das Tal hautnah: Erwandern Sie die Hügellandschaft auf dem Käsereiweg oder betrachten Sie das Tal aus der Vogelperspektive vom kegelförmigen Aussichtsberg Moléson, der sich eindrucksvoll neben dem Stellplatz aufbaut.

La Crète de Tremetta – der schönste Abstieg vom Moléson

Gehzeit etwa 3 h, 250 hm bergauf, 720 hm bergab. Die Reise zum Gipfel des Moléson beginnt direkt an unserem Stellplatz. Die Zahnradbahn bringt Sie zur Mittelstation und dann geht es mit der Gondel weiter hinauf zum grandiosen Bergpanoramablick. Über den Berggrat führt uns der Weg mit der Kartennummer 11 in einem schönen Bogen mit tollen Ausblicken hinab zum Chalet de Gros-Plané, wo vor der Talfahrt von der Mittelstation der Bahn eine verlockende Speisekarte mit Greyerzer Spezialitäten wartet.

Le Sentier des Fromageries

Gehzeit 2–4 h, 450 hm. Von einer Käserei zur anderen führt der Themenweg Sentier des Fromageries. Es gibt zwei Wegvarianten von jeweils zwei Stunden, die Sie zu einer Runde verbinden können. Alternativ lässt sich auch ein Weg mit dem Bus zurücklegen. Laufen Sie dabei von Moléson nach

Gruyère, geht es meistens bergab. Wählen Sie die Strecke über La Proveta, laufen Sie an der Station der Funiculaire vorbei ein kurzes Stück auf der Straße zurück und dann rechts hinauf zu den Bauernhöfen, die Sie schon von Weitem sehen können. Von hier aus sind Sie auf einem Wiesenpfad unterwegs, der später in den Wald und dann steil bergab nach Gruyère führt. Die andere Route über Les Reybes führt von der Käserei in Moléson durch den Ort und dann auf der anderen Seite des Tales hinunter nach Gruyère. Eine Wegbeschreibung erhalten Sie in beiden Käsereien.

Um in Richtung Wallis weiterzufahren, geht es erst mal zurück nach Gruyères und dann durchs **Intyamontal**. In **Enney** passieren wir einen gepflegten Campingplatz, wo Sie zwischen vielen Dauercampern auch einige Lücken für Touristen finden. Durch eine Reihe kleiner Orte nähern wir uns dem **Étivaz**. Links der Straße ermöglicht am **Lac de Lessoc** [**255:** N 46°29'46.0", E 7°02'57.0"] eine Stichstraße mit Parkstreifen eine Pause. Der Parkplatz liegt in der Mitte der beiden Seen von Lessoc und ist von der Kantonalstraße 9 links ausgeschildert.

Für Besitzer kleinerer Mobile lockt im nächsten Ort **Rossinière** eine Pause direkt am Ufer eines weiteren Stausees: Die Zufahrt zwischen den ersten Häusern des Ortes wächst jedoch jedes Jahr ein bisschen mehr zu, sodass man hier inzwischen guten Gewissens eigentlich nur noch Bullis mit Aufstelldach hinunterschicken kann.

(256) WOMO-Parkplatz: Stausee Rossinière

GPS: N 46°27'57.0", E 7°04'22.0", 860 m. **Max. WOMOs:** 1
Ausstattung: Keine.
Beschreibung: Schmale Parkbucht neben kaum befahrener Straße. Am Ende einer Sackgasse mit Blick auf den See.
Anfahrt: Zufahrt sehr eng! Vorsicht Hausdächer! Kurz hinter der Ortseinfahrt von Rossinière gegenüber der Post rechts im spitzen Winkel in die schmale Straße Le Bougnon einbiegen (evtl. drehen und von der anderen Seite anfahren) und auf der einspurigen Straße etwa 500 Meter hinunter zum See. Hinter dem Parkplatz Fahrverbot.
Sonstiges: Der Wasserstand kann wegen des Kraftwerkbetriebes schnell wechseln, im See Baden ist daher leider gefährlich!

Zwischen Rossinière und Les Moulins schlängelt sich die Straße durch eine Schlucht mit mehreren Aussichtspunkten. Dann erreichen wir die Region **Étivaz**, die ebenfalls die Heimat eines bekannten Käses ist. Er ist etwas milder als der Gruyère – aber probieren Sie selbst, welcher Ihnen besser schmeckt. Eine Dorfkäserei (geöffnet 8 – 11.15 und 16.30 – 19 Uhr) finden Sie in **Les Moulins GPS N 46°27'34.0", E 7°06'27.0"**. Hier müssen Sie auch entscheiden, wo die Reise weitergehen soll. Unsere Hauptroute führt jetzt durch ruhige Bergtäler zwischen die schroffen Felsen von Les Diablerets. Wollen Sie die schmucken, aber oft vollen Touristenorte Gstaad und Gsteig nicht verpassen, nehmen Sie die Alternativroute über Saanen.

Die Alternativroute über Gstaad und Gsteig
Als Feriengebiet mit Tradition hat die Region rund um Gstaad jede Menge zu bieten. Unzählige markierte Wanderwege verbinden die Stationen von 11 Bergbahnen. In Gstaad finden Sie Kletterhalle, Golfplatz und Reitzentrum. Ob Gleitschirmfliegen, Ballon fahren, River Rafting oder Canyoning – für keine Sportart haben Sie hier weite Wege.

In **Chateau d'Oex**, dem ersten Ort an der Route, dürfen Wohnmobile nach den Infos auf der Website der Region (www.chateau-doex.ch) ausdrücklich auch auf Parkplätzen übernachten. Dazu müssen Sie in den Tourismusbüros die Kurtaxe entrichten und bekommen einen Parkausweis. Alternativ gibt es unterhalb des Ortes auch einen Campingplatz.

(257) WOMO-Parkplatz: Chateau d'Oex Parkplatz Petit Pré

GPS: N 46°28'20.7", E 7°07'32.1", 944 m. **Max. WOMOs:** 2 – 3
Ausstattung: Wertstoffhof.
Beschreibung: Aphaltierter Parkplatz mit PKW-Buchten im Ortszentrum.
Anfahrt: Am Kreisel an der Ortseinfahrt links und in der Rechtskurve geradeaus zum beschilderten Parkplazt.

(258) WOMO-Campingplatz: Chateau d'Oex Camping du Berceau

GPS: N 46°27'59.0", E 7°07'30.0", 901 m, Route des Mosses 16, Tel. 0041 (0)26 9246234. **Geöffnet:** Ganzjährig.
Ausstattung: Restaurant, Pool.
Beschreibung: Camping in Alleinlage direkt neben dem Freibad. Stellplätze in Flussnähe oder zwischen den Dauercampern.
Preise: CHF 29 – 33, inkl. Schwimmbadeintritt, Strom CHF 4, ACSI-/ADAC-Rabatt, www.piscine-camping-restaurant.ch.
Anfahrt: Am Kreisel an der Ortseinfahrt von Chateau d'Oex rechts.

Nur wenige Kilometer weiter stehen Sie am Rand des Dörfchens Gérignoz mit Blick ins Grüne.

(259) WOMO-Parkplatz: Gérignoz

GPS: N 46°28'12.5", E 7°09'44.7", 970 m. **Max. WOMOs:** 2–3
Ausstattung: Keine.
Beschreibung: Leicht schräger Schotterplatz am Ortsrand mit Blick in die Berge. Vorsicht enge Zufahrt.
Anfahrt: Von der Kantonalstraße rechts steil hinunter und durch einen kurzen einspurigen Tunnel fahren. **Maximale Fahrzeughöhe 3,50 Meter**. Von unten kommende Fahrzeuge zuerst durchlassen! Im Tunnel gibt es keine Ausweichmöglichkeiten. Man kann von oben aber sehen, wenn ein Auto von unten in den Tunnel fährt. Im Zweifelsfall einfach kurz abwarten, um Gegenverkehr auszuschließen. Bei der Rückkehr vom Platz auf die Straße ist die Ausfahrt nach rechts für längere Fahrzeuge zu eng.

In **Rougement**, der letzten französischsprachigen Gemeinde des Simmentales, lohnt dann unbedingt ein kurzer Stopp. Rechts neben der Straße erweckt ein schön anzuschauendes Gebäudeensemble um eine kleine Kirche unsere Aufmerksamkeit. Und weil man gegenüber auf dem Parkplatz **GPS N 46°29'17.0", E 7°12'22.0"** ganz problemlos halten kann, haben wir dann ein echtes Kleinod entdeckt. Wenn Sie stimmungsvolle, einfache Gebäude mögen, gehen Sie unbedingt hinein! Am Parkplatz gibt es außerdem noch eine **kräftig sprudelnde Quelle**.

Ansonsten ist Rougement ein attraktives Wandergebiet: Erfahrene Wanderer bringt die Kabinenbahn zwischen die **Felswände von La Videmanette**. An der Bergstation starten drei Klettersteige und Wanderer mit Alpinerfahrung erwarten in den »Gstaader Dolomiten« landschaftlich attraktive Touren. [**260**: N 46°29'10.0", E 7°12'32.0", Videmanette] – parken dürfen hier aber nur Kunden der Bergbahn.

In **Saanen**, dem nächsten Ort an der Strecke, gibt es unten am Flussufer eine Reihe Parkplätze, die den Vorteil haben, dass man sich nahe an der Bahnstation und am Ortszentrum befindet.

(261) WOMO-Parkplatz: Saanen

GPS: N 46°29'17.5", E 7°15'41.3", 1016 m. **Max. WOMOs:** 2–3
Ausstattung: Keine.
Beschreibung: Geschotterter Parkstreifen zwischen den Bahngleisen und der Saane (Sarine). Die längsten Plätze befinden sich ganz hinten. Bahnhof direkt nebenan. **Preise:** Kostenlos für maximal 15 Stunden, danach kostenpflichtig. Ticket am Automaten ziehen – auch für die kostenlose Parkzeit. Die Kurtaxe ist im Tourismusbüro zu bezahlen.
Anfahrt: Im Ortszentrum rechts zum Fluss hinunter fahren und vor der Brücke links in die Campingstraße abbiegen.
Alternative: Weiterer Parkplatz an der Kirche. Gebührenpflichtig 8–12 und 14–18 Uhr (CHF 1,50 pro Stunde) und kleiner Campingplatz am Flussufer.

In **Gstaad** gruppieren sich Hotels und Ferienanlagen um den alten Dorfkern. Die einzige Übernachtungsmöglichkeit liegt abseits des Ortes am **Arnensee**, der nur über eine schmale Mautstraße erreicht werden kann. Dort stellt ein **Gasthof** [**262:** N 46°23'42.8", E 7°13'21.7", Arnensee] ein einfaches Campinggelände zur Verfügung. Wenige Kilometer weiter in **Gsteig** finden Sie noch einmal einen schönen kleinen Ort und am Ortsrand einen auf Wohnmobile spezialisierten Campingplatz.

(263) WOMO-Campingplatz: Bergcamping Gsteig

GPS: N 46°22'57.0", E 7°15'47.0", 1.224 m, Campingstrasse 2, Tel. 0041 (0)79 787 8852. **Geöffnet:** Ganzjährig.
Ausstattung: V/E, Restaurant.
Beschreibung: Asphaltierte Terrasse vor der Blockhütte des Restaurants und vor schöner Bergkulisse, eigentlich eher ein Wohnmobilstellplatz als ein echter Campingplatz. Im gemütlichen Restaurant Heiti gute rustikale Küche zu günstigen Preisen.
Preise: CHF 27–30, Strom CHF 4, plus Kurtaxe, www.restaurant-heiti.com.
Anfahrt: Durch Gsteig hindurch und zum Ortsteil Heiti. Dort liegt der Platz links an der Straße.

Eine Möglichkeit zur freien Übernachtung finden Sie dann wieder an der Talstation der Bergbahn am **Col de Pillon** (268 und 269), wo wir wieder auf unsere Hauptroute treffen.

Unsere Hauptroute – Eine Fahrt durchs Étivaz
Wenn die Einkaufszeiten in der Käserei in Les Moulins nicht gepasst haben, gilt der erste Stopp der **Schaukäserei mit großem Laden in Étivaz** [**264:** GPS N 46°25'26.0", E 7°08'42.0"]. Wer lieber außerhalb von Ortschaften übernachtet, hat in den nächsten Kilometern mehrere Möglichkeiten zur Wahl.

Wenn Sie keine Angst vor schmalen Straßen haben, können Sie von **La Lecherette** einen schönen Übernachtungsplatz am **Stausee Lac de Hongrin** erreichen. Der Parkplatz liegt an der Straße hoch über dem See.

(265) WOMO-Wanderparkplatz: Lac de l'Hongrin

GPS: N 46°25'42.5", E 7°02'51.6", 1.290 m. **Max. WOMOs:** 5–6
Ausstattung: Feuerstelle.
Beschreibung: Geschotterter Parkstreifen an der wenig befahrenen Straße. Nachts absolut ruhig. Drei Plätze mit Blick über den See. Auf der gegenüberliegenden Seeseite Schießplatz der Schweizer Armee. Übungstage liegen meist nicht am Wochenende.
Sonstiges: Folgt man der Straße bis zum Fahrverbot am Ende der Straße gibt es dort einen Wiesenplatz am See, an dem auch gebadet wird. Hier beginnt außerdem ein Wanderweg auf dem man in knapp vier Stunden den Felszacken Rocher de Naye erwandern könnte, der hoch über dem Genfer See aufragt. Kürzer, aber auch sehr schön ist ein Spaziergang auf der Staumauer oder durch den ehemaligen Straßentunnel ins Tal unterhalb des Staudammes.
Anfahrt: Am Ortsende von La Lecherette rechts in Richtung Hongrin abbiegen. Kurz darauf geht es noch einmal rechts an einer Kaserne vorbei und auf die schmale Straße zur Barrage de l'Hongrin, der wir knappe sechs Kilometer bis zum See folgen. Der beste Parkplatz ist kurz vor der Staumauer zwischen Straße und See zu finden. Die Straße ist meist einspurig mit Ausweichbuchten, der Asphalt ist nicht im besten Zustand. Sie weist viele Kurven aber kaum Steigung auf und ist vergleichsweise unkompliziert zu fahren.

Deutlich weniger aufwendig ist die Anfahrt zu den nächsten Plätzen ein paar Kilometer weiter bei **Cuizon**, wo sich rechts im Wald ein winziger Campingplatz befindet und 300 Meter weiter ein großer Parkplatz rechts der Straße die freie Übernachtung erlaubt.

(266) WOMO-Picknickplatz: Les Mosses

GPS: N 46°24'28.0", E 7°06'07.0", 1.407 m.
Max. WOMOs: 1–2
Ausstattung: Picknicktische.
Beschreibung: Außerhalb jedes Ortes auf großer asphaltierter Fläche, leicht schräg. Wenn Sie bis zum Ende des Platzes fahren etwa. 250 Meter zu schönem Grillplatz am Flussufer.
Anfahrt: Direkt rechts der Straße, kurz nach Buvette am Straßenrand. Weiterer Parkplatz auf der gegenüberliegenden Straßenseite.

Noch schöner picknicken Sie zwischen Stellplatz und Campingplatz auf einer Wiese mit Tisch und Bänken direkt am Bach – bloß zum Übernachten sind die schmalen Parkbuchten an der Straße wenig geeignet **GPS N 46°24‘44.0“, E 7°06‘14.0“**.

Wenig später erreichen wir den **Col des Mosses** und fahren hinab nach **Ormont Dessus**. Ein Abstecher nach rechts bringt uns zum Skiort Leysin. Dieser lohnt sich vor allem wegen des neu eingerichteten, großzügig angelegten Stellplatzes am Ortseingang beim Sportzentrum.

(267) Offizieller WOMO-Stellplatz: Leysin

GPS: N 46°20'30.0“, E 7°01'21.4“, 1.240 m. **Max. WOMOs:** 10
Ausstattung: V/E, Strom, Picknicktische, Dusche im Sportzentrum.
Beschreibung: Große Schotterfläche an einer kleinen Parkanlage mit Picknicktischen. Helikopterlandeplatz benachbart.
Preise: CHF 14 inkl. Strom und Kurtaxe. Anmeldung und Bezahlung im Sportzentrum zwischen 8 und 18 Uhr. www.sportleysin.ch.
Anfahrt: Vor dem Ort links dem Wohnmobilssymbol zu den Stellplätzen folgen. Die V/E befindet sich an der Straße, die den kleinen Park umrundet. Neben Tischen gibt es hier auch eine kleine Kletterwand für Kinder.

Wir kehren zurück zur Kantonalstraße 11. **Mit sehr großen Mobilen** sollten Sie auf dieser dann auch die Fahrt über Aigle ins Rhônetal antreten, da unsere Hauptroute auf der Südseite der Berge recht schmal wird. Das Problem ist dabei nicht die Straße selbst, schwierig sind die engen Ortsdurchfahrten unterhalb von Villars.

Wir wechseln jetzt auf die kleinere Straße nach **Les Diablerets**, wo Sie auch im Sommer Skiferien machen könnten: Auf dem Gletscher oberhalb des Ortes fahren die Skilifte rund ums Jahr. Aber auch für Fußgänger ist der gut 3.000 Meter hohe **Scex Rouge** ein spannendes Ziel. Natürlich fährt auch hier eine Seilbahn hinauf und schon der Anblick der Trägerpfosten am Berghang sorgt für leichtes Schwindelgefühl. Auf dem Parkplatz der Gletscherbahn parkt man auch für die Nacht recht gut.

(268) WOMO-Wanderparkplatz: Glacier 3000/Col de Pillon

GPS: N 46°21'14.0", E 7°12'21.0", 1.379 m. **Max. WOMOs:** 4–5
Ausstattung: Keine.
Beschreibung: Teilweise asphaltierter, großer Parkplatz an der Bergbahn zum Gletscher, tagsüber lebhaft und auch abends nicht ganz ruhig. Gasthof an der Talstation der Bahn.
Anfahrt: An der Straße von Gsteig nach Les Diablerets. Nicht zu übersehen.

Scex Rouge und Glacier 3000

Auch wer nicht Ski fahren will, kann oben am Scex Rouge einiges erleben. Fahrten auf den Gletscher sind mit dem Schneebus oder zeitweise mit dem Hundeschlitten möglich und neben den Aussichtsterrassen der Restaurants wartet oben am Berg eine rasante Sommerrodelbahn. Mehr Natur und weniger Adrenalin verspricht die Wanderung über den Gletscher zur Quille du Diable mit Einkehrmöglichkeit (1 h einfach). Geübte Wanderer können auch die fünfstündige Tour durch hochalpines Gelände zum Sanetschpass wählen. Von dort geht es mit der Seilbahn hinunter nach Gsteig und mit dem Postbus zurück zum Col de Pillon. Für diese Wanderung ist ein Rundreiseticket erhältlich. Gletscherfahrt CHF 85, Kinder CHF 43, www.glacier3000.ch.

Nur knappe drei Kilometer weiter in Richtung Gsteig liegt rechts der Straße eine weitere Seilbahn, die nur im Winter in Betrieb ist. Dort gibt es unterhalb der Straße einen im Sommer meist verwaisten Parkplatz.

(269) WOMO-Wanderparkplatz: Glacier 3000 Seilbahn Reusch

GPS: N 46 21'54.4", E 7°14'07.6"
Max. WOMOs: 3–4
Ausstattung: Keine.
Beschreibung: Geschotterter, leicht schräger Parkplatz unterhalb der Straße und der Seilbahnstation. Schöner Blick in die Berge, in der Nähe keine Häuser. Die Seilbahn war im Sommer außer Betrieb.
Anfahrt: Zwischen Gsteig und dem Col de Pillon. Die Bahn ist an der Straße beschildert. Steile Zufahrt im spitzen Winkel. Vom Col de Pillon kommend muss man eventuell erst drehen.

Zweihundert Meter weiter oben in den Bergen, versteckt sich links der Straße ein kleiner **See mit Gasthof**. Er ist ein beliebtes Ausflugsziel und zieht vor allem an schönen Wochenenden viele Picknickgäste an. Allerdings führt auch hier nur eine schmale Straße hinauf.

(270) WOMO-Wanderparkplatz: Glacier 3000 / Lac Retaud

GPS: N 46°21'30.3", E 7°11'55.5", 1.685 m. **Max. WOMOs:** 4–5
Ausstattung: Keine.
Beschreibung: Schräger Schotterparkplatz in ruhiger Lage unterhalb des kleinen Sees und des Gasthofes. Der kleine See kann auf einem Fußpfad umrundet werden und ist mittags ein beliebter Picknick-Spot.
Anfahrt: Direkt vor der Talstation auf dem Col de Pillon die im spitzen Winkel abzweigende schmale Straße links hinauffahren oder zuerst auf dem Parkplatz drehen und von der anderen Seite in die Straße abbiegen. Der Asphalt ist vor allem auf dem ersten Abschnitt in sehr schlechtem Zustand. Das Sträßchen wird immer mal wieder einspurig mit Ausweichbuchten und überwindet mit einigen Kurven 200 Höhenmeter. Oben angekommen geht es links auf den Parkplatz.

Auch im Skiort **Les Diablerets**, zu dem wir jetzt zurückfahren, um von dort über den Col de la Croix ins Rhônetal zu wechseln, ist eine Übernachtung möglich. Dazu müssen Sie sich in der Touristeninformation melden und die Kurtaxe bezahlen. Im Gegenzug bekommt man aber auch eine Gästekarte mit der man vergünstigt Bus und Seilbahn fahren kann. Im Ort sind dann verschiedene **Plätze für Wohnmobile** zugelassen. 2020 waren zwei Plätze am Ortsrand mit Wohnmobilsymbol versehen: [**271:** N 46°21'01.5", E 7°09'20.1", Les Diablerets].

Auf einen unserer Lieblingsstellplätze treffen Sie bei der Weiterfahrt über den landschaftlich reizvollen **Col de la Croix**, die aber wegen der engen Ortsdurchfahrten auf der Südseite, wo der Hang steil zum Rhônetal abfällt, mit großen Wohnmobilen nicht ganz stressfrei ist. Die Fahrt hinauf zum Pass bereitet dagegen kaum Probleme. Die bessere **Alternative für sehr große Wohnmobile** ist der Weg über die K11 nach Aigle.

(272) WOMO-Wanderparkplatz: Col de la Croix

GPS: N 46°19'27.0", E 7°07'38.0", 1.780 m. **Max. WOMOs:** 4–5.
Ausstattung: Kiosk am Platz tagsüber geöffnet, WC, Mülleimer.
Beschreibung: Großer Parkplatz auf dem Pass (Foto oben).
Anfahrt: Auf der Passhöhe links.
Sonstiges: Gegenüber Wanderpfad durch die Kalkfelsen neben dem Platz, Pfade zu den Karstlöchern hinter dem Parkplatz und zum Aussichtspunkt hinter den drei schwarzen Wölfen, die über den Parkplatz wachen.

Bei der Fahrt hinunter ins Rhônetal durchqueren wir den dicht bebauten Hang des Skiortes **Villars-sur-Ollon** und finden im nächsten Ort **Gryon** einen offiziellen Wohnmobilstellplatz.

(273) Offizieller WOMO-Stellplatz: La Barboleuse Gryon

GPS: N 46°16'57.0", E 7°04'12.0", 1.216 m. **Max. WOMOs:** 3
Ausstattung: V/E (Euro-Relais), Bäckerei neben der Information.
Beschreibung: Asphaltierter Parkplatz oberhalb der Straße im Ort. Am Autowaschplatz und nicht extrem gemütlich. Gegenüber dem Tourismusbüro, wo man sich auch anmelden muss. Geöffnet 8.15–12.15 und 14–18 Uhr. WC am unteren Parkplatz. Parkanlage mit Minigolf gegenüber.
Preise: CHF 15 inkl. Kurtaxe. Sie beinhaltet die kostenlose Fahrt mit Bussen und Bergbahnen und ist im Tourismusbüro erhältlich.
Anfahrt: Im Ortsteil La Barboleuse. Tourismusbüro direkt links an der Hauptstraße, erkennbar am großem Parkplatz. Die Womo-Plätze befinden sich leicht erhöht und gut versteckt auf der gegenüberliegenden Straßenseite.
Alternative: Ruhiger Parkplatz auf den Anhöhen von Barboleuse bei N 46°17'15.6", E 7°04'41.0", CHF 15.

In vielen Kurven überwinden wir die letzten Höhenmeter schlängeln uns durch die bereits angekündigten Engpässe im Zentrum der kleinen Orte am Hang und treffen in Bex auf das Tal der Rhône und die Route der Tour 8. Kurz vor Bex liegt rechts der Straße bei **GPS N 46°15'45.0", E 7°01'33.0"** ein Grillplatz im Wald, der sich prima für eine Mittagspause eignet aber bis 22 Uhr verlassen werden muss.

TOUR 13 — 160 km

Von Thun durch das Emmental nach Solothurn
Thun – Innereriz – Schallenbergpass – Schloss Trachselwald – Burgdorf – Affoltern – Huttwil – Langenthal – Aaretal – Wangen – Solothurn

Stellplätze:	Steffisburg, Innereriz, Schwarzenegg, Schallenberg Pass, Kläsihof, Burgdorf, Lützelflüh,Affoltern, Dürrenroth, Huttwil, Rütschelen, Aaretal, Wangen
Besichtigen:	Schloss Trachselwald, Burgdorfer Schlossmuseum, Schaukäserei Affoltern
Wandern:	Innereriz, Radtour Burgdorf

Von Thun durch das Emmental

Das Emmental ist nach dem schmalen Flüsschen Emme benannt, das hier durch grüne Hügel fließt. Es ist die Heimat des berühmten Emmentaler Käses und eine stille ländliche Region abseits der großen Touristenströme. Die größte Attraktion des Tales ist, wie könnte es anders sein, die Schaukäserei in Affoltern. In der Region sind in den letzten Jahren zu unserer Freude etliche kleine Stellplätze für Wohnmobile entstanden.

Wir verlassen Thun über **Steffisburg**, wo wir am Ufer der Zulg neben dem Freibad auf ruhig gelegene Parkplätze treffen.

(274) WOMO-Badeplatz: Steffisburg Freibad

GPS: N 46°46‘45.0“, E 7°38‘20.0“, 600 m. **Max. WOMOs:** 2–3
Ausstattung: Keine.
Beschreibung: Parkbuchten neben der wenig befahrenen Stichstraße zum Freibad. Eine Reihe Parkplätze liegen vor dem Freibad am Bachufer, weitere Plätze sind hinter dem Strandbad zu finden.
Anfahrt: In Steffisburg hinter der Brücke über den Fluss Zulg rechts abbiegen und der Straße bis zu den ersten Parkplätzen folgen.

Von Steffisburg halten wir uns rechts in Richtung Schwarzenegg und wählen kurz hinter dem Ort den Abzweig ins **Eriztal**. An dessen Ende ist ein Talkessel mit schöner Wanderrunde zu finden. Die Straße ins Tal ist nicht breit, bleibt aber zweispurig und unkompliziert. Am Talende endet Sie abrupt an einer halb versperrten Straße. Rechts über die **Holzbrücke** kommen Sie zu einem Wanderparkplatz, oberhalb liegt der Gasthof Schneehas auf dessen Parkplatz Sie ganz offiziell übernachten können.

(275) Offizieller WOMO-Stellplatz: Innereriz Gasthof Schneehas

GPS: N 46 46‘55.4“, E 7°49‘37.3“, 1.072 m, Tel. 0041 (0)79 3936575.
Ausstattung: Ausguss Chemie-WC, Wasser, WC und Dusche im Gasthaus, auf wenigen Plätzen Stromanschluss möglich, WLAN.
Beschreibung: Geschotterter Parkplatz auf einer Terrasse mit Weitblick. Der Platz ist auch der reguläre Parkplatz des Gasthofes.
Preise: CHF 15 inkl. Kurtaxe, Strom CHF 2, Dusche CHF 5, schneehas-eriz.ch. Empfehlenswerter Gasthof. Bei Verzehr von Hauptgerichten kostenlos.
Anfahrt: Am Ende der Straße ins Eriztal vor der Straßensperre rechts über die Holzbrücke, am unteren Parkplatz vorbei weiter den Berg hinauf und links zum Gasthof fahren.

(276) WOMO-Wanderparkplatz: Innereriz

GPS: N 46°47‘03.0“, E 7°49‘36.0“, 1.072 m. **Max. WOMOs:** 10
Ausstattung: Toilette, Lädeli mit regionalen Produkten.
Beschreibung: Großer Wanderparkplatz am Ortsrand, an der Holzbrücke und in Bachnähe, das WC war bei unserem Besuch auch in der Nacht zugänglich. Tisch und Stühle müssen am Abend wieder im Fahrzeug verstaut werden. Müll bitte wieder mitnehmen. Eine Übernachtung wird offiziell toleriert. Fünf Minuten Fußweg zum Gasthof Schneehas.
Preise: CHF 4, bitte in den Kasten am Haus einwerfen.
Anfahrt: Am Ende der Straße ins Eriztal vor der Straßensperre rechts über die Holzbrücke und gleich dahinter links auf den Parkplatz fahren.

Sieben Hengste über Innereriz
Eine Wanderrunde mit Wildwest-Kulisse

Gehzeit etwa 2 h, 200 hm. Vom Parkplatz folgen Sie dem Fahrweg bis zur Alpe Trüschhübel und haben schon hier einen schönen Blick auf die stolz aufragenden Felswände, die den Talschluss bei Innereriz einrahmen. Vor allem die Formation der Sieben Hengste rechts über dem Ort zieht die Blicke magisch an. Zu Füßen der imposanten Felsen bildet das Justital die Verbindung zum Thuner See. Ganz so weit wollen wir heute nicht mehr, also folgen wir den Schildern nach Fall und nehmen von dort den Wanderpfad zurück nach Innereriz.

Aus dem Eriztal wieder zurück auf der Hauptstrecke biegen wir rechts ab. Nach gut drei Kilometern treffen wir auf einen neuen Stellplatz neben dem Angus & Bison Steakhouse.

(277) Offizieller WOMO-Stellplatz: Schwarzenegg Dream Valley

GPS: N 46°48'28.7", E 7°44'48.0", 926 m. **Geöffnet:** Ganzjährig.
Ausstattung: V/E, Strom, Toilette, Dusche, Grillplatz, Restaurant (Mo und Di geschlossen), Müll.
Beschreibung: Schön angelegte Stellplätze abseits der Straße mit Blick in ein grünes Tal. Parzellierte Plätze mit Stromsäule.
Preise: CHF 30 inklusive Strom, www.dreamvalley.ch.
Anfahrt: Direkt rechts an der Kantonalstraße 4.

In Süderen, einem der nächsten kleinen Orte, liegt dann links der Straße die **Bergkäserei Oberei** mit einem jederzeit zugänglichen Käseautomaten. Wenige Häuser weiter gibt es auch eine Bäckerei. Dann folgen einige Serpentinen in malerischer Umgebung und wir erreichen die **Passhöhe des Schallenberg-Passes**. Kurz vor der Höhe erlauben asphaltierte Parkflächen rechts und links der Straße einen passablen Übernachtungsstopp [**278**: GPS N 46°49'33.0", E 7°47'41.0", Schallenberg-Pass]. Der Platz ist leicht schräg, bietet aber einen schönen Blick in die umliegenden Hügel. Ein Gasthof, an dem auch viele Biker einkehren, befindet sich etwa 100 Meter entfernt. Der Schallenbergpass gehört zu den besonders beliebten und gut frequentierten Motorradrouten.

Dann fahren wir auf der westlichen Seite der **Emme** weiter durch typische Emmentallandschaft mit grünen Hügeln, stattlichen Höfen und üppig bepflanzten Gärten. Durch Eggiwill und Signau geht es nach Emmenmatt. Dort folgen wir der »23« bis **Lützelflüh**, wo in den schönen alten Häusern des Ortskernes mehrere Gasthöfe auf hungrige Besucher warten. In Lützelflüh lohnt außerdem der Abstecher nach rechts zum **Schloss Trachselwald**. Die Burg ist wegen der schmalen Zufahrt aber nur mit kompakten Mobilen erreichbar. Dazu kurz vor Lützelflüh auf die »23« in Richtung Sumiswald abbiegen. Im nächsten Ort Grünenmatt rechts der Trachselwaldstraße bis zum Schlossberg folgen. Der Parkplatz liegt bei **GPS N 47°01'04.0", E 7°44'29.0"**.

Schloss Trachselwald – Eine Burg mit schauriger Geschichte

Über eine lange überdachte Holztreppe steigen Sie hinauf zum Schlosstor. Öffnen Sie die schwere, knarzende Holztür stehen Sie in einem freundlichen Innenhof. Besondere Attraktion der Burg ist der heute noch begehbare Wehrturm aus der zweiten Hälfte des 12. Jahrhunderts. Viele Stufen führen hinauf in die Turmspitze mit grandioser Weitsicht. Auf dem Weg dorthin passieren Sie die im Burgfried erhaltenen Gefängniszellen. Je höher man kommt, desto spartanischer und enger werden die Kerker. Man kann sogar hineingehen und vorsichtig die Tür schließen... In einer dieser Zellen wartete im Jahre 1653 Nikolaus Leuenberger, der Anführer der Bauern im Schweizer Bauernkrieg, auf seine Hinrichtung. Den tollen Blick vom Burgturm konnte er bei seinem unfreiwilligen Schlossbesuch vor über 350 Jahren wohl kaum genießen. Das Schloss kann von Mo bis Sa 9–18 Uhr, So und Feiertag von 12–18 Uhr besichtigt werden. Der Eintritt ist kostenlos, es gibt eine Box für Spenden, schloss-trachselwald.ch.

Kurz vor der Zufahrt zum Schloss führt ein Abzweig nach rechts zu einem neu eingerichteten kleinen Stellplatz auf einem Bauernhof.

(279) Offizieller WOMO-Stellplatz: Kläsihof

GPS: N 47°00'17.3", E 7°44'28.1", 585 m, **Max. WOMOs:** 10
Tel. 0041 (0)79 2583690.
Ausstattung: Wasser, Strom, Toilette, Dusche, Müll.
Beschreibung: Stellplätze auf einer Wiese unter Apfelbäumen hinter dem gepflegten Hof und mit Blick in die Felder.
Preise: CHF 25 inkl. Strom, Dusche CHF 2, www.klaesihof.ch.
Anfahrt: In Grünenmatt rechts von der »23« abbiegen und der Straße »Untere Halde« etwa 1000 Meter bis zum Hof auf der linken Straßenseite folgen.

Der Stellplatz auf dem Kläsihof

Zurück auf der 23 treffen wir in Oberburg kurz vor der Kreisstadt **Burgdorf**, dem touristischen Zentrum des Emmentales, auf den nächsten der liebevoll eingerichteten privaten Stellplätze. Er liegt am Ortsrand hinter einem bäuerlichen Betrieb, der über 30 verschiedene Sorten Kürbisse anbaut.

(280) Offizieller WOMO-Stellplatz: Burgdorf Kürbishof Opplinger

GPS: N 47°2‘16.0“, E 7°37‘12.7“, Krauchthalstr. 40. **Max. WOMOs:** 10
Geöffnet: März bis September. **Ausstattung:** V/E, Strom, Toilette, Dusche, Mülleimer, Hofladen mit Kürbisprodukten.
Beschreibung: Stellplätze auf einer Wiese hinter dem Hof, liebevoll angelegt, am Ortsrand. Im Herbst große Kürbisausstellung.
Preise: CHF 32–37, Strom CHF 6, Dusche CHF 3, www.kürbishof-oppliger.ch.
Anfahrt: In Oberburg kurz vor der Ortsausfahrt links in die Krauchthalstraße einbiegen. Der Hof liegt rechts der Straße. Der Stellplatz ist beschildert.

Dann wählen wir die Nebenstrecke über Krauchthal nach Burgdorf, wo sich am Stadtrand ein freier Stellplatz anbietet.

(281) WOMO-Parkplatz: Burgdorf / Vitaparcours Rothöhe

GPS: N 47°02‘59.0“, E 7°36‘25.0“, 607 m. **Max. WOMOs:** 1–2
Ausstattung: Vitaparcours, Sitzbank.
Beschreibung: Am Waldrand, auf einem Hügel mit schönem Blick auf die Wiesen.
Anfahrt: In Burgdorf an der Ortseinfahrt erst in Richtung Bern / Hindelbank und dann links in Richtung Rothöchi, Vitaparcours halten. Der Parkplatz befindet sich links an der Zufahrt zum Gasthaus Rothöchi.
Sonstiges: Zur Gaststätte mit schöner Aussichtsterrasse 2,5 Kilometer weiter den Berg hinauf. Montag und Dienstag Ruhetag.
Alternative: Einen weiteren kleinen Wanderparkplatz erreichen wir, wenn wir erst 600 Meter weiter ortsauswärts links abbiegen. Dieser ist für Fahrzeuge bis maximal 6,50 Meter geeignet. Die Zufahrt von der Straße ist sehr schmal aber dafür nur kurz: **GPS N 47°02‘45.3“, E 7°35‘58.2“**.

In **Burgdorf** weckt das Schloss, das mitten im Stadtkern auf einem Hügel thront, Interesse. Es wurde in den letzten Jahren restauriert. Neben einer Jugendherberge sind dort ein **Museum** und ein Restaurant untergebracht. Das spannende Konzept heißt »Schloss für alle«. Unterhalb des Schlossberges versteckt sich eine kleine Altstadt. Parken können Sie an der Markthalle. Der größere Teil des großen Parkplatzes ist inzwischen mit einer Höhenschranke versehen, im rechten Bereich bei **GPS N 47°03'12.0", E 7°37'47.0"** lässt sich aber weiterhin ein Wohnmobil unterbringen. Die Zufahrt erfolgt über die Heimiswilstraße. Am einfachsten folgen Sie den Schildern zum Campingplatz. Dieser hat sich leider in einen Dauercamperplatz verwandelt. Alternativ bietet sich der Kürbishof Opplinger und, für autarke Fahrzeuge, der schöne Stellplatz auf dem Bauernhof an, der etwa neun Kilometer vor Burgdorf liegt.

(282) Offizieller WOMO-Stellplatz: Lützelflüh Natur Camping Bleichehof

GPS: N 47°00'09.02", E 7°41'48.4", Bleicheweg 11.
Geöffnet: Im Sommer. **Ausstattung:** Dusche, Feuerstelle.
Beschreibung: Wiesenplätze auf einem Bauernhof mit vielen Tieren. Nur für autarke Camper! Hunde willkommen. **Preise:** CHF 22, Dusche CHF 2, Bezahlung über Parkn'Sleep oder QR-Code. **Anfahrt:** Vor der Brücke nach Lützelflüh rechts in die Mühlegasse und dann wieder rechts in den Bleicheweg fahren.

Das Burgdorfer Schlossmuseum

Mit Ausstellungen über die Zähringer, das Leben in Burgdorf als Knecht oder Bildungsbürger, Pestalozzi und die Bildung und die Stadt- und Industriegeschichte informiert das neu gestaltete Museum über viele Aspekte des Lebens in der Stadt in den letzten Jahrhunderten. Ein besonderer Aspekt der Industriegeschichte ist das Goldvorkommen in der Emme. Das Emme-Gold gilt als besonders hochwertig. Die Mengen reichten jedoch nie für eine professionelle Ausbeutung des Vorkommens und so kann man am Fluss auch heute noch Gold waschen. *Das Museum ist von 10–18 Uhr geöffnet, im WInterhalbjahr Mo und Di Ruhetag. Eintritt CHF 14, schloss-burgdorf.ch.*

Spaziergang um Burgdorf

Vom Schloss führt ein schmaler Steig in die Altstadt hinunter, in deren angenehmen Gassen auch Cafés und Restaurants zu finden sind. Nach einer Runde durch die Gassen geht es am Burgberg vorbei wieder zum Parkplatz. Überquert man hier die Brücke, hat man den besten Blick auf den Burgberg und kann rechts auf einem markierten Naturpfad am Flussufer entlang laufen. An der nächsten Brücke (knapp 1 Kilometer) wechselt man die Flussseite und kann am anderen Ufer zurücklaufen.

Das Emmental mit dem Fahrrad

Zwei schöne Rundtouren können Sie auf dem gut ausgebauten Radwegenetz um Burgdorf radeln. Die beiden etwa 35 Kilometer langen Strecken führen durch grüne Hügel zur Schaukäserei nach Affoltern (350 Höhenmeter), oder mit weniger Steigungen an der Emme entlang zum Wasserschloss Landshut beim benachbarten Utzenstorf. Ein Trekkingrad oder ein Elektro-Bike bekommen Sie an der Velostation Burgdorf, die Sie am Bahnhof finden. Tagesmiete CHF 35 für ein Countrybike oder CHF 58 für ein E-Bike.

Wir verlassen Burgdorf über die Emme und wählen die schmale Straße über **Hueb** und **Guetisberg**. Unser nächstes Ziel und ein Höhepunkt der Reise durch das Emmental ist die Schaukäserei in Affoltern. Die Strecke dorthin führt durch stille grüne Hügel und oben an der Passhöhe, wo es am schönsten ist, kann man mitten in der Einsamkeit bei **GPS N 47°04'25.0", E 7°42'09.0"** das Wohnmobil für eine Pause parken.

Wenige Kilometer weiter treffen wir vor dem Ortsschild von **Affoltern** auf die größere Straße und biegen gleich wieder in einen der Parkplätze der Schaukäserei ein. Sie sind gebührenpflichtig. Die Parkgebühr wird jedoch beim Einkauf in der Käserei teilweise verrechnet.

(283) WOMO-Parkplatz: Affoltern Schaukäserei

GPS: N 47°03'50.0", E 7°43'51.0", 801 m **Max. WOMOs:** 2–3
Ausstattung: Keine.
Beschreibung: Parkplatz gegliedert mit Bäumen, entweder links der Straße oder auf dem rechten Platz ganz hinten parken. Vorne im Eingangsbereich sammeln sich in der Früh die Milchwagen. Beginn der Käseherstellung in der alten Sennerei etwa 9 Uhr. Restaurant auch zum Frühstück möglich, ansonsten Bäckerei direkt nebenan. **Übernachten bitte nur nach Anfrage in der Käserei!**
Preise: CHF 1 pro Stunde, wird beim Einkauf in der Käserei verrechnet. Ruhiger stehen Sie auf einem der privaten Stellplätze in der Nähe.
Anfahrt: In Affoltern links der Straße beschildert.

Alles Käse? Ein genussreicher Stopp in Affoltern
In den verschiedenen Gebäuden der Anlage im Dorfkern kann man die ganze Breite der Käseherstellung betrachten und mit allen Sinnen erfahren. In der Alpsennerei wird der im Laden angebotene Stöcklikäse noch heute genau so hergestellt wie schon im 17. Jahrhundert. Ein großer Kupferkessel hängt über dem offenen Feuer, es riecht nach Rauch und das Licht ist schummrig. Im Hauptgebäude erlauben große Glasfenster den Blick in die Räume der modernen Käserei und in die Lagerräume mit den riesigen Käserädern. Erklärungen per Kopfhörer ergänzen, was man sieht. Im Restaurant und hinter der langen Theke im Laden der Käserei können Sie das Ergebnis dann auch kosten. So erfahren Sie Käse mit allen Sinnen. www.emmentaler-schaukaeserei.ch.

Mit toller Aussicht können Sie ihr Wohnmobil auf den Stellplätzen des Bauernhofs Brunnen parken. Der Weg dorthin zweigt in Dürrenroth von unserer Strecke ab und führt Sie etwa vier Kilometer durch Wiesen und Felder bis zu einem Bauernhof in den Hügeln des Emmentals.

(284) Offizieller WOMO-Stellplatz: Dürrenroth Brunnen

GPS: N 47°04'02.8", E 7°46'17.2", Brunnen 59. **Max. WOMOs:** 3
Geöffnet: April bis Dezember.
Ausstattung: V/E, Strom, WC, Dusche, Müll.
Beschreibung: Plätze auf dem Bauernhof mit tollem Blick über die Hügel bis zu den Bergen, perfekt zum Ausspannen. Jederzeit zugänglich, freundliche Gastgeber.
Preise: CHF 25, Strom CHF 3, bezahlt wird per Kuvert oder per Twint.
Anfahrt: In Dürrenroth an der Beschilderung rechts nach Brunnen. In Brunnen links und gleich wieder rechts auf der schmalen Straße dem kleinen Wohnmobilsymbol folgen. Alternativ ist auch die Zufahrt von Weier möglich. Die Strecke durch die Felder ist so kürzer aber noch einmal etwas schmaler.

Wenige Kilometer weiter erreichen wir dann **Huttwil**, eine geschäftige Kleinstadt. Leider ist der altbewährte Stellplatz des Schweizer E-Bike-Herstellers Flyer seit Oktober 2020 geschlossen. Der geplante neue Stellplatz am Kiddy-Dome Huttwill existiert leider noch nicht. Auf folgenden beiden Plätzen kommen Sie in Huttwil trotzdem gut unter:

(285) WOMO-Wanderparkplatz: Huttwil

GPS: N 47°07'17.6", E 7°51'40.4" **Max. WOMOs:** 1–2
Ausstattung: Keine.
Beschreibung: Am Waldrand liegender, schattiger Wanderparkplatz. Nur für kleine Fahrzeuge geeignet.
Anfahrt: Den Ort Huttwil durchqueren und links auf die 23 in Richtung Willisau abbiegen. Die zweite Straße links in den Weierackerweg abbiegen und geradeaus aus dem Ort hinausfahren. Hinter den letzten Häusern links zum Waldrand abbiegen.

(286) Offizieller WOMO-Stellplatz: Huttwil Spycher-Handwerk

GPS: N 47°06'43.7", E 7°49'43.0" **Geöffnet:** Ganzjährig.
Ausstattung: V/E, Strom, Wasser, WC, Dusche, Bistro, WLAN, Kameltrekking, Laden mit Direktverkauf.
Beschreibung: Stellplätze auf Schotter oder Wiese neben Tiergehegen auf einem Betrieb, der Bettwaren aus Wolle produziert und mit Wollwaren handelt. Der Hof ist außerdem ein Archehof für gefährdete Tierarten und eine Kamelfarm und vermietet Jurten zur Übernachtung.
Preise: CHF 15, Strom CHF 2, WC und Dusche CHF 2, www.spycher-handwerk.ch.
Anfahrt: Von der 23 am Ortsrand vor Huttwil links in die Straße Bäch einbiegen und dieser geradeaus bis zum Hof folgen.

Die Hauptstrecke zwischen Huttwil und Langental ist mäßig interessant. Beim Städtchen Madiswil lohnt zur Stellplatzsuche der Abstecher nach **Rütschelen**, einem Ort links der Hauptstrecke. Am Ortsrand hat die Gemeinde einen kleinen Stellplatz für zwei Wohnmobile eingerichtet.

(287) Offizieller WOMO-Stellplatz: Rütschelen

GPS: N 47°10'19.4", E 7°46'25.1" **Max. WOMOs:** 2
Ausstattung: Wasser, Strom, WC, Grillplatz.
Beschreibung: Platz auf einer leicht schrägen Schotter-Wiesenfläche zwischen Feldern und dem Parkplatz hinter dem Rathaus. Häuschen mit Sitzgelegenheit, Grill und Stromanschlüssen am Platzrand.
Preise: CHF 12 inkl. Strom, zahlbar per Twint oder Einwurf im Umschlag in den Briefkasten des Rathauses.
Anfahrt: In Madiswil links in Richtung Rütschelen abbiegen und im Zentrum des Dorfes vor der Gemeindeverwaltung rechts auf den Parkplatz fahren.

Wer Lust hat schmale Sträßchen zu fahren, kann sich von Rütschelen durch eine sanfte, grüne Hügellandschaft zur Aare schlängeln. Die Route über **Bleienbach, Thunstetten** und **Bützberg** führt durch ländliche Idylle. Zügiger geht es auf der 244, die uns zuerst nach Langenthal bringt. Wer seine Ausrüstung ergänzen möchte, stoppt hier beim **Wohnmobilhändler Lexa** bei **N 47°13'30.0", E 7°46'49.0"**. Von Langenthal geht es weiter nach Aarwangen und dort links am südlichen Ufer der Aare entlang, an deren Ufer es schöne Plätzchen zu entdecken gibt. Wenig später treffen wir auf einen ersten Zugang zum Fluss.

(288) WOMO-Parkplatz: Bannwil Aareufer

GPS: N 47°13'43.0", E 7°44'01.0" **Max. WOMOs:** 1–2
Ausstattung: Keine.
Beschreibung: Ebener geschotterter Parkplatz nahe der Aare und in der Nähe eines Wasserkraftwerkes.
Anfahrt: In Aarwangen links auf der Meiniswilstraße bis zur Brücke über die Aare. Dort rechts zum Parkplatz abbiegen.

Der nächste Flusszugang ist auch als Badeplatz geeignet. Vorsicht mit Kindern, die Aare hat hier ordentlich Strömung.

(289) WOMO-Badeplatz: Walliswil Aareufer

GPS: N 47°13'53.0", E 7°42'27.0"
Max. WOMOs: 1–2 **Ausstattung:** Keine.
Beschreibung: Parkplätze auf Schotter am Ufer der Aare. Zugang zum Fluss und zu einer Badestelle. Außerorts aber in Hörweite mehrerer Straßen. Der Platz liegt an einem renaturierten Bereich der Aare. Eine Teichanlage zur Aufzucht von Hechten wurde hier zu einem kleinen Biotop umgestaltet. In der entsprechenden Jahreszeit muss mit vielen Mücken gerechnet werden.
Anfahrt: Vorbei am Restaurant Löwen parallel zur Aare bis zur nächsten Brücke. Die Brücke überqueren und direkt dahinter rechts zum Parkplatz. Geeignet für WOMOs bis maximal 6,50 Meter.
Alternative: Vor der Brücke rechts am Ufer weiterer kleiner Parkplatz.

Besonders gut gefallen hat es uns im Städtchen Wangen, wo wir das Glück hatten, an einem Sommerabend mit Livemusik am Flussufer zu sitzen und die Schwimmer zu beobachten, die sich von der Strömung den Fluss hinunter tragen lassen.

(290) Offizieller WOMO-Stellplatz: Wangen

GPS: N 47°14‘11.6“, E 7°39‘31.2“, 423 m. **Max. WOMOs:** 8
Ausstattung: Strom, WC und Dusche während der Öffnungszeiten im Schwimmbad nutzbar. Öffentliche Toiletten im Ort (Schlosshof), trotzdem nur für autarke Mobile mit WC zugelassen.
Beschreibung: Parkplatz am Aareufer und am Freibad. Leider kann man sich seit der Einrichtung des offiziellen Platzes nicht mehr auf dem langen Parkplatz verteilen, sondern muss sich Tür an Tür auf acht markierten, nicht allzu großzügigen Parkplätzen drängen. Tisch und Stühle dürfen aber auf der Wiese zwischen Parkplatz und Flussufer platziert werden. Auf allen anderen Parkplätzen am Ufer sind Wohnmobile jetzt verboten – auch dann, wenn die acht Plätze komplett belegt sind.
Die Lage des Stellplatzes ist aber unverändert gut: Ein kurzer Weg über die alte Holzbrücke bringt uns in die schöne Altstadt. Im Sommer öffnet dort ein Kiosk mit einfachen Gerichten zwischen Bratwurst und Käsefondue. An Sommerwochenenden gibt es hier manchmal Livemusik.
Preise: Stolze CHF 25 für 24 Stunden, zuzüglich Strom. Zahlbar in Münzen am Automaten oder per App.
Anfahrt: Von Walliswil auf der Nordseite der Aare kommend vor der Brücke links in den Uferweg einbiegen und bis zu den markierten Wohnmobilplätzen durchfahren.

Zwischen Wangen und Solothurn, unserem nächsten Reiseziel versteckte sich jahrelang ein besonderes Ziel im unschönen Industriegebiet von Subingen: Der Raubtierpark von Réné Strickler. Er ist jetzt endgültig umgezogen.

Raubtierpark Rene Strickler – Freundschaft mit Raubtieren

Sagt Ihnen der Name René Strickler etwas? Richtig, er ist einer der bekanntesten Raubtiertrainer der Schweiz. Mir ist der charismatische Schweizer zum ersten Mal als Star im Zirkus Roncalli begegnet, aber das ist etliche Jahre her. Jahrelang führte er in Subingen in der Nähe von Solothurn einen Raubtierpark, der sich deutlich von einem normalen Zoo unterschied. Das tägliche Beschäftigungsprogramm für über 20 Raubkatzen gehörte zum Parkkonzept. Strickler drohte aber schon seit mehreren Jahren wegen eines abgelaufenen Pachtvertrages die Zwangsräumung des Geländes. 2018 sind die Tiere jetzt endgültig in die komplett neu gestaltete und ausgebaute Anlage der Siky Ranch in nahen Crémines umgezogen. Sie ist damit zum Siky Park gewachsen, den Sie bei Tour 14 auf **Seite 340** finden.
Aktuelle Informationen bekommen Sie unter www.sikypark.ch.

Von Subingen fahren wir weiter zur bildschönen Barockstadt Solothurn und damit zu unserer nächsten Tour.

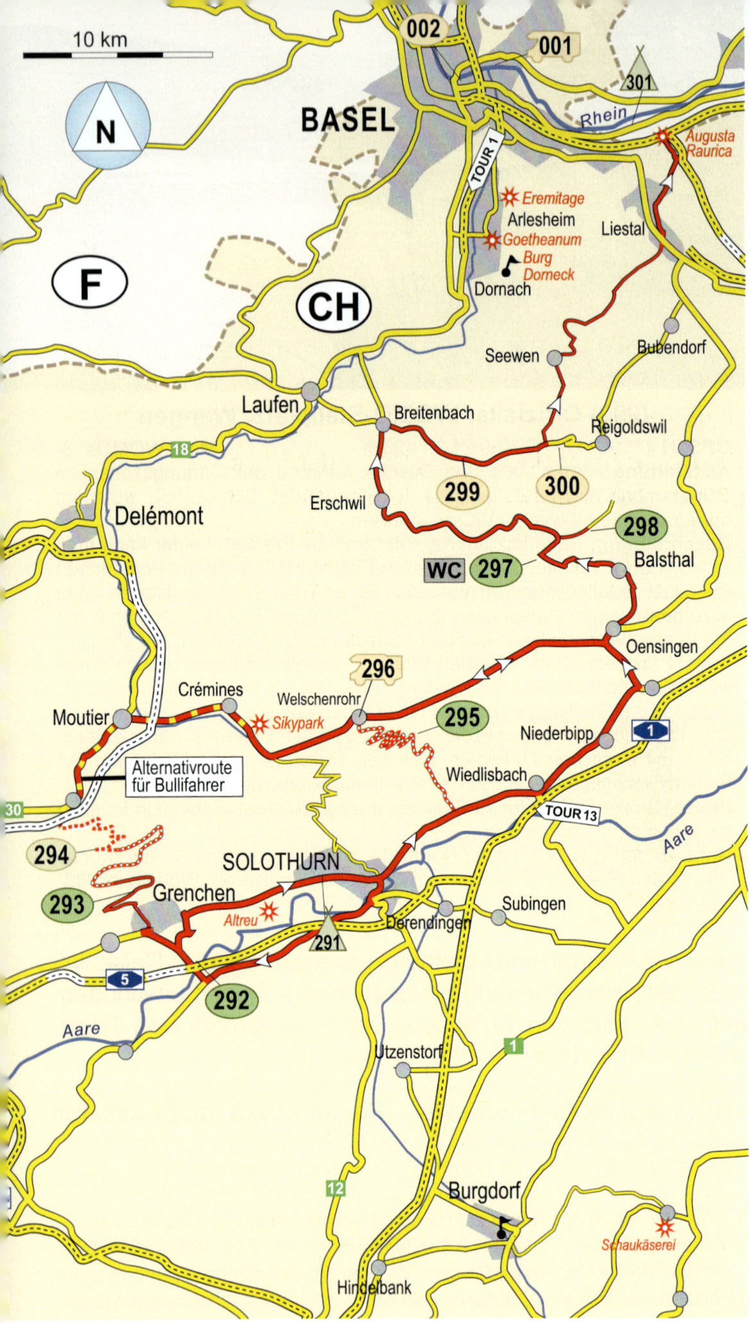

TOUR 14 130 km

Von Solothurn zurück nach Basel

Solothurn – Grenchen – Balsthal – Crémines – Passwang – Liestal – Kaiseraugst

Stellplätze:	Grenchen, Wäsmeli, Gaststätte Pré Richard Harzer, Balmberg, Welschenrohr, Passwang, Büsserach, Bretzwil
Campingplätze:	Solothurn, Kaiseraugst
Besichtigen:	Solothurn, Storchendorf Altreu, Sikypark, Ausgrabung Augusta Raurica
Wandern:	Planetenweg, Gratweg Obergrenchenberg, Passwang

Von der schönen Barockstadt Solothurn geht es jetzt mit zwei letzten landschaftlich lohnenden Schlenkern durch einsame Natur zu unserem Startpunkt bei Basel zurück.

Die Suche nach einem Parkplatz in der Nähe der Innenstadt gehört in Solothurn zu den weniger erfreulichen Vorhaben. Am entspanntesten umgehen Sie das Problem auch hier, wenn Sie Quartier auf dem schön gelegenen Campingplatz beziehen. Ansonsten versuchen Sie es mal am Kunstmuseum in der Nordringstrasse **GPS N 47°12'34.0", E 7°32'13.0"**. Weitere Parkplätze gibt es etwas weiter außerhalb am Bahnhof oder ganz weit draußen am Schwimmbad vor dem Campingplatz.

(291) WOMO-Campingplatz: TCS Camping Solothurn

GPS: N 47°11'56.3", E 7°31'25.3", 428 m, Glutzenhofstraße 5, Tel. 0049 (0)32 6218935. **Geöffnet:** Ganzjährig.
Ausstattung: V/E, Laden, Restaurant, WLAN gratis, Fahrradverleih, Bootshafen.
Beschreibung: Wiesenplatz nur durch Hecke und Fußweg vom Badestrand und Grillplatz an der Aare getrennt, gute sanitäre Ausstattung. Busverbindung oder 20 Minuten Fußweg in die Altstadt. Schwimmbad nebenan.
Preise: CHF 52–66, inklusive Strom, plus Kurtaxe, ADAC und CCI-Rabatt, www.tcs.ch.
Anfahrt: Ab Stadtmitte ausgeschildert.
Sonstiges: Direkt am Aareuferweg, Wanderung oder Radtour ins Storchendorf Altreu möglich (siehe auch Seite 336).

Umgeben von einer gut erhaltenen Stadtmauer mit Eingangstoren aus allen Himmelsrichtungen hat die Altstadt von **Solo-**

thurn besonderes Flair. Cafés, Restaurants und ein gut gefüllter Veranstaltungskalender sorgen dabei für Leben zwischen den barocken Fassaden und die Aare mit spiegelnd blauem Wasser besorgt den Rest: Solothurn ist fotogen. Bei Regenwetter haben Sie die Wahl zwischen dem Naturmuseum, dem historischen Museum und dem Kunstmuseum. Ist es trocken, lohnt ein Ausflug an der Aare entlang bis zum Storchendorf Altreu.

Storchendorf Altreu – ein Naturreservat an der Aare

Altreu könnten Sie auch mit dem Wohnmobil erreichen. Es gibt jedoch nur wenige Parkplätze, die für Wohnmobile geeignet sind bei **GPS N 47°11'28.0", E 7°26'52.0"** vor der Höhenschranke des Parkplatzes schräg gegenüber des Restaurants »Zum gruene Aff«.

Störche sehen Sie in Altreu auf jedem zweiten Dach. Informationen bekommen Sie im Informationszentrum Witi, dort kann man auch an Führungen durch das Schutzgebiet teilnehmen, das nicht nur die Ernährungsgrundlage der Störche sichert. In der unbebauten Schutzzone der Witi zwischen Altreu und der Aare sind auch Hasen und viele andere Wildtiere zu Hause. Altreu erreichen Sie von Biel oder Solothurn auch mit dem Ausflugsboot. Vom Campingplatz in Solothurn ist Altreu auf dem Aareuferweg in einer guten Stunde zu Fuß oder schneller mit dem Fahrrad zu erreichen. Fahrradverleih am Campingplatz, www.infowiti.ch.

Ausflug in die Grenchenberge

Der Jura-Bergrücken ist nördlich von Solothurn nicht besonders hoch, aber doch unerwartet schroff. Nur wenige Straßen führen hinauf. Den Weissenstein direkt über Solothurn erreichen Sie aus dem Ort per Bergbahn. In Grenchen kommen Sie auch mit Wohnmobil ein Stück weit hinauf, um von dort die Berge zu Fuß zu erkunden. Nur mit kompakten Wohnmobilen

und Campingbussen sollten Sie auch eine Überquerung des Bergrückens einplanen.

Zunächst fahren wir auf der Kantonalstraße auf der südlichen Aareseite über **Nennigkofen** und **Arch** nach Grenchen. Bei Arch überqueren wir die Aare und rechts führt ein Stichweg zu einem Parkplatz am Fluss und zum Bootsanleger der Ausflugsschiffe.

(292) WOMO-Wanderparkplatz: Bootsanleger Grenchen

GPS: N 47°10'24.0", E 7°25'19.0", 430 m. **Max. WOMOs:** 1–2
Ausstattung: Keine.
Beschreibung: Schotterplatz, einsam gelegen, am Bootsanleger, dort auch WC. Gasthof Fischerhütte etwa 200 Meter entfernt.
Anfahrt: Hinter der Aarebrücke bei Arch rechts zum Flussufer abbiegen.

Von **Grenchen** geht es dann in Richtung Grenchenberge und in vielen weiten Kurven hinauf. An verkehrsreichen Tagen sorgt eine Ampel für wenig Gegenverkehr. Kurz vor dem Ende der gut ausgebauten Straße an einem Gasthof treffen wir links der Straße auf einen ruhig gelegenen Wanderparkplatz.

(293) WOMO-Wanderparkplatz: Grenchen/Wäsmeli

GPS: N 47°12'41.0", E 7°21'44.0", 1.110 m. **Max. WOMOs:** 2–3
Ausstattung: Keine.
Beschreibung: Einsam gelegener Schotterplatz.
Anfahrt: Einfahrt zum Parkplatz in einer Kurve rechts der Passstraße etwa 500 Meter hinter dem Berghaus Stierenberg.

Fährt man noch eine Kehre weiter hinauf, kann man am Ausflugsgasthof **Unterer Grenchenberg** mit Buswendeplatz in den Buchten neben der Straße ebenfalls gut parken, um im Gasthof einzukehren, Almkäse zu kaufen oder zum Wandern.

Auf dem Gratweg am Obergrenchenberg

Gehzeit 2 h 45 min, knapp 300 Höhenmeter. Auf der Karte der Infotafel am Gasthaus ist die Wanderung mit gelber Linie und 1 markiert.
Vom Gasthof »Unterer Grenchenberg« laufen wir auf der Straße hinauf zum oberen Grenchenberg und biegen dort rechts in den Wanderweg ein. An den Felsabstürzen der Wandflue entlang geht es zum Aussichtspunkt mit grandiosem Blick. Kurz darauf steigen wir rechts hinunter zum Gasthof Oberes Brüggli. Sie können hier einkehren oder etwa 45 Minuten später am Bettlachberg. Von dort führt der Weg kräftig bergan bis zum Parkplatz.

Mit einem Wohnmobil fahren wir jetzt auf gleichen Weg zurück nach Solothurn, den Weg über den Grenchenpass sollten nur abenteuerlustige Campingbuspiloten angehen.

Zwei Extratouren für Kastenwagen und Campingbusse

Über den Grenchenberg nach Court: Fährt man vom Unteren Grenchenberg weiter hinauf, wird die Straße sehr schmal und ist teilweise rechts und links eingezäunt, sodass eine vorausschauende Fahrweise unumgänglich ist. Zwischen Viehweiden geht es hinauf. Ganz oben auf dem Berg erreichen wir den schön gelegenen einfachen Gasthof Harzer Pré-Richard.

(294) WOMO-Gaststätte: Harzer Pré-Richard

GPS: N 47°13'26.0", E 7°21'22.0", 1.248 m. **Max. WOMOs:** 1–2
Ausstattung: Keine.
Beschreibung: Parkplatz vor dem Gasthof mit Blick über Weiden und bei guter Sicht bis zu den Bergen. Landgasthof mit preisgünstigen, gut zubereiteten Speisen. Montag und Dienstag Ruhetag. Übernachtung nach Einkehr!
Anfahrt: Abzweigung links an der Passhöhe, beschildert.

Auf der anderen Bergseite führt die Straße, weiterhin recht schmal, in steilen Kurven hinunter ins Tal und mündet in Court auf die gemütlich breite Kantonalstraße nach Moutier.

Über den Balmberg nach Welschenrohr: Ein weiterer Besuch auf dem Bergrücken lohnt für Kletterfans am Balmberg. Hier befindet sich auf der Passhöhe ein großer Hochseilgarten mit übernachtungstauglichem Parkplatz. Die Straße über **Günsberg** auf der Südseite ist schmal aber unkompliziert zu fahren. Wer dann auf der anderen Seite nach Welschenrohr hinunter will, sollte sich mental auf eine der steilsten Straßen der Schweiz vorbereiten – meist nur autobreit und mit etwas löchrigen Asphalt. Die offizielle Begrenzung liegt bei 3,5 Tonnen. Die Straße ist aber mit das Abenteuerlichste, das wir bisher so gefahren sind, und wir würden sie niemals bergauf fahren.

(295) WOMO-Wanderparkplatz: Seilpark Balmberg

GPS: N 47°15‘58.2“, E 7°32‘23.1“, 1.080 m. **Max. WOMOs:** 3–4
Ausstattung: Keine.
Beschreibung: Großer mit Stämmen unterteilter Schotterparkplatz am Waldrand auf der Passhöhe und am Seilpark.
Sonstiges: Sechs Parcours in verschiedenem Schwierigkeitsgrad, der Einsteigerparcours ist für Kinder ab 4 Jahren freigegeben. Geöffnet April bis Oktober 9-18 Uhr, Eintritt CHF 42, Kinder CHF 21–33, seilpark-balmberg.ch.
Anfahrt: Nur von der Südseite über Günsberg!!! Diese Straße ist schmal und kurvig aber nicht sehr steil und mit einem Campingbus gut befahrbar. Die Zufahrt auf der Nordseite von Welschenrohr ist auf 3,5 Tonnen begrenzt, was wir für sehr optimistisch halten. Die Straße ist sehr schmal und hat Gefälle bis 25 Prozent. Unsere Empfehlung ist: nur abwärts und maximal mit einem VW-Bus. Es waren zum Glück nicht allzu viele PKW-Fahrer verwegen genug hier bergauf zu fahren und es kamen uns nur zwei Autos entgegen (im September und unter der Woche).

Von Solothurn zum Passwang

Erst bei Oensingen führt wieder eine gut ausgebaute Straße über die Bergkette nach Norden und nach Balsthal. Wenn Sie Raubtiere lieben oder Kinder im Wohnmobil haben, ist hier der Abstecher nach links zum Sikypark, in dem auch einige Tiger und Löwen aus Subingen ein neues Zuhause gefunden haben. Hier gibt es aber auch andere Tiere und Attraktionen für Kinder. Auf dem Weg zum Park treffen wir in **Welschenrohr** auf einen Stellplatz, der eher zweckmäßig als schön ist.

(296) Offizieller WOMO-Stellplatz: Welschenrohr

GPS: N 47°16‘48.1“, E 7°31‘33.0“, 680 m. **Max. WOMOs:** 10
Ausstattung: Strom und Wasser möglich.
Beschreibung: Asphaltierter Parkplatz, auf dem neben Wohnmobilen auch LKWs parken dürfen. Meist ist es hier aber ziemlich leer.
Preise: Parkgebühr CHF 10 für 24 Stunden zahlbar am Automaten. Bei Nutzung von Wasser, Strom, Abfall und Toilettennutzung CHF 25 (nur möglich, wenn im Haus jemand anwesend ist).
Anfahrt: In Welschenrohr hinter dem Gasthof zum Hirschen.

Von hier ist es zum **Sikypark in Crémines** nicht mehr weit. Um zum Parkplatz zu kommen, muss man durch eine 3,10 Meter hohe Unterführung. Parken sollten Sie dann auf dem größeren Platz auf der linken Seite bei **GPS N 47°16‘26.0“, E 7°27‘18.0“**. Für höhere Wohnmobile gibt es am Sikypark leider keine Parkmöglichkeit.

Besuch im Sikypark

Der Sikypark hat sich ganz besonders dem Tierschutz und der artgerechten Haltung verschrieben. Es gibt hier eine Auffangstation für verletzte oder verlassene Jungtiere und eine Seniorenresidenz für Raubkatzen, die in die Jahre gekommene Tiere aus dem Zirkus oder Zoo aufnimmt.

Dieser besondere Tierpark existiert seit 2018. Die Anlage der ehemaligen Siky Ranch wurde ab dem Frühjahr 2017 umfangreich ausgebaut, um den Löwen und Tigern aus dem Raubtierpark Subingen ein gutes neues Zuhause zu geben. Diese haben sich hier inzwischen gut eingelebt und genießen das Planschen im Teich und den angenehmen Lufthauch auf den Aussichtsplateaus. Die Besucher können die Tiere ohne Gitter durch große Glasscheiben beobachten. Wie nahe die Raubkatzen herankommen, entscheiden sie selbst.

Es gibt aber auch andere Tiere im Park: Bei den Erdmännchen und den Kapuzineräffchen ist immer was los. Mehr Geduld braucht es, um Wölfe, Luchse und Waschbären zu entdecken. In der Falknerei leben Uhus und andere Raubvögel, die in täglichen Flugshows frei fliegen. Es gibt auch eine große begehbare Voliere für Papageien. Streichelzoo, Ponyreiten und Mini-Eisenbahn sind zusätzliche Attraktionen für die jüngsten Besucher des Parks.

Geöffnet 9 – 18 Uhr, im Winter nur bis 17 Uhr, Eintritt CHF 19, Kinder ab 4 Jahre CHF 9,50. Hunde sind im Park verboten! www.sikypark.ch

Neben den großen Raubkatzen leben im Sikypark auch viele andere Tiere. Bei den Gästen ebenfalls sehr beliebt sind die täglichen Flugshows und das Gehege mit den witzigen Erdmännchen.

Zurück in Balstal, gibt es auch dort noch was zu sehen. Links der Straße kann man dabei schroffe Jurahänge mit wilden Felszacken betrachten. Fans alter Burgen finden in **Balsthal** in den Mauern von Alt Falkenstein ein Burgmuseum, dessen Besichtigung lohnt. Auf dem Parkplatz mit PKW-Buchten am Fuß der Burg **GPS N 47°18'27.0", E 7°41'23.0"** wäre mit einem kompakten Fahrzeug nach der Einkehr in der Burgschänke auch eine Übernachtung denkbar, www.museum-alt-falkenstein.ch.

Hinter **Balsthal** halten wir direkt auf die Felswand zu, schlüpfen beim Ortsteil Sankt Wolfgang durch einen Felsdurchbruch, auf dessen rechter Flanke die Burgruine Neu-Falkenstein thront, und verlassen das dicht besiedelten Aaretal, um über den **Passwang** in sanft gewellte grüne Juraberge zu reisen.

Durch **Mümlis- und Ramiswil** kommen wir auf die Passstraße, die in vielen Kehren bergan führt. Kurz vor der Passhöhe steht links eine Kapelle, deren Parkplatz nur bei Gottesdiensten oder Hochzeiten voll wird.

(297) WOMO-Wanderparkplatz: Passwang Kapelle

GPS: N 47°21'18.0", E 7°39'25.5", 845 m. **Max. WOMOs:** 1
Ausstattung: WC an der Kapelle.
Beschreibung: Asphaltierter, ebener Parkplatz mit tollem Weitblick an einer kleinen. Kapelle. Einsame Lage an der Passstraße. Als Gegenleistung Spende in den Opferstock in der Kapelle erbeten.
Anfahrt: Vor einer engen Kurve der Passwangstraße zwei Kehren vor der Passhöhe links zum Parkplatz einbiegen.
Sonstiges: Eine Kurve weiter oben klebt der Gasthof Alpenblick am Hang und lädt zur Einkehr ein.

Die Burgruine Neu-Falkenstein

Hinter dem Gasthof verschwindet die Passstraße in einem Tunnel. Biegt man unmittelbar an der Ausfahrt rechts ab, kommt man zu einem ruhigen Übernachtungsplätzchen, von dem man auch zum Aussichtspunkt auf dem höchsten Punkt des **Passwang** wandern kann.

(298) WOMO-Wanderparkplatz: Passhöhe Passwang

GPS: N 47°21'32", E 7°39'54", 988 m. **Max. WOMOs:** 2–3
Ausstattung: Keine.
Beschreibung: Lange, geschotterte Parkbucht unterhalb eines allein liegenden Bauernhofes. Direkt an der sehr wenig befahrenen Zufahrt zu einigen Bauernhöfen und einem Berggasthof. Im unteren Teil schräg, gerade Plätze ganz oben auf dem größeren Schotterplatz. Einsame Lage im Grünen.
Anfahrt: Am Tunnelausgang sofort rechts und 500 Meter der Straße folgen bis zum Parkplatz. Ausgeschildert ist das Restaurant Oberer Passwang.

Wanderung auf den Passwang

Gehzeit etwa 1 h 30, 200 hm. Vom Wanderparkplatz folgen Sie der Straße weiter bergan bis zur Wirtschaft Passwang und daran vorbei. Auf der Passhöhe zweigt dann rechts ein Wanderweg ab und überquert eine Kuhweide. Ein Schild weist von hier den Stichweg zum **Gipfelfelsen des Gänsberg** auf 1.204 Meter. Er führt immer auf dem »Grat« des Passwang entlang. Ein **erster Aussichtsplatz**, der keinesfalls schlechter ist als der auf dem Gipfel, folgt gleich hinter dem oberen Drehtor der Kuhweide.

Wer einen Rundweg laufen möchte, geht am Gipfel geradeaus weiter, bis der Weg nach gut zwei Kilometern einen Bogen nach rechts schlägt und unterhalb der Steilwand zum Parkplatz zurückführt.

Landschaftlich schön geht es weiter durch eine einsame Gegend mit schroffen Felsnasen auf den grünen Hügelkuppen. In **Beinwil** sehen wir links der Straße das ökumenische Kloster, das unter anderem auch eine Unterkunft für Jakobspilger ist. Rechts der Straße bietet der **Bioladen Joggehus** Ziegenkäse, Wurstwaren und Branntwein in Bio-Qualität. Gegenüber steht in der Wiese eine besonders malerische alte Mühle.

In **Büsserach** biegen wir dann rechts ab und steuern Liestal im Baseler Land an. Noch vor dem nächsten Ort Fehren würde eine ebene Schotterfläche neben der Straße einen abendlichen Stopp mit schönem Weitblick ermöglichen [**299:** N 47°23'39.0", E 7°33'43.0", Büsserach]. Schöner ist es jedoch einige Kilometer weiter, wo oberhalb von Bretzwil, wo ein Parkplatz auf der Höhe eine Nische für ein bis zwei Wohnmobile bereit hält.

(300) WOMO-Parkplatz: Bretzwil

GPS: N 47°23'48", E 7°39'46", 712 m. **Max. WOMOs:** 1–2
Ausstattung: Keine.
Beschreibung: Asphaltierter Parkplatz eingebettet in ein Maisfeld. Auf der Höhe und mit Talblick und nahe einer wenig befahrenen Straße.
Anfahrt: In Bretzwil nach der Linkskurve im Ort gegenüber dem Restaurant Eintracht rechts in die Reigoldswiler Straße.
Sonstiges: Am Parkplatz Holzbox mit Hofladen, im Herbst gibt es hier Kürbisse, Äpfel und Most.

Von Bretzwil nehmen wir die Straße nach **Seewen** und weiter in Richtung **Kaiseraugst**. Erst geht es durch kleine Dörfer, bis bei Liestal die Bebauung dichter und städtischer wird. Über **Füllinsdorf** nähern wir uns den **römischen Ausgrabungen** von **Augusta Raurica**.

Augusta Raurica

Die historischen Gebäudereste von Augusta Raurica liegen am Stadtrand von Kaiseraugst. Der Kern der Anlage ist das Gebiet rund um das Museum, den originalgetreu eingerichteten Nachbau einer römischen Villa und die gut erhaltenen Reste des szenischen Theaters. Hier befindet sich auch ein kostenpflichtiger, zentral gelegener Parkplatz **GPS N 47°32'02", E 7°43'14"** CHF 1 pro Stunde. Ein markierter etwa 30-minütiger Rundweg führt durchs Außengelände. Wollen Sie die große Runde zwischen allen Gebäuden laufen, finden Sie auf dem P3 bei **N 47°32'02", E 7°43'14"** viel Platz für größere Wohnmobile. Sie sollten sich aber unbedingt am Museumseingang einen Plan der Anlage holen, bevor Sie zum P3 fahren. Dort startet dann der Geschichtspfad an der Autobahn entlang zum Amphitheater (das aber weniger beeindruckt) und von dort auf schönem Weg weiter zum Heiligtum Grienmatt und zum Museum (etwa 35 Minuten). Wenn Sie die Runde schließen und vom Museum weiter zur Kloake und zum Osttor mit Tierpark laufen, brauchen Sie etwa weitere 45 Minuten. Das optimale Verkehrsmittel für diese Runde ist ein Fahrrad.

Museum geöffnet täglich 10–17 Uhr, CHF 8. Außenanlagen und Tierpark am Osttor täglich 10–17 Uhr, Giebenacherstraße 17, www.augustaraurica.ch.

Nach so viel Kultur wäre etwas Entspannung recht? Die finden Sie **am Rheinufer** im Camping Kaiseraugst mit eigenen **Strandbad**. Wenn Sie noch nicht in Basel waren, können Sie die 12 Kilometer entfernte Stadt einfach mit dem Zug erreichen und so Ihre Reise durch die Schweiz in Ruhe ausklingen lassen.

(301) WOMO-Campingplatz: Camping Kaiseraugst

GPS: N 47°32'21.9", E 7°40'00.4", 265 m, Strandbadweg 1, Tel. 0041 (0)61 8111066. **Geöffnet:** April bis Mitte September.
Ausstattung: Beizli mit Terrassenplätzen, Grillplatz, Pool, Rheinstrand.
Beschreibung: Schön am Rheinufer gelegen, Stellplätze für Zelte direkt am Wasser, Camper stehen in der zweiten Reihe auf Wiesenplätzen mit altem Baumbestand. Sehr einfache Sanitäranlagen.
Preise: CHF 32, Strom CHF 4, Eintritt ins Schwimmbad inklusive. Nur Barzahlung, Hunde verboten! camping-kaiseraugst.ch.
Anfahrt: Von der Kantonalstraße 3 ausgeschildert. Vorsicht! Das letzte Stück der Zufahrt ist recht eng.

AUSRÜSTUNG SPEZIAL

Sollten Sie eine Wanderausrüstung besitzen, gehört diese auf jeden Fall in Ihr Gepäck. Bergtouren aller Art sind mit das Schönste, was Sie in der Schweiz machen können. Auch wenn Sie bisher nur wenig Bergerfahrung mitbringen, lohnt sich zumindest die Anschaffung leichter halbhoher Trekkingschuhe, die auf steinigem Boden guten Halt bieten. Zur Wander-Grundausstattung gehört außerdem eine dichte Regenjacke, ein Sonnenhut, eine Wasserflasche und ein leichter Tagesrucksack.

Einige der schönsten Stellplätze in der Schweiz befinden sich auf Passhöhen mitten im Hochgebirge. Hier kann es auch im Hochsommer nachts empfindlich kalt werden. Ein Fleece und eine Jacke hängen also im Womo-Schrank immer richtig. Wenn Sie gar einen Ausflug auf einen Gletscher planen, sind auch Handschuhe und Mütze kein Fehler. Am Fuß der Berge ist das Klima dagegen mild. Kurze Hosen und Badesachen gehören also ebenfalls ins Sommergepäck.

AUTOFAHREN IN DER SCHWEIZ

Die Verkehrsregeln in der Schweiz unterscheiden sich für Deutsche nur unwesentlich vom Gewohnten. Gut ausgebaute Straßen und sorgfältige Beschilderung machen das Autofahrern unkompliziert. Etwas ungewohnt sind aber, vor allem für Reisende aus Deutschlands flachem Norden, die engen und steilen Sträßchen in den vielen Bergregionen. Einspurige Straßen mit Ausweichbuchten und Gefälle über 20 Prozent sind da keine Seltenheit und können einem auch mit Wohnmobil-Bergerfahrung in Windeseile den Schweiß auf die Stirn treiben. Auch Menschen mit Höhenangst kommen in einigen Regionen der Schweiz leicht an ihre Grenzen. Auf der Straßenkarte weiß eingezeichnete Strecken im Gebirge sind, vor allem mit größeren Wohnmobilen, mit Vorsicht zu genießen. Sehr enge Straßen auf der vorgeschlagenen Route, sind in unserer Karte gestrichelt eingezeichnet und sollten nur mit kompakten Fahrzeugen befahren werden.

Mit einem gut motorisierten Kastenwagen sollten Sie auf allen vorgeschlagenen Strecken gut zurechtkommen. Wer die entsprechende Erfahrung und gute Nerven mitbringt, kann aber auch ein größeres Wohnmobil cool und gelassen durch enge Kurven steuern. Dass das rein technisch machbar ist, beweisen schon die Postbusse, die ja fast jedes Tal anfahren. Je ungeübter Fahrer oder Fahrerin sind, desto vorsichtiger sollten Sie mit engen Bergstraßen umgehen.

Reisen in Bergregionen mit einem großen Wohnmobil

Mit einem Wohnmobil über sieben oder acht Meter Länge reisen Sie zwar komfortabel, werden aber einige Strecken in diesem Buch nicht fahren können. Das liegt nicht daran, dass wir mit unserem kompakten Campingbus nur die schmalsten Sträßchen aussuchen würden, sondern einfach an den Straßen in der Schweiz. Schmale Ortsdurchfahrten, einspurige Strecken mit Ausweichbuchten oder enge Serpentinen, in denen es kräftig bergauf geht, sind die größten Herausforderungen für lange und schwere Fahrzeuge. Einige Täler in den Bergen sind mit einem großen Wohnmobil schlicht nicht erreichbar.

Wenn Sie keine Lust auf stressige Bergfahrten haben, suchen Sie sich im Berner Oberland oder im Wallis einen schönen Platz im Tal und erforschen die Berge mit Bus und Bahn. Der Postbus bringt Sie in jedes noch so abgelegene Tal. Mit Karten wie dem Jungfrau-Pass, der ErlebnisCard oder dem interessanten Berner Oberland Pass, der die Bergregionen in diesem Buch beinahe komplett abdeckt, fahren Sie Postbus, Bahn und Schiff so oft Sie wollen. Einige der interessantesten Bergbahnen sind ebenfalls inklusive und für Tickets weiterer Seilbahnen bekommen Sie bis zu 50 Prozent Rabatt. Mehr Infos unter: www.berneroberlandpass.ch und auf Seite 271.

Tempolimits und Bußgelder: Tempolimits sollten bei einer geruhsamen Wohnmobilreise kaum eine Rolle spielen, da aber die Bußgelder in der Schweiz weit über dem von zu Hause Gewohnten liegen, hier sicherheitshalber doch die Grenzwerte: Innerorts fahren Sie ungestraft maximal 50 km/h, auf normalen Landstraßen 80 km/h, auf Schnellstraßen 100 km/h. Auf Autobahnen gilt generell Tempo 120. Ich kann Ihnen aus leidvoller eigener Erfahrung sagen, dass schon 1 km/h Tempoüberschreitung im Ort zu einer Rechnung von CHF 40 führt. Für Überschreitungen von 11 bis 15 km/h im Ort oder 16 bis 20 km/h außerorts sind Sie mit etwa CHF 250 dabei und wenn Sie es noch weiter übertreiben, haben Sie direkt eine Anzeige am Hals. Auch Telefonieren am Steuer gilt als Straftat und kostet Sie süße 100 Fränkli ...

Also lassen Sie es einfach ruhig angehen. Das tut im Urlaub sowieso am besten und Ihr Wohnmobil kommt an den vielen Berghängen auch bei vorgeschriebener Geschwindigkeit ausreichend ins Schnaufen. Die Promillegrenze liegt in der Schweiz bei 0,5 Promille.

Parken: Anders als bei uns wird **Park- und Halteverbot** nicht mit Schildern markiert, sondern auf der Straße angezeichnet. Eine gelb gestrichelte Linie mit »X« unterbrochen bedeutet Parkverbot. Eine durchgezogene gelbe Linie signalisiert unser absolutes Halteverbot. Auch die Farben am Boden angezeichneter Parkplätze haben eine Bedeutung. Unbegrenzt parken Sie auf **weißen Plätzen, gelbe Markierungen** werden um private oder reservierte Plätze gezogen und in **blauen Parkzonen** dürfen Sie zeitbegrenzt und mit Parkscheibe kostenlos parken. Die Regeln dazu sind etwas komplizierter, aber wenn man Sie kennt, verhelfen Sie einem zu preisgünstigen Parkgelegenheiten. So lautet die Original Schweizer Erläuterung: »Fahrzeuge dürfen an Werktagen und am Samstag zwischen 8.00 und 11.30 Uhr sowie zwischen 13.30 und 18.00 Uhr eine Stunde parkiert werden. Bei einer Ankunftszeit zwischen 11.30 und 13.30 Uhr gilt die Parkerlaubnis bis 14.30 Uhr, bei einer Ankunftszeit zwischen 18.00 und 08.00 Uhr gilt die Parkerlaubnis bis 09.00 Uhr.« Auf der Parkscheibe einstellen müssen Sie die Ankunftszeit aufgerundet auf die nächste halbe Stunde. Bei einer Ankunft um 10 Uhr wäre das 10.30 Uhr, bei einer Ankunft um 10.20 Uhr ebenfalls. Die erlaubte Parkzeit beträgt also 60 bis 90 Minuten. Am Sonntag und in der Nacht zwischen 18 und 8 Uhr parken Sie unbegrenzt, dürfen aber die Parkscheibe nicht vergessen.

Außer den farbmarkierten Parkplätzen gibt es viele **Plätze mit zentraler Parkuhr** – oder auf Französisch mit »parcomètre collectif«. Hier zahlen Sie an einer zentralen Säule, wo Sie auch Angaben über die gestattete Parkdauer finden. Ist Ihr Parkplatz mit einer Nummer versehen, merken Sie sich diese unbedingt, bevor Sie zur Parkuhr laufen. Oft muss nämlich beim Zahlen die Platznummer (und eventuell auch noch das Kennzeichen des geparkten Fahrzeuges) eingeben werden. Fast überall können Sie auch per Smartphone-App bezahlen, verbreitet sind zum Beispiel EasyPark oder ParkingPay. Beliebt ist auch die Bezahl-App TWINT, deren Prepaid-App inzwischen auch mit deutscher Telefonnummer nutzbar ist. Sie müssen sich dazu vorher auf www.twint.ch registrieren und die App herunterladen.

Tanken: Diesel ist in der Schweiz teurer als Benzin, dazu kommt der starke Franken. So sind die Regeln für günstiges Tanken einfach: fahren Sie mit vollem Tank in die Schweiz und nutzen Sie Fahrtstrecken nahe der Grenze zum Auffüllen der Vorräte. Egal ob in Deutschland, Österreich oder Frankreich – billiger als in der Schweiz tanken Sie überall. Die Preise der einzelnen Tankstellen innerhalb einer Schweizer Region unterscheiden sich dagegen kaum. Die Suche nach der besten Gelegenheit können Sie sich also sparen. Das Tankstellennetz ist überall dicht und wenn Sie nicht gerade die entlegensten Täler des Wallis bereisen, finden Sie jederzeit problemlos Nachschub.

Autobahnvignette: Zur Nutzung der Autobahnen brauchen Sie in der Schweiz eine Jahresvignette. Sie gilt 14 Monate – von Anfang Dezember des Vorjahres bis Ende Januar des folgenden Jahres und kostet CHF 40. Wenn Sie nicht durchreisen, sondern die Schweiz auf kleinen Sträßchen erforschen, kommen Sie leicht ohne Autobahnen zurecht, müssen aber aufpassen, nicht versehentlich die falsche Auffahrt zu erwischen. Einen Plan mit allen mautpflichtigen Straßen finden Sie unter www.ch.ch/de/autobahnvignette.

Schwerverkehrsabgabe für Womos über 3,5 Tonnen: Wohnmobile über 3,5 Tonnen brauchen keine Vignette, müssen aber bei der Einreise in die Schweiz an einer Zollstelle eine Schwerverkehrsabgabe von CHF 3,25 pro Tag (aber mindestens CHF 25) zahlen. Dabei ist es unerheblich, ob in der Schweiz Autobahnen benutzt werden oder nicht. Entweder wählt man daher mit großen Wohnmobilen einen gängigen Grenzübergang, an dem auch Zollbeamte anwesend sind, oder nutzt die neue **Smartphone-App »Via-Strassenabgaben«**, die Sie unabhängig von besetzten Zollstellen macht. Weiterfahren ohne Anmeldung des Fahrzeuges ist in keinem Fall eine gute Idee!

Passstraßen: In der Schweiz gibt es über 100 Pässe in Höhenlagen über 1.000 Meter, darunter 16 große Alpenpässe, deren Sattel in Hochgebirgslagen über 2.000 Meter liegt. Die höheren Passstraßen wie Albula, Forcola di Livigno, Furka, Gotthard, Grimsel, Großer Sankt Bernhard, Klausen, Nufenen, Oberalp, San Bernardino, Splügen, Susten und Umbrail sind zwischen Oktober und Mai für den Verkehr gesperrt. Tafeln an der Zufahrt zeigen an allen Pässen an, ob die Strecken passierbar sind. Vorab können Sie sich zum Beispiel unter www.alpen-paesse.ch detailliert über den Straßenzustand informieren. Die großen Passstraßen in diesem Buch sind gut ausgebaut und im Sommer auch mit größeren Mobilen gut zu fahren. Vorsicht ist eher bei Bergstrecken in abgelegenen Regionen angesagt.

CAMPINGPLÄTZE UND OFFIZIELLE WOHNMOBILSTELLPLÄTZE

Campingplätze sind in allen Regionen in unterschiedlichsten Standards vorhanden. Die gängigen Übernachtungspreise liegen für zwei Personen im Wohnmobil zwischen CHF 30 und 60. Warme Duschen (Jetons) und Strom gehen dabei meist extra. Plätze des Touring Club Schweiz (TCS) sind häufig deutlich teuer. ADAC-Mitglieder erhalten auf allen Campingplätzen des TCS zehn Prozent **Rabatt**. Auch für die Camping Card International bekommt man teilweise Vergünstigungen. Außerdem gibt es in der Schweiz etwa 20 Campingplätze, auf denen man mit der ACSI-Card in der Nebensaison einen günstigen Spezialtarif bekommt.

Die von uns angegebenen Preise setzen sich aus der Gebühr für einen Stellplatz und zwei Personen zusammen. Strom und Jetons für die Dusche gehen meist extra.

Außerdem kommen in der Schweiz in der Regel noch verschiedene **Zusatzkosten auf sie zu,** die wir ebenfalls noch nicht eingerechnet haben.

In sehr vielen Regionen fällt pro Übernachtung eine **Kurtaxe** und/oder eine Beherbergungsgebühr an. Oft sind es nur wenige Rappen, manchmal aber auch Beträge, die die Übernachtungskosten deutlich nach oben treiben. Die in unseren Stellplatzkästen angegebene Kurtaxe gilt immer für **eine** Person. Einige Gemeinden erheben sehr hohe Tarife, bieten aber auch einen echten Gegenwert. Für die Zahlung der Kurtaxe bekommen Sie dann eine Gästekarte. Neben der kostenlosen Nutzung des öffentlichen Verkehrs sind dort für Übernachtungsgäste auch Bergbahnfahrten in der Region und der Eintritt in Museen inklusive.

In der gesamten Schweiz darf Müll nur in kostenpflichtigen Säcken entsorgt werden, und jeder Kanton hat seine Eigenen. Deshalb fallen auch auf jedem Campingplatz in der Schweiz **Müllgebühren** an. Man zahlt entweder eine Gebühr pro Tag oder für einen Müllsack für mehrere Tage. Oft reicht bei einem kurzen Aufenthalt auch der kleinere, günstigere Beutel. Nachfragen lohnt sich.

Offizielle Wohnmobilstellplätze: Erfreulicherweise nimmt die Anzahl der Stellplätze in der ganzen Schweiz in letzter Zeit deutlich zu. Die mit Abstand beste Infrastruktur für Wohnmobilfahrer finden Sie aber weiterhin in der französischen Schweiz in der Region Fribourg/Trois Lacs und im Schweizer Jura. Die Preise für offizielle Stellplätze liegen weit über dem europäischen Durchschnitt. 20 Franken pro Übernachtung sind keine Seltenheit, durchaus auch mal für Plätze ohne jede Ausstattung. Müllgebühren und Kurtaxe sind dafür aber oft schon inklusive.

BERGBAHN UND POSTAUTO

Ein dichtes Netz an Bergbahnen erschließt auch für weniger ambitionierte Wanderer viele der eindrucksvollsten Bergregionen und macht das Erlebnis Hochgebirge für jeden erreichbar. Die Schweiz ohne ihre Berge ist nur die halbe Schweiz. Steigen Sie also unbedingt mindestens einmal in eine Zahnrad- oder Kabinenbahn und nähern sich dem Himmel und den ganzjährig weißen Gipfeln auf unbeschwerte Weise. Bergbahnfahrten sind vergleichsweise teuer, vor allem die Fahrt mit der Zahnradbahn hinterlässt deutliche Löcher in der Urlaubskasse. Seilbahnfahrten sind günstiger. Wollen Sie eine Bergregion ausführlicher erkunden, gibt es oft Regionalpässe, die für mehrere Tage gelten und alle öffentlichen Verkehrsmittel vom Postbus über den Bootstransfer bis zur Bergbahn abdecken. Einige Wichtige finden Sie an passender Stelle im Text. Ansonsten fragen Sie bei den jeweiligen Tourismusinformationen.

Postbusse sind in den Bergtälern der Schweiz ***das*** öffentliche Verkehrsmittel und Ihre Rettung, wenn Sie mit großem Wohnmobil auf Reisen gehen. Auch das entlegenste Bergtal wird von den gelben Bussen angefahren und bringt Sie an die schönsten Plätzchen der Schweiz, wo immer Sie keine Lust haben, die Strecke selbst zu fahren.

EINKAUFEN UND ESSEN

Wein, Schokolade, Käse, Butter und andere Milchprodukte sollten Sie auf gar keinen Fall einpacken, wenn Sie sich auf eine Schweizreise begeben. Frische regionale Spezialitäten finden Sie auf dem **Markt**, der meist am Samstagvormittag stattfindet, in den **Käsereien**, die Sie in vielen Dörfern finden, oder in den **Hofläden** der Bauernhöfe. Wer einmal Quark oder eine Almbutter aus der Käserei gekostet hat, wird für den Rest der Reise kaum mehr einen Blick für die Kühlregale des Supermarktes übrig haben.

Sonstige **Supermarktware** kaufen Sie gut und vergleichsweise günstig bei Aldi Suisse und den beiden Ketten Coop und Migros, die auch Biolebensmittel im Angebot haben. Der Firmenethos der Schweizer Kooperative Migros verbietet übrigens den Verkauf von Alkohol. Bier, Wein und Hochprozentiges suchen Sie dort also vergebens. Coop und Migros unterhalten eigene Restaurants, in denen Sie auch recht gut und preisgünstig essen können.

Essen gehen ist ansonsten in der Schweiz eher teuer. Auch einfache Gerichte wie Rösti oder das typische Berglergericht Älplermakkaronen (eine Mischung aus Nudeln, Kartoffeln und Zwiebeln in aromatischer Käsesoße) bekommen Sie kaum unter CHF 20 pro Person. Für ein normales Fleisch- oder Fischgericht müssen Sie mit CHF 30–40 rechnen. Fleisch ist auch im Supermarkt deutlich teurer als in der EU üblich. Günstiger als Restaurants in den Städten sind ländliche Gasthöfe und Berghütten, wie wir Sie auf unserer Reiseroute empfehlen. Weitere Alternativen zur mobilen Küche im Wohnmobil finden Sie im Angebot der Bäckereien: Quiches und Wähen, die salzigen Schweizer Käse- und Gemüsekuchen, eignen sich hervorragend für ein Picknick oder einen schnellen deftigen Snack.

ENTSORGUNG PER EURO-RELAIS

Die gängigste Version der Entsorgung außerhalb von Campingplätzen ist das Euro-Relais, das übrigens in der Schweiz erfunden wurde. Die blau-weißen Säulen haben zwei bis vier Stromanschlüsse, einen Ausguss für Chemietoiletten und Grauwasser und einen Wasserhahn für Frischwasser. Manchmal ist die Nutzung kostenlos, teilweise müssen Sie aber auch Jetons erwerben. Zum Ablassen des Grauwassers brauchen Sie am Euro-Relais einen etwa drei bis vier Meter langen Schlauch, der an Ihren Wasserauslass am Wohnmobil passt.

Auf den Campingplätzen gibt es an den Entsorgungstationen fast immer Gullis im Boden. An Parkplätzen mit Euro Relais dürfen Sie meist, aber durchaus nicht immer, über Nacht parken. Neue Wohnmobilstellplätze werden inzwischen meist mit kompletter V/E ausgestattet.

FAHRRAD FAHREN

Verleihstationen für Fahrräder finden Sie fast überall. Dabei sind vor allem die E-Bikes im Kommen und stehen bereits an vielen Orten zur Verfügung. In den Großstädten findet man oft Verleihstationen für normale Räder am Bahnhof. Die Mietpreise, besonders für E-Bikes sind stolz. Da sind dann Organisationen wie **PubliBike** (www.publibike.ch) oder **Velospot** (www.velospot.info) besonders interessant. Hier können Sie ein Fahrrad minutengenau mieten. Allerdings müssen Sie sich dazu vorher auf der Plattform registrieren und die jeweilige App herunterladen.

Das eigene Fahrrad mitzunehmen, lohnt durchaus. Vor allem im vergleichsweise flachen Norden gibt es ein gut ausgebautes und markiertes Radwegenetz. Auch in den Bergen sind Radrouten markiert, für die man allerdings solide Mountainbike-Erfahrung mitbringen sollte. Einsteiger in diesem Sport finden im weniger schroffen Jura ein tolles Bike-Revier mit vielen markierten Wegen. Eine gute Übersicht finden Sie unter www.veloland.ch.

FREIE ÜBERNACHTUNG

Wild Campen ist überall in der Schweiz verboten. Erlaubt ist dagegen das Parken. Wenn Sie auf einem öffentlichen Parkplatz in Ihrem geparkten Wohnmobil übernachten, begeben Sie sich also in eine Grauzone. Solange Sie ein paar Regeln beachten, werden Sie sich dabei keinen Ärger einhandeln. Wie überall beginnt das Problem, wenn sich andere Gäste oder Anwohner gestört fühlen, was meist der Fall ist, wenn zu viele Wohnmobile an einem Ort auftauchen. Daher finden Sie bei jedem Stellplatz einen ungefähren **Richtwert, wie viele Fahrzeuge der Platz verträgt**. Ist es zu voll, fahren Sie weiter. Versetzen Sie sich bei Ihrer Platzwahl in die Situation von Anwohnern und entscheiden Sie aus dieser Perspektive, ob Sie gut stehen. Fragen Sie auf privaten Parkplätzen um Erlaubnis. Auch über mehrere Tage installierte Wohnmobile werden nicht gerne gesehen.

Hinterlassen Sie nirgends vollgestopfte Mülleimer (und auch keine anderen Spuren) und **entsorgen Sie Grauwasser und Inhalt der Chemietoilette ausschließlich und immer an den ausreichend vorhandenen Entsorgungspunkten**. Haben Sie keine Toilette an Bord, hinterlassen Sie keine Klopapierfahnen und Tretminen in der Natur. Verwenden Sie an Plätzen ohne Toilette einen Klappspaten. In der Schweiz finden Sie nicht nur in den Städten an jeder möglichen und unmöglichen Ecke einen grünen Robidog mit Tüten für das stinkende Hundegeschäft. Menschliche Hinterlassenschaften sind nicht angenehmer.

Stehen Sie auf einem Parkplatz, vermeiden Sie alles, was nach Camping aussieht. Eine ausgefahrene Markise und Stühle vor der Tür überschreiten in jedem Fall die Grenze zum Camping, Auffahrkeile gehören in den Grenzbereich.

Grillen über dem offenen Feuer gehört zu den Lieblingsbeschäftigungen der Schweizer. Für einen gemütlichen Grillabend finden Sie in der Schweiz viele, sehr schöne, gepflegte und frei zugängliche **Grillplätze**. Der Rost ist meist fest montiert und oft gibt es sogar einen Holzvorrat. Mitbringen müssen Sie nur ihr Grillgut und eine Alufolie für den Rost.

Ein aufgestellter eigener Grill in der Natur wird dagegen gar nicht gerne gesehen. Die Liebe zur Ordnung scheint ein Teil der Schweizer Natur: Es gibt für alles den richtigen Platz. Vor dem Schwimmbad sind Parkplätze für Autos, Busse, Motorräder und Fahrräder angezeichnet, gegrillt wird auf dem Grillplatz und geparkt ordentlich innerhalb der vorgesehenen Markierungen. Es wird sorgfältig sortiert und markiert. Dabei versucht man, für alle zu sorgen und niemanden zu vergessen. Stellen Sie Wohnmobil, Grill oder anderes einfach irgendwo ab, geraten Sie in Konflikt mit einem grundlegenden Bedürfnis der Schweizer Seele. Gehen Sie also bitte sensibel mit Ihren Gastgebern um und wählen für längere Aufenthalte, ausführliche Grillpartys vor dem Wohnmobil, gespannte Wäscheleinen und die gemütlich aufgestellte Sonnenliege einen Campingplatz!

Wer diese Grundregeln ignoriert, provoziert Verbotsschilder, ruiniert den Ruf der »Wohnmobilfamilie« und macht damit allen das Leben schwer, die nach ihm kommen.

GASVERSORGUNG

Gasdepots finden Sie in der Schweiz auf vielen Campingplätzen, an Tankstellen und in Baumärkten. Hier bekommen Sie teilweise auch die blauen Campingazflaschen, die in einigen kleineren Wohnmobilen verbaut sind und die Sie mit einem im Fachhandel erhältlichen Ventil zur Not auch an das Gassystem eines größeren Wohnmobils anschließen könnten, was allerdings nicht gerade eine preisgünstige Lösung ist. Auch die grauen Schweizer Vitogaz-Flaschen können Sie mit einem Adapter anschließen, brauchen dann aber eine Schweizer Leihflasche. Deutsche Gasflaschen sind in der Schweiz nicht erhältlich.

Am besten ausgestattet sind Sie mit einem Gastank oder Gastankflaschen, die an jeder Autogas-Tankstelle neu befüllt werden können. Auch dazu sollten Sie einen Tankadapter für die Schweiz dabei haben. Das Gastankstellennetz wurde in der Schweiz in den letzten Jahren stark ausgebaut. Etwa 50 Stationen gibt es inzwischen. An unserer Strecke liegen gut verteilt:

Genf/Thonex: ENI Suisse, Route de Jussy 1

Lausanne/Ecublens: PanGas Gas & More, Route de Bois 14

Aigle: PanGas Gas & More, Route Industrielle 18, Personal französischsprachig

Sion: Station-service Agip, Route de L'Aéroport

Interlaken: Landi/Agrola Jungfrau AG, Untere Bönigstrasse 50

Spiez: Shell, Oberlandstrasse 54

Gampelen / Neuenburger See: Rasthof Platanenhof, Platanenstr. 1

Bern: Avia Shoptankstelle, Weyermannsstrasse 28

Wangen / Deitingen: ENI Tankstelle an der A1

Langenthal: LEXA Wohnmobile, Zürichstr. 49

Ein aktuelles **Verzeichnis** finden Sie unter www.autogas-suisse.com oder www.mylpg.eu. Einen Gastankstellenfinder für android gibt es bei google play unter dem Namen myLPG.eu. Für iPhone heißt er Gas Tanken (LPG-Edition). Auch an der Rezeption von Campingplätzen kann man Ihnen oft mit einer Adresse weiterhelfen.

HAUSTIERE

Hunde oder Katzen, die Sie auf Ihrer Schweizreise begleiten, müssen über einen Mikrochip eindeutig gekennzeichnet sein. Außerdem brauchen Sie zur Einreise einen EU-Haustierausweis und müssen eine gültige Tollwutimpfung nachweisen. Sollte Ihr Tier noch nicht geimpft sein, muss die Impfung mindestens 21 Tage vor Reisebeginn durchgeführt werden. Auf den meisten Campingplätzen sind angeleinte Hunde willkommen, tauchen aber bei vielen auch als Posten auf der Rechnung auf.

LITERATUR

Sehr empfehlenswert für Reisende aus Deutschland und Österreich sind drei Bücher, die mit einem Augenzwinkern einen gut lesbaren Beitrag zur Völkerverständigung leisten: »Grüezi und Willkommen: Die Schweiz« von Susann Sitzler, die »Gebrauchsanleitung für die Schweiz« von Thomas Küng und »Der Schweizversteher« von Diccon Bewes. Alle drei setzen sich auf humorvolle Weise mit den speziellen Eigenheiten der Eidgenossen auseinander. Sie beleuchten diese, trotz der in den Grundzügen gleichen Sprache, durchaus vorhandenen feinen Unterschiede in Wortwahl und Mentalität, die immer wieder zu Missverständnissen zwischen den deutschsprachigen Nachbarn führen.

ORIENTIERUNG UND KARTEN

Geeignete Straßenkarten: Zur Orientierung unterwegs brauchen Sie zusätzlich zum Navi unbedingt eine gute Straßenkarte. Wir waren mit der Marco Polo Karte Schweiz West in Maßstab 1:200.000 unterwegs, die im Gegensatz zur vergleichbaren Michelinkarte das Gebiet komplett abdeckt. Schon bei 1.200.000 sind kleine Sträßchen teilweise schlecht erkennbar, ein kleinerer Maßstab ist daher nicht zu empfehlen.

Wanderkarten: Für Wanderungen und Radtouren brauchen Sie Karten mit einem Maßstab von mindestens 1:50.000. Wenn Sie unterwegs einen Internetanschluss zur Verfügung haben oder schon im Voraus sorgfältig planen, finden Sie unter map.geo.admin.ch oder unter map.wanderland.ch eine Karte, die sich bis zum Maßstab 1:25.000 vergrößern lässt und Ihnen eine vollwertige topografische Karte mit Höhenlinien und Wanderwegen zeigt. Wer lieber auf Offlinekarten zurückgreift, ist mit den Apps Komoot oder Locus Maps (nur Android) und den zugehörigen kostenlosen oder preisgünstig erhältlichen Kartensystemen auf OSM-Basis gut ausgestattet.

Machen Sie nur kleinere Touren, kommen Sie auch mit den einfachen Übersichtskarten der Touristeninformation und den Markierungen im Gelände zurecht. Auch Karten in Wanderbüchern sind in Kombination mit der Beschilderung ausreichend. Nur für lange Touren im Hochgebirge sind zusätzliche Wanderkarten aus Papier wirklich nötig.

NOTRUF UND PANNENHILFE

Bei Unfällen erreichen Sie die Schweizer Notrufzentrale (Polizei/Rettungsdienst/Feuerwehr) unter der in ganz Europa gültigen Notrufnummer 112 oder Polizeinotruf unter 117.

INTERNATIONALER NOTRUF: 112

FEUERWEHR: 118

PANNENHILFE SCHWEIZ (TCS): 0800 140 140

ADAC PLUS-Mitglieder erhalten Pannenhilfe über die Zentrale in München: Pannenhilfe im Ausland unter Tel. 0049 (0)89 222222, www.adac.de.

AVD HELP PLUS-Mitglieder bekommen Hilfe über Tel. 0049 (0)69 6606-600 www.avd.de.

ÖAMTC-PANNENHILFE ÖSTERREICH: Tel. 0043 1 25 120 00

SPRACHE

Als Nation ist die Schweiz ein besonderes Phänomen. Mit einer Fläche von gut 41.000 Quadratkilometern und 8,5 Millionen Einwohnern ist das Land deutlich kleiner als Bayern. Auf diesem engen Raum existieren in einer einzigen Nation gleich vier offizielle Landessprachen. Die am meisten gesprochene Sprache ist Schwyzerdütsch, welches aber wiederum als Schriftsprache nicht existiert. Geschrieben wird Hochdeutsch mit ein paar ganz speziell schweizerischen Begriffen wie parkieren, grillieren oder dem liebenswerten Wörtchen Velo. Der französische Sprachbereich reicht von der westlichen Landesgrenze bis ins Dreiseenland und unten im Süden bis weit ins Wallis hinein. Der Grenzbereich wird auch gerne als Röstigraben bezeichnet. Das zeigt, dass hier nicht nur die Sprache, sondern auch die kulinarischen Vorlieben eine Wandlung erfahren. Italienisch spricht man im Tessin und rätoromanisch, das wie eine Mixtur aus Deutsch und italienisch klingt, wird noch in einigen Regionen Graubündens gesprochen. Viele Bürger der Schweiz lernen mehrere Sprachen, die Bevölkerung ist aber durchaus nicht durchgängig dreisprachig. In ländlichen Gebieten der französischen Schweiz sind zumindest rudimentäre Französischkenntnisse extrem hilfreich. In Hotels, auf Campingplätzen oder in der Touristeninformation sind Deutsch und Englisch dagegen kein Problem.

STROMANSCHLUSS

Der gängige Stromanschluss in der Schweiz ist schmal und dreipolig. Zum Einsatz deutscher Rasierapparate, Föns und anderer elektrischer Geräte brauchen Sie außerhalb des Wohnmobiles einen Adapter. Das Wohnmobil selbst können Sie dagegen meist mit den gängigen Anschlussstücken an die Stromsäulen hängen. Campingplätze, an denen doch Schweizer Steckdosen vorhanden sind, verleihen so gut wie immer gegen Pfand (oder schweizerisch Depot) einen Adapter.

TELEFON UND INTERNET

Vorwahl von Deutschland in die Schweiz ist die »0041«. Die zwei bis dreistellige Ortsvorwahl innerhalb der Schweiz beginnt (wie in Deutschland) mit einer »0«, die bei Verwendung der Auslandsvorwahl weggelassen wird. Dann folgt die Nummer des Anschlusses. Von der Schweiz nach Deutschland wählen Sie »0049« vor und lassen ebenfalls die »0« der Vorwahl weg. Die Ländervorwahl für Österreich ist die »0043«.

Wollen Sie ihr **Handy** auch im Schweizurlaub verwenden, ist Vorsicht geboten. Die Schweiz gehört nicht zur EU, was bei den fälligen Roaminggebühren leider fatale Folgen haben kann. Die Telekom ist immer noch die einzige deutsche Telefongesellschaft, deren Kunden ihren normalen Handytarif in der Schweiz ohne Zusatzkosten nutzen können. Bei allen anderen Anbietern müssen Zusatzpakete zugebucht werden, die deutlich auf die Reisekasse schlagen. Ohne diese wirds allerdings noch teurer. Zwei gute Lösungen wären: entweder Sie besorgen sich eine Prepaid-Karte der Telekom, mit der in der Schweiz zumindest die Datenverbindungen abgedeckt sind, oder Sie kaufen vor Ort eine Schweizer Telefonkarte.

Empfehlen können wir zum Beispiel die Prepaidkarte von Aldi Suisse Mobile. Das Prozedere ist einfach, braucht aber ein bisschen Zeit. Sie kaufen in einer **Aldi-Suisse-Filiale** ein Starterset mit SIM-Karte und Startguthaben und füllen das Registrierungsformular aus. Dann legen Sie die Karte in ihr Handy und warten auf den Freischaltcode. Es kann bis zu zwei Tagen dauern, bis die Registrierung bearbeitet ist und der Code per SMS bei Ihnen eintrifft. Mit diesem loggen Sie sich dann ein und entscheiden, welchen Tarif Sie buchen wollen. Es gibt reine Datentarife oder eine Kombination aus Freiminuten und Datenvolumen. Die aktuellen Tarifoptionen finden Sie unter www.aldi-mobile.ch, dort wäre auch eine Online-Registrierung möglich.

Hat ihr Handy keinen zweiten Simkarten-Slot oder Sie möchten mit mehreren Geräten aufs Netz zugreifen, empfehlen wir die Mitnahme eines **WLAN-Routers**. Die kleinen Geräte werden inzwischen von diversen Herstellern angeboten. Sie legen dann die SIM-Karte für die Schweiz in den Router, statt in Ihr Handy und alle Mitfahrenden können sich ins WLAN des Routers einwählen. Sie brauchen also nur eine SIM-Karte und kriegen mit wenig Aufwand die ganze Familie online.

Wenn Sie auch an abgelegenen Plätzen Wert auf eine gute Verbindung legen, können Sie den Empfang ihres Routers mit einer Antenne verbessern. Wir reisen seit einger Zeit mit dem **CamperNet** von antretter-huber.com, dessen Router mit einer Mimo-Antenne verbunden ist, die das Mobilfunksignal deutlich verstärkt. So haben wir auch noch bei schwachem Mobilfunknetz ein zuverlässiges WLAN-Netz an Bord.

Auch wer aufs Datenvolumen für die Schweiz ganz verzichtet, ist dank etlicher WLAN-Hotspots nicht komplett offline. Sie sollten dann beim Überqueren der Grenze unbedingt die Roamingfunktion am Handy ausschalten. Auf fast jedem Handy verbrauchen Apps ungefragt im Hintergrund Daten und das kann in der Schweiz schnell richtig teuer werden.

Kostenlose WLAN-Hotspots gibt es in der Schweiz in allen Migros- und Coop-Restaurants, in McDonalds Filialen, auf den Autobahnraststätten Autogrill und Marché, in den meisten Cafés der Starbucks Kette und in allen Postbussen. Meist sind sie zeitbegrenzt und werden per SMS-Code freigeschaltet. Auch alle TCS-Campingplätze verfügen über ein gutes, kostenloses WLAN. Viele andere Campingplätze haben zumindest an der Rezeption WLAN-Empfang, teilweise jedoch kostenpflichtig. Weitere Hotspots gibt es an Bahnhöfen und öffentlichen Plätzen.

Telefonzellen finden Sie oft bei Tourist-Informationsbüros und Postämtern. Meist brauchen Sie eine Telefonkarte oder Sie zahlen das Telefonat per Kreditkarte.

WÄHRUNG

Die Währung in der Schweiz ist der Schweizer Franken oder Franc Suisse. Ein Franken entspricht 100 Rappen oder im französischsprachigen Raum 100 Centimes. Zur Zeit bekommen Sie etwa CHF 0,94 für einen Euro.

WANDERN

Die Schweiz gehört zu den Traumreisezielen für Wanderer und Bergsteiger. Neben vielen berühmten Zielen für Bergprofis, wie zum Beispiel dem Matterhorn oder der Eigernordwand, gibt es auch ein sehr gut markiertes Wegenetz für den Durchschnittswanderer. Vom entspannten Bergspaziergang, über die erste Tour auf einen 4.000er bis zur geführten Gletscherwanderung ist hier alles möglich.

Wegmarkierungen: Schon an den Wanderschildern können Sie ablesen, welche Weg-Kategorie Sie erwartet. Einfache Wege ohne alpine Anforderungen werden mit gelben Schildern und schwarzer Schrift markiert. Themenwege erhalten oft braune Schilder mit weißer Schrift. Ein alpiner Wanderweg, für den die passende Ausrüstung vom Wanderschuh zur Regenkleidung unerlässlich

ist, bekommt ebenfalls gelbe Schilder mit schwarzer Schrift. Die Pfeilspitze der Wegweiser ist dann jedoch weiß-rot-weiß. Bergwanderwege können auch über schmale steinige Pfade mit ausgesetzten oder gesicherten Wegpassagen führen. Alpinwanderwege, die auch durch wegloses Gelände führen und einfache Kletterstellen enthalten können, sind mit blau-weißen Schildern markiert. Solche Strecken erfordern außer guter Kondition und Orientierung auch solide Bergerfahrung oder die Begleitung eines ortskundigen Bergführers. Kurze Touren in der Nähe der Bergstation von Bahnen können Sie auch mit wenig Vorbereitung und den Tourenkarten der jeweiligen Bahn laufen.

Wanderliteratur: Wollen Sie weg von den Standardrouten, brauchen Sie weitere Informationen und damit spezielle Wanderführer, die Sie sich am besten aus Deutschland mitbringen – auch Bücher sind in der Schweiz etwa ein Drittel teurer als bei uns. Sehr empfehlenswert für kürzere und mittellange Wanderungen ist der Wanderführer von Eugen Hüsler *Zeit zum Wandern Berner Oberland* (Bruckmann Verlag). Außer Karte und Beschreibung enthält das Buch auch jede Menge Hintergrundinformationen über die Region. Pragmatischer und auf das Wesentliche reduziert kommen die roten Wanderbücher des Rother Verlages daher. Sie richten sich eher an routinierte Wanderer. Im Schnitt sind hier die Wanderungen länger und anspruchsvoller und die Beschreibungen etwas knapper.

ZOLLBESTIMMUNGEN

Für die **Einfuhr** von Produkten in der Schweiz gelten folgende Regeln: Zollfrei dürfen Sie Produkte bis zu einem Wert von CHF 300 einführen, aber nicht mehr als fünf Liter Alkoholika unter 18 Prozent und ein Liter über 18 Prozent Alkohol und 250 Zigaretten pro Person über 17 Jahre. Alle anderen Begrenzungen werden Sie nur erreichen, wenn Sie versuchen Ihren kompletten Nahrungsmittelvorrat für mehrere Wochen mit auf die Reise zu nehmen. Wer es ganz genau wissen will, informiert sich unter www.ezv.admin.ch.

Auch vor der Heimfahrt nach **Deutschland** sollten Sie Ihren Wein- und Spirituosenbestand überprüfen. Bis zu vier Liter Wein und einen Liter Schnaps dürfen Sie über die Grenze fahren. www.zoll.de.

Für die Einreise nach **Österreich** gelten ähnliche Regelungen wie nach Deutschland, www.oesterreich.gv.at.

Stichwortverzeichnis

Info-Blatt für das WOMO-Buch: Schweiz West '21

Lokalität: Seite: Datum:
(Stellplatz, Campingplatz, Wandertour, Gaststätte, usw.)
unverändert gesperrt/geschlossen folgende Änderungen:

Lokalität: Seite: Datum:
(Stellplatz, Campingplatz, Wandertour, Gaststätte, usw.)
unverändert gesperrt/geschlossen folgende Änderungen:

Lokalität: Seite: Datum:
(Stellplatz, Campingplatz, Wandertour, Gaststätte, usw.)
unverändert gesperrt/geschlossen folgende Änderungen:

Lokalität: Seite: Datum:
(Stellplatz, Campingplatz, Wandertour, Gaststätte, usw.)
unverändert gesperrt/geschlossen folgende Änderungen:

Lokalität: Seite: Datum:
(Stellplatz, Campingplatz, Wandertour, Gaststätte, usw.)
unverändert gesperrt/geschlossen folgende Änderungen:

Lokalität: Seite: Datum:
(Stellplatz, Campingplatz, Wandertour, Gaststätte, usw.)
unverändert gesperrt/geschlossen folgende Änderungen:

Meine Adresse und Tel.-Nummer:

Wir bestellen: (Preisänderungen vorbehalten)

- ☐ Wohnmobil Handbuch .... 12,00 €
- ☐ Wohnmobil Kochbuch .... 12,90 €
- ☐ Heitere Geschichten .... 6,90 €
- ☐ Albanien .... 19,90 €
- ☐ Allgäu .... 19,00 €
- ☐ Andalusien (Spanien Süd) .... 22,00 €
- ☐ Auvergne .... 22,00 €
- ☐ Baden-Württemberg .... 22,00 €
- ☐ Baltikum .... 23,00 €
- ☐ Bayern (Nordost) .... 20,90 €
- ☐ Bayern (Nordwest) .... 20,90 €
- ☐ Bayern (Südost/Oberbayern) 22,00 €
- ☐ Belgien & Luxemburg .... 19,90 €
- ☐ Bretagne .... 20,90 €
- ☐ Burgund .... 19,90 €
- ☐ Dänemark .... 21,00 €
- ☐ Elsass .... 21,00 €
- ☐ England (Nord) .... 19,90 €
- ☐ England (Süd) .... 19,90 €
- ☐ Finnland .... 19,90 €
- ☐ Frankreich Südwest .... 22,00 €
- ☐ Französische Alpen .... 20,90 €
- ☐ Franz. Atlantikküste (Nord) ... 19,90 €
- ☐ Französisches Jura .... 21,00 €
- ☐ Griechenland .... 19,90 €
- ☐ Harz .... 22,00 €
- ☐ Hessen (Nord) .... 22,00 €
- ☐ Hessen (Süd) .... 19,90 €
- ☐ Hunsrück/Mosel/Eifel .... 22,00 €
- ☐ Irland .... 22,00 €
- ☐ Island .... 18,90 €
- ☐ Korsika .... 18,90 €
- ☐ Kroatien / Montenegro .... 19,90 €
- ☐ Languedoc / Roussillon .... 20,90 €
- ☐ Ligurien .... 18,90 €
- ☐ Loire-Tal/Paris .... 17,90 €
- ☐ Lothringen .... 17,90 €
- ☐ Lüneburger Heide .... 22,00 €
- ☐ Marokko .... 22,00 €
- ☐ Meckl. Vorpommern (West) .. 20,00 €
- ☐ Meckl. Vorpommern (Ost) ..... 20,00 €
- ☐ Mittel-Italien .... 19,90 €
- ☐ Namibia .... 20,90 €
- ☐ Neuseeland (Nord + Süd). je 19,90 €
- ☐ Niederlande .... 21,00 €
- ☐ Nord-Frankreich .... 19,90 €
- ☐ Normandie .... 22,00 €
- ☐ Norwegen (Nord) .... 21,00 €
- ☐ Norwegen (Süd) .... 21,00 €
- ☐ Österreich (Ost) .... 22,00 €
- ☐ Österreich (West) .... 17,90 €
- ☐ Ostfriesland .... 20,90 €
- ☐ Peloponnes .... 19,90 €
- ☐ Pfalz .... 21,00 €
- ☐ Piemont/Aosta-Tal .... 22,00 €
- ☐ Polen (Nord/Masuren) .... 21,00 €
- ☐ Polen (Süd/Schlesien) .... 17,90 €
- ☐ Portugal (Nord) .... 21,00 €
- ☐ Portugal (Süd) .... 20,00 €
- ☐ Provence & C. d'Azur (Ost) .. 19,90 €
- ☐ Provence & C. d'Azur (West) 19,90 €
- ☐ Pyrenäen .... 19,90 €
- ☐ Rumänien .... 19,90 €
- ☐ Sachsen .... 22,00 €
- ☐ Sardinien .... 19,90 €
- ☐ Schleswig-Holstein .... 22,00 €
- ☐ Schottland .... 19,90 €
- ☐ Schwarzwald .... 21,00 €
- ☐ Schweden (Nord) .... 19,90 €
- ☐ Schweden (Süd) .... 19,90 €
- ☐ Schweiz (Ost + West) .... je 22,00 €
- ☐ Sizilien .... 19,90 €
- ☐ Slowakei .... 21,00 €
- ☐ Slowenien .... 21,00 €
- ☐ Spanien (Nord/Atlantik) .... 19,90 €
- ☐ Spanien (Ost/Katalonien) ..... 18,90 €
- ☐ Südafrika (Krüger NP) .... 24,90 €
- ☐ Süditalien (Ost/Apulien) .... 21,00 €
- ☐ Süditalien (West/Kalabrien) .. 19,90 €
- ☐ Süd-Tirol .... 20,00 €
- ☐ Thüringen .... 22,00 €
- ☐ Toskana & Elba .... 22,00 €
- ☐ Trentino/Gardasee .... 21,00 €
- ☐ Tschechien .... 20,00 €
- ☐ Umbrien & Marken mit Adria. 19,90 €
- ☐ Ungarn .... 18,90 €
- ☐ Venetien/Friaul .... 19,90 €
- ☐ Wales .... 18,90 €

* WOMO * * WOMO * * WOMO * * WOMO *

Absender:

Datum

Unterschrift

WOMO-VERLAG

Versandabteilung

OT Mittelsdorf

An der Liethe 4-6

36452 Kaltennordheim

DIE REISE- UND ERLEBNISFÜHRER

* Bequeme Touren durchs ganze Urlaubsland.
* Viele Plätzchen für freie Übernachtungen mit GPS.
* Genaue Hinweise auf viele Trinkwasserstellen.
* Die schönsten Badeplätze, die nicht jeder kennt.
* Bergtouren und Spaziergänge für groß und klein.
* Die besten Anreiserouten, Fähren, usw.
* 300 Tipps und Tricks – für Ausrüstung, Reisevorbereitung und Urlaub.
* Ausgefeilte Profipackliste.
* Spezialkarten mit präzisen Einträgen der freien Stellplätze, Trinkwasser- und Entsorgungsstellen.

DAS KOCHBUCH

* Einrichtung der WOMO-Küche.
* Lebensmittel-Grundausstattung.
* Konserven selbst gemacht.
* Backen in der Bratpfanne – Kuchen, Pizza, Brote.
* Viele, viele WOMO-Rezepte für zwei Gasflammen – einfach, schnell und lecker!
* Einkochen im Urlaub.
* Spezialrezepte für den Dampftopf.
* Der WOMO-Pfannenknecht.

DAS HANDBUCH

* Beratung bei Kauf und Miete.
* Gas-, Wasser-, Elektroinstallation.
* Einrichten des Wohnmobils.
* Tipps & Tricks fürs Wochenende.
* 3200 freie deutsche Stellplätze.
* 700 deutsche Entsorgungsstationen.
* Urlaubsvorbereitung, Profipackliste.
* .Stellplatz-Infos für ganz Europa.
* Wohnmobil und Wintersport.
* Der WOMO-Urlaubspartner-Service.
* Gastankstellen in ganz Europa.

Unsere Bücher erhalten Sie in jeder Buchhandlung oder auf Rechnung direkt vom Verlag. Hier gibt's auch die aktuellen Infos über unsere ständigen Neuerscheinungen. (Versandkosten 1,20€, ab 10€ portofrei/Ausland 7,50€, Preisänderungen vorbehalten).

Bestell-Telefon: 036946-20691 * Fax: 036946-20692**
Internet: www.womo.de * eMail: verlag@womo.de**

* WOMO * * WOMO * * WOMO * * WOMO *